AF233044

NOUVELLE GRAMMAIRE FRANÇAISE DE LHOMOND,

DÉVELOPPÉE ET COMPLÉTÉE

PAR

CONSTANT VILLEMEUREUX,

PROFESSEUR-AGRÉGÉ AU COLLÉGE ROYAL DE HENRI IV.

Cet ouvrage, quoique élémentaire, est destiné à tenir lieu des Grammaires développées, telles que la Grammaire des Grammaires, la Grammaire de Lévizac, etc.

PARIS,

A LA LIBRAIRIE CLASSIQUE

DE MADAME VEUVE MAIRE-NYON,

QUAI CONTI, Nº 13.

1838.

PARIS. — IMPRIMERIE DE CASIMIR,
Rue de la Vieille-Monnaie, n° 12.

AVERTISSEMENT.

S'il ne fallait que de la science pour composer des Livres élémentaires, les Grammaires françaises publiées depuis quelques années ne laisseraient rien à désirer. Des hommes de mérite n'ont pas cru qu'il fût au-dessous d'eux de s'occuper d'ouvrages de ce genre ; leur nom seul était une recommandation pour leurs livres ; aussi ont-ils été accueillis avec un juste empressement par le public.

Cependant, malgré le succès mérité qu'ont obtenu ces ouvrages recommandables, plusieurs personnes ont pensé qu'il restait encore quelque chose à faire en ce genre, et qu'un livre qui tiendrait le milieu entre les Grammaires élémentaires et les Grammaires développées serait d'une grande utilité à tous ceux qui étudient la langue française. Nous avons partagé cette opinion, et nous avons cru qu'on nous saurait gré des efforts que nous ferions pour remplir la lacune qui existe.

Encouragé par la bienveillance avec laquelle on a accueilli notre Grammaire latine, nous avons suivi le même plan pour la Grammaire que nous faisons paraître aujourd'hui. C'est donc une nouvelle *Grammaire française de Lhomond* que nous publions, avec tous les développements dont elle nous a paru avoir besoin pour être complète. Nous avons voulu conserver la simplicité et la clarté qui font le mérite de tous les ouvrages du maître habile que nous avons pris pour guide ; et pour y parvenir, nous avons eu soin de donner l'étymologie et le sens de tous les termes *didactiques* dont nous avons été obligé de nous servir.

Nous avons expliqué dans des notes placées au bas des pages tout ce que nous n'avons pas cru devoir faire entrer dans le texte de la Grammaire. Nous avons même renvoyé à la fin de l'ouvrage des observations sur certaines règles qu'il est important de connaître, mais qui, jointes aux règles principales dont elles sont, pour ainsi dire, le corollaire, auraient peut-être répandu de l'obscurité dans la rédaction. A la suite de ces observations, on trouvera des remarques sur l'orthographe, sur la ponctuation, sur la prononciation, et un petit Traité d'analyse logique qui suffira pour initier les élèves à cette partie de la Grammaire. Les ouvrages que nous avons consultés (*) font tous autorité en cette matière; cependant nous nous sommes permis d'être quelquefois d'un avis contraire à celui de nos maîtres; car nous avons cru que la maxime, *ipse dixit*, le maître l'a dit, ne devait jamais prévaloir contre ce qui paraît conforme à la logique et à la vérité. Nous espérons donc que notre livre sera à peu près complet, et qu'il pourra se mettre entre les mains des enfants comme entre celles des jeunes gens, c'est-à-dire, qu'il aura la simplicité et la clarté des livres élémentaires, sans en avoir l'insuffisance ni l'aridité.

Nous aimons à croire qu'on accueillera avec quelque indulgence l'*Essai* que nous publions aujourd'hui, et qui, nous osons l'espérer, deviendra bientôt moins imparfait si nous pouvons profiter, dans une seconde édition, de la critique bienveillante et sévère des personnes qui s'intéressent à nous, et du travail consciencieux auquel nous nous livrerons nous-même pour corriger les fautes qui auront pu nous échapper, faire les additions ou les retranchements qui nous paraîtront nécessaires, et enfin rendre cet ouvrage digne d'être compté parmi les livres utiles.

(*) Dictionnaire de l'Académie, Dictionnaire de Lamaire de Lévizac, Grammaire des Grammaires, etc.

Nous ne saurions trop recommander l'excellent Traité de prononciation publié par Mme Dupuis. C'est un livre qui a besoin que d'être connu pour être apprécié.

Erratum, § 1, La grammaire, *lisez* La Grammaire.

ÉLÉMENTS

DE LA

GRAMMAIRE FRANÇAISE.

INTRODUCTION.

§ 1. La grammaire est l'art de parler et d'écrire correctement. Pour parler et pour écrire, on emploie les mots : les mots sont composés de lettres.

§ 2. Il y a deux sortes de lettres : les voyelles et les consonnes.

Les voyelles sont *a, e, i, o, u* et *y*. On les appelle *voyelles*, parce que seules elles forment une voix, un son.

§ 3. Il y a trois sortes d'*e* : *e* muet, *é* fermé, *è* ouvert.

---

§ 1. *Grammaire* vient du grec *grammatikè*, adjectif pris substantivement, qui se rapporte au substantif *technè*, art, sous-entendu. Ce mot signifie proprement *art d'écrire*. — Les mots se divisent en syllabes. *Syllabe* vient du grec *sullabè*, assemblage, et signifie un assemblage de lettres formant un son. Un mot peut être formé d'une seule syllabe, comme *a, sort*: alors on l'appelle *monosyllabe*, du grec *monos*, seul, et *sullabè*, syllabe ; il peut être formé de plusieurs syllabes, comme *o-cé-t*, et alors on l'appelle *polysyllabe*, du grec *polus*, plusieurs, *llabè*, syllabe. On appelle *dissyllabe* un mot de deux syllabes, *trissyllabe* un mot de trois syllabes, *quadrisyllabe* un mot de quatre syllabes.

§ 2. *Voyelle* est un adjectif qui se rapporte au substantif *lettre* sous-entendu. Ce mot vient du latin *vocalis*, vocal, sonore, et *vocalis* vient de *vox* (*voc-s*), voix. Les voyelles sont proprement les *lettres* qui représentent les sons appelés *voix*. Ainsi *a* est une voyelle, le son représenté par cette lettre est une voix.

1

L'*e muet*, comme à la fin de ces mots, *homme*, *monde* : on l'appelle *muet*, parce que le son en est sourd et peu sensible.

L'*é fermé*, comme à la fin de ces mots, *bonté*, *café* : cet *é* se prononce la bouche presque fermée.

L'*è ouvert*, comme à la fin de ces mots, *procès*, *accès*, *succès* : pour bien prononcer cet *è*, il faut appuyer dessus et desserrer les dents.

§ 4. L'*y* grec s'emploie pour deux *i* quand il est entre deux voyelles, ce qui a lieu dans les mots qui ne viennent pas du grec, comme dans *pays*, *moyen*, *joyeux*. Il s'emploie pour un *i* quand il est entre deux consonnes, ce qui a lieu dans les mots tirés du grec : comme dans *hymne*, *Hippolyte*, *pyramide*, etc. L'*y* grec n'est donc point une voyelle particulière. Cette lettre répond à l'*u* des Grecs : *umnos*, *hymne*.

Des voyelles longues et brèves.

§ 5. Les voyelles *longues* sont celles sur lesquelles on appuie plus longtemps que sur les autres en les prononçant.

Les voyelles *brèves* sont celles sur lesquelles on appuie moins longtemps.

Par exemple, *a* est long dans *pâte* pour faire du pain ; il est bref dans *patte* d'animal.

e est long dans *tempête*, et il est bref dans *trompette*.

i est long dans *gîte*, et bref dans *petite*.

o est long dans *apôtre*, et bref dans *dévote*.

u est long dans *flûte*, et bref dans *butte*.

§ 6. Pour marquer les différentes sortes d'*e*, et les voyelles longues, on emploie trois petits signes que l'on appelle *accents* ; savoir : l'accent aigu (´), qui se met sur les *é* fermés, *bonté* ; l'accent grave (`), qui se met sur les *è* ouverts, *accès* ; et l'accent circonflexe (ˆ), qui se met sur la plupart des voyelles longues, *apôtre*.

---

§ 6. *Accent* vient du latin *accentus* (*ad*, à, *cantus*, chant). On appelle accent l'élévation ou l'abaissement de la voix sur certaines syllabes. Mais en français, les accents ne sont plus que des signes orthographiques.

§ 7. Il y a dix-neuf consonnes ; savoir : *b, c, d, f, g, h, j, k, l, m, n, p, q, r, s, t, v, x, z.* Ces lettres s'appellent consonnes, parce qu'elles ne forment un son qu'avec le secours des voyelles, comme *ba, be, bi, bo, bu : ca, ce, ci, co, cu : da, de, di, do, du,* etc.

§ 8. La lettre *h* ne se prononce pas dans certains mots : *l'homme, l'honneur, l'histoire,* etc., qu'on prononce comme s'il y avait *l'omme, l'onneur, l'istoire;* alors on l'appelle *h muette.*

Mais dans les mots suivants, la *haine,* le *hameau,* le *héros,* la lettre *h* fait prononcer du gosier la voyelle qui suit ; alors on l'appelle *h aspirée :* ainsi l'on écrit et l'on prononce séparément les deux mots *la haine,* et non pas *l'haine; les héros,* et non pas comme s'il y avait *les zhéros.* (Voyez, à la fin de la Grammaire, la liste des mots où la lettre *h* est aspirée.)

§ 9. Il y a en français dix sortes de mots, qu'on appelle *les parties du discours;* savoir : le *nom,* l'*article,* l'*adjectif,* le *pronom,* le *verbe,* le *participe,* la *préposition,* l'*adverbe,* la *conjonction* et l'*interjection.*

---

§ 7. *Consonne* vient du latin *consonans,* qui sonne avec. Ce mot est proprement un adjectif qui se rapporte au substantif *lettre* sous-entendu. On distingue les consonnes des articulations. La lettre *b* est une consonne ; le *mouvement des lèvres* représenté par cette lettre est une articulation. — Les consonnes se prononcent maintenant à l'aide de l'*e* muet, comme *be, de, se, te,* etc. ; *c* se prononce *que; g, gue,* excepté dans les syllabes *ce, ci, ge, gi.* D'après la nouvelle appellation, toutes les lettres de l'alphabet sont masculines; suivant l'ancienne les lettres *f, h, l, m, n, r, s,* sont féminines. Les consonnes ont un son propre et un son accidentel. Par exemple, le son propre de *c* est *que :* CABANE ; le son accidentel est *ce* et *gue :* CECI, SECOND.

§ 8. La lettre *h* est considérée comme consonne lorsqu'elle est aspirée. Elle est purement étymologique dans les mots où elle est muette. Une lettre est étymologique lorsqu'on la conserve seulement comme une trace du mot radical où elle se trouvait, comme dans *h mme, honneur,* qui viennent du latin *homo, honor.* — *Étymologie,* du grec *etumologia* (*etumos,* véritable, *logos,* mot.)

CHAPITRE I.

PREMIÈRE ESPÈCE DE MOTS.

DU SUBSTANTIF.

§ 10. Le *substantif* est un mot qui, sans avoir besoin d'aucun autre mot pour former un sens, *subsiste* par lui-même dans le discours, et désigne quelque *substance*.

On divise les *substantifs* en *noms propres* et en *noms communs*.

§ 11. Le nom *propre* est celui qui ne convient qu'à une seule personne ou à une seule chose, comme *Adam, Ève, Paris, la Seine*.

Le nom *commun* est celui qui convient à plusieurs personnes ou à plusieurs choses semblables : *homme, cheval, maison*, sont des noms communs, car le nom *homme* convient à *Pierre*, à *Paul*, etc.

Voyez ci-après *noms collectifs*.

Du genre et du nombre.

§ 12. Dans les noms, il faut considérer le *genre* et le *nombre*.

Il y a en français deux genres, le *masculin* et le *féminin*. Les noms d'hommes ou de mâles sont du genre masculin, comme un *père*, un *lion* ; les noms de femmes ou de femelles sont du genre féminin, comme une *mère*, une *lionne*. Ensuite, par imitation, l'on a donné le genre masculin ou le genre féminin à des

---

§ 11. Le nom commun se nomme aussi *appellatif*, parce qu'il indique une *appellation* commune à toute une espèce.

§ 12. *Genre* vient du latin *genus, generis*, qui lui-même vient du grec *genos*, nature, espèce. — *Masculin* vient de *masculinus*, masculin (*masculus*, mâle). *Féminin* vient de *femininus*, féminin (*femina*, femme, femelle).

choses qui ne sont ni mâles ni femelles, comme un *livre*, une *table*, le *soleil*, la *lune*.

§ 13. Il y a deux nombres, le *singulier* et le *pluriel :* le singulier, quand on parle d'une seule personne ou d'une seule chose, comme un *homme*, un *livre ;* le pluriel, quand on parle de plusieurs personnes ou de plusieurs choses, comme les *hommes*, les *livres*.

Les noms propres n'ont pas de pluriel.

Comment se forme le pluriel dans les noms.

§ 14. RÈGLE GÉNÉRALE. Pour former le pluriel, ajoutez *s* à la fin du nom : le *père*, les *pères ;* la *mère*, les *mères ;* le *livre*, les *livres ;* la *table*, les *tables*.

Première remarque. Les noms terminés au singulier par *s, z, x*, n'ajoutent rien au pluriel : le *fils*, les *fils ;* le *lambris*, les *lambris ;* le *nez*, les *nez ;* la *voix*, les *voix*.

Deuxième remarque. Les noms terminés au singulier par *au, eau, eu, ou*, prennent *x* au pluriel : l'*étau*, les *étaux ;* le *bateau*, les *bateaux ;* le *feu*, les *feux ;* le *caillou*, les *cailloux*.

Les sept noms suivants, *clou, filou, fou, loup-garou, matou, trou, verrou*, et l'adjectif *bleu*, prennent un *s : clous, filous, loups-garous,... bleus*.

Troisième remarque. La plupart des noms terminés au singulier par *al, ail*, font leur pluriel en *aux :* le *mal*, les *maux ;* le *cheval*, les *chevaux ;* le *travail*, les *travaux ; corail, coraux*.

Bal, camail (petit manteau), *carnaval, détail, épouvantail, gouvernail, mail* (petite masse de bois garnie de fer par les deux bouts, dont on se sert pour pousser une boule de buis), *pal* (pieu), *portrail, régal, sérail*, prennent un *s* au pluriel : *bals, camails*, etc. — *Aïeul, ciel, œil*, font *aïeux, cieux, yeux*. Cependant on dit *aïeuls* et *aïeules*, pour signifier les *grands-*

---

§ 13. *Nombre* vient du latin *numerus*, nombre (*numerare*, compter). — *Singulier* vient de *singularis*, seul, unique ; *pluriel*, de *plures*, plusieurs (deux ou un plus grand nombre).

pères et les *grand'mères* : les *ciels* d'un tableau, des *ciels* de lit ; l'Italie est sous un des plus beaux *cie's* de l'Europe ; *des œils-de-bœuf, de-perdrix* (termes d'art). L'Académie dit *les yeux de la soupe, du fromage.* — *Bercail* et *bétail* ne sont usités qu'au singulier ; le pluriel de *bétail* est remplacé par *bestiaux,* inusité au singulier.

Quatrième remarque. Dans les mots en *ant* et en *ent* qui ont plusieurs syllabes (les polysyllabes), on supprime souvent le *t* au pluriel : *Enfants* ou *enfans, méchants* ou *méchans, parlements* ou *parlemens.* Mais cette suppression n'est point généralement adoptée, parce qu'elle est contraire à l'étymologie. On conserve le *t* dans les monosyllabes : *Vent, vents ; dent, dents.* Cependant *tout* s'écrit au pluriel *tous,* sans *t.*

∞∞∞

CHAPITRE II.

DEUXIÈME ESPÈCE DE MOTS.

L'ARTICLE *LE, LA, LES.*

§ 15. L'article est un petit mot que l'on met devant les noms communs, qui en fait connaître le genre et le nombre, et détermine l'étendue de leur signification.

Nous n'avons qu'un article, *le, la,* au singulier ; *les,* au pluriel. *Le* se met devant un nom masculin singulier, *le père ; la* se met devant un nom singulier féminin, *la mère ; les* se met devant tous les noms pluriels,

---

§ 15. *Article* vient du latin *articulus,* jointure. L'article est un mot qui sert à attacher, à *joindre* les uns aux autres les mots qui sont, pour ainsi dire, les membres du corps de la phrase, et à établir le rapport qu'ils ont entre eux : dans cette phrase, *j'admire la bonté de Dieu,* l'article (*la*) unit le régime (*bonté*) au verbe (*j'admire*), et exprime le rapport qui existe entre ces deux mots. — L'article détermine l'étendue de la signification des mots : quand je dis *un courrier est arrivé,* le mot *courrier* est pris dans un sens vague et indéterminé ; mais quand je dis *le courrier est arrivé,* la signification du mot *courrier* est restreinte par l'article qui indique que je parle non d'un courrier quelconque, mais du courrier qui était attendu.

soit masculins, soit féminins, *les pères, les mères*. Ainsi, l'on connaît qu'un nom est du genre masculin, quand on peut mettre *le* devant ce nom : on connaît qu'un nom est du genre féminin, quand on peut mettre *la*.

§ 16. Il y a deux remarques à faire sur l'article.

Première remarque. On retranche *e* dans le mot *le*, on retranche *a* dans *la*, quand le mot suivant commence par une voyelle ou une *h* muette.

Ainsi l'on dit *l'argent* pour *le argent*, *l'histoire* pour *la histoire;* mais alors on met à la place de la lettre retranchée cette petite figure ('), qu'on appelle *apostrophe*. *Voyez* au mot *Orthographe*.

Deuxième remarque. Pour joindre un nom à un mot précédent, on met *de* ou *à* devant ce nom : *fruit* de l'*arbre, utile* à l'*homme*.

Alors, au lieu de mettre *de le* devant un nom masculin singulier qui commence par une consonne, on met *du*.

Au lieu de *à le*, on met *au*.

Devant un nom pluriel, *de les* se change en *des*, *à les* se change en *aux*.

EXEMPLES :

Singulier masculin.

Le Père.
Maison *du* Père, pour *de le* Père.
Je plais *au* Père, pour *à le* Père.

Pluriel masculin.

Les Pères.
Maison *des* Pères, pour *de les* Pères.
Je plais *aux* Pères, pour *à les* Pères.

Au contraire, *de* et *à* devant *la* ne se changent jamais.

---

§ 16. *Le, la, les*, s'appellent articles simples ; *du, au, des, aux*, s'appellent articles composés ou contractés : en effet, *du* est une contraction pour *de le* ; *au*, pour *à le* ; *des*, pour *de les* ; *aux*, pour *à les*.

Singulier féminin.

La Mère.
De la Mère.
A la Mère.

Pluriel féminin.

Les Mères.
Des Mères, pour *de les* Mères.
Aux Mères, pour *à les* Mères.

CHAPITRE III.

TROISIÈME ESPÈCE DE MOTS.

L'ADJECTIF.

§ 17. L'adjectif est un mot que l'on joint au nom pour marquer la qualité d'une personne ou d'une chose, comme *bon* père, *bonne* mère, *beau* livre, *belle* image : ces mots *bon, bonne, beau, belle,* sont des adjectifs joints aux noms *père, mère,* etc.

On connaît qu'un mot est adjectif, quand on peut y joindre le mot *personne* ou *chose :* ainsi, *habile, agréable,* sont des adjectifs, parce qu'on peut dire *personne habile, chose agréable.*

Les adjectifs ont les deux genres *masculin* et *féminin.* Cette différence de genre se marque ordinairement par la dernière lettre.

Comment se forme le féminin dans les adjectifs français.

§ 18. PREMIÈRE RÈGLE. Les adjectifs terminés par un *e* muet ne changent pas de terminaison au fé-

---

§ 17. *Adjectif* signifie plutôt qui *ajoute à,* que *ajouté à.* La terminaison *if* exprime, en général, un sens actif. *Destructif* ne signifie pas *détruit,* mais qui porte la destruction; *corrosif* ne signifie pas *rongé,* mais *qui ronge.*

...minin, et, par conséquent, sont des deux genres.
Ex. : *Un homme aimable, une femme aimable.*

Cependant *maître, traître,* font *maîtresse, traîtresse;* mais
c'est sans doute parce qu'on emploie souvent ces adjectifs substantivement.

§ 19. DEUXIÈME RÈGLE. Quand un adjectif ne finit
point par un *e* muet, on y ajoute un *e* muet pour former le féminin : *prudent, prudente; saint, sainte; méchant, méchante; petit, petite; grand, grande; poli,
polie; vrai, vraie; pur, pure; sensé, sensée.*

EXCEPTIONS.

Sont exceptés :

§ 20. 1° Les adjectifs où l'usage a voulu qu'on dou-
blât la consonne finale en y ajoutant un *e* muet; tels
sont la plupart des adjectifs en *el, eil, ol, ien, on, as,
ul, et, ot, ais, ès,* comme *cruel, pareil, fol, mol, ancien,
bon, gras, gros, nul, net, sot, épais,* etc., qui font au
féminin *cruelle, pareille, folle, molle, ancienne, bonne,
grasse, grosse, nulle, nette, sotte, épaisse,* etc.

Au lieu de *fol, mol,* on se sert de *fou, mou,* quand ces adjectifs sont placés après le substantif. Ex. : *C'est un homme fou*
(*c'est un fou*); *c'est un homme mou.* Mais on dit *un fol espoir,
le mol édredon.*

Les adjectifs *mauvais, niais, ras, complet, discret, inquiet,
replet, secret, dévot, espagnol,* suivent la règle générale,
c'est-à-dire prennent seulement un *e* muet au féminin, sans
doubler la consonne : *mauvaise, niaise, rase, complète, discrète,
inquiète, replète, secrète, dévote, espagnole.* — *Absous, dis-
sous* font *absoute, dissoute. Favori* fait *favorite.*

2° *Beau* et *nouveau* font au féminin *belle, nouvelle,*
parce qu'au masculin on dit aussi *bel, nouvel,* devant
une voyelle ou une *h* muette : *bel oiseau, bel homme,
nouvel appartement.*

3° *Blanc, franc, sec, frais,* font au féminin *blanche,
franche, sèche, fraîche.*

4° *Public, caduc, grec, turc,* font *publique, caduque,
grecque, turque.*

5° *Long* fait *longue; tiers, tierce* (une *tierce* personne).

6° *Malin, bénin,* font *maligne, bénigne,*

1*

7° Les adjectifs en *f* changent cette lettre en *ve* : *actif, active ; naïf, naïve ; bref, brève ; neuf, neuve*.

8° Les adjectifs terminés en *x* changent *x* en *se* : *dangereux, dangereuse ; honteux, honteuse ; jaloux, jalouse*, etc. ; cependant *doux* fait *douce ; roux, rousse ; faux, fausse ; vieux, vieille*, du masculin *vieil* qu'on emploie devant un substantif commençant par une voyelle ou une *h* muette : *vieil arbre, vieil habit*.

9° Les adjectifs en *eur*, formés d'un participe présent par le changement de *ant* en *eur*, font ordinairement *euse* au féminin : (trompant) *trompeur, trompeuse ; parleur, parleuse ; chanteur, chanteuse*. (On dit *cantatrice*, pour désigner une femme qui a une réputation dans l'art du chant.) Cependant *pécheur* fait *pécheresse ; vengeur, vengeresse ; enchanteur, enchanteresse ; demandeur* (qui forme une demande en justice), *demanderesse ; défendeur* (qui se défend contre le demandeur), *défenderesse*.

10° Les adjectifs en *teur*, qui ne viennent pas du participe présent en changeant *ant* en *eur*, changent *teur* en *trice* : (accusant) *accusateur, accusatrice ; conducteur, conductrice ; protecteur, protectrice*, etc.

11° Ceux des adjectifs en *eur* qui expriment *comparaison* prennent un *e* muet au féminin : *meilleur, meilleure ; supérieur, supérieure ; antérieur, antérieure*, etc.

12° *Ambassadeur* fait *ambassadrice ; gouverneur, gouvernante ; serviteur, servante*.

13° Les mots qui expriment des états qui sont censés ne convenir qu'à l'homme n'ont point de féminin ; tels sont : *auteur, compositeur, professeur*, etc. On dit *une femme auteur, cette femme est un professeur habile*, etc.

14° *Fat, châtain*, n'ont pas de féminin.

Comment se forme le pluriel dans les adjectifs.

§ 21. Le pluriel dans les adjectifs se forme comme dans les noms en ajoutant *s* à la fin : *bon, bonne*, au pluriel *bons, bonnes*, etc.

Cette règle est sans exception pour les adjectifs féminins ; mais il y a *trois exceptions* pour les adjectifs masculins.

PREMIÈRE EXCEPTION. Les adjectifs terminés au singulier par *s* ou par *x*, tels que *gras*, *gros*, *hideux*, ne changent point de terminaison au pluriel.

DEUXIÈME EXCEPTION. Les adjectifs terminés en *eau* prennent un *x* au pluriel ; ainsi *beau*, *nouveau*, font *beaux*, *nouveaux*.

TROISIÈME EXCEPTION. La plupart des adjectifs terminés en *al* forment leur pluriel masculin en changeant *al* en *aux*, comme *égal*, *égaux* ; *cardinal*, *cardinaux* ; *général*, *généraux* ; *oriental*, *orientaux* ; *principal*, *principaux* ; *royal*, *royaux* ; *rural*, *ruraux*, etc.

Mais plusieurs adjectifs en *al* n'ont pas de pluriel masculin ; tels sont : *amical*, *austral*, *boréal*, *brumal*, *crural*, *doctoral*, *fatal*, *filial*, *frugal*, *glacial*, *immémorial*, *littéral*, *magistral*, *marital*, *médical*, *monacal*, *musical*, *naval*, *pascal*, *pastoral*, *proverbial*.

N. B. L'Académie donne *trivial*, *triviaux* (peu usité) ; *vénal*, *vénaux*. (*Détails triviaux*, *officiers vénaux*.)

Ces adjectifs sont usités au pluriel féminin : Des aurores *boréales*, des expressions *proverbiales*, etc. Quelques grammairiens même ont donné à plusieurs de ces adjectifs un pluriel masculin : *Les signes austraux*, *des conseils amicals*, *des cierges pascals*, *des devoirs conjugaux*, etc. (*Voyez* la Gramm. des Gramm.)

Accord des adjectifs avec les noms.

§ 22. RÈGLE. Tout adjectif doit être du même genre et du même nombre que le nom auquel il se rapporte.

EXEMPLES. *Le bon père*, *la bonne mère* : *bon* est du masculin et du singulier, parce que *père* est du masculin et du singulier ; *bonne* est du féminin et du singulier, parce que *mère* est du féminin et du singulier.

De beaux jardins, *de belles fleurs* : *beaux* est du masculin et au pluriel, parce que *jardins* est du masculin et au pluriel, etc.

§ 23. Quand un adjectif se rapporte à deux noms singuliers, on met cet adjectif au pluriel, parce que deux singuliers valent un pluriel.

EXEMPLE. *Le roi et le berger sont égaux après la mort* (et non pas *égals*).

Si les deux noms sont de différents genres, on met l'adjectif au masculin.

EXEMPLE. *Mon père et ma mère sont contents* (et non pas *contentes*).

Place des adjectifs.

§ 24. Parmi les adjectifs, il y en a qui se mettent devant le nom, comme *beau jardin*, *grand arbre*, etc. D'autres se mettent après le nom, comme *habit rouge*, *table ronde*, etc. L'usage est le seul guide à cet égard. *Voyez* ci-après.

Régime des adjectifs.

§ 25. RÈGLE. Pour joindre un nom à un adjectif précédent, on met *de* ou *à* entre cet adjectif et le nom; alors on appelle ce nom le *régime* de l'adjectif.

EXEMPLES. *Digne de récompense, content de son sort, utile à l'homme, semblable à son père, propre à la guerre.* *Récompense* est le régime de l'adjectif *digne*, parce qu'il est joint à cet adjectif par le mot *de*. *L'homme* est le régime de l'adjectif *utile*, parce qu'il est joint à cet adjectif par le mot *à*.

Degrés de signification dans les adjectifs.

§ 26. On distingue dans les adjectifs trois degrés de signification : le *positif*, le *comparatif* et le *superlatif*.

§ 27. Le *positif* n'est autre chose que l'adjectif même, comme *beau, belle, agréable*.

---

§ 27. Le positif s'appelle ainsi parce qu'il marque la qualité d'une *manière positive*, sans *augmentation*, ni sans *diminution*. Ce premier degré est, pour ainsi dire, la première pierre qui est *posée* pour servir de fondement aux autres degrés.

Rappelez-vous que la terminaison *if* exprime un sens actif; ainsi *positif* signifie *qui pose, qui établit. Comparatif* signifie *qui compare. Superlatif* (du latin *super*, au-dessus ; *latum*, supin de *ferre*, porter), signifie *qui porte, qui élève au-dessus.*

§ 28. Le *comparatif*, c'est l'adjectif avec comparaison : quand on compare deux choses, on trouve que l'une est *supérieure* à l'autre, ou *inférieure* à l'autre, ou *égale* à l'autre. De là trois sortes de comparaisons : la comparaison de *supériorité*, la comparaison d'*infériorité*, et la comparaison d'*égalité*.

Pour marquer un comparatif de *supériorité*, on met *plus* devant l'adjectif, comme *la rose est plus belle que la violette*.

Pour marquer un comparatif d'*infériorité*, on met *moins* devant l'adjectif, comme *la violette est moins belle que la rose*.

Pour marquer un comparatif d'*égalité*, on met *aussi* devant l'adjectif, comme *la rose est aussi belle que la tulipe*.

Le mot *que* sert à joindre les deux choses que l'on compare.

§ 29. Nous avons trois adjectifs qui expriment seuls une comparaison : *meilleur*, au lieu de *plus bon*, qui ne se dit pas ; *moindre*, au lieu de *plus petit* ; *pire*, au lieu de *plus mauvais* : comme *la vertu est meilleure que la*

---

§ 28. Pour marquer le comparatif de supériorité, on se sert aussi de *mieux*, qu'il ne faut pas employer pour *plus*. *Mieux* signifie d'une manière *plus accomplie* ; *plus* signifie d'une manière *plus étendue*. Ainsi l'on dira : *votre habit est mieux fait que le mien ; mon habit est plus grand que le vôtre*.

Le comparatif d'infériorité s'exprime encore par *ne... pas si*. Ex. : *La violette n'est pas si belle que la rose*.

La comparaison d'égalité peut encore s'exprimer par *ne... pas moins* : *la rose n'est pas moins belle que la tulipe*. — On l'exprime par *autant* avec un verbe et un substantif : *on admire autant le mérite modeste, qu'on méprise une sotte présomption* ; ou par *autant* répété : *autant on admire... autant on méprise*.

§ 29. *Plus* se joint à *bon* dans certaines façons de parler, comme *il n'est plus bon à rien*, mais alors *plus* n'exprime pas comparaison. On dit encore : *quand les Athéniens sont bons, ils le sont plus que les autres peuples*, c'est-à-dire, *ils sont bons plus que les autres peuples ne le sont*. Les comparatifs *plus petit, plus mauvais*, sont usités : *ma chambre est plus petite que la vôtre. Ce chemin est encore plus mauvais que l'autre*.

science ; cette colonne est moindre *que l'autre ; le men-songe est* pire *que l'indocilité.*

§ 30. L'adjectif est au *superlatif* quand il exprime la qualité dans un très-haut degré, ou dans le plus haut degré ; de là deux sortes de superlatifs, le superlatif *absolu* et le superlatif *relatif.*

§ 31. On forme le superlatif absolu en plaçant les mots *très, fort, bien, extrêmement, le plus,* etc., avant l'adjectif, comme *Paris est une* très-belle *ville.* Ce superlatif s'appelle *absolu,* parce qu'il exprime la qualité *absolument,* c'est-à-dire sans relation à aucune autre chose. Quand je dis *Paris est une très-belle ville,* je ne compare *Paris* à aucune autre ville.

§ 32. Pour former le superlatif relatif, on met *le, la, les, de, du, des,* etc., *mon, ton, son, notre, votre, leur,* avant *plus, moins, meilleur, moindre, pire.* Ce superlatif s'appelle relatif, parce qu'il exprime une *relation* à une autre chose. Ex. : *Paris est* la plus belle *des villes.* Dans cette phrase on établit une *relation,* une compa-

---

§ 31. Le superlatif *absolu* (du latin *absolutus,* séparé, détaché) exprime, comme le superlatif relatif, une qualité à un degré plus ou moins élevé, mais sans comparaison, sans relation avec une autre chose. Alors l'article (*le*) qui précède les mots *plus, moins,* est pris adverbialement, c'est-à-dire qu'il ne s'accorde ni en genre ni en nombre avec le substantif qui précède. Ainsi l'on dira : *Paris est une des villes qui sont* le plus *fréquentées,* c'est comme si l'on disait : *il y a des villes qui sont très-fréquentées, et Paris est une de ces villes.* — Le superlatif absolu se forme en plaçant devant l'adjectif un de ces mots *fort, très, bien, infiniment, extrêmement, le plus, le moins, le mieux : Dieu est* infiniment *bon. Cet homme est* fort *savant. C'est un des hommes qui sont* le moins *estimés.*

§ 32. *Relatif* (du latin *referre,* supin *relatum,* rapporter) signifie *qui a rapport à.* On forme le superlatif relatif en plaçant *le, la, les, du, de la, des, au, à la, aux, mon, ton, son, notre, votre, leur,* avant les mots *plus, pire, meilleur, moindre, moins : Je préfère une maison de campagne au plus beau palais. C'est* mon meilleur *ami,* ou, le meilleur *de mes amis. La pire des erreurs est celle qui est volontaire.* — On répète *plus* et *moins* avec l'article devant chaque adjectif : *Ce sont les plus estimables et les plus honnêtes gens que je connaisse.*

raison entre Paris et les autres villes, et on trouve que *Paris est la plus belle des villes.*

Adjectifs et noms de nombre.

§ 33. Les adjectifs de nombre sont ceux dont on se sert pour compter.

Il y en a de deux sortes : les adjectifs de nombre *cardinaux*, et les adjectifs de nombre *ordinaux*. Les adjectifs de nombre *cardinaux* servent à marquer la *quantité* des personnes et des choses, et répondent à cette question, *combien y en a-t-il?* Les adjectifs de nombre *ordinaux* servent à marquer *l'ordre* et *le rang* que les personnes et les choses occupent entre elles. Ils répondent à la question *le quantième est-il?*

§ 34. Les adjectifs de nombre *cardinaux* sont *un, deux, trois, quatre, cinq, six, sept, huit, neuf, dix, onze, douze, treize, quatorze, quinze, seize, dix-sept, dix-huit, dix-neuf, vingt, trente, quarante,* etc., etc.

§ 35. Les adjectifs de nombre *ordinaux* se forment des *cardinaux*. Ce sont *premier, deuxième, troisième, quatrième, cinquième, sixième, septième, huitième, neuvième, dixième, onzième, douzième, treizième, quatorzième, quinzième, seizième, dix-septième, dix-huitième, dix-neuvième, vingtième, vingt-unième, vingt-deuxième,* etc., *trentième, quarantième,* etc., etc.

---

§ 33. *Cardinal* vient du latin *cardo*, génitif *cardinis*, gond sur lequel tourne une porte. *Cardo rei* signifie le point *fondamental* d'une *affaire*; de là, *cardinal* signifie *radical, fondamental*. Ces noms sont le *fondement* des autres noms de nombre. — *Ordinal* vient du latin *ordo, ordinis*, ordre, rang.

§ 35. Excepté *premier* et *second*, tous les noms de nombre *ordinaux* se forment des *cardinaux*: 1° en ajoutant *ième* à ceux qui finissent par une consonne: *un, unième*, excepté *cinq*, qui fait *cinquième, neuf*, qui fait *neuvième*; 2° en changeant *e* en *ième*, dans ceux qui finissent par *e* : *quatre, quatrième, douze, douzième*. etc. ; *unième* ne s'emploie qu'à la suite des autres noms de nombre.

§ 36. Il y a encore des noms de nombre qui servent à marquer une certaine quantité, comme une *dizaine*, une *douzaine*, une *vingtaine*, une *trentaine*, etc.

§ 37. Il y en a encore d'autres qui marquent les parties d'un tout, comme la *moitié*, le *tiers*, le *quart*, le *cinquième*, le *sixième*, ainsi de suite, en se servant des nombres ordinaux.

§ 38. Enfin, il y en a qui servent à multiplier, comme le *double*, le *triple*, le *quadruple*, etc.

---

§ 36. Ces noms de nombre s'appellent *collectifs*, parce qu'ils expriment une certaine quantité (*une collection*) d'objets. Les suivants sont les seuls usités : une *dizaine*, une *douzaine*, une *quinzaine*, une *vingtaine*, une *trentaine*, une *quarantaine*, une *cinquantaine*, une *soixantaine*, une *centaine*. *Huitaine* ne se dit guère qu'en parlant des jours. *Neuvaine* signifie prières qu'on fait pendant neuf jours.

§ 37. On les appelle parties *aliquotes*, du latin ALIQUOT, *quelques*, parce qu'ils désignent *quelques* parties d'un tout. On les appelle aussi *nombres distributifs*.

§ 38. On les appelle *multiples*, du latin *multi-plex*, multiple (*multus*, plusieurs, *plico*, plier), parce qu'ils contiennent d'autres nombres *plusieurs* fois; ou *proportionnels*, parce qu'ils expriment la *proportion* dans laquelle on prend certains objets par rapport à d'autres. — Les suivants sont les seuls usités : le *double*, le *triple*, le *quadruple*, le *quintuple*, le *sextuple*, le *décuple*, le *centuple*. — *Octuple*, *nonuple*, peu usités comme adjectifs, sont tout à fait inusités comme substantifs.

Remarque. Les nombres cardinaux et les nombres ordinaux sont *adjectifs*; les nombres *collectifs*, les *distributifs* et les *multiples*, sont *substantifs*.

CHAPITRE IV.

QUATRIÈME ESPÈCE DE MOTS.

DU PRONOM.

§ 39. Le *pronom* est un mot qui tient la place du nom.

Pronoms personnels.

§ 40. Les pronoms *personnels* sont ceux qui désignent les personnes.

Il y a trois personnes : la première personne est celle qui parle ; la seconde personne est celle à qui l'on parle ; la troisième personne est celle de qui l'on parle.

Pronom de la première personne.

§ 41. Ce pronom est des deux genres : masculin, si c'est un homme qui parle ; féminin, si c'est une femme.

EXEMPLES.

Singulier. Je *ou* moi.

Me, pour à moi, moi.

> *Le maître* me *donnera un livre,* c'est-à-dire *donnera* à moi.
> *Le maître* me *regarde,* c'est-à-dire *regarde* moi.

Pluriel. Nous.

---

§ 39. *Pronom* vient du latin *pronomen* : *pro*, pour ; *nomen*, nom (pour le nom, à la place du nom).

§ 40. Le mot *personne* vient du latin *persona*, le masque dont les acteurs se couvraient le visage sur le théâtre. Il signifie par extension *acteur, personnage, rôle.* Ainsi être la première, la seconde ou la troisième personne, c'est jouer le premier, le second ou le troisième rôle dans le discours. Voilà pourquoi, en ce sens, le mot *personne* se dit également des hommes et des choses. (*Persona* vient de *personare*, sonner, résonner à travers ; la voix résonnait à travers le masque.)

Remarque. Nous est aussi pour *à nous, nous :* le maître *nous* parle, c'est-à-dire parle *à nous;* le maître *nous* aime, c'est-à-dire aime *nous.*

Pronom de la seconde personne.

§ 42. Il est des deux genres : masculin, si c'est à un homme qu'on parle ; féminin, si c'est à une femme.

EXEMPLES.

Singulier. Tu *ou* toi.

Te, *pour* à toi, toi.
$\left\{\begin{array}{l}\textit{Le maître te donnera un livre,}\\ \text{c'est-à-dire } \textit{donnera à toi.}\\ \textit{Le maître te regarde, c'est-à-}\\ \text{dire } \textit{regarde toi.}\end{array}\right.$

Pluriel. Vous.

Première remarque. Vous s'emploie aussi pour *à vous, vous :* le maître *vous* parle, c'est-à-dire parle *à vous ;* le maître *vous* aime, c'est-à-dire *aime vous.*

Deuxième remarque. Par politesse on dit *vous* au lieu de *tu* au singulier ; par exemple, en parlant à un enfant, *vous* êtes bien *aimable.*

Pronom de la troisième personne.

EXEMPLES.

§ 43. *Singulier. Masculin,* il. *Féminin,* elle.

Lui, *pour* à lui, à elle.
$\left\{\begin{array}{l}\textit{Je lui dois de l'estime, c'est-}\\ \text{à-dire } \textit{je dois à lui, à elle.}\end{array}\right.$

Masculin, le.
$\left\{\begin{array}{l}\textit{Je le connais, c'est-à-dire}\\ \textit{je connais lui.}\end{array}\right.$

Féminin, la.
$\left\{\begin{array}{l}\textit{Je la connais, c'est-à-dire}\\ \textit{je connais elle.}\end{array}\right.$

---

§ 42. *Nous* s'emploie aussi au lieu de *je,* pour parler de soi avec une certaine réserve : *nous* ne *nous* croyons pas *inférieur* à notre concurrent. Dans ce cas l'*adjectif* ou le *participe* qui se rapporte au pronom *nous,* comme celui qui se rapporte au pronom *vous,* reste au *singulier.*

Pluriel. Masculin, ils *ou* eux. *Féminin*, elles.

Leur *pour* à eux, à elles. { *Je* leur *dois le respect,* c'est-à-dire *je dois* à eux, à elles.

Les *pour* eux, elles. { *Je* les *connais,* c'est-à-dire *je connais* eux, elles.

§ 44. Il y a encore un pronom de la troisième personne, *soi*, *se ;* il est des deux genres et des deux nombres : on l'appelle *pronom réfléchi,* parce qu'il marque le rapport d'une personne à elle-même.

EXEMPLES.

De soi.

Se *pour* à soi, soi. { *Il* se *donne des louanges,* c'est-à-dire *il donne* à soi.
{ *Il* se *flatte,* c'est-à-dire *il flatte* soi.

Se s'emploie aussi pour

à *eux, eux.* { *Ils* se *donnent des louanges,* c'est-à-dire *ils donnent* à eux.
{ *Ils* se *flattent,* c'est-à-dire *ils flattent* eux.

§ 45. Il y a deux mots qui servent de pronoms, savoir :

1° *En*, qui signifie *de lui, d'elle, d'eux, d'elles :* ainsi, quand on dit *j'en parle,* on peut entendre, je parle *de lui, d'elle,* etc., selon la personne ou la chose dont le nom a été exprimé auparavant.

2° *Y*, qui signifie *à cette chose, à ces choses,* comme quand on dit : je m'y applique, c'est-à-dire je m'applique *à cette chose, à ces choses.*

---

§ 44. *Réfléchi* vient du latin *reflexus,* qui signifie *replié* (sur soi-même). Ainsi le pronom *réfléchi* exprime que l'action faite par le sujet du verbe *se replie,* c'est-à-dire revient sur le sujet lui-même. Quand je dis *Pierre se loue,* c'est le sujet *Pierre* qui fait l'action de *louer,* et cette action, il la reporte sur lui-même.

Règle des pronoms.

§ 46. Les pronoms *il, elle, ils, elles,* doivent toujours être du même genre et du même nombre que le nom dont ils tiennent la place. Ainsi, en parlant de la tête, dites : elle *me fait mal; elle,* parce que ce pronom se rapporte à *tête,* qui est du féminin et du singulier. En parlant de plusieurs jardins, dites : ils *sont beaux ; ils,* parce que ce pronom se rapporte à *jardins,* qui est du masculin et du pluriel.

Pronoms possessifs.

§ 47. Les pronoms possessifs marquent la possession des personnes ou des choses qu'ils représentent.

SINGULIER.		PLURIEL.	
Masculin.	*Féminin.*	*Masculin.*	*Féminin.*
Le mien,	La mienne.	Les miens,	Les miennes.
Le tien,	La tienne.	Les tiens,	Les tiennes.
Le sien,	La sienne.	Les siens,	Les siennes.
		Des deux genres.	
Le nôtre,	La nôtre.	Les nôtres.	
Le vôtre,	La vôtre.	Les vôtres.	
Le leur.	La leur.	Les leurs.	

Le mien, la mienne, les miens, les miennes; le tien, la tienne, les tiens, les tiennes; le sien, la sienne, les siens, les siennes, n'ont rapport qu'à une seule personne (ne désignent qu'un seul possesseur). Ex. : *Ce ne sont pas vos livres, ce sont les miens* ou *les siens,* c'est-à-dire *les livres de moi* ou *de lui.*

Le nôtre, la nôtre, les nôtres; le vôtre, la vôtre, les vôtres; le leur, la leur, les leurs, se rapportent à plusieurs personnes (désignent plusieurs possesseurs). Ex. : *Ce ne sont pas tes livres, ce sont les nôtres,* c'est-à-dire *les livres de nous ; ce ne sont pas nos livres, ce sont les vôtres, les leurs,* c'est-à-dire *les livres de vous, d'eux.* — On voit que ces pronoms doivent toujours se rapporter à un nom exprimé auparavant.

Adjectifs pronominaux possessifs.

§ 48. Il y a des pronoms adjectifs qui marquent la possession d'une chose, comme *mon* livre, *votre* cheval, *son* chapeau; c'est-à-dire le livre *qui est à moi*, le cheval *qui est à vous*, le chapeau *qui est à lui*.

SINGULIER.		PLURIEL.
Masculin.	*Féminin.*	*Des deux genres.*
Mon,	Ma.	Mes.
Ton,	Ta.	Tes.
Son,	Sa.	Ses.
Des deux genres.		
Notre.		Nos.
Votre.		Vos.
Leur.		Leurs.

Première remarque. Les adjectifs pronominaux possessifs sont toujours joints à un nom : *mon livre, ton chapeau.*

Deuxième remarque. *Mon, ton, son,* s'emploient au féminin devant une voyelle ou une *h* muette : on dit (*) *mon âme,* pour *ma âme; ton humeur,* pour *ta humeur; son épée,* pour *sa épée.*

Les adjectifs pronominaux *notre, votre,* ne prennent jamais l'accent circonflexe. Les pronoms possessifs *le nôtre, le vôtre,* prennent toujours cet accent.

---

§ 48. Ces mots ne tiennent pas la place des noms, mais au contraire ils sont toujours joints à un nom, comme les autres adjectifs ; ce ne sont donc point des pronoms, mais de véritables adjectifs.

(*) On dit de même : *viendra-t-il,* pour *viendra-il: si l'on,* pour *si on :* cette manière de s'exprimer n'est que pour rendre la prononciation plus douce. On l'appelle *euphonie :* du grec *eu,* bien; *phonè,* voix, son.

Pronoms démonstratifs.

§ 49. Il y a des pronoms démonstratifs qui servent à montrer les objets dont on parle.

Celui-ci, *celle-ci*, s'emploient pour montrer des choses qui sont proches ; *celui-là*, *celle-là*, pour montrer des choses éloignées.

SINGULIER.		PLURIEL.	
Masculin.	*Féminin.*	*Masculin.*	*Féminin.*
Celui,	Celle.	Ceux,	Celles.
Celui-ci,	Celle-ci.	Ceux-ci,	Celles-ci.
Celui-là,	Celle-là.	Ceux-là,	Celles-là.
Ceci.			
Cela.			

Adjectifs démonstratifs.

§ 50. Il y a des adjectifs démonstratifs qui servent à montrer la chose dont on parle, comme quand je dis : *ce livre, cette table*, je montre un livre, une table.

SINGULIER. *Masculin*, ce, cet. *Féminin*, cette.

PLURIEL *des deux genres.* Ces.

Remarque. On met *ce* devant les noms qui commencent par une consonne ou une *h* aspirée : *ce village, ce hameau ;* on met *cet* devant une voyelle ou une *h* muette : *cet oiseau, cet homme.*

---

§ 50. Il y a une distinction à établir entre les adjectifs et les pronoms démonstratifs. *Ce, cet,* sont des adjectifs démonstratifs, parce qu'ils sont toujours joints à un nom : *ce livre, cet homme, ces enfants*, etc. Mais *celui, celle, ceux, celles, celui-ci,* etc., *ceci, cela,* sont des pronoms démonstratifs, parce qu'ils tiennent la place d'un nom. Ex. : *voici deux* livres, *choisissez* celui *que vous voudrez ;* celui est mis pour *le livre ;* c'est comme si l'on disait, *choisissez* le livre *que vous voudrez.* — *Ce* lui-même devient pronom démonstratif lorsqu'il est joint au verbe *être,* ou suivi de *qui, que.* Ex. : *Ce qui me plaît, ce que j'aime,* c'est *la modestie ; ce* peut signifier *la chose, la vertu* (qui me plaît, c'est, etc.). (*Voyez* la Syntaxe, § 238.)

Pronoms relatifs.

§ 51. Il y a des pronoms *relatifs*, c'est-à-dire qui ont rapport à un nom qui est devant, comme quand je dis : *Dieu* qui *a créé le monde, qui* se rapporte à *Dieu : le livre* que *je lis, que* se rapporte à *livre :* le mot auquel *qui* ou *que* se rapporte s'appelle *antécédent.* Dans les deux exemples ci-dessus, *Dieu* est l'antécédent du pronom relatif *qui ; livre* est l'antécédent du pronom relatif *que.*

Qui,
Dont *ou* de qui, } *des deux genres et des deux nombres.*
Que,

Règle *du* Qui *ou* Que *relatif.*

Qui, que relatif, s'accorde avec son antécédent en *genre,* en *nombre* et en *personne :* ainsi, dans cet exemple : *l'enfant* qui *joue, qui* est du singulier et de la troisième personne, parce que *l'enfant* est du singulier et de la troisième personne : il est du masculin, si c'est un petit garçon qui joue ; il est du féminin, si c'est une petite fille.

---

§ 51. Voici la liste complète des pronoms relatifs : *qui, que, quoi, lequel, laquelle, dont, où, le, la, les, en, y.* Ces pronoms représentent toujours le nom qui les précède, c'est-à-dire l'antécédent. Ainsi, dans cette phrase : *j'adore* Dieu qui *a créé le monde, qui* se rapporte à *Dieu,* et représente ce mot ; c'est comme si je disais, *j'adore Dieu, lequel Dieu. Voulez-vous* ces livres ? *je vous les donnerai,* c'est-à-dire *je vous donnerai* ces *livres,* etc. *La maison d'où je sors,* c'est-à-dire *de laquelle maison je sors.*—Tous ces pronoms, à l'exception de *lequel,* sont des deux genres et des deux nombres. *Lequel* prend le genre et le nombre du nom auquel il se rapporte. Il est composé de l'article *le, la, les,* et de l'adjectif *quel, quelle, quels, quelles.* (On écrit en deux mots *de laquelle, à laquelle,* et en un seul mot toutes les autres parties du pronom, comme *lequel, duquel, auquel, desquelles,* etc.)

Quelques grammairiens donnent à ces pronoms le nom de *conjonctifs,* parce qu'ils servent, comme les *conjonctions,* à unir deux membres de phrase. Par exemple, si je veux joindre ensemble ces deux idées : *je vois Pierre, il lit,* je me servirai d'un pronom *relatif* ou *conjonctif,* et je dirai : *je vois Pierre* qui *lit.*

Pronoms interrogatifs.

§ 52. Il y a des pronoms *interrogatifs : qui? quel?
quelle?* comme quand on dit : QUI *a fait cela?* QUE
vous dirai-je? Qui ou *que* est interrogatif, quand il n'a
point d'antécédent, et qu'on peut le tourner par *quelle
personne?* ou *quelle chose?* Dans les deux exemples ci-
dessus on peut dire : *quelle* personne *a fait cela? quelle*
chose *vous dirai-je?*

Pronoms indéfinis.

§ 53. Les pronoms *indéfinis* désignent les personnes
et les choses, mais d'une manière *vague* et *indéfinie.*

Il y a deux sortes de pronoms *indéfinis.*

1° Ceux qui ne se joignent jamais à un nom, comme
*on, quelqu'un, quelqu'une, quiconque, chacun, chacune,
autrui, personne, l'un, l'autre, l'une, l'autre, qui que
ce soit, quoi que ce soit, quoi que, rien.* Quand je dis :
On *frappe à la porte;* quelqu'un *vous appelle,* je parle
d'une personne, mais je ne désigne pas laquelle.

2° Ceux qui sont tantôt joints à un nom et tantôt
seuls, comme *nul, nulle; aucun, aucune; pas un; l'un
et l'autre, l'une et l'autre; le même; tel, telle; plusieurs; tout, toute.* Ex. : Nul *n'est irréprochable,* ou nul
homme *n'est irréprochable;* c'est le même homme *que je
vis hier,* ou c'est le même *que je vis hier,* etc.

Adjectifs pronominaux indéfinis.

§ 54. Les adjectifs pronominaux *indéfinis* sont *chaque, quelconque, certain, quelque* (en un seul mot);
quel que, quelle que (en deux mots); *tout... que,
quelque... que.* Exemples : Quelques *nouvelles,* certain
auteur, quel que *soit votre mérite,* quelle que *soit votre
fortune;* quelques *richesses* que *vous ayez;* tout *savant*
que *vous êtes; la campagne* toute *belle* qu'elle est.

CHAPITRE V.

CINQUIÈME ESPÈCE DE MOTS.

LE VERBE.

§ 55. Le *verbe* est un mot dont on se sert pour exprimer que l'on est ou que l'on fait quelque chose : ainsi le mot *être, je suis*, est un verbe ; le mot *lire, je lis*, est un verbe.

On connaît un verbe en français quand on peut y ajouter ces pronoms *je, tu, il, nous, vous, ils*, comme je *lis*, tu *lis*, il *lit*, nous *lisons*, vous *lisez*, ils *lisent*.

§ 56. Il y a trois personnes dans les verbes.

Les pronoms *je, nous*, marquent la première personne, c'est-à-dire celle qui parle ; *tu, vous*, marquent la seconde personne, c'est-à-dire celle à qui l'on parle ; *il, elle, ils, elles*, et tout nom placé devant un verbe, marquent la troisième personne, celle de qui l'on parle.

§ 57. Il y a dans les verbes deux nombres : le *singulier*, quand on parle d'une seule personne, comme *je lis, l'enfant dort* ; le *pluriel*, quand on parle de plusieurs personnes, comme *nous lisons, les enfants dorment*.

§ 58. Il y a trois temps principaux : le *présent*, qui marque que la chose est ou se fait actuellement, comme *je lis* ; le *passé* ou *prétérit*, qui marque que la chose a été faite, comme *j'ai lu* ; le *futur*, qui marque que la chose sera ou se fera, comme *je lirai*.

---

§ 55. Le *verbe*, du latin *verbum*, mot, s'appelle ainsi parce qu'il est le *mot* essentiel, le mot par excellence. *Voyez* ci-après la définition du verbe, 2e partie, Syntaxe.

§ 58. Le *présent* n'a qu'un seul temps, parce qu'une époque ne saurait être plus ou moins *présente*; dès qu'elle n'est pas présente, elle est nécessairement ou *passée* ou *future*. Mais il y a plusieurs sortes de *passés*, plusieurs sortes de *futurs*, parce qu'une époque peut être plus ou moins *passée*, plus ou moins *future*.

§ 59. On distingue six sortes de prétérits ou passés, savoir : un *imparfait*, *je lisais;* quatre *parfaits*, *je lus*, *j'ai lu*, *j'eus lu*, *j'ai eu lu;* et un *plus-que-parfait*, *j'avais lu.*

§ 60. On distingue aussi deux futurs, le futur *simple*, *je lirai*, et le futur *passé*, *j'aurai lu.*

§ 61. Il y a cinq modes ou manières de signifier dans les verbes français :

---

§ 59. L'*imparfait* est ainsi appelé parce qu'il marque qu'une chose se faisait, mais n'était pas achevée, et par conséquent était *imparfaite*. quand une autre chose a eu lieu, comme *je lisais quand vous êtes entré* — Parmi les quatre *prétérits* ou *parfaits*, on distingue, 1° le *prétérit défini :* ce temps s'appelle ainsi parce qu'il marque qu'une chose a été faite à une certaine époque du passé *déterminée, définie*, comme *je lus ce livre hier.* Ce mot *hier* détermine l'époque à laquelle *j'ai lu.* 2° Le *prétérit indéfini :* ce temps s'appelle ainsi parce qu'il marque qu'une chose a été faite à une époque du passé, mais non déterminée, non *définie*, comme *j'ai lu ce livre.* Ce temps peut aussi s'employer pour marquer une époque déterminée, comme *j'ai lu ce livre l'an dernier.* 3° Le *prétérit antérieur* (du latin *ante*, avant) : ce temps s'appelle ainsi parce qu'il marque qu'une chose a été faite dans un temps passé, *avant* une autre chose faite dans un temps également passé, comme *hier dès que j'eus dîné, je sortis.* 4° Le *prétérit antérieur surcomposé :* on se sert de ce temps pour exprimer qu'une chose a été faite avant une autre, dans un temps qui n'est pas encore entièrement écoulé, comme *aujourd'hui dès que j'ai eu dîné, je suis sorti. Aujourd'hui* marque un temps qui n'est pas encore écoulé. Ce temps s'appelle ainsi parce qu'il est doublement composé. Le *plus-que-parfait* s'appelle ainsi parce qu'il marque une chose faite dans un temps *plus* éloigné *que* le temps marqué par le *parfait*, comme *j'avais lu quand il entra.* (*Prétérit* vient du latin *præteritum*, qui signifie *passé.*)

§ 60. Le *futur passé* s'appelle ainsi parce qu'il marque à la fois l'*avenir* et le *passé*, c'est-à-dire parce qu'il marque qu'une chose qui doit avoir lieu sera faite, sera *passée*, quand une autre chose aura lieu, comme *j'aurai lu ce livre quand vous viendrez.*

§ 61. Ces mots *je lis, je lirais, lis, que je lise, lire*, appartiennent tous au même verbe, et désignent la même action, celle de *lire;* mais cette action est diversement *modifiée*, elle est exprimée de plusieurs *manières* différentes; ce sont ces différences que l'on appelle *modes*, du mot latin *modus*, manière.

1° L'*indicatif*, quand on affirme que la chose est, ou qu'elle a été, ou qu'elle sera, comme *je lis, j'ai lu, je lirai.*

2° Le *conditionnel*, quand on dit qu'une chose serait, qu'elle aurait été, moyennant une condition, comme *je lirais* (si j'avais des livres).

3° L'*impératif*, quand on commande de la faire, ou quand on exhorte, quand on invite à la faire, comme *obéis aux lois, aime tes parents.*

4° Le *subjonctif*, quand on souhaite ou qu'on doute qu'elle se fasse, comme *vous souhaitez qu'il* lise ; *je doute qu'il* lise.

5° L'*infinitif*, qui exprime l'action ou l'état en général, sans nombres ni personnes, comme *lire, être.*

§ 62. Réciter de suite les différents modes d'un verbe avec tous leurs temps, leurs nombres et leurs personnes, cela s'appelle *conjuguer.*

Il y a en français quatre conjugaisons différentes, que l'on distingue par la terminaison de l'infinitif.

Indicatif, du latin *indicare*, indiquer, désigner. Ce mode s'appelle ainsi, parce qu'il *indique* l'affirmation d'une manière directe et non dépendante d'un autre mot. — *Impératif*, de *imperare*, commander. Ce mode s'appelle ainsi, parce qu'il exprime le *commandement*. Mais il exprime aussi une *invitation*, une *exhortation* à faire quelque chose. Ex. : *Seigneur, ayez pitié de nous.* — Le *subjonctif* (*subjungere*, ajouter, joindre à) exprime l'affirmation, mais en y joignant l'idée de subordination à un autre verbe, comme *vous souhaitez que je lise* ; ces mots *que je lise* sont subordonnés aux mots *vous souhaitez*, il faut les *joindre* à ces derniers mots pour qu'ils forment un sens. Le *subjonctif* est toujours joint par la conjonction *que* au verbe auquel il est subordonné. — *Infinitif*, du latin *infinitivus*, qui ne détermine point, qui ne *définit* point. Ce mode s'appelle ainsi, parce qu'il exprime l'affirmation d'une manière vague et indéterminée, c'est-à-dire sans déterminer ni les nombres, ni les personnes.

§ 62. *Conjuguer*, du latin *conjugare*, mettre sous un même joug, assembler. C'est assembler et réciter les différentes terminaisons et inflexions que reçoit un verbe selon les modes, les temps et les personnes (en les *soumettant*, pour ainsi dire, aux modes, aux temps et aux personnes).

La première conjugaison a l'infinitif terminé en *er*, comme *aimer*.

La seconde a l'infinitif terminé en *ir*, comme *finir*.

La troisième a l'infinitif terminé en *oir*, comme *recevoir*.

La quatrième a l'infinitif terminé en *re*, comme *rendre*.

§ 63. Il y a deux verbes que l'on nomme *auxiliaires*, parce qu'ils aident à conjuguer tous les autres : nous commencerons par ces deux verbes.

§ 64. VERBE AUXILIAIRE *AVOIR*.

INDICATIF.

	PRÉSENT.	IMPARFAIT.
Sing.	J'ai.	J'avais.
	Tu as.	Tu avais.
	Il, *ou* elle a.	Il avait.
Plur.	Nous avons.	Nous avions.
	Vous avez.	Vous aviez.
	Ils, *ou* elles ont.	Ils, *ou* elles avaient.

---

§ 63. *Auxiliaire*, du latin *auxiliaris*, qui donne *aide*, *secours*.

Il y a cinq sortes de verbes : le *verbe actif*, le *verbe passif*, le *verbe neutre*, le *verbe pronominal* et le *verbe impersonnel*. *Voyez* ci-après la définition de chacun de ces verbes aux différentes conjugaisons.

§ 64. Le verbe *avoir* sert non-seulement à se conjuguer lui-même dans les temps composés, mais encore il sert à conjuguer les temps composés du verbe *être*, des verbes *actifs*, des verbes *impersonnels* et de presque tous les verbes *neutres*.

Règle géné ale. La seconde personne du singulier prend un *s* final dans tous les verbes ; on n'en excepte que *vouloir*, *pouvoir*, *valoir*, *prévaloir*, qui prennent un *x* à la première et à la seconde personne du singulier : *je veux*, *tu veux* ; *je vaux*, *tu vaux*. — Les secondes personnes plurielles des temps simples sont terminées par *s* ou par *z*. (Les temps simples sont ceux qui sont exprimés par un seul mot, comme *j'ai*, *j'avais*, etc.) Elles sont terminées par *s* quand elles sont précédées d'un *e* muet, comme *vous eûtes*, *vous aimâtes*, et par *z* quand l'*e* qui précède est fermé, comme *vous avez*, *vous aimez*.

PRÉTÉRIT DÉFINI.

J'eus.
Tu eus.
Il eut (*).
Nous eûmes.
Vous eûtes.
Ils eurent.

PRÉTÉRIT INDÉFINI.

J'ai eu.
Tu as eu.
Il a eu.
Nous avons eu.
Vous avez eu.
Ils ont eu.

PRÉTÉRIT ANTÉRIEUR.

J'eus eu.
Tu eus eu.
Il eut eu.
Nous eûmes eu.
Vous eûtes eu.
Ils eurent eu.

PLUS-QUE-PARFAIT.

J'avais eu.
Tu avais eu.
Il avait eu.
Nous avions eu.
Vous aviez eu.
Ils avaient eu.

FUTUR.

J'aurai.
Tu auras.
Il aura.
Nous aurons.
Vous aurez.
Ils auront.

FUTUR PASSÉ.

J'aurai eu.
Tu auras eu.
Il aura eu.
Nous aurons eu.
Vous aurez eu.
Ils auront eu.

CONDITIONNELS.

PRÉSENT.

J'aurais.
Tu aurais.
Il aurait.
Nous aurions.
Vous auriez.
Ils auraient.

PASSÉ.

J'aurais eu.
Tu aurais eu.
Il aurait eu.
Nous aurions eu.
Vous auriez eu.
Ils auraient eu.

On dit aussi : *j'eusse eu, tu eusses eu, il eût eu ; nous eussions eu, vous eussiez eu, ils eussent eu.*

(*) *Eut* ne prend l'accent circonflexe que quand on dit *eussent* au pluriel, c'est-à-dire à l'imparfait du subjonctif ; mais on place l'accent circonflexe sur la voyelle qui précède les terminaisons *mes, tes,* à la première et à la seconde personne du pluriel du *prétérit défini*. Ex. : nous *eûmes,* vous *eûtes,* nous *partîmes,* vous *partîtes,* etc.

IMPÉRATIF (*).

Point de première personne.

Aie.
Qu'il ait.
Ayons.
Ayez.
Qu'ils aient.

SUBJONCTIF.

PRÉSENT OU FUTUR.

Que j'aie.
Que tu aies.
Qu'il ait.
Que nous ayons.
Que vous ayez.
Qu'ils aient.

IMPARFAIT.

Que j'eusse.
Que tu eusses.
Qu'il eût.
Que nous eussions.
Que vous eussiez.
Qu'ils eussent.

PRÉTÉRIT.

Que j'aie eu.
Que tu aies eu.
Qu'il ait eu.
Que nous ayons eu.
Que vous ayez eu.
Qu'ils aient eu.

PLUS-QUE-PARFAIT.

Que j'eusse eu.
Que tu eusses eu.
Qu'il eût eu.
Que nous eussions eu.
Que vous eussiez eu.
Qu'ils eussent eu.

INFINITIF.

PRÉSENT.

Avoir.

PRÉTÉRIT.

Avoir eu.

PARTICIPES.

PRÉSENT.

Ayant.

PASSÉ.

Eu, eue, ayant eu.

FUTUR.

Devant avoir.

(*) L'impératif n'a point de première personne au singulier, parce que quand on se commande à soi-même, on se parle toujours à la seconde-personne. On écrit qu'il *ait*, et non qu'il *aie*, à la troisième personne singulière de l'impératif et du présent du subjonctif, par exception à la règle générale qui veut que cette troisième personne se termine toujours par un *e* muet.

§ 65. VERBE AUXILIAIRE *ÊTRE*.

INDICATIF.

PRÉSENT.

Je suis.
Tu es.
Il, *ou* elle est.
Nous sommes.
Vous êtes.
Ils, *ou* elles sont.

IMPARFAIT.

J'étais.
Tu étais.
Il, *ou* elle était.
Nous étions.
Vous étiez.
Ils, *ou* elles étaient.

PRÉTÉRIT DÉFINI.

Je fus.
Tu fus.
Il fut.
Nous fûmes.
Vous fûtes.
Ils furent.

PRÉTÉRIT INDÉFINI.

J'ai été.
Tu as été.
Il a été.
Nous avons été.
Vous avez été.
Ils ont été.

PRÉTÉRIT ANTÉRIEUR.

J'eus été.
Tu eus été.

Il eut été.
Nous eûmes été.
Vous eûtes été.
Ils eurent été.

PLUS-QUE-PARFAIT.

J'avais été.
Tu avais été.
Il avait été.
Nous avions été.
Vous aviez été.
Ils avaient été.

FUTUR.

Je serai.
Tu seras.
Il sera.
Nous serons.
Vous serez.
Ils seront.

FUTUR PASSÉ.

J'aurai été.
Tu auras été.
Il aura été.
Nous aurons été.
Vous aurez été.
Ils auront été.

CONDITIONNELS.

PRÉSENT.

Je serais.
Tu serais.
Il serait.
Nous serions.

Vous seriez.
Ils seraient.

PASSÉ.

J'aurais été.
Tu aurais été.
Il aurait été.
Nous aurions été.
Vous auriez été.
Ils auraient été.

On dit aussi : *j'eusse été, tu eusses été, il eût été ; nous eussions été, vous eussiez été, ils eussent été.*

IMPÉRATIF.

Point de première personne.

Sois.
Qu'il soit (*).
Soyons.
Soyez.
Qu'ils soient.

SUBJONCTIF.

PRÉSENT OU FUTUR.

Que je sois.
Que tu sois.
Qu'il soit.
Que nous soyons.
Que vous soyez.
Qu'ils soient.

IMPARFAIT.

Que je fusse.
Que tu fusses.
Qu'il fût.
Que nous fussions.
Que vous fussiez.
Qu'ils fussent.

PRÉTÉRIT.

Que j'aie été.
Que tu aies été.
Qu'il ait été.
Que nous ayons été.
Que vous ayez été.
Qu'ils aient été.

PLUS-QUE-PARFAIT.

Que j'eusse été.
Que tu eusses été.
Qu'il eût été.
Que nous eussions été.
Que vous eussiez été.
Qu'ils eussent été.

INFINITIF.

PRÉSENT.

Être.

PRÉTÉRIT.

Avoir été.

PARTICIPES.

PRÉSENT.

Étant.

(*) On écrit qu'il *soit*, et non qu'il *soie*, comme on écrit qu'il *ait*, et non qu'il *aie*. *Avoir* et *être* sont les deux seuls verbes qui, à la troisième personne du singulier de l'impératif et du présent du subjonctif, ne finissent pas par un *e* muet.

Le verbe *avoir* sert à former les temps composés des verbes qui expriment une *action*, et le verbe *être* les temps composés des verbes qui expriment un *état*. Ex. : *J'ai pris, j'ai aimé; je suis aimé, je suis pris.*

<table>
<tr><td>PASSÉ.</td><td>FUTUR.</td></tr>
<tr><td>Été, ayant été.</td><td>Devant être.</td></tr>
</table>

§ 66. PREMIÈRE CONJUGAISON.

EN *ER*.

<table>
<tr><td>**INDICATIF.**
PRÉSENT.
J'aime.
Tu aimes.
Il, *ou* elle aime.</td><td>Nous aimons.
Vous aimez.
Ils, *ou* elles aiment.
IMPARFAIT.
J'aimais.</td></tr>
</table>

§ 66. A la première conjugaison, le prétérit défini ne prend jamais de *t* à la troisième personne du singulier : il *aima*, il *chanta*, etc. — La deuxième personne singulière de l'impératif s'écrit sans *s* finale : *aime*, *chante*, etc.

Il faut distinguer dans les verbes le *radical* et la *terminaison*. Le *radical* est invariable : il représente l'idée de l'*action* ou de l'*état* marqué par le verbe. Dans *aim-er*, le radical *aim* indique l'action d'*aimer*, la terminaison *er* indique le présent infinitif. Le radical *aim* n'appartient qu'au verbe *aimer*, mais la terminaison *er* appartient à tous les infinitifs des verbes de la première conjugaison.

Dans *fin-ir*, le radical est *fin*, la terminaison est *ir*, et cette terminaison appartient à tous les infinitifs des verbes de la seconde conjugaison. Ainsi, pour conjuguer un verbe, il suffit d'ajouter au radical les terminaisons de chaque temps et de chaque personne du verbe donné pour modèle dans la grammaire. Ex. : *J'aim-e, tu aim-es, il aim-e, nous aim-ons; je chant-e, tu chant-es, il chant-e, nous chant-ons; j'oubli-e, tu oubli-es, il oubli-e, nous oubli-ons; j'aim-ai*, etc.; *je chant-ai; j'oubli-ai; j'aim-erai; je chant-erai; j'oubli-erai; je fin-is, tu fin-is; j'empl-is, tu empl-is; je recev-ais; je concev-ais; je ren-ds, je rend-is; j'atten-ds, j'attend-is*, etc. La seconde personne singulière de l'impératif des verbes de la seconde conjugaison qui se terminent par *e* à la première personne singulière de l'indicatif présent, s'écrit sans *s* finale, comme *offrir, j'offre*; impératif *offre*, etc. La seconde personne singulière de l'impératif ne prend une *s* finale que quand la première personne de l'indicatif présent, dont elle se forme, en a une.

2*

Tu aimais.
Il, *ou* elle aimait.
Nous aimions.
Vous aimiez.
Ils, *ou* elles aimaient.

PRÉTÉRIT DÉFINI.

J'aimai.
Tu aimas.
Il aima.
Nous aimâmes.
Vous aimâtes.
Ils aimèrent.

PRÉTÉRIT INDÉFINI.

J'ai aimé.
Tu as aimé.
Il a aimé.
Nous avons aimé.
Vous avez aimé.
Ils ont aimé.

PRÉTÉRIT ANTÉRIEUR.

J'eus aimé.
Tu eus aimé.
Il eut aimé.
Nous eûmes aimé.
Vous eûtes aimé.
Ils eurent aimé (*).

PLUS-QUE-PARFAIT.

J'avais aimé.
Tu avais aimé.
Il avait aimé.
Nous avions aimé.
Vous aviez aimé.
Ils avaient aimé.

FUTUR.

J'aimerai.
Tu aimeras.
Il aimera.
Nous aimerons.
Vous aimerez.
Ils aimeront.

FUTUR PASSÉ.

J'aurai aimé.
Tu auras aimé.
Il aura aimé.
Nous aurons aimé.
Vous aurez aimé.
Il auront aimé.

CONDITIONNELS.

PRÉSENT.

J'aimerais.
Tu aimerais.
Il aimerait.
Nous aimerions.
Vous aimeriez.
Ils aimeraient.

PASSÉ.

J'aurais aimé.
Tu aurais aimé.
Il aurait aimé.
Nous aurions aimé.
Vous auriez aimé.
Ils auraient aimé.

On dit aussi : *j'eusse aimé, tu eusses aimé, il eût aimé ; nous eussions aimé,*

(*) Il y a un quatrième prétérit : *J'ai eu aimé, tu as eu aimé, il a eu aimé, nous avons eu aimé, vous avez eu aimé, ils ont eu aimé.*

vous eussiez aimé, ils eussent aimé.

IMPÉRATIF.

Point de première personne.

Aime.
Qu'il aime.
Aimons.
Aimez.
Qu'ils aiment.

SUBJONCTIF.

PRÉSENT OU FUTUR.

Que j'aime.
Que tu aimes.
Qu'il aime.
Que nous aimions.
Que vous aimiez.
Qu'ils aiment.

IMPARFAIT.

Que j'aimasse.
Que tu aimasses.
Qu'il aimât.
Que nous aimassions
Que vous aimassiez.
Qu'ils aimassent.

PRÉTÉRIT.

Que j'aie aimé.
Que tu aies aimé.
Qu'il ait aimé.
Que nous ayons aimé.
Que vous ayez aimé.
Qu'ils aient aimé.

PLUS-QUE-PARFAIT.

Que j'eusse aimé.
Que tu eusses aimé.
Qu'il eût aimé.
Que nous eussions aimé.
Que vous eussiez aimé.
Qu'ils eussent aimé.

INFINITIF.

PRÉSENT.

Aimer.

PASSÉ.

Avoir aimé.

PARTICIPES.

PRÉSENT.

Aimant.

PASSÉ.

Aimé, aimée, ayant aimé.

FUTUR.

Devant aimer.

Ainsi se conjuguent les verbes *chant-er*, *dans-er*, *mang-er*, *appel-er*, et tous ceux dont l'infinitif se termine en *er*.

§ 67. SECONDE CONJUGAISON.

EN *IR.*

INDICATIF.

PRÉSENT.

Je finis.
Tu finis.
Il finit.
Nous finissons.
Vous finissez.
Ils finissent.

IMPARFAIT.

Je finissais.
Tu finissais.
Il finissait.
Nous finissions.
Vous finissiez.
Ils finissaient.

PRÉTÉRIT DÉFINI.

Je finis.
Tu finis.
Il finit.
Nous finîmes.
Vous finîtes.
Ils finirent.

PRÉTÉRIT INDÉFINI.

J'ai fini.
Tu as fini.
Il a fini.
Nous avons fini.
Vous avez fini.
Ils ont fini.

PRÉTÉRIT ANTÉRIEUR.

J'eus fini.
Tu eus fini.
Il eut fini.
Nous eûmes fini.
Vous eûtes fini.
Ils eurent fini (*).

PLUS-QUE-PARFAIT.

J'avais fini.
Tu avais fini.
Il avait fini.
Nous avions fini.
Vous aviez fini.
Ils avaient fini.

FUTUR.

Je finirai.
Tu finiras.
Il finira.
Nous finirons.
Vous finirez.
Ils finiront.

FUTUR PASSÉ.

J'aurai fini.
Tu auras fini.
Il aura fini.
Nous aurons fini.
Vous aurez fini.
Ils auront fini.

(*) Il y a un quatrième prétérit : *J'ai eu fini, tu as eu fini, il a eu fini; nous avons eu fini, vous avez eu fini, ils ont eu fini.*

CONDITIONNELS.

PRÉSENT.

Je finirais.
Tu finirais.
Il finirait.
Nous finirions.
Vous finiriez.
Ils finiraient.

PASSÉ.

J'aurais fini.
Tu aurais fini.
Il aurait fini.
Nous aurions fini.
Vous auriez fini.
Ils auraient fini.

On dit aussi : *j'eusse fini, tu eusses fini, il eût fini ; nous eussions fini, vous eussiez fini, ils eussent fini.*

IMPÉRATIF.

Point de première personne.

Finis.
Qu'il finisse.
Finissons.
Finissez.
Qu'ils finissent.

SUBJONCTIF.

PRÉSENT OU FUTUR.

Que je finisse.
Que tu finisses.
Qu'il finisse.
Que nous finissions.
Que vous finissiez.
Qu'ils finissent.

IMPARFAIT.

Que je finisse.
Que tu finisses.
Qu'il finît.
Que nous finissions.
Que vous finissiez.
Qu'ils finissent.

PRÉTÉRIT.

Que j'aie fini.
Que tu aies fini.
Qu'il ait fini.
Que nous ayons fini.
Que vous ayez fini.
Qu'ils aient fini.

PLUS-QUE-PARFAIT.

Que j'eusse fini.
Que tu eusses fini.
Qu'il eût fini.
Que nous eussions fini.
Que vous eussiez fini.
Qu'ils eussent fini.

INFINITIF.

PRÉSENT.

Finir.

PRÉTÉRIT.

Avoir fini.

PARTICIPES.

PRÉSENT.

Finissant.

PASSÉ.

Fini, finie, ayant fini.

FUTUR.

Devant finir.

Ainsi se conjuguent *avert-ir, guér-ir, ensevel-ir, bén-ir ;* mais ce dernier a deux participes : *bénit ; bé-*

nite, pour les choses consacrées par les prières des prêtres . et *béni, bénie*, partout ailleurs. *Ha-ïr*; mais ce verbe fait au présent de l'indicatif, je *hais*, tu *hais*, il *hait*; on prononce je *hès*, tu *hès*, il *hèt*; pl. nous *haïss-ons*.

§ 68. TROISIÈME CONJUGAISON.

EN *OIR*.

INDICATIF.

PRÉSENT.

Je reçois.
Tu reçois.
Il reçoit.
Nous recevons.
Vous recevez.
Ils reçoivent.

IMPARFAIT.

Je recevais.
Tu recevais.
Il recevait.
Nous recevions.
Vous receviez.
Ils recevaient.

PRÉTÉRIT DÉFINI.

Je reçus.
Tu reçus.
Il reçut.
Nous reçûmes.
Vous reçûtes.
Ils reçurent.

PRÉTÉRIT INDÉFINI.

J'ai reçu.
Tu as reçu.
Il a reçu.
Nous avons reçu.
Vous avez reçu.
Ils ont reçu.

PRÉTÉRIT ANTÉRIEUR.

J'eus reçu.
Tu eus reçu.
Il eut reçu.
Nous eûmes reçu.
Vous eûtes reçu.
Ils eurent reçu (*).

PLUS-QUE-PARFAIT.

J'avais reçu.
Tu avais reçu.
Il avait reçu.
Nous avions reçu.
Vous aviez reçu.
Ils avaient reçu.

FUTUR.

Je recevrai.
Tu recevras.

(*) Il y a un quatrième prétérit : *J'ai eu reçu, tu as eu reçu, il a eu reçu, nous avons eu reçu, vous avez eu reçu, ils ont eu reçu.*

Il recevra.
Nous recevrons.
Vous recevrez.
Ils recevront.

FUTUR PASSÉ.

J'aurai reçu.
Tu auras reçu.
Il aura reçu.
Nous aurons reçu.
Vous aurez reçu.
Ils auront reçu.

CONDITIONNELS.

PRÉSENT.

Je recevrais.
Tu recevrais.
Il recevrait.
Nous recevrions.
Vous recevriez.
Ils recevraient.

PASSÉ.

J'aurais reçu.
Tu aurais reçu.
Il aurait reçu.
Nous aurions reçu.
Vous auriez reçu.
Ils auraient reçu.

On dit aussi : *j'eusse reçu, tu eusses reçu, il eût reçu; nous eussions reçu, vous eussiez reçu, ils eussent reçu.*

IMPÉRATIF.

Point de première personne.

Reçois.
Qu'il reçoive.
Recevons.

Recevez.
Qu'ils reçoivent.

SUBJONCTIF.

PRÉSENT OU FUTUR.

Que je reçoive.
Que tu reçoives.
Qu'il reçoive.
Que nous recevions.
Que vous receviez.
Qu'ils reçoivent.

IMPARFAIT.

Que je reçusse.
Que tu reçusses.
Qu'il reçût.
Que nous reçussions.
Que vous reçussiez.
Qu'ils reçussent.

PRÉTÉRIT.

Que j'aie reçu.
Que tu aies reçu.
Qu'il ait reçu.
Que nous ayons reçu.
Que vous ayez reçu.
Qu'ils aient reçu.

PLUS-QUE-PARFAIT.

Que j'eusse reçu.
Que tu eusses reçu.
Qu'il eût reçu.
Que nous eussions reçu.
Que vous eussiez reçu.
Qu'ils eussent reçu.

INFINITIF.

PRÉSENT.

Recevoir.

PARTICIPES.	PASSÉ.
	Reçu, reçue, ayant reçu.
PRÉSENT.	FUTUR.
Recevant.	Devant recevoir.

Ainsi se conjuguent *apercev-oir*, *concev-oir*, *dev-oir*, *percev-oir*.

---

§ 69. QUATRIÈME CONJUGAISON.

EN *RE*.

INDICATIF.

PRÉSENT.

Je rends.
Tu rends.
Il rend (*).
Nous rendons.
Vous rendez.
Ils rendent.

IMPARFAIT.

Je rendais.
Tu rendais.
Il rendait.
Nous rendions.
Vous rendiez.
Ils rendaient.

PRÉTÉRIT DÉFINI.

Je rendis.
Tu rendis.
Il rendit.
Nous rendîmes.
Vous rendîtes.
Ils rendirent.

PRÉTÉRIT INDÉFINI.

J'ai rendu.
Tu as rendu.
Il a rendu.
Nous avons rendu.
Vous avez rendu.
Ils ont rendu.

PRÉTÉRIT ANTÉRIEUR.

J'eus rendu.
Tu eus rendu.
Il eut rendu.
Nous eûmes rendu.

(*) La troisième personne devrait se terminer par un *t*; mais, comme le *d* et le *t* se confondraient dans la prononciation, on a supprimé le *t* final, qui reparaît dans tous les verbes qui ne se terminent pas en *endre*, comme *plai-re*, je *plai-s*, tu *plai-s*, il *plaî-t*; *ui-re*, je *lui-s*, tu *lui-s*, il *lui-t*; *joind-re*, je *join-s*, tu *join-s*, il *join-t*.

Remarque. Ces verbes font au pluriel nous *plais-ons*, nous

Vous eûtes rendu.
Ils eurent rendu (*).

PLUS-QUE-PARFAIT.

J'avais rendu.
Tu avais rendu.
Il avait rendu.
Nous avions rendu.
Vous aviez rendu.
Ils avaient rendu.

FUTUR.

Je rendrai.
Tu rendras.
Il rendra.
Nous rendrons.
Vous rendrez.
Ils rendront.

FUTUR PASSÉ.

J'aurai rendu.
Tu auras rendu.
Il aura rendu.
Nous aurons rendu.
Vous aurez rendu.
Ils auront rendu.

CONDITIONNELS.

PRÉSENT.

Je rendrais.
Tu rendrais.
Il rendrait.
Nous rendrions.

Vous rendriez.
Ils rendraient.

PASSÉ.

J'aurais rendu.
Tu aurais rendu.
Il aurait rendu.
Nous aurions rendu.
Vous auriez rendu.
Ils auraient rendu.

On dit aussi : *j'eusse rendu, tu eusses rendu, il eût rendu ; nous eussions rendu, vous eussiez rendu, ils eussent rendu.*

IMPÉRATIF.

Point de première personne.
Rends.
Qu'il rende.
Rendons.
Rendez.
Qu'ils rendent.

SUBJONCTIF.

PRÉSENT OU FUTUR.

Que je rende.
Que tu rendes.
Qu'il rende.
Que nous rendions.
Que vous rendiez.
Qu'ils rendent.

---

luis-ons, pour nous *plai-ons*, nous *lui-ons* ; la lettre *s* a été introduite par euphonie, comme le *g* dans nous *joign-ons*, au lieu de nous *join-ons*. L'euphonie a même introduit deux *s* dans les verbes en *aître*, comme *paraît-re*, nous *para-ss-ons*, vous *pa-raiss-ez*, etc.

(*) Il y a un quatrième prétérit : *J'ai eu rendu, tu as eu rendu, il a eu rendu, nous avons eu rendu, vous avez eu rendu, ils ont eu rendu.*

IMPARFAIT.

Que je rendisse.
Que tu rendisses.
Qu'il rendît.
Que nous rendissions.
Que vous rendissiez.
Qu'ils rendissent.

PRÉTÉRIT.

Que j'aie rendu.
Que tu aies rendu.
Qu'il ait rendu.
Que nous ayons rendu.
Que vous ayez rendu.
Qu'ils aient rendu.

PLUS-QUE-PARFAIT.

Que j'eusse rendu.
Que tu eusses rendu.
Qu'il eût rendu.

Que nous eussions rendu
Que vous eussiez rendu.
Qu'ils eussent rendu.

INFINITIF.

PRÉSENT.

Rendre.

PRÉTÉRIT.

Avoir rendu.

PARTICIPES.

PRÉSENT.

Rendant.

PASSÉ.

Rendu, rendue, ayant rendu.

FUTUR.

Devant rendre.

Ainsi se conjuguent *attend-re, entend-re, suspend-re, vend-re.*

Division des temps.

§ 70. Les *temps* se divisent en *temps simples* et en *temps composés.* Les temps simples sont ceux qui sont exprimés par un seul mot, comme je *rends,* je *rendrai, rendre,* etc. ; et les temps composés sont ceux qui sont formés de l'un des temps du verbe *avoir* ou du verbe *être,* et d'un participe passé, comme j'*ai rendu,* j'*avais rendu,* je *suis aimé, être rendu,* etc.

Parmi les temps simples, il y en a *cinq* que l'on appelle *temps primitifs,* parce qu'ils servent à former les autres temps, et qu'ils ne sont formés eux-mêmes d'aucun autre : ce sont le *présent de l'infinitif,* le *participe présent,* le *participe passé,* le *présent de l'indicatif* et le *prétérit défini.* — Les temps formés des temps primitifs s'appellent temps *dérivés.*

§ 71.   TABLEAU DES TEMPS PRIMITIFS.

	PRÉSENT DE L'INFINITIF.	PARTICIPE PRÉSENT.	PARTICIPE PASSÉ.	PRÉSENT DE L'INDICATIF.	PRÉTÉRIT DE L'INDICATIF.
Première conjugaison.	Aimer.	Aimant.	Aimé.	J'aime.	J'aimai.
Seconde conjugaison.	Finir. Sentir. Ouvrir. Tenir.	Finissant. Sentant. Ouvrant. Tenant.	Fini. Senti. Ouvert. Tenu.	Je finis. Je sens. J'ouvre. Je tiens.	Je finis. Je sentis. J'ouvris. Je tins.
Troisième conjugaison.	Recevoir.	Recevant.	Reçu.	Je reçois.	Je reçus.
Quatrième conjugaison.	Rendre. Plaire. Paraitre. Réduire. Plaindre.	Rendant. Plaisant. Paraissant. Réduisant. Plaignant.	Rendu. Plu. Paru. Réduit. Plaint.	Je rends. Je plais. Je parais. Je réduis. Je plains.	Je rendis. Je plus. Je parus. Je réduisis. Je plaignis.

§ 72. Du présent de l'indicatif se forme la seconde personne singulière de l'impératif, en ôtant seulement le pronom *je ;* exemple : *j'aime*, impératif *aime ; je finis*, impératif *finis ; je reçois*, impératif *reçois ; je rends*, impératif *rends.* De la première et de la seconde personne du pluriel de l'indicatif se forment la première et la seconde personne du pluriel de l'impératif, en retranchant les pronoms *nous, vous :* nous *aimons*, vous *aimez;* impératif *aimons, aimez.*

Excepté quatre verbes : *je suis*, impér. *sois; j'ai*, impér. *aie; je vais*, impér. *va; je sais*, impér. *sache.*

§ 73. Du *prétérit* de l'*indicatif* se forme l'*imparfait* du *subjonctif*, en changeant *ai* en *asse* pour la première conjugaison : *j'aimai*, imparfait du subjonctif *que j'aimasse ;* et en ajoutant seulement *se* pour les trois autres conjugaisons : *je finis*, que *je finisse ; je reçus*, que *je reçusse ; je rendis*, que *je rendisse ; je vins*, que *je vinsse*, etc.

§ 74. Du *présent* de l'*infinitif* se forme le *futur* de l'*indicatif :*

1° En ajoutant *ai* à la consonne finale *r* dans les deux premières conjugaisons : *aimer*, j'*aimerai*; *oublier*, j'*oublierai*; *créer*, je *créerai*; *finir*, je *finirai*; *emplir*, j'*emplirai*.

2° Dans les verbes de la *troisième* conjugaison, on retranche *oir* à l'infinitif pour y substituer *rai* : *recevoir*, je *recevrai*; *apercevoir*, j'*apercevrai*.

3° Dans la *quatrième* conjugaison, on change *re* en *rai* : *rendre*, je *rendrai*; *tordre*, je *tordrai*.

§ 75. Du *futur* de l'indicatif on forme le *conditionnel présent*, en changeant *rai* en *rais*, sans exception : j'*aimerai*, conditionnel j'*aimerais*; je *finirai*, je *finirais*; je *recevrai*, je *recevrais*; je *rendrai*, je *rendrais*.

§ 76. Du *participe présent* on forme :

1° Les *trois personnes plurielles du présent de l'indicatif*, en changeant *ant* en *ons*, *ez*, *ent*, dans les *deux premières* conjugaisons et dans la *quatrième* : *aimant*, nous *aimons*, vous *aimez*, ils *aiment*; *finissant*, nous *finissons*, vous *finissez*, ils *finissent*; *rendant*, nous *rendons*, vous *rendez*, ils *rendent*. Dans la *troisième* conjugaison, la première personne et la seconde se forment régulièrement : *recevant*, nous *recevons*, vous *recevez*; mais la troisième personne dans les verbes réguliers se termine en *oivent* : ils *reçoivent*, ils *aperçoivent*, et non ils *recevent*, ils *apercevent*.

2° Du *participe présent*, on forme l'*imparfait* de l'indicatif, en changeant *ant* en *ais*, *ait*, *ions*, *iez*, *aient* : *aimant*, j'*aimais*, tu *aimais*, il *aimait*, nous *aimions*, vous *aimiez*, ils *aimaient*; *finissant*, je *finissais*, tu *finissais*, etc.; *recevant*, je *recevais*; *rendant*, je *rendais*, etc.

3° Du même *participe* on forme le *présent* du *subjonctif*, en changeant *ant* en *e*, *es*, *e*, *ions*, *iez*, *ent*, selon la personne et le nombre : *aimant*, que j'*aime*, que tu *aimes*, qu'il *aime*, que nous *aimions*, que vous *aimiez*, qu'ils *aiment*; *finissant*, que je *finisse*, que tu *finisses*, etc.; *rendant*, que je *rende*, etc.

Excepté les verbes de la *troisième* conjugaison, qui changent *evant* en *oive* au singulier et à la troisième personne du pluriel; *recevant*, que je *reçoive*, que tu *reçoives;* que nous *recevions,* que vous *receviez,* qu'ils *reçoivent.* (*V.* ci-après le tableau des verbes irréguliers.)

Formation des temps composés.

§ 77. Il y a sept temps composés : le *prétérit indéfini,* j'ai aimé, j'ai fini, etc. ; le *prétérit antérieur,* j'eus aimé ; le *plus-que-parfait* de l'*indicatif,* j'avais aimé ; le *futur passé,* j'aurai aimé ; le *conditionnel passé,* j'aurais aimé ; le *prétérit* du *subjonctif,* que j'aie aimé ; le *plus-que-parfait* du *subjonctif,* que j'eusse aimé. — Il faut joindre à ces sept temps principaux le *prétérit antérieur surcomposé,* j'ai eu aimé, j'ai eu fini, etc.

On voit que tous les temps *composés* se forment en joignant au *participe passé* les temps du verbe *avoir.*

§ 78. Les verbes *pronominaux,* plusieurs verbes *neutres,* forment leurs temps composés avec les temps du verbe *être* et le participe *passé;* ainsi l'on dit : je me *suis repenti,* je m'*étais repenti;* je *suis tombé,* j'*étais tombé,* au lieu de *je m'ai repenti, je m'avais repenti; j'ai tombé, j'avais tombé.*

<hr>

VERBES IRRÉGULIERS.

§ 79. On appelle *irréguliers* ou *anomaux* les verbes qui ne suivent pas la règle générale des conjugaisons. Plusieurs de ces verbes sont en même temps *défectifs* (*), c'est-à-dire qu'ils ne sont pas usités à certains temps, à certaines personnes.

RÈGLE GÉNÉRALE. Quand un temps *primitif manque,* en général les temps *dérivés manquent* aussi. Il s'ensuit donc que tout verbe qui n'a point de *prétérit défini* n'a point d'*imparfait* du *subjonctif;* que tout verbe qui n'a point de *participe présent* n'a point d'*imparfait* de l'*indicatif,* point de *présent* du *subjonctif;* que tout verbe qui n'a point d'*infinitif présent* n'a point de *futur* ni de *conditionnel.*

<hr>

§ 79. *Anomal,* du grec *a-omalos,* qui n'est pas semblable à, qui n'est pas conforme à (la règle).

(*) Du latin *defectivus,* défectueux, qui manque de...

TEMPS PRIMITIFS.

PRÉSENT de L'INFINITIF.	PARTICIPE PRÉSENT.	PARTICIPE PASSÉ.	PRÉSENT de L'INDICATIF.	PRÉTÉRIT DÉFINI.
			§ 80. PREMIÈRE	
Aller.	Allant.	Allé.	Je vais.	J'allai.
Envoyer.	Envoyant.	Envoyé.	J'envoie.	J'envoyai.
Puer.	. . . .	. . . .	Je pue.	. . . .
			§ 81. SECONDE	
Acquérir.	Acquérant.	Acquis.	J'acquiers.	J'acquis.
Assaillir.	Assaillant.	Assailli.	J'assaille.	J'assaillis.
Bouillir.	Bouillant.	Bouilli.	Je bous.	Je bouillis.
Courir.	Courant.	Couru.	Je cours.	Je courus.
Cueillir.	Cueillant.	Cueilli.	Je cueille.	Je cueillis.
Défaillir.	. . . .	. . . . . .	. . . . . .	. . . .
Dormir.	Dormant.	Dormi.	Je dors.	Je dormis.
Faillir.	Faillant.	Failli.	Je faux. (*peu usité.*)	Je faillis.
Férir,	. . . .	. . . . . .	. . . . . .	. . . .
Fleurir.	. . . .	. . . . . .	. . . . . .	. . . .
Fuir.	Fuyant.	Fui.	Je fuis.	Je fuis.
S'enfuir.	. . . .	. . . . . .	. . . . . .	. . . .

TEMPS DÉRIVÉS.

Nous n'indiquons point les temps dérivés quand ils se forment régulièrement des temps primitifs.

CONJUGAISON.

Présent de l'indicatif. Je vais, tu vas, il va, nous allons, vous allez, ils vont. — *Futur.* J'irai, tu iras, etc. — *Conditionnel.* J'irais, tu irais, etc. — *Impératif.* Va, allons, allez, qu'ils aillent. — *Présent du subjonctif.* Que j'aille, que tu ailles, qu'il aille, que nous allions, que vous alliez, qu'ils aillent.

Futur. J'enverrai, tu enverras, etc. — *Conditionnel.* J'enverrais, tu enverrais, etc. — Coujuguez de même *renvoyer.*

Ce verbe est régulier ; mais il n'est usité qu'à *l'infinitif*, au *présent*, à *l'imparfait*, au *futur* de *l'indicatif*, et au *conditionnel présent :* Puer, je pue, je puais, je puerai, je puerais. (*Puant, puante,* est un adjectif.)

CONJUGAISON.

Présent de l'indicatif. J'acquiers, tu acquiers, il acquiert, nous acquérons, vous acquérez, ils acquièrent. — *Futur.* J'acquerrai, tu acquerras, etc. — *Conditionnel.* J'acquerrais, tu acquerrais, etc. — *Présent du subj.* Que j'acquière, que tu acquières, qu'il acquière, que nous acquérions, que vous acquériez, qu'ils acquièrent. — Conjuguez de même : 1° *conquérir;* mais il n'a ni part. prés. ni prés. de l'ind. ; 2° *s'enquérir.*

Futur. J'assaillirai, *et non* j'assaillerai (*l'Acad.*). Conjuguez de même *tressaillir.*

Pluriel de l'ind. Nous bouillons, etc. — *Futur.* Je bouillirai, etc.

Futur. Je courrai, etc. — *Subjonctif.* Que je coure, etc. — Conjug. de même *concourir, discourir, encourir, parcourir, secourir.*

Futur. Je cueillerai. — *Conditionnel.* Je cueillerais, etc. — De même *recueillir, accueillir.*

Nous défaillons, je défaillais, je défaillis, j'ai défailli. *Le reste inusité.*

Le reste inusité.

V. régulier, *fait, au figuré,* florissait, florissant.

Subjonctif présent. Que je fuie, etc., que nous fuyions. — *Imparfait du subjonctif.* Que je fuisse.

Se conjugue de même. (*Impératif,* enfuis-toi, *et non* enfuie-t'en.) Ne dites pas *il s'en est enfui,* au lieu de *il s'est enfui.*

TEMPS PRIMITIFS.

PRÉSENT de L'INFINITIF.	PARTICIPE PRÉSENT.	PARTICIPE PASSÉ.	PRÉSENT de L'INDICATIF.	PRÉTÉRIT DÉFINI.
Gésir. (inusité.)	Gisant.	. . . .	. . . .	. . . .
Haïr.	Haïssant.	Haï.	Je hais.	Je haïs.
Issir.	. . . .	. . . .	. . . .	. . . .
Mentir.	Mentant.	Menti.	Je mens.	Je mentis.
Mourir.	Mourant.	Mort.	Je meurs.	Je mourus.
Offrir.	Offrant.	Offert.	J'offre.	J'offris.
Ouïr.	. . . .	Ouï.	. . . .	J'ouïs.
Ouvrir.	Ouvrant.	Ouvert.	J'ouvre.	J'ouvris.
Partir.	Partant.	Parti.	Je pars.	Je partis.
Repartir.	. . . .	. . . .	. . . .	. . . .
Répartir.	. . . .	. . . .	. . . .	. . . .
Querir.	. . . .	. . . .	. . . .	. . . .
Ressortir.	. . . .	. . . .	. . . .	. . . .
Saillir.	. . . .	. . . .	. . . .	. . . .
Saillir.	. . . .	. . . .	. . . .	. . . .
Sentir.	Sentant.	Senti.	Je sens.	Je sentis.
Servir.	Servant.	Servi.	Je sers.	Je servis.
Sortir.	Sortant.	Sorti.	Je sors.	Je sortis.

TEMPS DÉRIVÉS.

Nous n'indiquons point les temps dérivés, quand ils se forment régulièrement des temps primitifs.

On dit encore il gît, nous gisons, ils gisent, il gisait.

Ce verbe n'est irrégulier que dans la prononciation; au singulier de l'indicatif et de l'impératif on prononce je hès; hès. *Partout ailleurs les trois premières lettres de ce verbe forment toujours deux syllabes,* ha-ïr; nous ha-ïssons, je ha-is.
N'est plus usité qu'au participe issu, issue.

Futur. Je mourrai, tu mourras, etc.—*Conditionnel.* Je mourrais, tu mourrais, etc.—*Présent du subj.* Que je meure, que tu meures, qu'il meure; que nous *mourions*, que vous *mouriez*, qu'ils meurent.

(Les autres temps sont presque inusités.)
(Conjuguez de même *couvrir, découvrir, rouvrir, souffrir.*)

Dans le sens de retourner, *et* repartir *dans le sens de* répondre, *se conjuguent de même; mais ce dernier fait au parfait* j'ai reparti, *et* repartir *retourner) fait* je suis reparti *ou* j'ai reparti, *suivant le sens.*
Dans le sens de distribuer, *est régulier :* Je répartis, je répartissais, répartissant, etc.
Usité seulement à l'infinitif avec aller *et* envoyer.
Dans le sens de dépendre de... *est régulier :* Je ressortis, je ressortissais, etc. — Ressortir, *dans le sens de* sortir de nouveau, *se conjugue comme* sortir.
Dans le sens de jaillir, *est régulier, mais n'est usité qu'aux troisièmes personnes du singulier et du pluriel :* l'eau, le sang saillit, saillissait, saillira.
Dans le sens de dépasser, déborder, *n'est pareillement usité qu'aux troisièmes personnes; mais il est irrégulier :* il saille, ils saillent; il saillait, il saillera, saillant.

TEMPS PRIMITIFS.

PRÉSENT de L'INFINITIF.	PARTICIPE PRÉSENT.	PARTICIPE PASSÉ.	PRÉSENT de L'INDICATIF.	PRÉTÉRIT DÉFINI.
Tenir.	Tenant.	Tenu.	Je tiens.	Je tins.
Tressaillir.	Tressaillant.	Tressailli.	Je tressaille.	Je tressaillis.
Venir.	Venant.	Venu.	Je viens.	Je vins.
Vêtir.	Vêtant.	Vêtu.	Je vêts.	Je vêtis.

§ 82. TROISIÈME

Apercevoir.	. . . . . .	. . . . . .	. . . . . .	. . . . . .
Asseoir.	Asseyant.	Assis.	J'assieds.	J'assis.
Choir.	. . . . . .	Chu.	. . . . . .	. . . . . .
Déchoir.	. . . . . .	Déchu.	Je déchois.	Je déchus.
Échoir.	Échéant.	Échu.	Il échoit ou Il échet.	J'échus.
Falloir.	. . . . . .	(Il a) fallu.	Il faut.	Il fallut.
Mouvoir.	Mouvant.	Mû.	Je meus.	Je mus.
Pleuvoir.	Pleuvant.	(Il a) plu.	Il pleut.	Il plut.
Pourvoir.	Pourvoyant.	Pourvu.	Je pourvois.	Je pourvus.

TEMPS DÉRIVÉS.

Nous n'indiquons point les temps dérivés, quand ils se forment régulièrement des temps primitifs.

Prés. de l'indicatif. Je tiens, tu tiens, il tient; nous tenons, vous tenez, ils tiennent. — *Futur.* Je tiendrai, tu tiendras, etc. — *Conditionnel.* Je tiendrais, tu tiendrais, etc. — *Prés. du subjonctif.* Que je tienne, que tu tiennes; qu'il tienne; que nous tenions, que vous teniez, qu'ils tiennent.

Futur. Je tressaillirai. (*L'Acad.*)

(*Se conjugue comme* tenir.) *Prét. ind.* Je suis venu.

Futur. Je vêtirai, etc. — *Subj. prés.* Que je vête. — *Conjuguez de même* dévêtir, revêtir.

CONJUGAISON.

Se conjugue sur voir.

Prés. ind. J'assieds, tu assieds, il assied; nous asseyons, vous asseyez, ils asseyent. — *Futur.* J'assiérai ou j'asseyerai, etc. — *Subj.* Que j'asseye. — *Imp. du subj.* Que j'assisse, etc.
(*On dit rarement:* J'assois, nous assoyons, etc. J'assoyais, j'assoirai, j'assoirais, assois, que j'assoie, assoyant.) *Ce verbe s'emploie ordinairement avec deux pronoms personnels:* s'asseoir, je m'assieds, je me suis assis, etc.

Les autres temps sont inusités.

Futur. Je décherrai, tu décherras, etc. — *Conditionnel.* Je décherrais, tu décherrais, etc. — *Subj. prés. Sing.* Que je déchoie, etc. *Plur.* Que nous déchoyions. — *Imparf.* Que je déchusse.

Pas d'imparfait de l'ind. — *Futur.* J'écherrai, tu écherras, etc. — *Conditionnel.* J'écherrais, tu écherrais. — *Point d'impératif.* — *Subjonctif présent.* Qu'il échée. — *Imparfait.* Que j'échusse.

Futur. Il faudra. — *Condit.* Il faudrait. — *Point d'impératif.* — *Subjonctif prés.* Qu'il faille. — *Imparf.* Qu'il fallût.

Présent de l'ind. Je meus, tu meus, il meut, nous mouvons, vous mouvez, ils meuvent. — *Futur.* Je mouvrai, tu mouvras, etc. — *Impératif.* Meus, qu'il meuve, etc. — *Présent du subjonctif.* Que je meuve, etc.; que nous mouvions, que vous mouviez, qu'ils meuvent. — *Imparfait du subj.* Que je musse, etc. — *Conjuguez de même* émouvoir.

Futur. Je pourvoirai, etc. — *Subj. prés.* Que je pourvoie, etc.

TEMPS PRIMITIFS.

PRÉSENT de L'INFINITIF.	PARTICIPE PRÉSENT.	PARTICIPE PASSÉ.	PRÉSENT de L'INDICATIF.	PRÉTÉRIT DÉFINI.
Pouvoir.	Pouvant.	(J'ai) pu.	Je peux *ou* Je puis (*).	Je pus.
Prévaloir.	. . . . .	. . . . .	. . . . .	. . . . .
Promouvoir.	. . . . .	. . . . .	. . . . .	. . . . .
Ravoir.	. . . . .	. . . . .	. . . . .	. . . . .
Savoir.	Sachant.	Su.	Je sais.	Je sus.
Seoir.	. . . . .	. . . . .	. . . . .	. . . . .
Seoir.	. . . . .	. . . . .	. . . . .	. . . . .
Surseoir.	Sursoyant.	Sursis.	Je sursois.	Je sursis.
Valoir.	Valant.	Valu.	Je vaux.	Je valus.
Voir.	Voyant.	Vu.	Je vois.	Je vis.
Vouloir.	Voulant.	Voulu.	Je veux.	Je voulus.

(*) *Remarque.* Dans les interrogations on dit toujours *puis-je ?*

TEMPS DÉRIVÉS.

Nous n'indiquons point les temps dérivés, quand ils se forment régulièrement des temps primitifs.

Ind. prés. Je peux *ou* je puis, tu peux, il peut, nous pouvons, vous pouvez, ils peuvent.—*Futur.* Je pourrai, tu pourras, etc.—*Condit.* Je pourrais, tu pourrais, etc. — *Prés. du subj.* Que je puisse, que tu puisses, etc. ; que nous puissions, etc.

(*Comme* valoir.) *Cependant* valoir *fait* que je vaille *au subjonctif,* et prévaloir *fait* que je prévale, que nous prévalions. (*Voy.* ci-après Valoir.)

(*Comme* mouvoir.) *N'est d'usage qu'à l'infinitif et aux temps composés :* J'ai promu, il aura promu, etc.

Usité seulement à l'infinitif.

Présent de l'indicatif. Je sais, tu sais, il sait, nous savons, vous savez, ils savent. — *Imp. de l'ind.* Je savais, tu savais, etc. — *Futur.* Je saurai, tu sauras, etc. — *Conditionnel.* Je saurais, tu saurais, etc. — *Impératif.* Sache, sachons, sachez, etc.

Dans le sens d'être assis, est usité seulement au participe présent séant, *et au participe passé* sis, sise, *qui ne s'emploie plus qu'adjectivement pour signifier* situé.

Dans le sens d'être convenable, inusité à l'inf., ne s'emploie que dans les temps suivants, et toujours à la troisième personne.—Part. prés. Seyant. — *Prés. de l'indic.* Il sied. *Pluriel.* Ils siéent.—*Imp.* Il seyait. *Plur.* Ils seyaient. — *Futur.* Il siéra. *Plur.* Ils siéront.

Pluriel de l'indic. présent. Nous sursoyons, etc. — *Subjonctif.* Que je sursoie, etc. ; que nous sursoyions, etc.

Présent de l'indicatif. Je vaux, tu vaux, il vaut, nous valons, vous valez, ils valent. — *Futur.* Je vaudrai, tu vaudras, etc. — *Point d'impératif.* — *Présent du subj.* Que je vaille, que tu vailles, qu'il vaille, que nous valions, que vous valiez, qu'ils vaillent.

Futur. Je verrai, tu verras, etc.

Présent de l'indicatif. Je veux, tu veux, il veut, nous voulons, vous voulez, ils veulent. — *Futur.* Je voudrai, tu voudras, etc. — *Conditionnel.* Je voudrais, etc. — *Point d'impératif.* — *Présent du subjonctif* Que je veuille, que tu veuilles, qu'il veuille, que nous voulions, que vous vouliez, qu'ils veuillent.

TEMPS PRIMITIFS.				
PRÉSENT de L'INFINITIF.	PARTICIPE PRÉSENT.	PARTICIPE PASSÉ.	PRÉSENT de L'INDICATIF.	PRÉTÉRIT DÉFINI.

§ 83. QUATRIÈME

PRÉSENT de L'INFINITIF.	PARTICIPE PRÉSENT.	PARTICIPE PASSÉ.	PRÉSENT de L'INDICATIF.	PRÉTÉRIT DÉFINI.
Absoudre.	Absolvant.	Absous. (Absoute *au* féminin.)	J'absous.	(*Manque.*)
Abstraire.	. . . . .	. . . . .	. . . . .	. . . . .
Accroire.	. . . . .	. . . . .	. . . . .	. . . . .
Admettre.	. . . . .	. . . . .	. . . . .	. . . . .
Atteindre.	Atteignant.	Atteint.	J'atteins.	J'atteignis.
Attraire.	. . . . .	. . . . .	. . . . .	. . . . .
Battre.	Battant.	Battu.	Je bats.	Je battis.
Boire.	Buvant.	Bu.	Je bois.	Je bus.
Braire.	. . . . .	. . . . .	. . . . .	. . . . .
Bruire.	. . . . .	. . . . .	. . . . .	. . . . .
Circoncire.	(*Manque.*)	Circoncis.	Je circoncis.	Je circoncis.
Clore.	. . . . .	. . . . .	. . . . .	. . . . .
Conclure.	Concluant.	Conclus.	Je conclus.	Je conclus.

TEMPS DÉRIVÉS.

Nous n'indiquons point les temps dérivés, quand ils se forment régulièrement des temps primitifs.

CONJUGAISON.

Présent de l'indicatif. J'absous, tu absous, il absout, nous absolvons, vous absolvez, ils absolvent. — *Futur.* J'absoudrai, tu absoudras, etc. — *Impératif.* Absous, qu'il absolve, etc. — *Subjonctif prés.* Que j'absolve, etc.

Se conjugue comme traire ; *ce verbe est usité comme terme de didactique. Ordinairement on dit :* Faire abstraction de...

Usité seulement à l'infinitif, ne s'emploie qu'avec le verbe faire. Faire accroire.

Se conjugue comme mettre. (*Voyez ce verbe.*)

Conjuguez de même tous les verbes en eindre, aindre, oindre, *comme* étreindre, feindre, peindre, craindre, joindre. *Ex. :* Feignant, craignant, joignant ; feint, craint, joint, etc. — Empreindre *n'est usité qu'à l'infinitif prés. et au participe passé,* empreint. — Poindre *n'a que l'infinitif.*

Il est vieux, et usité seulement à l'infinitif ; on dit mieux attirer.

Présent de l'indicatif. Je bats, etc. *Pluriel.* Nous battons, etc. — *Futur.* Je battrai, etc. — *Impérat.* Bats, qu'il batte.

Présent de l'indicatif. Je bois, tu bois, il boit, nous buvons, vous buvez, ils boivent. — *Prés. du subj.* Que je boive, que tu boives, qu'il boive, que nous buvions, que vous buviez, qu'ils boivent.

N'est usité qu'à l'infinitif et aux troisièmes personnes du présent et du futur de l'indicatif et du conditionnel : Il brait, ils braient. Il braira. Il brairait.

Troisième pers. sing. de l'ind. prés. : Il bruit. — *Imparfait.* Il bruyait, ils bruyaient. — *Les autres temps sont inusités.* (Bruyant, bruyante, *est un adjectif.*)

Présent de l'ind. Plur. Nous circoncisons, etc. — *Futur.* Je circoncirai, etc. — *Subj. présent.* Que je circoncise, etc. — *Imparfait.* Que je circoncisse, etc.

Présent de l'indicatif. Je clos, tu clos, il clôt. *Les autres personnes sont inusitées.* — *Futur.* Je clorai, etc. — *Subj. présent.* Que je close, etc. — *Conjuguez de même* enclore.

Présent du subj. Que je conclue, etc.; que nous concluions, etc. — *Imparfait.* Que je conclusse, etc.

TEMPS PRIMITIFS.

PRÉSENT de L'INFINITIF.	PARTICIPE PRÉSENT.	PARTICIPE PASSÉ.	PRÉSENT de L'INDICATIF.	PRÉTÉRIT DÉFINI.
Confire.	Confisant.	Confit.	Je confis.	Je confis.
Contredire.	. . . . . .	. . . . . .	. . . . . .	. . . . . .
Coudre.	Cousant.	Cousu.	Je couds.	Je cousis.
Croire.	Croyant.	Cru.	Je crois.	Je crus.
Croître.	Croissant.	Crû.	Je crois.	Je crûs.
Dire.	Disant.	Dit.	Je dis.	Je dis.
Dissoudre.	. . . . . .	. . . . . .	. . . . . .	. . . . . .
Éclore.	. . . . . .	Éclos.	Il éclôt. (Ils éclosent.)	. . . . . .
Écrire.	Écrivant.	Écrit.	J'écris.	J'écrivis.
Exclure.	Excluant.	Exclu.	J'exclus.	J'exclus.
Faire.	Faisant.	Fait.	Je fais.	Je fis.
Frire.	. . . . . .	. . . . . .	. . . . . .	. . . . . .
Lire.	Lisant.	Lu.	Je lis.	Je lus.
Luire.	Luisant.	Lui.	Je luis.	*Pr. déf. inus.*
Mettre.	Mettant.	Mis.	Je mets.	Je mis.
Moudre.	Moulant.	Moulu.	Je mouds.	Je moulus.
Naître.	Naissant.	Né.	Je nais.	Je naquis.
Nuire.	Nuisant.	(J'ai) nui.	Je nuis.	Je nuisis.
Oindre.	Oignant.	Oint.	J'oins.	J'oignis.

TEMPS DÉRIVÉS.

Nous n'indiquons point les temps dérivés, quand ils se forment régulièrement des temps primitifs.

Voyez Dire.

Prés. ind. Pl. Nous cousons, etc. —*Impér.* Couds, qu'il couse, etc. — *Subj. prés.* Que je couse, etc.

Présent de l'ind. Je crois, etc. *Plur.* Nous croyons, etc. — *Subj. prés.* Que je croie, etc., que nous croyions, etc.

Présent de l'ind. Plur. Nous croissons, etc. — *Imp. du subj.* Que je crusse, etc. *Conjuguez de même* accroître, décroître.

Présent de l'ind. Je dis, tu dis, il dit, nous disons, vous dites, ils disent. — Dédire, contredire, interdire, médire, prédire, *font vous* dédisez, vous contredisez, vous interdisez, vous médisez, vous prédisez. *Mais* redire *fait* redites. *Les autres personnes et les autres temps se conjuguent comme* dire.

Se conjugue comme absoudre.

Futur. Il éclôra, ils éclôront. — *Prétérit.* Il est éclos. —*Présent du subjonctif.* Qu'il éclose, qu'ils éclosent.

Conjuguez de même décrire, inscrire, prescrire.

Conjuguez comme conclure.

Prés. de l'ind. Je fais, etc., nous faisons, vous faites, ils font. — *Futur.* Je ferai, tu feras, etc. — *Conditionnel.* Je ferais, tu ferais, etc. — *Présent du subj.* Que je fasse, que tu fasses, etc. — *Conjuguez de même* contrefaire, défaire, refaire, surfaire *et* satisfaire.

Présent de l'ind. Je fris, tu fris, il frit; *pas de pluriel. On dit :* nous faisons frire. — *Imparf.* Je faisais frire, etc. — *Futur.* Je frirai, etc. — *Conditionnel.* Je frirais, etc. — *Impératif.* Fris. — *Subj. présent.* Que je fasse frire.

Pas d'impératif ni d'imparfait du subjonctif.

De même promettre, remettre.

Présent de l'ind. Plur. Nous moulons, etc. — *Imparf.* Je moulais, etc.

TEMPS PRIMITIFS.

PRÉSENT de L'INFINITIF.	PARTICIPE PRÉSENT.	PARTICIPE PASSÉ.	PRÉSENT de L'INDICATIF.	PRÉTÉRIT DÉFINI.
Paître.	Paissant.	Pu (*).	Je pais.	. . . . . .
Repaître.	. . . . .	. . . . .	. . . . .	. . . . . .
Paraître.	Paraissant.	Paru.	Je parais.	Je parus.
Poindre.	. . . . .	. . . . .	. . . . .	. . . . . .
Prendre.	Prenant.	Pris.	Je prends.	Je pris.
Résoudre.	Résolvant.	Résolu.	Je résous.	Je résolus.
Rire.	Riant.	(J'ai) ri.	Je ris.	Je ris.
Sourdre.	. . . . .	. . . . .	. . . . .	. . . . . .
Suffire.	Suffisant.	(J'ai) suffi.	Je suffis.	Je suffis.
Suivre.	Suivant.	Suivi.	Je suis.	Je suivis.
Taire.	Taisant.	Tu.	Je tais.	Je tus.
Traire.	Trayant.	Trait.	Je trais.	. . . . . .
Vaincre.	Vainquant.	Vaincu.	Je vaincs.	Je vainquis.
Vivre.	Vivant.	(J'ai) vécu.	Je vis.	Je vécus.

(*) *Usité seulement dans cette locution :* Il a pu et repu.

TEMPS DÉRIVÉS.

Nous n'indiquons point les temps dérivés, quand ils se forment régulièrement des temps primitifs.

Se conjugue de même ; mais il a de plus le *prétérit défini* je repus, *le prét. ind.* j'ai repu, *et le part. passé* repu, ue.

Dans le sens de piquer *est à peine usité. Au figuré on dit* une douleur poignante. *Dans le sens de* paraître, *il n'est usité qu'à l'infinitif et au futur :* Le jour commence à *poindre.* Dès que le jour *poindra.*

Présent de l'ind. Je prends, tu prends, il prend, nous prenons, vous prenez, ils prennent. — *Subj. présent.* Que je prenne, que tu prennes, qu'il prenne, que nous prenions, que vous preniez, qu'ils prennent.

Ce verbe a encore un autre participe (résous) ; *mais il ne se dit que des choses qui se changent en d'autres :* Le soleil a résous le brouillard en pluie.

(Sortir de, s'écouler.) *N'est usité qu'à l'infinitif et aux troisièmes personnes du prés. de l'ind. :* L'eau sourd de ce rocher, les fleuves sourdent des montagnes.
Au figuré il n'est usité qu'à l'infinitif : C'est une affaire dont on verra sourdre mille malheurs (*).

Prés. de l'ind. Je vaincs, tu vaincs, il vainc, nous vainquons, vous vainquez, ils vainquent.

(*) *N. B.* Quand un verbe n'est usité qu'à *l'infinitif,* on le construit avec un autre verbe, suivant le sens, pour suppléer les temps et les personnes qui manquent. On dit : *Le jour commençait à poindre :* au lieu de *poignait,* qui est inusité : *On verra sourdre,* au lieu de *il sourdra,* etc.

ORTHOGRAPHE DES VERBES.

§ 84. PRÉSENT DE L'INDICATIF.

Singulier. 1° Si la première personne finit par *e*, ce qui a lieu dans les verbes en *er, frir, vrir, ueillir*, comme *aimer, prier, offrir, ouvrir, cueillir*, on ajoute *s* à la seconde; la troisième est semblable à la première. Exemple : *J'aime, tu aimes, il aime; j'offre, tu offres, il offre*, etc.

2° Si la première personne finit par *s*, ce qui a lieu généralement dans les verbes de la deuxième, de la troisième et de la quatrième conjugaison, la seconde est semblable à la première; la troisième finit ordinairement en *t* : *Je finis, tu finis, il finit; je reçois, tu reçois, il reçoit : j'absous, tu absous, il absout*. — Dans les verbes qui se terminent en *cs, ds, ts*, comme *je convaincs, je rends, je mouds, je combats*, la seconde personne ressemble à la première, et la troisième se forme en retranchant le *s*. Exemple : *Je convaincs, tu convaincs, il convainc; je rends, tu rends, il rend; je mouds, tu mouds, il moud*.

Pluriel. Le pluriel, dans toutes les conjugaisons, se termine toujours par *ons, ez, ent : nous aimons, vous aimez, ils aiment; nous finissons, vous finissez, ils finissent*.

§ 85. IMPARFAIT DE L'INDICATIF.

Il se termine toujours de cette manière : *ais, ais, ait, ions, iez, aient*.

J'aimais, tu aimais, il aimait; nous aimions, vous aimiez, ils aimaient; je finissais, tu finissais, etc.

§ 86. PRÉTÉRIT DE L'INDICATIF.

Le prétérit *défini* a quatre terminaisons : *ai, is, us, ins*, de cette manière :

J'aimai, tu aimas, il aima, nous aimâmes, vous aimâtes, ils aimèrent.

Je finis, tu finis, il finit, nous finîmes, vous finîtes, ils finirent.

Je reçus, tu reçus, il reçut, nous reçûmes, vous reçûtes, ils reçurent.

Je devins, tu devins, il devint, nous devînmes, vous devîntes, ils devinrent.

§ 87. FUTUR DE L'INDICATIF.

Il se termine toujours ainsi : *rai, ras, ra, rons, rez, ront*.

J'aimerai, tu aimeras, il aimera, nous aimerons, vous aimerez, ils aimeront.

Je recevrai, tu recevras, il recevra, nous recevrons, vous recevrez, ils recevront (*).

§ 88. CONDITIONNEL PRÉSENT.

Il se termine toujours ainsi : *rais, rais, rait, rions, riez, raient.*

J'aimerais, tu aimerais, il aimerait, nous aimerions, vous aimeriez, ils aimeraient.

Je recevrais, tu recevrais, il recevrait, nous recevrions, vous recevriez, ils recevraient.

§ 89. IMPÉRATIF.

La seconde personne singulière de l'impératif est toujours semblable à la première personne du présent de l'indicatif. En conséquence il faut écrire (sans *s*) *aime, prie, cueille,* parce qu'on écrit j'*aime,* je *prie,* je *cueille,* et (avec un *s*) *finis, reçois, combats, rends,* parce qu'on écrit je *finis,* je *reçois,* je *combats,* je *rends.*

EXCEPTION. *Aller,* je *vais;* impér. *va. Avoir,* j'ai : impér. *aie. Être,* je *suis;* impér. *sois. Savoir,* je *sais;* impér. *sache.*

Remarque. Quand l'impératif se termine par un *e*, et doit être suivi de l'un des pronoms *y, en,* on ajoute un *s* euphonique pour éviter l'hiatus. Exemple : *Offre-s-en, porte-s-y.*

§ 90. PRÉSENT DU SUBJONCTIF.

Il se termine toujours ainsi : *e, es, e, ions, iez, ent.*

Que j'aime, que tu aimes, qu'il aime, que nous aimions, que vous aimiez, qu'ils aiment; que je rende, que tu rendes, qu'il rende, que nous rendions, que vous rendiez, qu'ils rendent.

EXCEPTIONS. *Avoir :* que j'aie, *que tu* aies, qu'il ait, *que nous* ayons, *que vous* ayez, *qu'ils* aient. *Être :* que je sois, *que tu* sois, *qu'il* soit, *que nous* soyons, *que vous* soyez, *qu'ils* soient.

§ 91. IMPARFAIT DU SUBJONCTIF.

Il a quatre terminaisons : *asse, isse, usse, insse,* de cette manière :

J'aimasse, tu aimasses, il aimât, nous aimassions, vous aimassiez, ils aimassent.

Je finisse, tu finisses, il finît, nous finissions, vous finissiez, ils finissent.

(*) N'écrivez pas *je receverai, je renderai;* on ne met *e* devant *rai* qu'à la première conjugaison.

Je recusse, tu recusses, il reçût, nous recussions, vous recussiez, ils recussent.

Je devinsse, tu devinsses, il devint, nous devinssions, vous devinssiez, ils devinssent.

On voit que la troisième personne de l'imparfait du subjonctif prend un accent circonflexe. En cela elle diffère de la troisième personne du *prétérit défini*, qui s'écrit sans accent et sans *t* à la première conjugaison (*il donna*), et sans accent aux autres conjugaisons (il *sentit*, il *reçut*, il *vint*).

La première et la seconde personne plurielles du *prétérit défini* prennent aussi l'accent circonflexe : nous *aimâmes*, vous *aimâtes*, nous *devînmes*, vous *devîntes*.

L'accent circonflexe se met encore sur l'*i* des verbes en *aître* et en *oître*, comme *naître*, *croître*, dans tous les temps où *i* est suivi de *t* : il *naît*, il *paraîtra*, vous *croîtrez*, etc.

Les secondes personnes plurielles des verbes ont ordinairement un *z* à la fin : Vous *aimez*, vous *rendiez*. Quand la dernière syllabe est muette, on remplace *z* par *s* : Vous *aimâtes*, vous *faites*.

§ 92. PRÉSENT DE L'INFINITIF.

Les verbes en *dre*, où l'on entend le son de *an*, se terminent en *endre* : *Fendre*, *prendre*, etc. Excepté *répandre*.

On écrit par *ire* les verbes dont le participe présent se prononce *vant* ou *zant* : (écrivant) *écrire*, (lisant) *lire*; ainsi que (riant) *rire*, (maudissant) *maudire*, *braire*, *frire*.

On écrit sans *e* final les autres verbes en *ir* : (tenant) *tenir*, (venant) *venir*, (offrant) *offrir*, etc.

Contraindre, *craindre*, *plaindre*, sont les seuls verbes en *aindre*. On écrit aussi *vaincre*. Tous les autres verbes en *eindre* s'écrivent avec un *e* : *Feindre*, *peindre*, etc.

Remarques sur la manière d'orthographier certains verbes.

§ 93. Verbes en *ger*. Afin de conserver au *g* le son du *j* dans les verbes en *ger*, on met un *e* muet après le *g*, lorsque cette consonne est suivie de *a* ou *o* : *venger*, nous *vengeons*, je *vengeais*, etc., et non, nous *vengons*, je *vengais*, etc.

§ 94. Verbes en *cer*. Pour conserver au *c* le son du *s*, on met une cédille sous le *c*, toutes les fois qu'il est suivi d'un *a* ou d'un *o* : nous *suçons*, je *suçais*, nous *suçâmes*.

§ 95. Dans les verbes en *éer*, comme *agréer*, le *présent* de l'*indicatif*, celui de l'*impératif* et celui du *subjonctif*, prennent deux *ée* aux trois personnes du singulier et à la troisième personne du pluriel (j'*agrée*, ils *agréent*). Le *futur* et le *condi-*

tionnel prennent aussi deux *ée* (j'*agréerai*, j'*agréerais*, nous *agréerions*). Le participe passé prend trois *e* au féminin (*agréée*).

§ 96. Dans les verbes en *er* où cette terminaison est précédée d'une voyelle autre que *é*, comme *prier*, *avouer*, *jouer*, *appuyer*, *tuer*, on conserve l'*e* aux temps et aux personnes où le verbe *aimer* conserve cette voyelle, et l'on écrit : je *prie*, j'*avoue*, je *joue*, j'*appuie*, je *tue*; je *jouerai*, j'*appuierai*; *joue*, *appuie*, *tue*, comme on écrit j'*aime*, j'*aimerai*, etc. Mais on écrit sans *e* nous *prions*, nous *jouons*, nous *appuyons*, je *priai*, je *jouai*, comme on écrit nous *aimons*, j'*aimai*, etc. Conjuguez de même *clouer*, *nouer*, *distribuer*, *arguer*, etc.

§ 97. Dans les verbes dont le participe présent est terminé en *ouant*, *uant*, comme *jouer*, *jouant*, *tuer*, *tuant*, on met un tréma sur l'*i* à la première et à la deuxième personne du pluriel de l'imparfait de l'indicatif et du présent du subjonctif : *nous jouïons*, *vous jouïez*, *que nous tuïons*, *que vous tuïez*.

Dans *tous* les verbes dont le participe présent est terminé en *yant*, on ajoute un *i* après l'*y* à la première et à la deuxième personne du pluriel de l'imparfait de l'indicatif et du présent du subjonctif : ainsi les verbes *croire*, *voir*, *fuir*, *asseoir*, etc., dont le participe est *croyant*, *voyant*, *fuyant*, *asseyant*, font, à l'imparfait de l'indicatif et au présent du subjonctif, nous *croyions*, vous *voyiez*, que nous *fuyions*, que vous *asseyiez*, comme les verbes *employer*, *payer*, *appuyer*, font nous *employions*, vous *payiez*, nous *appuyions*.

§ 98. Dans les verbes dont le participe présent est en *iant*, on écrit avec deux *i* la première et la deuxième personne du pluriel de l'imparfait de l'indicatif et du présent du subjonctif, *nous priions*, *vous oubliiez*, *que nous criions*, *que vous étudiiez*, etc.

§ 99. *Remarques.* Dans les verbes dont le participe présent est en *yant*, on conserve l'*y* grec dans toute la conjugaison, excepté avant *e*, *es*, *ent*; ainsi l'on écrit avec un *y*, nous *croyons*, vous *fuyez*, nous nous *asseyons*; j'*employais*, nous *employions*; je *payai*, nous *appuyâmes*; *bégayer*, *déployant*, etc.; et l'on écrit avec un *i* j'*emploie*, tu *paies*, ils *appuient*, je *déploierais*, il *bégaierait*, etc.

§ 100. On écrit avec un tréma sur l'*e* j'*arguë*, tu *arguës*, il *arguë*; impératif, *arguë*, etc., parce que *gue* se prononce ordinairement *ghe*, comme dans *figue*, et que dans *arguë* il se prononce *u*, comme dans *ciguë*; mais on écrit sans tréma, je *sue*, je *tue*, etc., parce que *sue*, *tue*, etc., se prononcent toujours comme *u*.

§ 101. Dans les verbes dont l'infinitif est en *eler*, *eter*, comme *appeler*, *jeter*, on double la lettre *l* et la lettre *t* quand après ces lettres on entend un *e* muet, c'est-à-dire quand elles sont suivies de *e, es, ent*; mais on ne double pas ces lettres devant les terminaisons dont le son est ouvert, comme *on , e , ai , a* , comme *j'appelle, tu appelles, il appelle, nous appelons, vous appelez, ils appellent; j'appelais, nous appelions, j'appelai, tu appelas; je jette, tu jettes, il jette, nous jetons, vous jetez, ils jettent; je jetais, nous jetions*, etc.; *je cache te, ils cachettent, je cachetai*, etc. Conjuguez de même *atteler, chanceler, dételer, rappeler*, etc. Cependant on écrit avec l'accent grave j'*achète*, tu *achètes*, etc.

§ 102. Les verbes *tenir, venir, prendre*, et leurs composés, *retenir survenir, comprendre*, etc., suivent la même règle pour le redoublement de la lettre *n*. Exemple: *Que je tienne, que tu viennes, qu'il prenne*, que nous retenions, *qu'ils surviennent*.

§ 103. Les verbes *achever, dépecer, lever, mener, promener, compléter*, et leurs composés, prennent un accent grave sur l'*e* à toutes les personnes où les lettres *l, t, n*, sont doublées dans les verbes *appeler, jeter, prendre*, etc., et l'on écrit: *J'achève, tu dépèces, il lève, ils mènent, que e complète*, etc. — Le verbe *mettre* s'écrit avec deux *t*, excepté au singulier de l'indicatif présent: *Je mets.... nous mettons, vous mettez, je mettais*, etc. — Il en est de même pour les composés: *Promettre*, (se) *démettre*, etc. — On écrit *dégoûter*, causer du dégoût, et *dégoutter*, tomber goutte à goutte.

Accord des verbes avec leur nominatif ou sujet.

§ 104. On appelle *sujet* ou *nominatif* d'un verbe le mot duquel on affirme ou duquel on nie quelque chose. Le sujet répond à la question *qui est-ce qui?* Dans cette proposition, *l'enfant est sage*, si je veux connaître le sujet, je dirai: *qui est-ce qui est sage?* et le mot *enfant* qui répondra à cette question sera le sujet du verbe. Je dirai de même: *L'enfant n'est pas sage. Qui est-ce qui n'est pas sage?* Réponse, *l'enfant*. Dans la première proposition, *j'affirme* que l'enfant est sage; dans la seconde, *j'affirme* qu'il n'est pas sage.

§ 105. Tout verbe doit être du même nombre et de la même personne que son nominatif ou sujet.

EXEMPLES. *Je parle : parle* est du nombre singulier et de la première personne, parce que *je*, son nominatif, est du singulier et de la première personne. *Vous parlez tous deux : parlez* est au nombre pluriel et de la seconde personne, parce que *vous* est au nombre pluriel et de la seconde personne.

§ 106. *Première remarque.* Quand un verbe a deux sujets singuliers, on met ce verbe au pluriel.

EXEMPLE. *Mon frère et ma sœur* lisent.

Deuxième remarque. Quand les deux sujets sont de différentes personnes, on met le verbe à la *première* personne de préférence aux deux autres personnes, et à la *seconde* personne de préférence à la *troisième.*

EXEMPLES. *Vous et moi* nous lisons.

Vous et votre frère vous lisez.

(La politesse française veut qu'on nomme d'abord la personne à qui l'on parle, et qu'on se nomme le dernier.)

OBSERVATIONS.

§ 107. On appelle verbe *actif* celui qui exprime une action faite par le sujet de la proposition, et tombant *directement* sur un objet. Ainsi, dans cette proposition, *j'aime Dieu*, le pronom *je* est le *sujet* qui fait l'action d'aimer ; le substantif *Dieu* est l'*objet* de cette action. On reconnaît qu'un verbe est actif quand on peut mettre après ce verbe *quelqu'un*, *quelque chose. Aimer* est un verbe actif, parce qu'on peut dire, *aimer quelqu'un.* Le mot qui suit le verbe actif s'appelle le *régime* de ce verbe. On connaît le régime en faisant la question *qu'est-ce que ?* Exemple : *qu'est-ce que j'aime ?* Réponse, *Dieu. Dieu* est le régime du verbe *j'aime.*

---

§ 107. *Actif*, du latin *activus*, qui agit, qui fait une action. Les verbes *actifs* s'appellent aussi verbes *transitifs*, du latin *transitivus*, qui fait passer ; et cette dénomination est préférable à la première ; car le verbe actif indique non-seulement que le sujet fait une action, mais encore que cette action passe du sujet sur l'objet.

Régime vient du latin *regimen* (*men quod regitur*, la chose qui est régie) ; c'est le mot *régi*, *gouverné* par un verbe ou une préposition, c'est-à-dire qui dépend du verbe ou de la préposition, et qui en complète le sens. On l'appelle aussi *complément.*

Le régime *direct* est celui sur lequel l'action du verbe tombe *directement*, comme dans cette phrase : *J'enseigne la grammaire.*

§ 108. Le régime d'un verbe actif se place ordinairement après le verbe (quand ce n'est pas un pronom).

EXEMPLES. *J'aime Dieu.*

Le chat mange la souris : la *souris* est le régime du verbe *mange.*

Mais quand le régime est un pronom, il se met devant le verbe.

EXEMPLES. *Je* vous *aime*, pour *j'aime* vous ; *il m'aime* pour *il aime* moi.

§ 109. *Remarque.* Outre ce premier régime, qu'on appelle *direct*, certains verbes actifs peuvent avoir un second régime qu'on appelle *indirect :* ce second régime se marque par les mots *à* ou *de :* comme *donner une image à l'enfant ; enseigner la grammaire à l'enfant ; écrire une lettre à son ami :* à *l'enfant* est le régime indirect des verbes *donner, enseigner ;* à *son ami* est le régime indirect du verbe *écrire. Accuser quelqu'un de mensonge ; avertir quelqu'un d'une faute ; délivrer quelqu'un du danger :* de *mensonge* est le régime indirect du verbe *accuser*, etc.

(*V.* ci-après *Syntaxe.*)

§ 110. Tout verbe actif a un passif : ce passif se forme en prenant le régime *direct* de l'actif, pour en faire le nominatif du verbe passif, en ajoutant après le verbe le mot *par* ou *de.* Ainsi, pour tourner par le passif cette phrase : *le chat mange la souris*, dites : *la souris est mangée* par *le chat ; j'aime mon père tendrement*, dites : *mon père est tendrement aimé* de *moi.*

Le régime indirect est celui sur lequel l'action du verbe ne tombe qu'*indirectement*, comme dans cette phrase : *J'enseigne la grammaire aux enfants.* L'action d'enseigner ne tombe qu'*indirectement*, c'est-à-dire au moyen de la préposition (*à*), sur le second régime *enfants.*

§ 110. Quand le verbe est *actif*, le sujet fait l'action ; quand le verbe est *passif*, le sujet ne fait pas l'action exprimée par le verbe, il la reçoit, il la *souffre. Passif* vient du latin *passivus*, et *passivus* vient de *pati*, souffrir.

CONJUGAISON DES VERBES PASSIFS.

§ 111. Il n'y a qu'une seule conjugaison pour tous les verbes passifs : elle se fait avec l'auxiliaire *être*, dans tous ses temps, et le participe passé du verbe qu'on veut conjuguer.

INDICATIF.

PRÉSENT.

Je suis aimé, *ou* aimée.
Tu es aimé, *ou* aimée.
Il est aimé, *ou* elle est aimée.
Nous sommes aimés, *ou* aimées.
Vous êtes aimés, *ou* aimées.
Ils sont aimés, *ou* elles sont aimées.

IMPARFAIT.

J'étais aimé, *ou* aimée.
Tu étais aimé, *ou* aimée.
Il était aimé, *ou* elle était aimée.
Nous étions aimés, *ou* aimées.
Vous étiez aimés, *ou* aimées.
Ils étaient aimés, *ou* elles étaient aimées.

PRÉTÉRIT DÉFINI.

Je fus aimé, *ou* aimée.
Tu fus aimé, *ou* aimée.
Il fut aimé, *ou* elle fut aimée.
Nous fûmes aimés, *ou* aimées.
Vous fûtes aimés, *ou* aimées.
Ils furent aimés, *ou* elles furent aimées.

PRÉTÉRIT INDÉFINI.

J'ai été aimé, *ou* aimée.
Tu as été aimé, *ou* aimée.
Il a été aimé, *ou* elle a été aimée.
Nous avons été aimés, *ou* aimées.
Vous avez été aimés, *ou* aimées.
Ils ont été aimés, *ou* elles ont été aimées.

PRÉTÉRIT ANTÉRIEUR.

J'eus été aimé, *ou* aimée.
Tu eus été aimé, *ou* aimée.
Il eut été aimé, *ou* elle eut été aimée.
Nous eûmes été aimés, *ou* aimées.
Vous eûtes été aimés, *ou* aimées.
Ils eurent été aimés, *ou* elles eurent été aimées.

PLUS-QUE-PARFAIT.

J'avais été aimé, *ou* aimée.
Tu avais été aimé, *ou* aimée.
Il avait été aimé, *ou* elle avait été aimée.
Nous avions été aimés, *ou* aimées.
Vous aviez été aimés, *ou* aimées.
Ils avaient été aimés, *ou* elles avaient été aimées.

FUTUR.

Je serai aimé, *ou* aimée.
Tu seras aimé, *ou* aimée.
Il sera aimé, *ou* elle sera aimée.
Nous serons aimés, *ou* aimées.
Vous serez aimés, *ou* aimées.
Ils seront aimés, *ou* elles seront aimées.

FUTUR PASSÉ.

J'aurai été aimé, *ou* aimée.
Tu auras été aimé, *ou* aimée.
Il aura été aimé, *ou* elle aura été aimée.
Nous aurons été aimés, *ou* aimées.
Vous aurez été aimés, *ou* aimées.

Ils auront été aimés, *ou* elles auront été aimées.

CONDITIONNELS.

PRÉSENT.

Je serais aimé, *ou* aimée.
Tu serais aimé, *ou* aimée.
Il serait aimé, *ou* elle serait aimée
Nous serions aimés, *ou* aimées.
Vous seriez aimés, *ou* aimées.
Ils seraient aimés, *ou* elles seraient aimées.

PASSÉ.

J'aurais été aimé, *ou* aimée.
Tu aurais été aimé, *ou* aimée.
Il aurait été aimé, *ou* elle aurait été aimée.
Nous aurions été aimés, *ou* aimées.
Vous auriez été aimés, *ou* aimées.
Ils auraient été aimés, *ou* elles auraient été aimées.

On dit aussi: *J'eusse été aimé, ou aimée ; tu eusses été aimé, ou aimée ; il eût été aimé,* ou *elle eût été aimée ; nous eussions été aimés,* ou *aimées ; vous eussiez été aimés,* ou *aimées ; ils eussent été aimés,* ou *elles eussent été aimées.*

IMPÉRATIF.

Point de première personne.

Sois aimé, *ou* aimée.
Qu'il soit aimé, *ou* qu'elle soit aimée.
Soyons aimés, *ou* aimées.
Soyez aimés, *ou* aimées.
Qu'ils soient aimés, *ou* qu'elles soient aimées.

SUBJONCTIF.

PRÉSENT OU FUTUR.

Que je sois aimé, *ou* aimée.
Que tu sois aimé, *ou* aimée.
Qu'il soit aimé, *ou* qu'elle soit aimée.

Que nous soyons aimés, *ou* aimées.
Que vous soyez aimés, *ou* aimées.
Qu'ils soient aimés, *ou* qu'elles soient aimées.

IMPARFAIT.

Que je fusse aimé, *ou* aimée.
Que tu fusses aimé, *ou* aimée.
Qu'il fût aimé, *ou* qu'elle fût aimée.
Que nous fussions aimés, *ou* aimées.
Que vous fussiez aimés, *ou* aimées.
Qu'ils fussent aimés, *ou* qu'elles fussent aimées.

PRÉTÉRIT.

Que j'aie été aimé, *ou* aimée.
Que tu aies été aimé, *ou* aimée.
Qu'il ait été aimé, *ou* qu'elle ait été aimée.
Que nous ayons été aimés, *ou* aimées.
Que vous ayez été aimés, *ou* aimées.
Qu'ils aient été aimés, *ou* qu'elles aient été aimées.

PLUS-QUE-PARFAIT.

Que j'eusse été aimé, *ou* aimée.
Que tu eusses été aimé, *ou* aimée.
Qu'il eût été aimé, *ou* qu'elle eût été aimée.
Que nous eussions été aimés, *ou* aimées.
Que vous eussiez été aimés, *ou* aimées.
Qu'ils eussent été aimés, *ou* qu'elles eussent été aimées.

INFINITIF.

PRÉSENT.

Être aimé, *ou* aimée.

PRÉTÉRIT.

Avoir été aimé, *ou* aimée.

PARTICIPES.	PASSÉ.
PRÉSENT.	Ayant été aimé, *ou* aimée.
	FUTUR.
Étant aimé, *ou* aimée.	Devant être aimé, *ou* aimée.

Ainsi se conjuguent *être fini, être reçu, être rendu,* etc., etc., etc.

Régime des verbes passifs.

§ 112. *Règle.* On met *de* ou *par* devant le nom ou le pronom qui suit le verbe passif.

EXEMPLES. *La souris est mangée* par *le chat.*

Un enfant sage est aimé de *ses parens.*

Remarque. N'employez jamais *par* avec le nom *Dieu*, dites :

Les méchans seront punis de *Dieu*, et non pas *seront punis* par *Dieu.*

Ou tournez par l'actif, et dites : *Dieu punira les méchants.*

◁◦◦◦▷

VERBES NEUTRES.

§ 113. Le verbe *neutre* est celui qui n'est ni actif ni passif, et qui ne peut pas avoir de régime direct. Ainsi on reconnaît qu'un verbe est neutre quand on ne peut pas mettre après ce verbe *quelqu'un* ni *quelque chose : languir, dormir*, sont des verbes neutres, parce qu'on ne peut

---

§ 113. *Neutre*, du latin *neutrum*, ni l'un ni l'autre. Il ne faut point confondre avec les verbes *actifs* ou *transitifs* certains verbes qui expriment aussi une action, comme *je viens, je marche, je nuis.* En effet l'action exprimée par ces verbes ne *passe* pas *directement* du sujet à l'objet ; elle ne peut avoir un objet qu'indirectement, au moyen d'une préposition : *Je marche* vers *Paris ; les méchants nuisent* aux *bons.* Ces verbes sont appelés *intransitifs.* Il y a encore d'autres verbes qui expriment plutôt un *état* qu'une action, comme je *dors*, je *rougis*, je *languis* ; ce sont les verbes *neutres.* Mais dans les grammaires on confond les verbes *neutres* avec les verbes *intransitifs.*

pas dire : *languir quelqu'un, dormir quelque chose,* etc.

La plupart des verbes neutres se conjuguent, comme les verbes actifs, avec l'auxiliaire *avoir : je dors, j'ai dormi, j'avais dormi, j'aurais dormi,* etc.

Mais il y a des verbes neutres qui se conjuguent dans leurs temps composés avec l'auxiliaire *être,* comme *venir, arriver, tomber,* etc.

Il y en a aussi qui se conjuguent, suivant le sens dans lequel ils sont employés, tantôt avec le verbe *être,* tantôt avec le verbe *avoir,* comme *je suis passé* ou *j'ai passé.* (*Voyez les notes.*)

Conjugaison des verbes neutres.

INDICATIF.

PRÉSENT.

Je tombe.
Tu tombes.
Il *ou* elle tombe.
Nous tombons.
Vous tombez.
Ils *ou* elles tombent.

IMPARFAIT.

Je tombais.
Tu tombais.
Il *ou* elle tombait.
Nous tombions.
Vous tombiez.
Ils *ou* elles tombaient.

PRÉTÉRIT DÉFINI.

Je tombai.

Tu tombas.
Il *ou* elle tomba.
Nous tombâmes.
Vous tombâtes.
Ils *ou* elles tombèrent.

PRÉTÉRIT INDÉFINI.

Je suis tombé, *ou* tombée.
Tu es tombé, *ou* tombée.
Il est tombé, *ou* elle est tombée.
Nous sommes tombés, *ou* tombées.
Vous êtes tombés, *ou* tombées.
Ils sont tombés, *ou* elles sont tombées.

PRÉTÉRIT ANTÉRIEUR.

Je fus tombé, *ou* tombée.
Tu fus tombé, *ou* tombée.
Il fut tombé, *ou* elle fut tombée.

On dira, *la procession a passé par cette rue,* et, *la procession est passée depuis une demi-heure.* Dans le premier cas le verbe *passer* exprime une *action,* dans le second il exprime un *état.*

Il ne faut pas confondre avec les verbes passifs les verbes neutres qui se conjuguent avec le verbe *être.* Le verbe *passif* peut toujours se tourner par l'actif ; je puis dire, *Pierre est tué* ou *on a tué Pierre.* Il n'en est pas de même du verbe *neutre* ; je ne puis pas dire *on a mort Pierre,* au lieu de *Pierre est mort.* Et c'est, comme nous l'avons dit, parce que le verbe *neutre* ne peut avoir ni le sens actif ni le sens passif qu'on l'a appelé *neutre,* du mot latin *neutrum,* qui signifie *ni l'un ni l'autre* (ni actif ni passif).

Nous fûmes tombés, *ou* tombées.
Vous fûtes tombés, *ou* tombées.
Ils furent tombés, *ou* elles furent
tombées.

PLUS-QUE-PARFAIT.

J'étais tombé, *ou* tombée.
Tu étais tombé, *ou* tombée.
Il était tombé, *ou* elle était
tombée.
Nous étions tombés, *ou* tombées.
Vous étiez tombés, *ou* tombées.
Ils étaient tombés, *ou* elles étaient
tombées.

FUTUR.

Je tomberai.
Tu tomberas.
Il *ou* elle tombera.
Nous tomberons.
Vous tomberez.
Ils *ou* elles tomberont.

FUTUR PASSÉ.

Je serai tombé, *ou* tombée.
Tu seras tombé, *ou* tombée.
Il sera tombé, *ou* elle sera tom-
bée.
Nous serons tombés, *ou* tombées.
Vous serez tombés, *ou* tombées.
Ils seront tombés, *ou* elles seront
tombées.

CONDITIONNELS.

PRÉSENT.

Je tomberais.
Tu tomberais.
Il *ou* elle tomberait.
Nous tomberions.
Vous tomberiez.
Ils *ou* elles tomberaient.

PASSÉ.

Je serais tombé, *ou* tombée.
Tu serais tombé, *ou* tombée.
Il serait tombé, *ou* elle serait
tombée.
Nous serions tombés, *ou* tom-
bées.
Vous seriez tombés, *ou* tombées.

Ils seraient tombés, *ou* elles seraient tombées.

On dit aussi : *Je fusse tombé,*
ou *tombée ; tu fusses tombé,* ou
tombée ; il fût tombé, ou *elle*
fût tombée ; nous fussions tom-
bés, ou *tombées ; vous fussiez*
tombés, ou *tombées ; ils fussent*
tombés, ou *elles fussent tom-*
bées.

IMPÉRATIF.

Point de première personne.

Tombe.
Qu'il *ou* qu'elle tombe.
Tombons.
Tombez.
Qu'ils *ou* qu'elles tombent.

SUBJONCTIF.

PRÉSENT OU FUTUR.

Que je tombe.
Que tu tombes.
Qu'il *ou* qu'elle tombe.
Que nous tombions.
Que vous tombiez.
Qu'ils *ou* qu'elles tombent.

IMPARFAIT.

Que je tombasse.
Que tu tombasses.
Qu'il *ou* qu'elle tombât.
Que nous tombassions.
Que vous tombassiez.
Qu'ils *ou* qu'elles tombassent.

PRÉTÉRIT.

Que je sois tombé, *ou* tombée.
Que tu sois tombé, *ou* tombée.
Qu'il soit tombé, *ou* qu'elle soit
tombée.
Que nous soyons tombés, *ou*
tombées.
Que vous soyez tombés, *ou* tom-
bées.
Qu'ils soient tombés, *ou* qu'elles
soient tombées.

PLUS-QUE-PARFAIT.

Que je fusse tombé, *ou* tombée.

Que tu fusses tombé, *ou* tombée.

Qu'il fût tombé, *ou* qu'elle fût tombée.

Que nous fussions tombés, *ou* tombées.

Que vous fussiez tombés, *ou* tombées.

Qu'ils fussent tombés, *ou* qu'elles fussent tombées.

INFINITIF.

PRÉSENT.

Tomber.

PRÉTÉRIT.

Être tombé, *ou* tombée.

PARTICIPES.

PRÉSENT.

Tombant.

PASSÉ.

Tombé, tombée, étant tombé.

FUTUR.

Devant tomber.

Conjuguez de même les verbes *aller, arriver, déchoir, décéder, entrer, sortir, mourir, partir, rester, descendre, monter, passer, venir,* et ses composés, *devenir, survenir, revenir, parvenir,* etc.

§ 114. Il y a des verbes neutres qui ont un régime.

Régime des verbes neutres.

Règle. On met *à* ou *de* devant le nom ou pronom qui suit le verbe neutre.

EXEMPLES :

A

Nuire à la *santé.*
Plaire au *Seigneur.*
Convenir à *quelqu'un.*

DE

Médire de *quelqu'un.*
Profiter des *leçons.*
Jouir de la *liberté.*

VERBES PRONOMINAUX.

§ 115. On appelle verbes pronominaux ceux qui se conjuguent dans tous leurs temps avec deux pronoms de la même personne : *je me, tu te, il* ou *elle se,* pour

---

§ 115. Parmi les verbes pronominaux, on distingue les verbes pronominaux *essentiels*, qui ne peuvent s'employer que dans le sens réfléchi, c'est-à-dire avec deux pronoms de la même personne, comme *je me repens, tu t'abstiens, il se désiste,* et les

le singulier ; *nous nous, vous vous, ils* ou *elles se,* pour le pluriel ; comme *je me flatte, tu te nuis, il se repent, nous nous aimons.*

Dans les verbes pronominaux, le sujet fait l'action et la reçoit en même temps ; c'est pourquoi ces verbes s'appellent aussi *verbes réfléchis.*

Les verbes *pronominaux* ou *réfléchis* se conjuguent comme le verbe *tomber*, c'est-à-dire qu'ils prennent l'auxiliaire *être* aux temps composés. Nous ne mettrons ici que les premières personnes.

Conjugaison des verbes réfléchis.

INDICATIF.

PRÉSENT.

Je me repens.
Tu te repens.
Il *ou* elle se repent.
Nous nous repentons.
Vous vous repentez.
Ils *ou* elles se repentent.

IMPARFAIT.

Je me repentais, etc.

PRÉTÉRIT DÉFINI.

Je me repentis, etc.

PRÉTÉRIT INDÉFINI.

Je me suis repenti, *ou* repentie.

PRÉTÉRIT ANTÉRIEUR.

Je me fus repenti, *ou* repentie.

PLUS-QUE-PARFAIT.

Je m'étais repenti, *ou* repentie

FUTUR.

Je me repentirai.

FUTUR PASSÉ.

Je me serai repenti, *ou* repentie.

CONDITIONNELS.

PRÉSENT.

Je me repentirais.

PASSÉ.

Je me serais repenti, *ou* repentie.

On dit aussi : *Je me fusse repenti*, ou *repentie.*

IMPÉRATIF.

Point de première personne.

Repens-toi.

---

verbes pronominaux *accidentels*, qui sont des verbes actifs ou neutres devenus pronominaux accidentellement, comme *je me plains, tu te trompes, il se nuit*, etc. Tous les verbes pronominaux sont réfléchis ; mais les verbes pronominaux accidentels s'appellent *réciproques* lorsqu'ils ont deux sujets qui font l'un sur l'autre l'action que marque le verbe, comme *Pierre et Jean se louent; nous nous rendons justice réciproquement*, etc. Dans les verbes pronominaux *essentiels*, le second pronom est toujours régime direct; dans les verbes pronominaux accidentels, le second pronom peut être régime indirect : *il se plaît, il se nuit* (*il plaît à soi, il nuit à soi*).

4

Qu'il *ou* qu'elle se repente.
Repentons-nous.
Repentez-vous.
Qu'ils *ou* qu'elles se repentent.

SUBJONCTIF.

PRÉSENT OU FUTUR.

Que je me repente.

IMPARFAIT.

Que je me repentisse.

PRÉTÉRIT.

Que je me sois repenti, *ou* repentie.

PLUS-QUE-PARFAIT.

Que je me fusse repenti, *ou* repentie.

INFINITIF.

PRÉSENT.

Se repentir.

PRÉTÉRIT.

S'être repenti, *ou* repentie.

PARTICIPES.

PRÉSENT.

Se repentant.

PASSÉ.

Repenti, s'étant repenti, *ou* repentie.

FUTUR.

Devant se repentir.

§ 116. *Remarque. Me*, *te*, *se*, *nous*, *vous*, qui sont le régime des verbes réfléchis, sont quelquefois régime direct, comme dans *je* me *flatte*, c'est-à-dire *je flatte* moi ; *tu* te *blesseras*, c'est-à-dire *tu blesseras* toi ; et quelquefois ils sont régime *indirect*, comme dans cet exemple : *je* me *fais une loi*, c'est-à-dire *je fais* à moi *une loi ; il* s'*est fait honneur*, c'est-à-dire *il a fait honneur* à soi , etc.

VERBES IMPERSONNELS.

§ 117. On appelle verbe *impersonnel* celui qui ne s'emploie dans tous les temps qu'à la troisième personne du singulier, comme : *il faut, il importe , il*

---

§ 117. Certains verbes *personnels* peuvent devenir impersonnels ; tels sont *convenir, arriver, être, avoir*. On dit, *il convient de faire cela, il arrive souvent que, il est juste que, il y a des gens qui*, etc.

Il y a aussi des verbes pronominaux impersonnels. Les verbes actifs sont souvent employés sous cette forme dans un sens passif, comme *il se trouve des hommes, il se tient des discours*, pour *des hommes sont trouvés, des discours sont tenus*.

pleut, etc. Il se conjugue à cette troisième personne comme les autres verbes.

Conjugaison des verbes impersonnels.

INDICATIF.	PASSÉ.
PRÉSENT.	Il aurait fallu.
Il faut.	SUBJONCTIF.
IMPARFAIT.	PRÉSENT OU FUTUR.
Il fallait.	Qu'il faille.
PRÉTÉRIT DÉFINI.	IMPARFAIT.
Il fallut.	Qu'il fallût.
PRÉTÉRIT INDÉFINI.	PRÉTÉRIT.
Il a fallu.	Qu'il ait fallu.
PRÉTÉRIT ANTÉRIEUR.	PLUS-QUE-PARFAIT.
Il eut fallu.	Qu'il eût fallu.
PLUS-QUE-PARFAIT.	INFINITIF.
Il avait fallu.	PRÉSENT.
FUTUR.	Falloir.
Il faudra.	PARTICIPE.
FUTUR PASSÉ.	PASSÉ.
Il aura fallu.	Ayant fallu.
CONDITIONNELS.	
PRÉSENT.	
Il faudrait.	

§ 118. *Remarque.* Le mot *il* ne marque un verbe *impersonnel*, que lorsqu'on ne peut pas mettre un nom

---

§ 118. Dans les verbes impersonnels, le pronom *il*, qui est le sujet de ces verbes, est employé d'une manière vague et indéterminée, c'est-à-dire sans rapport à un substantif exprimé ou sous-entendu auparavant. Ainsi *convenir* est impersonnel dans cette phrase : *Cet homme a tort de blâmer votre conduite; il convient (il est convenable) que vous agissiez ainsi;* et il est *personnel* dans celle-ci : *Cet homme ne vous blâme plus, il convient (c'est-à-dire cet homme convient) que vous deviez agir ainsi.*

Les verbes impersonnels *essentiels* se conjuguent dans leurs temps composés avec le verbe *avoir. Il a plu, il a neigé, il aurait fallu.* Les verbes impersonnels *accidentels* se conjuguent avec le verbe *être. Il s'est trouvé, sera-t-il dit que*, etc.

à sa place ; car, lorsqu'en parlant d'un enfant on dit *il joue*, ce n'est pas un impersonnel, parce qu'à la place du mot *il* on peut mettre *l'enfant*, et dire : *l'enfant joue*.

CHAPITRE VI.

SIXIÈME ESPÈCE DE MOTS.

LE PARTICIPE.

§ 119. Le *participe* est un mot qui tient du verbe et de l'adjectif, comme *aimant, aimé* : il tient du verbe, en ce qu'il en a la signification et le régime : *aimant Dieu, aimé de Dieu ;* il tient aussi de l'adjectif, en ce qu'il qualifie une personne ou une chose, c'est-à-dire qu'il en marque la qualité, comme *vieillard honoré, vertu éprouvée.* On voit qu'il y a deux sortes de participes : 1° le *participe présent*, qui ne varie jamais : *un homme* lisant ; *une femme* lisant ; *des hommes* lisant.

2° Le participe passé, qui s'accorde ou avec son nominatif, ou avec son régime : *mon frère a été* puni ; *ma sœur a été* punie ; *mes frères ont été* punis ; *mes sœurs ont été* punies ; *la lettre que j'ai* écrite ; *les lettres que j'ai* écrites.

Remarque. Le participe *été* n'a ni féminin ni pluriel ; on dit : *elle a été, elles ont été.*

---

§ 119. Le *participe* s'appelle ainsi, parce qu'il *participe* de la nature de l'adjectif et de celle du verbe.

Il ne faut pas confondre avec le *participe présent* certains adjectifs verbaux, c'est-à-dire qui viennent des verbes. Ces adjectifs s'accordent en genre et en nombre avec le substantif qu'ils qualifient, comme *un homme* obligeant, *une femme* obligeante, *des hommes* obligeants, etc. Ce ne sont pas des participes, parce qu'ils n'ont pas de régime ; mais quand je dis : *cette femme est d'un bon caractère,* obligeant *tout le monde quand elle peut,* obligeant est ici *participe,* puisqu'il a le régime *tout le monde.*

Pour l'accord du participe passé avec son régime, voyez ci-après, *Syntaxe*, § 445.

CHAPITRE VII.

SEPTIÈME ESPÈCE DE MOTS.

DE LA PRÉPOSITION.

§ 120. La *préposition* est un mot invariable qui sert à mettre en rapport deux termes, celui qui précède la préposition (*l'antécédent*), et celui qui la suit (*le conséquent*). Quand je dis *le fruit* de *l'arbre*, *de* marque le rapport qu'il y a entre *fruit* et *arbre* ; *fruit* est l'antécédent, *arbre* est le conséquent, et *de* est la préposition qui marque le rapport entre l'un et l'autre. Quand je dis *utile* à *l'homme*, *à* marque le rapport qu'il y a entre *utile* et *homme*.

Elle s'appelle ainsi du latin PRÆPONERE , *placer avant*, parce qu'elle se place avant le terme *conséquent*.

La préposition, n'ayant d'elle-même qu'un sens *incomplet*, exige toujours après elle un mot qui complète sa signification. Ce mot s'appelle *complément* ou *régime*. Ainsi dans ces phrases : *le fruit de l'arbre, utile à l'homme*, les mots *arbre*, *homme*, sont les *régimes* ou *compléments* des prépositions *de* et *à*.

Usage des prépositions.

§ 121. Les *prépositions* servent à marquer *la place* ou *le lieu, l'ordre*, *l'union*, *la séparation*, *l'opposition, le but, la cause, le moyen* ou *la manière*, *la spécification* ou *la détermination*.

Il y a des prépositions qui expriment des rapports différents ou même des rapports opposés. Ainsi *à* indique 1° le lieu, *vivre à la campagne* ; 2° l'ordre, *marcher deux à deux* ; 3° l'instrument, la manière, *aller à rames*, *marcher à grands pas*, etc.

§ 122. Les *prépositions* qui marquent *le lieu* sont : *à, autour, chez, contre, dans, de, dès* ou *depuis, devant, derrière, jusque, parmi, près, proche* ou *auprès, sous, sur, vers, vis-à-vis*.
A. Attacher *à* la muraille ; vivre *à* Paris ; aller *à* Rome.
Autour. Se promener *autour* de la ville.

Chez. Être *chez* son ami ; ce livre est *chez* le libraire.
Contre. Attacher *contre* le mur.
Dans. Être *dans* la maison ; serrer *dans* une cassette.
De ou depuis. *De* ou *depuis* Paris *jusqu'à* Orléans.
Dès. Ce fleuve est navigable *dès* sa source.
De. Sortir *de* la ville ; venir *de* la province.
Devant. Mettre le siége *devant* la ville ; ôtez-vous de *devant* mon jour.
Derrière. Les laquais vont *derrière* leur maître ; se cacher *derrière* un mur.
En. Être *en* Italie ; voyager *en* Allemagne.
Jusque. *Jusqu'à* Rome.
Parmi. Cet officier fut trouvé *parmi* les morts.
Près, proche ou *auprès.* Il est logé *près, proche* ou *auprès* du palais.
Sous. Mettre un tapis *sous* les pieds ; tout ce qui est *sous* le ciel.
Sur. Avoir son chapeau *sur* la tête ; mettre un flambeau *sur* la table.
Vers. Les yeux levés *vers* le ciel ; l'aimant se tourne *vers* le nord.
Vis-à-vis. Je me plaçai *vis-à-vis* de lui.

§ 123. Les prépositions qui marquent *l'ordre* sont : *avant, devant, après, dès* ou *depuis, entre.*
Avant, devant. La nouvelle est arrivée *avant* le courrier ; le berger marche *devant* le troupeau.
Après. Venir *après* quelqu'un.
Depuis. Il est venu *depuis* moi.
Entre. L'homme est placé libre *entre* le vice et la vertu.

§ 124. Les prépositions qui marquent l'*union* ou la *simultanéité* (*) sont : *avec, durant, pendant, outre, selon, suivant.*
Avec. Manger *avec* ses amis ; il est parti *avec* la fièvre.
Durant. *Durant* la guerre.
Pendant. *Pendant* l'hiver.
Outre. Compagnie de cent hommes *outre* les officiers.
Selon ou *suivant.* Se conduire *selon* ou *suivant* la raison.

§ 125. Les prépositions qui marquent la *séparation* sont : *excepté, hors, hormis, sans, sauf.*
Excepté, hors. Tout est perdu *excepté* ou *hors* l'honneur.
Hormis. Tous, *hormis* un seul.
Sans. Les soldats *sans* leurs officiers.
Sauf (1° sans exclure). *Sauf* meilleur avis ; *sauf* votre respect.
(2° excepté). Il lui a cédé tout son bien *sauf* un domaine.

---

§ 124. (*) C'est-à-dire qu'une chose se fait en même temps qu'une autre. (Du latin *simul*, ensemble, en même temps.)

§ 126. Les prépositions qui marquent l'*opposition* sont : *contre*, *malgré*, *nonobstant*.

Contre. Écoliers révoltés *contre* le maître ; plaider *contre* quelqu'un.

Malgré. Il est parti *malgré* moi.

Nonobstant. Il a fait cela, *nonobstant* mes représentations.

§ 127. Les prépositions qui marquent le *but* sont : *concernant ou touchant, envers, pour, loin de, deçà, delà, au delà, par delà, à travers, voici, voilà.*

Concernant, touchant. Il m'a écrit *concernant, touchant* cette affaire.

Envers. Charitable *envers* les pauvres ; son respect *envers* ses supérieurs.

Pour. Travailler *pour* le bien public ; étudier *pour* son instruction.

Loin. Il est encore *loin* de la perfection.

Deçà. Deçà la rivière, c'est-à-dire *de ce côté-ci* de la rivière.

Delà. Delà la rivière, c'est-à-dire, *de ce côté-là* de la rivière.

Delà ou *par delà* les monts, ou *au delà* des monts.

A travers, au travers. A travers les obstacles ; il se fit jour *au travers* des ennemis.

Voici, voilà. Voici la maison dont je vous ai parlé ; *voilà* le but que vous devez atteindre.

§ 128. Les prépositions qui marquent la *cause*, le *moyen*, sont *par, moyennant, attendu, vu.*

Par. Fléchir *par* ses prières ; tout a été créé *par* la parole de Dieu.

Moyennant. J'espère *moyennant* la grâce de Dieu.

Attendu. Le courrier n'a pu partir *attendu* le mauvais temps.

Vu. Vu ses longs services, il a obtenu une retraite honorable.

§ 129. Les prépositions qui marquent la *spécification* sont : *à, de, en.*

A. Boire *à* la santé de quelqu'un.

De. Il est mort *de* faim.

En. Il viendra *en* se promenant.

(*Voyez* ci-après *Syntaxe des prépositions.*)

---

§ 129. Dans ces phrases, *à* détermine, spécifie la manière dont on boit ; *de* spécifie la manière dont on meurt ; *en*, la manière dont on viendra.

Selon les grammairiens, il y a des prépositions simples : *à, dans, pour* ; et des prépositions composées : *à l'égard de, à la réserve de, vis-à-vis de...* Mais il n'y a de véritables prépositions que les prépositions simples ; les autres sont des *locutions prépositives.*

CHAPITRE VIII.

HUITIÈME ESPÈCE DE MOTS.

L'ADVERBE.

§ 130. L'*adverbe* est un mot qui se joint soit aux adjectifs, soit aux verbes, soit même à d'autres adverbes, pour en modifier la signification. Quand on dit : *cet enfant parle distinctement*, par ce mot *distinctement*, on *modifie* la signification du verbe *parler*, en déterminant la *manière* dont parle l'enfant. Quand on dit : *l'enfant est très-studieux*, l'adverbe *très* détermine la *manière* dont l'enfant est studieux.

§ 131. On peut diviser les adverbes en adverbes de *manière*, d'*ordre* ou de *rang*, de *lieu*, de *temps*, de *quantité* ou de *nombre*, de *comparaison*, d'*affirmation*, de *négation*, de *doute* et d'*interrogation*.

1° Il y a des adverbes qui marquent la *manière* : ils sont presque tous terminés en *ment*, et ils se forment

---

§ 130. L'adverbe équivaut à une préposition suivie de son complément ou régime : *Parler distinctement* signifie *parler d'une manière distincte*. *Récompenser magnifiquement* signifie *récompenser avec magnificence*. *Excessivement orgueilleux* signifie *orgueilleux à l'excès*.

L'adverbe, du latin *ad verbum*, s'appelle ainsi, non pas parce qu'il est joint au verbe, mais parce qu'il est ordinairement joint à un *mot* (*verbum*) pour en déterminer la signification. On peut même dire que l'*adverbe* ne modifie pas le *verbe*, mais seulement l'attribut renfermé dans le verbe ; en effet, *il parle distinctement* signifie *il est parlant distinctement*.

Lorsqu'au lieu de l'*adverbe* on se sert de plusieurs mots pour modifier un verbe, un adjectif ou un adverbe, ces mots s'appellent *expression adverbiale*. Ex. : *Jouer à coup sûr ; venir tout à coup*, etc.

Formation des adverbes de manière.

§ 131. PREMIÈRE RÈGLE. Quand l'adjectif finit au *masculin* par une *voyelle*, l'adverbe se forme en ajoutant *ment* : *Modeste*,

des adjectifs, comme *sagement* de *sage*, *poliment* de *poli*, *agréablement* d'*agréable*, *modestement* de *modeste*, etc. Exemple : *se conduire sagement.*

2° Il y a des adverbes qui marquent l'*ordre*, comme *premièrement*, *secondement*, *d'abord*, *ensuite*, *auparavant*. Exemple : d'abord *il faut éviter le mal*, ensuite *il faut faire le bien.*

3° Il y a des adverbes qui marquent le *lieu*, comme *où*, *ici*, *là*, *dessus*, *partout*, *auprès*, *loin*, *dedans*, *dehors*, *ailleurs*. Exemples : où *êtes-vous? Je suis* ici.

4° Il y a des adverbes de *temps*, comme *hier*, *autrefois*, *bientôt*, *souvent*, *toujours*, *jamais*, etc. Exemple : *cet enfant joue* toujours, *et ne s'applique* jamais.

5° Il y a des adverbes de *quantité*, comme *beaucoup*, *peu*, *assez*, *trop*, *tant*, etc. Exemple : *il parle beaucoup et réfléchit peu.*

6° Il y a des adverbes de *comparaison*, comme *plus*,

---

modestement; poli, poliment; ingénu, ingénument; aisé, aisément; vrai, vraiment; sensé, sensément, etc.

EXCEPTIONS. 1° *Impuni* fait *impunément*. 2° L'*e* muet des adjectifs masculins *aveugle*, *commode*, *conforme*, *énorme*, *opiniâtre*, se change en *é* fermé : *aveuglément*, *commodément*, *conformément*, *énormément*, *opiniâtrément*.

DEUXIÈME RÈGLE. Quand l'adjectif est terminé au masculin par une seule consonne, l'adverbe se forme de la terminaison féminine en ajoutant *ment* : *audacieux*, *audacieuse*, *audacieusement*; *doux*, *douce*, *doucement*; *fort*, *forte*, *fortement*; *long*, *longue*, *longuement*; *fou*, *folle*, *follement*; *mou*, *molle*, *mollement*; *vif*, *vive*, *vivement*, etc.

EXCEPTIONS. 1° Les adverbes *communément*, *confusément*, *expressément*, *importunément*, *obscurément*, *précisément*, *profondément*, se forment des adjectifs féminins *commune*, *confuse*, en changeant pareillement *e* muet en *é* fermé. 2° *Gentil*, *gentille*, fait *gentiment*.

TROISIÈME RÈGLE. Quand l'adjectif est terminé au masculin par *ant* ou par *ent*, on forme l'adverbe en changeant *ant* en *amment*, *ent* en *emment* : *élégant*, *élégamment*; *éloquent*, *éloquemment*.

EXCEPTIONS. *Lentement*, de *lent*, *lente*; *présentement*, de *présent*, *présente*, se forment de la terminaison féminine, suivant la règle générale. — *Incessamment*, *notamment*, *nuitamment*, *profusément*, *sciemment*, viennent d'adjectifs inusités.

4°

moins, *aussi*, *autant*, etc. Exemples : plus *sage*, aussi *sage*, moins *sage que vous*.

7° Il y a des adverbes *d'affirmation*, comme *oui*, *certes*, *volontiers*, *soit*, etc.

8° Il y a des adverbes de *négation*, comme *non*, *ne*, *ne pas*, *nullement*, *nulle part*.

9° Il n'y a qu'un seul adverbe de *doute*, c'est *peut-être*.

10° Il y a des adverbes *d'interrogation*, comme *combien? où? d'où? par où? quand? comment? pourquoi?*

Remarque. Certains adjectifs sont quelquefois employés comme adverbes; on dit chanter *juste*, parler *bas*, voir *clair*, rester *court*, frapper *fort*, sentir *bon*, etc.

§ 132. Presque tous les adverbes de *manière*, et quelques adverbes des autres classes, admettent les trois degrés de comparaison : *honnêtement, plus honnêtement, très ou le plus honnêtement; souvent, plus souvent, très-souvent*, etc.; *peu* fait *moins, le moins; bien* fait *mieux, le mieux; mal* fait *pis ou plus mal, le pis ou le plus mal. Pis et le pis* ne s'emploient qu'absolument : *ils sont pis que jamais ensemble; mettre les choses au pis;* mais on ne peut pas dire : c'est *le pis fait*, comme on dit *le plus mal fait*.

(*V.* ci-après *Syntaxe des adverbes.*)

CHAPITRE IX.

NEUVIÈME ESPÈCE DE MOTS.

DE LA CONJONCTION.

§ 133. La *conjonction* est un mot invariable qui sert à unir ensemble deux propositions ou deux parties d'une même proposition. Par exemple, si je veux réunir ces deux propositions, *Pierre pleure*, *Pierre rit en même temps*, je me servirai de la conjonction copulative *et*, de cette manière : *Pierre pleure* et *rit en même temps*. Il en sera de même si je veux marquer quelque rapport d'*opposition*, de *disconvenance*. Quand je dis : *il faut avoir de la bonté, il ne faut pas avoir de faiblesse*, j'énonce deux propositions, deux sens séparés entre lesquels il existe une disconvenance ; pour réunir ces deux sens et pour marquer cette disconvenance, je me servirai de la conjonction adversative *mais*, et je dirai : *il faut avoir de la bonté ; mais il ne faut pas avoir de faiblesse*.

Différentes sortes de conjonctions.

§ 134. 1° Les *copulatives*, pour marquer la liaison : *et*, *ni*.

2° Les *adversatives*, pour marquer opposition ou restriction : *mais, cependant, néanmoins, pourtant, quoique, sinon*.

3° Les *alternatives* ou *disjonctives*, pour marquer alternative ou division : *ou, ou bien, soit, tantôt*.

4° Les *comparatives*, pour comparer : *comme, de même que, ainsi que*.

5° Les *augmentatives*, pour ajouter : *de plus, d'ailleurs, outre que, encore, enfin, même*.

---

§ 133. (*Conjonction*, du latin *conjungere*, joindre, unir.) Les conjonctions sont *simples* ou *composées*. Les conjonctions *simples* sont celles qui sont exprimées en un seul mot, comme *et, ou, mais, si, car, ni*, etc. Les conjonctions *composées* sont celles qui se forment de plusieurs mots, comme *à moins que, soit que, parce que*, etc. On doit les appeler *locutions conjonctives*.

6° Les *diminutives*, pour marquer diminution : *au moins, du moins*.

7° Les *causatives*, pour rendre raison : *car, parce que, puisque, vu que, de peur que*; ou pour marquer l'intention : *afin que, de peur que*.

8° Les *conclusives*, pour conclure : *or, donc, ainsi, de sorte que, attendu que, partant*.

9° Les *périodiques*, pour marquer le temps : *quand, lorsque, comme, dès que, tandis que*.

10° Les *hypothétiques* ou *conditionnelles*, pour marquer une supposition : *si, supposé que, pourvu que, en cas que*.

11° Les *explicatives*, pour expliquer quelque chose : *savoir, surtout, de sorte que, ainsi que, c'est-à-dire*.

12° Les *transitives*, pour marquer passage d'une chose à une autre : *or, au reste, après tout*.

13° Les *concessives*, pour marquer le consentement ou une concession : *à la vérité, à la bonne heure, soit*.

Régime des conjonctions.

§ 135. Parmi les conjonctions, les unes veulent le verbe suivant au subjonctif, les autres le veulent à l'indicatif.

Voici celles qui régissent le subjonctif : *soit que, sans que, si ce n'est que, quoique, jusqu'à ce que, encore que, à moins que, pourvu que, supposé que, au cas que, avant que, non pas que, afin que, de peur que, de crainte que*, et en général quand on marque quelque doute ou quelque souhait, comme *je souhaite, je doute* que *cet enfant soit jamais savant*.

(*Voy.* ci-après *Syntaxe des conjonctions.*)

CHAPITRE X.

DIXIÈME ESPÈCE DE MOTS.

L'INTERJECTION.

§ 136. L'*Interjection* est un mot dont on se sert pour exprimer les mouvements de l'âme, comme la *joie*, la *douleur*, etc.

La joie : *Ah! Bon!*
La douleur : *Aïe! Ah! Hélas! Ouf!*
La crainte : *Ha! Hé!*
L'aversion : *Fi! Fi donc!*
L'admiration : *Oh!*
La surprise : *Ho! Ha! Bon Dieu! Miséricorde!*
La dérision : *Oh! Hé! Zest!* (Il se vante de cela : *Zest!*)
Pour encourager : *Çà! Allons! Courage!*
Pour appeler : *Holà! Hé!*
Pour avertir : *Hem! Oh! Hé! Gare! Alerte!*
Pour faire taire : *Chut! Paix! St!*

---

§ 136. L'*interjection* (du latin *interjicere*, jeter entre) est jetée, pour ainsi dire, au milieu du discours pour rendre les mouvements subits de l'âme. Elle exprime non les pensées, mais les *sensations*. Des substantifs, des adjectifs, des verbes, des adverbes, des phrases entières peuvent être considérées comme interjections.

FIN DE LA PREMIÈRE PARTIE.

SYNTAXE.

NOTIONS PRÉLIMINAIRES.

§ 137. DE LA PROPOSITION.

De la Proposition considérée dans ses diverses parties.

La proposition est l'expression d'un jugement. Ex. : *Le soleil est brillant.*

Toute proposition se compose de trois termes : le *sujet*, le *verbe* et l'*attribut*. Ainsi, dans cette proposition que nous venons de citer, *le soleil* est le sujet ou l'objet dont on parle ; *est*, le verbe, c'est-à-dire le mot qui affirme l'existence du sujet ; *brillant*, l'attribut, c'est-à-dire ce qui est affirmé du sujet.

Quelquefois le sujet est sous-entendu et remplacé par un pronom.

Ex. : Voyez cet enfant, *il* (cet enfant) est sage.

Souvent aussi l'attribut est confondu avec le verbe *être* en un seul mot, qu'on appelle, par cette raison, *verbe attributif*.

Ex. : *L'enfant lit*, pour *l'enfant est lisant.*

Le sujet d'une proposition peut être ou *simple*, ou *composé*, ou *complexe*.

Le sujet simple est celui qui désigne, en un seul mot, la personne ou la chose dont l'attribut est affirmé. Ex. : *Dieu est saint* ; voilà un sujet simple, l'attribut *saint* est affirmé de lui.

Le sujet composé est formé de la réunion de plusieurs sujets simples (singuliers ou pluriels). Ex. : *Le père, la mère, le fils, sont bons* ; voilà un sujet composé, ou autrement, la réunion de plusieurs sujets simples.

Le sujet complexe est celui qui exprime en plusieurs mots une idée principale, de laquelle l'attribut est affirmé. Ex. : *Être paresseux est honteux* ; *être paresseux*, voilà un sujet complexe duquel l'attribut *honteux* est affirmé.

De même l'attribut peut être aussi ou *simple*, ou *composé*, ou *complexe*.

De la Proposition considérée selon ses divers rapports dans la phrase.

La proposition ainsi considérée peut être ou *principale*, ou *incidente*, ou *subordonnée*, et *la subordonnée* est *déterminative* ou *explicative*.

Ex.: *Un enfant qui honore ses parents sera aimé de Dieu.* — *Un enfant sera aimé de Dieu*, voilà la proposition principale : *qui honore ses parents*, voilà la proposition incidente.

J'aime Dieu qui est bon. J'aime Dieu, voilà la proposition principale ; *qui est bon*, voilà la proposition *subordonnée explicative*.

Quelquefois aussi deux propositions sont *corrélatives*, c'est-à-dire qu'elles sont tellement liées ensemble, que la seconde est le complément de la première.

Ex. : *Je crains que le maître ne vienne.*

Première proposition, *je crains* — *que le maître ne vienne*, seconde proposition, complément de la première.

DE L'ARTICLE.

Répétition de l'article.

§ 138. Quand on emploie l'article, on doit le répéter avant tous les substantifs sujets ou compléments. Ex. : La *gloire*, la *puissance*, la *richesse*, la *beauté*, *tout finit par ci-gît*.

On peut aussi supprimer l'article devant tous les substantifs lorsqu'on fait une énumération, comme dans l'exemple précédent, et dire : *Gloire, puissance, richesse, beauté, tout finit par ci-gît*.

Rem. On ne peut pas supprimer l'article quand les substantifs sont suivis d'un régime : La *gloire des héros*, la *majesté des rois*, la *puissance des grands, tout finit par ci-gît*.

§ 139. Quand deux adjectifs sont unis par la conjonction *et*, et que l'un se rapporte à un substantif exprimé, l'autre à un substantif sous-entendu, l'article doit se répéter devant chaque adjectif. Ex. : *L'histoire ancienne et la moderne ;* c'est-à-dire *et l'histoire moderne.*

Si l'on disait *l'histoire ancienne et moderne*, il semblerait qu'on ne veut parler que d'une *seule histoire*, qui serait à la fois *ancienne et moderne*.

§ 140. Mais si les adjectifs se rapportent à un seul substantif, on ne répète pas l'article. Ex. : L'incorruptible et équitable *histoire juge les rois après leur mort*, et non *l'incorruptible et l'équitable histoire*.

Place de l'article.

§ 141. L'article se place toujours avant les substantifs et les adjectifs. Il n'y a que l'adjectif *tout* et les expressions de *monsieur, madame, monseigneur*, qui se placent avant l'article. Ex. : *Tous les hommes, monsieur le comte, madame la princesse, monseigneur le ministre.*

Cas où l'on doit faire usage de l'article.

§ 142. L'article accompagne 1° les substantifs qui désignent *tout un genre*. L'homme *n'a qu'un rayon de l'intelligence divine*, ou, *l'intelligence de l'homme n'est qu'un rayon de l'intelligence divine*. Le mot *homme* désigne ici *tout le genre* humain ; voilà pourquoi il est accompagné de l'article.

2° Les substantifs qui désignent *toute une espèce :* Les hommes à prétentions *sont ridicules. La vanité* des hommes à prétentions *les rend ridicules.* Le mot *hommes* désigne *toute une espèce* d'hommes, *les hommes à prétentions.*

3° Les substantifs qui désignent *un individu, un seul objet.* L'HOMME *qui contemple la nature, comprend qu'il existe un Dieu. L'esprit* de l'homme qui contemple *la nature s'élève à la connaissance de Dieu.* Le mot *homme* désigne *un seul individu*, celui qui contemple.

§ 143. Les substantifs sont précédés de l'article quand ils sont pris dans un sens partitif, c'est-à-dire quand ils ne désignent qu'une partie des objets dont on parle. Ex. : *Nous apercevions* des *laboureurs,* des

---

§ 142. On voit que la destination de l'article est de marquer *la détermination;* ainsi quand on veut employer un *adjectif*, un *verbe*, un *adverbe*, une *préposition*, une *conjonction*, un membre de phrase, comme substantifs, on les fait précéder de l'article. On dit, *le juste, le manger, le pourquoi, le pour, le contre, le qu'en dira-t-on*, etc.

bergers, des *villes opulentes*, des *terres fertiles*, etc. On ne parle pas de *tous* les laboureurs, de *tous* les bergers, de *toutes* les villes, de *toutes* les terres du pays, mais seulement de *quelques-uns des* laboureurs, de *quelques-unes des* villes : il y a ellipse du mot *partie*; c'est comme si l'on disait *nous apercevions une* partie des laboureurs, des bergers, des villes, des terres.

§ 144. Quand le substantif est *précédé d'un adjectif*, il ne prend point l'article, parce que l'adjectif suffit pour marquer la détermination. Ex. : *Nous apercevions* de robustes *laboureurs*, d'opulentes *villes*, de fertiles *plaines*.

Cependant, quand le substantif est pris dans un sens général, c'est-à-dire quand il désigne *tout un genre*, *toute une espèce* d'objets, on doit faire usage de l'article. Ex. : *Le propre* des belles actions *est d'attirer l'estime*. Je dis *le propre des* et non *de belles actions*, parce que je parle de *la totalité* des belles actions, de *toutes* les belles actions, et non d'*une partie* des belles actions.

Remarque. Si l'adjectif est placé après le substantif, le substantif prend l'*article* : *nous apercevions* des *laboureurs* robustes, des *villes* opulentes, etc.

§ 145. On fait encore usage de l'*article* quand l'adjectif forme avec le substantif *un mot composé*, équivalant, pour le sens, à un seul mot, comme *petit-maître*, *petit pâté*. Ainsi l'on dit des *petits-maîtres* (c'est-à-dire des *fats*) *sont des êtres insupportables*. *J'ai mangé* des *petits pâtés* (c'est-à-dire *des gâteaux* appelés *petits pâtés*).

Mais si ces expressions étaient *précédées* d'un adjectif, on dirait, sans faire usage de l'article, de *sots*, d'*insupportables petits-maîtres*. *J'ai mangé* de *bons petits pâtés*.

§ 146. *Pas* et *point*, employés seuls avant les noms, ne sont jamais suivis de l'article : *Point* de *travail*, *point* de *salaire*.

Mais quand *pas* et *point* sont précédés de *ne*, ils sont ou ne sont pas suivis de l'article, suivant le sens.

On ne fait pas usage de l'article quand le mot qui est après *pas* ou *point* est pris dans un sens *indéfini, in-*

déterminé : *Je ne vous donnerai point de conseils; je ne vous ferai point de reproches.* On parle de *conseils*, de *reproches* en général, sans déterminer quels sont les conseils, quels sont les reproches.

Mais on fait usage de l'article quand le mot qui est après *pas* ou *point* est pris dans un sens défini, déterminé : *Ne donnez point des conseils qu'il soit dangereux de suivre.* (Qu'*il soit dangereux de suivre* détermine l'espèce des conseils.) *Je ne vous ferai point des reproches frivoles.* (L'adjectif *frivoles* détermine l'espèce des reproches.)

§ 147. On fait encore usage de l'article après un verbe accompagné d'une négation, quand ce verbe est interrogatif : *Ne vous a-t-on pas donné des conseils? Ne vous a-t-on pas fait des reproches? N'avez-vous pas reçu de l'argent?* parce qu'alors les substantifs sont pris dans un sens partitif, et non dans un sens général : car ces phrases signifient *ne vous a-t-on pas donné* quelques *conseils? n'avez-vous pas reçu* quelque *argent?*

On n'oubliera pas que si le substantif est précédé d'un adjectif, la détermination est suffisamment indiquée par cet adjectif, et qu'alors on ne fait plus usage de l'article : *Je ne vous ferai point de frivoles reproches. Ne vous a-t-on pas fait de frivoles reproches?* etc.

§ 148. Les noms de pays ne prennent pas l'article quand ils sont régis par la préposition *en : Il est en Italie.*

§ 149. Les noms de pays, quand ils sont unis par la préposition *de* à un substantif ou à un verbe précédent, se construisent avec ou sans l'article, suivant le sens dans lequel on les prend.

1° Si l'on veut parler du pays dans toute son étendue, le nom de pays prend l'article : *la circonférence de la Sicile, les bornes de la France,* parce que les mots *bornes* et *circonférence* indiquent qu'on parle de *la Sicile,* de la *France* dans toute leur étendue.

2° On se sert encore de l'article, quand un nom de pays est pris pour un nom de peuple : *La civilisation de la France,* c'est-à-dire *des Français; les intérêts de l'Angleterre,* c'est-à-dire *des Anglais.*

§ 150. Mais si le nom de pays est pris dans un sens vague et indéterminé, on ne doit pas faire usage de l'article. Ex. : *Les vins de France, le parlement d'Angleterre.* Les noms de pays *France* et *Angleterre* font ici les fonctions d'adjectifs, et indiquent seulement qu'on veut parler des *vins français,* du *parlement anglais,* et non de ceux d'un autre pays.

On doit dire encore, sans faire usage de l'article, *je reviens d'Italie, j'arrive d'Espagne, de France,* etc., parce que l'on considère *l'Italie, l'Espagne, la France,* simplement comme un terme d'où l'on part sans penser à ces pays dans toute leur étendue, comme on le fait quand on dit *les limites de la France.*

§ 151. D'après les règles établies ci-dessus, on dira :

SANS L'ARTICLE.	AVEC L'ARTICLE.
Je préfère les vins de France *aux vins* d'Espagne.	*Les vins* de la France *font une partie des richesses de ce pays.*
Les villes d'Asie *ne ressemblent pas aux villes* d'Europe.	*Les villes* de l'Asie *ont connu le luxe plus tôt que les villes* de l'Europe.
Je ne me sers point de l'article, parce que je veux seulement parler *d'une certaine espèce* de vins, de villes, par opposition à une *autre espèce* de vins, de villes, sans penser à l'étendue des pays.	Je me sers de l'article, parce que je ne veux pas parler seulement *d'une certaine espèce* de vins, de villes, mais des vins *de toute la France,* des villes *de toute l'Asie.*

§ 150. En parlant des quatre parties du monde, l'usage, disent les grammairiens, paraît avoir prévalu d'en faire précéder les noms par l'article, après les verbes qui expriment le *retour,* le *départ.* Ex. : *J'arrive* de l'*Amérique, il revient* de l'*Asie.* Cependant nous pensons qu'il est plus logique de ne point faire usage de l'article quand on parle de ces pays seulement comme d'un lieu d'où l'on part, mais qu'il faut en faire usage si l'on en parle comme de pays qu'on a quittés après les avoir parcourus. Ainsi l'on dira, *ce vaisseau arrive* d'Amérique, c'est-à-dire d'un port

§ 152. On ne fait pas usage de l'article avec les noms de *métaux* et de *pierres* et semblables, comme *or, fer, marbre, vin, miel, drap,* etc., quand on en parle d'une *manière indéterminée,* sans les prendre dans toute l'étendue de leur signification. Ex. : *Un lingot* d'or, *un instrument* de fer, *une table* dé marbre, *un gâteau* de miel, *un habit* de drap.

Mais si l'on *détermine* l'espèce du métal, de la pierre, de la matière, on fera usage de l'article : *Un lingot* de l'or *que vous avez apporté du Pérou; j'ai un instrument* du fer *de vos mines, une table* du marbre *de votre carrière; un vase* du lait *de ma ferme, un échantillon* du drap *que vous avez apporté.*

---

d'Amérique ; *ce voyageur revient* de l'Amérique, c'est-à-dire *de parcourir* l'Amérique.

On met toujours l'article avant les noms des contrées éloignées et peu connues : *Je reviens* de la *Chine,* du *Japon,* du *Brésil,* du *Paraguay,* etc.

On fait en général usage de l'article avec les noms de fleuves, de rivières : *L'eau* du *Rhône,* de la *Tamise,* etc. Cependant on dira, *je bois de l'eau de Seine,* parce qu'on veut seulement désigner l'espèce d'eau qu'on boit, et, avec l'article, *l'eau* de la *Seine est très-basse, très-haute,* etc., parce qu'alors on parle de la Seine dans toute son étendue.

On dira aussi, sans l'article, *j'aime mieux le poisson* de mer *que celui* de rivière, parce que les mots *mer, rivière,* sont pris dans un sens vague, et qu'on ne parle pas du poisson d'*une certaine* mer, d'*une certaine* rivière.

Mais les habitants d'un pays arrosé par une rivière, et en même temps baigné par la mer, pourraient dire : *Le poisson* de la *rivière est meilleur que celui* de la *mer,* parce qu'alors on ne parle plus de la mer ni d'une rivière en général. mais dé la mer qui baigne les côtes d'un pays, de la rivière qui arrose ce pays.

§ 152. *Remarque.* On peut dire aussi, *un lingot d'or que vous avez apporté du Pérou, un échantillon de drap que vous avez apporté,* etc.; mais alors la détermination ne tombe plus sur le nom du métal, de la matière, elle tombe sur le substantif précédent; c'est comme si l'on disait, *un lingot que vous avez apporté du Pérou, et qui est d'or; un échantillon que vous avez apporté hier, et qui est de drap.*

RÉSUMÉ.

§ 153. On ne fait pas usage de l'article devant les substantifs communs, quand, en les employant, on ne veut *rien déterminer sur l'étendue de leur signification*, c'est-à-dire quand on les emploie dans un sens vague et indéterminé. Dans le cas contraire, on fait usage de l'article.

Ainsi l'on dira : *Les antichambres* des grands *sont* remplies d'hommes, *mais vides* d'amis. *Grand* est précédé de l'article, parce qu'on parle de *toute la classe* des grands ; mais *hommes, amis,* n'en sont pas précédés, parce qu'on ne parle pas de *la totalité* des hommes, de *la totalité* des amis.

La vanité des hommes à prétentions *les rend insupportables.* On parle de *tous* les hommes à prétentions. *La vanité* d'hommes à prétentions *a fait échouer cette affaire*, c'est-à-dire de *certains*, de *quelques* hommes à prétentions.

La faiblesse de l'homme *ou* des hommes *est plus grande que celle des animaux.* On parle de *tous les* hommes. *C'est une faiblesse* d'homme, c'est-à-dire qui peut se rencontrer dans un homme, mais non dans la *totalité* des hommes, ni *particulièrement* dans *tel* ou *tel* homme. Le mot *homme* est pris dans un sens vague.

On dira *les devoirs de l'homme envers l'homme*, et non *les devoirs d'homme à homme*, parce qu'on veut parler des devoirs de *la totalité* des hommes, et non des devoirs *d'un homme quelconque.*

§ 154. On supprime encore l'article devant les substantifs quand ils sont employés comme qualificatifs : *Les plus puissants rois après leur mort ne sont plus que* poussière. *Le mensonge est* bassesse. *Poussière* qualifie l'état des rois après leur mort ; *bassesse* qualifie le substantif *mensonge.*

Avec *ni* quand le nom qui suit est pris dans un sens vague : *Les méchants ne peuvent souffrir* ni magistrats, ni autorité ; mais on dira *ni les magistrats, ni l'autorité*, si l'on veut parler des magistrats d'une certaine ville.

Avec *jamais* : Jamais, *peut-être*, historien *n'a été plus attachant;* mais on dira, en parlant de l'historien qu'on a entre les mains, jamais l'historien *n'a été plus intéressant que dans ce passage.*

Après *tout* : Tout *était* plaisir, tout *était* bonheur; mais on dira *tout le bonheur dont vous avez joui*, parce que *bonheur* est pris dans un sens déterminé.

§ 155. *Tout*, au singulier, signifiant *chaque*, exclut l'article; mais *tout* prend l'article quand il signifie la *totalité de....* Ainsi l'on dira : *Tout* homme *est mortel, mais tout* l'homme *n'est pas mortel;* c'est-à-dire *chaque* homme est mortel, mais la *totalité* de l'homme, *tout* dans l'homme n'est pas mortel. *Tous*, au pluriel, est toujours suivi de l'article : *Tous* les hommes *sont mortels.*

§ 156. Les noms propres ne prennent point l'article, parce qu'ils ne désignent qu'une seule personne ou qu'une seule chose, et qu'il n'y a pas lieu de restreindre plus ou moins le sens de ces mots : *Cicéron est un grand orateur; Apollon est le dieu de la poésie; Vénus est la déesse de la beauté.*

Cependant les noms propres prennent l'article quand on les emploie comme noms communs, parce qu'alors ils peuvent avoir un sens plus ou moins restreint : *Les Cicérons* sont rares, c'est-à-dire *les grands orateurs* sont rares. *L'Apollon du Belvédère* et *la Vénus de Médicis* sont deux belles statues; c'est-à-dire *la statue* d'Apollon et *la statue* de Vénus.

---

§ 156. On ne doit pas regarder comme une exception l'usage où nous sommes de joindre l'article aux noms des poëtes et des peintres italiens. Quand nous disons *le Tasse*, *le Guide*, il y a ellipse du mot *poète*, *peintre; le* poëte *Tasse, le* peintre *Guide.* Il y a encore ellipse quand on emploie l'article devant un nom de femme, comme *la Lemaure*, c'est-à-dire *la* chanteuse, *l'actrice Lemaure.* Mais ce tour est maintenant proscrit du langage de la bonne compagnie.

DE L'ADJECTIF.

Accord des adjectifs.

§ 157. L'adjectif doit être du même genre et du même nombre que le substantif auquel il se rapporte, parce qu'il exprime les qualités de ce substantif et ne fait qu'un avec lui. Ex. : *Le bon père, la bonne mère; les bons pères, les bonnes mères.*

Cette règle a lieu même quand l'adjectif est séparé de son substantif par plusieurs mots : *Il y a des hommes que l'on trouve toujours grands, il y en a d'autres que l'on trouve toujours petits, dans quelque position qu'ils soient.*

§ 158. *Exceptions.* Les adjectifs *nu* et *demi*, placés avant un substantif, sont invariables. Ex. : *Il marche nu-pieds, nu-jambes. Une demi-heure, des demi-mesures.* Mais quand *nu* et *demi* sont placés après le substantif, ils s'accordent avec ce substantif. Ex. : *Les pieds nus, les jambes nues, la tête nue; une heure et demie.*

Remarque. Demi, adjectif, ne prend jamais la marque du pluriel. Ex. : *Deux lieues et* demie. C'est comme si l'on disait *deux lieues et une demi-lieue.* Mais *demie,* substantif, prend la marque du pluriel : *Deux* demies *font un entier.*

§ 159. L'adjectif *feu*, placé avant l'article ou avant un adjectif pronominal (*mon, ton, son,* etc.), est invariable. Ex. : Feu *la reine,* feu *ma mère;* mais s'il est placé après l'article ou l'adjectif pronominal, il s'accorde avec le substantif. Ex. : *La* feue *reine; ma* feue *mère.*

§ 160. Les participes *excepté, supposé, vu,* etc., placés avant des substantifs, deviennent de vraies prépositions, et par conséquent sont invariables. Ex. : Excepté *quelques hommes;* supposé *la vérité du fait;* vu *la longueur et les difficultés de la route.* Mais ils prennent l'accord quand ils sont placés après le substantif : *Quelques hommes exceptés,* etc.

§ 161. Les adjectifs que l'on emploie adverbialement sont pareillement invariables : *Cette femme chante faux*; *ces dames parlent* bas; *vous n'avez pas pris vos mesures assez* juste (c'est-à-dire avec assez de justesse); *cette période est coupée trop* court; *je vous prend tous* à témoin (c'est-à-dire en témoignage, etc.). *Faux, bas, juste, court,* (à) *témoin*, n'expriment pas une qualité attribuée au substantif : ils servent à modifier les verbes, et par conséquent ils font les fonctions d'adverbes.

§ 162. *Nouveau* s'emploie aussi adverbialement dans le sens de *nouvellement*, mais seulement avec des noms masculins. Ex. : *Des enfants* nouveau-*nés, des vins* nouveau *percés*, c'est-à-dire *nouvellement* nés, *nouvellement* percés. (*Nouveau* ne s'emploie avec un nom féminin que dans cette locution : *Une fille* nouveau-*née*. L'Acad.) Mais *nouveau* prend la marque du pluriel quand le participe auquel il se rapporte est pris substantivement : *Ce sont de* nouveaux *venus, de* nouveaux *débarqués.*

§ 163. Quand l'adjectif se rapporte à deux substantifs singuliers, on met cet adjectif au pluriel. Ex. : *Le roi et le berger* sont égaux *après la mort. La clémence et la majesté sont* peintes *sur son front.*

§ 164. Si les deux substantifs sont de différents genres, on met l'adjectif au pluriel masculin. Ex. : *Ma mère et mon père sont* contents. *Dormir la bouche et les yeux* ouverts.

Remarque. Il faut en général, lorsque l'*adjectif* n'a pas la même terminaison pour les deux genres, énoncer le substantif masculin le dernier, pour ne pas choquer l'oreille, ce qui aurait lieu si l'on disait *dormir les yeux et la bouche ouverts.*

§ 165. L'adjectif placé après plusieurs substantifs synonymes, c'est-à-dire qui ont à peu près la même signification, s'accorde avec le dernier. Ex. : *Il y a dans la vertu une candeur, une ingénuité charmante.* Observez que les substantifs synonymes ne doivent pas être liés par la conjonction *et*.

§ 166. Quand un substantif est accompagné de plusieurs adjectifs, ce substantif et les adjectifs qui l'ac-

compagnent doivent se mettre au singulier : ainsi ne
dites pas *les langues française et anglaise*, mais dites,
en répétant l'article, *la langue française et l'anglaise.*
Ne dites pas *un cours* de langues *française, italienne,
espagnole ;* mettez *langue* au singulier, et dites un cours
de langue *française, italienne,* etc. Le substantif (langue) est sous-entendu devant chaque adjectif.

Ne dites pas non plus *les père et mère de cet enfant,
les maire et adjoints de l'arrondissement, les premier et
second volumes ;* mais dites : *le père et la mère, le maire
et les adjoints, le premier et le second volume.*

§ 167. Dans les phrases où entre la locution *avoir
l'air,* si le sujet est un nom de personne, l'adjectif
s'accorde, suivant le sens, avec le nom de personne
ou avec le substantif *air.* Ainsi l'on dira, en parlant
d'une femme, *elle a l'air* hautain, si l'on ne considère
que ses *manières,* que son air ; mais on dira, *cette
femme a l'air* hautaine, ou mieux, *a l'air d'être hautaine,* si l'on juge d'après ses manières qu'elle a de la
hauteur, de l'arrogance dans le caractère. Quant aux
adjectifs qui ne peuvent se dire que des personnes,
ils s'accordent toujours avec le nom de personne ;
ainsi l'on dira *cette femme a l'air prudente* et non *prudent,* etc. , ou mieux, *a l'air d'être prudente,* etc.

Si le sujet est un nom de chose, c'est toujours avec
ce nom que l'adjectif s'accorde, parce qu'alors on
parle de la chose elle-même, et non pas de l'air de
cette chose. On dira donc, *cette soupe a l'air bonne,
cette proposition n'a pas l'air sérieuse.* Il y a ellipse du
verbe *être :* c'est comme si l'on disait, *cette soupe a
l'air d'être bonne.*

SYNTAXE DU COMPARATIF.

§ 168. Quand on établit une comparaison d'égalité entre les qualités différentes que peut avoir une
personne, on place avant la conjonction *que* la qualité

moins connue que l'on veut égaler à celle qui l'est plus. Ex. : *Turenne était aussi* sage *que vaillant. Socrate était aussi* vaillant *que sage.* Ce qu'il y a de plus connu dans *Turenne,* c'est la *vaillance;* dans *Socrate,* c'est la *sagesse.*

§ 169. Après la conjonction *que,* on fait ellipse du verbe qui précède cette conjonction, quand le *que* est suivi immédiatement du second terme de la comparaison, parce qu'alors la phrase n'offre aucune obscurité. Ex. : *La mort est moins funeste que les* plaisirs *qui attaquent la vertu;* c'est-à-dire, *que les plaisirs qui attaquent la vertu ne sont funestes.* Dans cette phrase, la conjonction *que* est suivie du substantif *plaisirs,* second terme de la comparaison.

Mais on ne doit pas dire : *On a moins d'estime pour la vertu aujourd'hui qu'autrefois;* il faut dire *qu'on n'en avait autrefois,* parce que le mot qui suit *que* n'est pas le second terme de la comparaison. En effet, la comparaison n'est pas établie entre *maintenant* et *autrefois,* mais entre *l'estime* qu'on a maintenant et *l'estime* qu'on avait autrefois pour la vertu.

On ne dira pas non plus, *on meurt plutôt* d'un excès de joie QUE DE TRISTESSE; il faut dire *que d'un excès de tristesse;* parce qu'on ne compare pas seulement *la tristesse à la joie,* mais *l'excès* de la tristesse à *l'excès* de la joie. Mais on dira bien : *On meurt plutôt de joie que de tristesse.*

§ 170. Dans les comparaisons de *supériorité* ou *d'infériorité,* le verbe de la proposition subordonnée doit être précédé de la négation (*ne*) quand la proposition principale n'est ni négative ni interrogative. Ex. : *Il écrit mieux qu'il* ne *parle. Il est moins riche que* vous ne *le pensez.*

En effet le sens est : *Il ne parle pas aussi bien qu'il écrit. Vous ne le croyez pas aussi peu riche qu'il l'est.* On voit par

---

§ 169. On remarquera que le substantif, dans le second membre de la comparaison, se remplace par un pronom : *qu'on n'en avait autrefois,* c'est-à-dire *qu'on n'avait d'estime.*

cette inversion que la négation est nécessaire avant les verbes (*parle*, *croyez*).

La règle est la même pour les comparaisons d'*iné-galité* marquées par *autre*, *autrement* : *Il parle autrement qu'il ne pense*. Le sens est : *il ne pense pas comme il parle*.

§ 171. Mais si la proposition principale est néga-tive, on supprime *ne* après *que* : *Cette guerre ne fut pas moins heureuse* qu'elle était *juste*.

Le sens est : *Cette guerre fut aussi heureuse qu'elle était juste*.

On supprime encore la négation si la proposition principale est *interrogative* ou *dubitative* : *Peut-on aimer quelqu'un plus* qu'il vous aime? *Je ne sais si l'on peut être*, ou, *je doute qu'on puisse être plus malheureux* que je le suis.

Le sens est : Il vous aime *plus qu'on ne peut aimer quelqu'un*. Je suis *très-malheureux, et je ne sais si l'on peut l'être da-vantage*.

§ 172. S'il y a deux négations, comme *ne pas*, *ne point*, dans la proposition principale, le *que* est suivi de *ne*, parce que ces deux négations équivalent à une affirmation. Ainsi l'on dira : n'*écrit-il* pas *mieux qu'il ne parle*, parce que cette phrase signifie : *je pense qu'il écrit mieux qu'il ne parle*.

Je ne sais s'il n'est pas *moins riche que vous ne le pensez*, c'est-à-dire : *il pourrait bien être moins riche que vous* ne *le pensez*.

§ 173. Dans les comparaisons d'égalité, le *que* n'est jamais suivi de *ne* : *Je serai aussi affligé dans un mois que je le suis maintenant*.

§ 174. Il faut remarquer que la conjonction *que*, dans les comparaisons, doit être suivie du pronom *le*, toutes les fois qu'il faut rappeler l'idée exprimée dans le premier membre de la comparaison. C'est ce qui a lieu dans ces phrases : *Je serai aussi affligé dans un mois que je le suis maintenant; c'est-à-dire, que je suis affligé. La poésie est plus naturelle à tous les hommes qu'on ne le pense ;* c'est-à-dire , *qu'on ne pense qu'elle* est naturelle (*aux hommes*). (*Voyez*, ci-après, négation *ne*.)

SYNTAXE DU SUPERLATIF.

§ 175. Nous avons déjà vu qu'on distingue deux sortes de superlatifs, le superlatif *relatif* et le superlatif *absolu*.

Le superlatif *relatif* exprime une qualité dans le plus haut degré, ou dans le degré le moins élevé, mais avec rapport ou comparaison à une autre chose. On le forme en mettant *le, la, les, du, de la, des, mon, ton, son, notre, votre, leur,* avant les mots *plus, moins, meilleur, pire, moindre.* Ex. : *Les Égyptiens passaient pour être* les plus *reconnaissants de tous les hommes. Vous êtes* mes meilleurs *amis,* c'est-à-dire , *les meilleurs de mes amis.*

§ 176. Le superlatif *absolu* exprime aussi une qualité au degré le plus élevé ou le moins élevé, mais sans relation à d'autres choses. Ce superlatif se forme en mettant devant l'adjectif au positif un de ces mots, *fort, très, bien, infiniment, extrêmement, le plus, le moins, le mieux,* etc. Ex. : *Le style de Fénelon est très-riche, celui de Bossuet est* extrêmement *élevé. Ce discours a été* fort *peu goûté. C'est quand les grands hommes ne sont point entourés d'une vaine pompe qu'ils sont* le plus *admirables.*

*Différence entre le superlatif relatif
et le superlatif absolu.*

§ 177. Il ne faut pas confondre ces deux sortes de superlatifs. Dans le superlatif *relatif, l'article* correspond au *substantif* exprimé avant le superlatif, et s'accorde avec ce substantif. Ainsi l'on dira : *Les* scènes les plus *applaudies ne sont pas toujours les meilleures.* C'est-à-dire, *les scènes plus applaudies que les autres scènes* ne sont pas toujours *les scènes meilleures que les autres.* Il y a *comparaison entre plusieurs scènes.*

celles qui sont plus applaudies que les autres, celles qui sont moins applaudies, celles qui sont meilleures, celles qui sont moins bonnes.

§ 178. Dans le superlatif absolu, comme la qualité *en plus* ou *en moins* est exprimée sans aucun rapport à une autre chose, l'article *le* qui précède les mots *plus, moins*, est invariable, parce qu'il ne se rapporte pas au substantif exprimé avant le superlatif. Ainsi l'on dira : *Cette scène est une de celles qui furent* le plus *applaudies*, parce que dans cette phrase on ne veut pas établir une *comparaison* en plus ou en moins entre la scène dont on parle et d'autres scènes; mais qu'on veut indiquer seulement que cette scène est du nombre de celles qui ont été *le plus applaudies*, c'est-à-dire *applaudies au plus haut degré*.

Mais on dira : *Les eaux* les plus *basses* sont souvent les plus rapides, c'est-à-dire *les eaux qui sont* plus basses *que les autres*. On compare plusieurs espèces d'eaux entre elles.

C'est en été que les eaux sont le plus *basses*. Ici le superlatif est *absolu*, parce qu'on parle des eaux en général, *sans comparer* certaines espèces d'eaux à d'autres espèces.

§ 179. *Le* est également invariable dans les expressions *le plus, le moins*, non suivies d'un participe. Ex. : *De toutes les qualités, c'est la modestie qui sied* le mieux (et non *la mieux*) *à un jeune homme. L'orgueil et la paresse sont les vices que je déteste* le plus (et non *les plus*). *De toutes ces fleurs, voilà celle qui me plaît* le moins (et non *la moins*).

C'est encore le superlatif absolu : c'est comme si l'on disait, *c'est la modestie qui sied au plus haut degré; l'orgueil et la paresse sont les vices que je déteste au plus haut degré*, etc.

---

§ 179. Parmi les adjectifs, il y en a qui ne sont pas susceptibles de comparaison, soit en plus, soit en moins; ce sont ceux qui expriment une qualité d'une manière absolue, c'est-à-dire à laquelle on ne peut rien retrancher ni rien ajouter, comme *divin*,

§ 180. Les adverbes comparatifs *si*, *aussi*, *autant*, *plus*, *moins*, *très*, etc., doivent se répéter avant chaque adjectif, quand il y en a plusieurs dans une phrase. On dit : *C'est l'homme* le plus *estimé et* le plus *aimé de la ville*, et non *le plus estimé et aimé*.

RÉGIME OU COMPLÉMENT DES ADJECTIFS.

§ 181. Le régime ou complément des adjectifs est un substantif ou un verbe précédé de l'une des prépositions *à*, *de*, *en*, *dans*, *sur*, etc.

Quelques adjectifs ne régissent rien : ce sont ceux qui, par eux-mêmes, ont une signification déterminée, comme *courageux*, *sage*, *vertueux*, etc. *Un homme courageux, un ami sage, un cœur vertueux.*

Quelques autres doivent être suivis d'un complément; ce sont ceux qui, ayant un sens vague, ont besoin d'être restreints pour avoir une signification déterminée, comme *comparable*, *enclin*, *sujet*, etc. *Homme comparable à tous les héros de l'antiquité. Votre frère est enclin à la paresse.* Homme *comparable*, votre frère est *enclin*, sans régime, n'auraient pas de sens.

Enfin il y a des adjectifs qu'on emploie tantôt avec un régime, tantôt sans régime, comme *content*, *sensible*. Ils sont sans régime quand on les emploie dans une signification générale : *Cet homme est content.* Ils ont un régime quand on restreint leur signification : *Cet homme est content* de son sort.

§ 182. Il ne faut pas donner de complément à un adjectif qui ne doit pas en avoir. Ainsi on ne pourrait pas dire *cela m'est aimable*, comme on dirait *cela m'est agréable.*

Il ne faut pas non plus donner à l'adjectif un autre

---

parfait, *éternel*, *essentiel*, *immortel*, etc. En effet une chose, si elle est *divine*. *parfaite*, *éternelle*, ne peut l'être *plus* ou *moins*, parce que ce qui est *au delà* ou *en deçà* n'est plus divin, n'est plus parfait. Cependant *divin*, pris au figuré, semble admettre la comparaison.

complément que celui qui lui est assigné par l'usage, c'est-à-dire le construire avec une préposition qui ne lui convient pas; ainsi l'on dira *content de son sort*, et non *avec son sort*.

§ 183. Pour employer convenablement les adjectifs, il faut en connaître la nature, car il y en a qui ne conviennent qu'aux personnes et d'autres qui ne peuvent qualifier que les choses.

Pour savoir si un adjectif peut se dire des personnes, il faut examiner si le verbe d'où il dérive peut avoir pour complément direct un nom de personne. Ainsi l'on dira cet homme *est admirable*, parce qu'on peut dire *admirer un homme;* mais on ne dira pas *cet homme est pardonnable*, parce qu'on ne dit pas *pardonner quelqu'un,* mais *pardonner* (quelque chose) *à quelqu'un.*

§ 184. Un substantif peut être régi par deux adjectifs, pourvu que ces adjectifs demandent le même régime. Ainsi l'on peut dire : *Cet homme est utile et cher à sa famille*, parce qu'*utile* et *cher* se construisent avec la préposition *à.*

Mais on ne dira pas, *cet homme est* utile *et* chéri de *sa famille*, parce qu'*utile* se construit avec *à*, et *chéri* avec *de.* Il faut prendre un autre tour, et dire : *Cet homme est utile* à *sa famille et en est chéri.*

§ 185. *Remarque.* L'adjectif ne doit pas être régi immédiatement par un autre verbe que par le verbe *être;* ainsi ne dites pas, *il* crut digne *de lui d'agir ainsi; il* jugea indispensable *de faire cela;* mais dites, *il crut* qu'il était *digne, il jugea* qu'il était *indispensable.*

Quelque chose, rien, quoi que ce soit, et les autres pronoms indéfinis, veulent *de* avant l'adjectif qui suit : *Quelque chose de grand; rien de bon; quoi que ce soit d'utile.*

De la place des adjectifs.

§ 186. Nous n'avons, pour ainsi dire, sur ce point d'autre règle que l'oreille ; voici cependant quelques remarques qui peuvent être utiles.

L'adjectif *quelconque* se place après le substantif : *raison quelconque.*

Les adjectifs de nombre se placent *avant* le substantif pour marquer la *quantité*, l'ordre et le *rang* : *sept hommes, la centième fois, le troisième soldat.*

Exception. Les nombres *ordinaux*, et les nombres *cardinaux* employés comme ordinaux, se placent après le substantif quand ils sont employés en citation et sans article : *Livre second, Georges trois*, pour Georges *troisième, chapitre dix* ou *dixième.*

On place toujours après le substantif les adjectifs formés du participe passé : *homme poli, usage adopté, figure arrondie.*

Les adjectifs formés du participe présent se placent ordinairement *après* le substantif, surtout quand ce substantif est de terminaison féminine, c'est-à-dire quand il se termine par un *e* muet. *Astres brillants,* et non *brillants astres ; ouvrage divertissant :* mais on dit *brillants atours ; charmant enfant,* ou *enfant charmant.*

Les adjectifs verbaux formés du participe présent se placent toujours après le substantif : *Des eaux stagnantes, des marais salants.*

Les adjectifs qui peuvent s'employer seuls comme substantifs se placent après le substantif : *Un homme bossu, une femme boiteuse ;* parce qu'on dit *un bossu, une boiteuse.*

On place *ordinairement* après le substantif les adjectifs qui expriment la figure, *table ovale ;* la couleur, *bonnet blanc ;* la saveur, *herbe amère ;* l'odeur, *fleur odoriférante ;* le son, *orgue harmonieux ;* l'action, *homme actif, chef vigilant ;* un effet produit, *mal incurable ;* une qualité relative ou à la nature d'une chose, *ordre grammatical,* ou à l'espèce d'une chose, *qualité occulte ;* ceux qui expriment la nation, *vivacité française ;* ceux qui se terminent en *esque, il, ule, ic, icque,* style *burlesque,* jargon *puéril,* femme *crédule,* bien *public,* rire *sardonique.*

Les adjectifs de plusieurs syllabes, et surtout les adjectifs masculins, ne se placent presque jamais avant les substantifs monosyllabes : on ne dit pas *les champêtres* airs, *les terrestres* soins, mais *les airs champêtres,* etc.

Un adjectif qui a un régime, ou qui est modifié par un adverbe, doit se placer après le substantif : *Malheur commun à tous,* et non *commun malheur à tous ; homme extrêmement aimable,* et non *extrêmement aimable homme.*

Si, au contraire, c'est le substantif qui a un régime, il faut, autant que possible, que l'adjectif précède afin que le régime suive le nom qui le régit : *Le savant auteur des Provinciales.* Si l'adjectif ne précède pas le substantif, il doit se placer non immédiatement après le substantif, mais après le régime : *Une natte de jonc grossière,* et non *une natte grossière de jonc.*

Dans le style élevé, l'adjectif se place quelquefois après le verbe et loin du substantif : *Les bergers,* loin de secourir le troupeau, fuient *tremblants.*

Dans le style sérieux, l'adjectif régi par le verbe *être* se place toujours après ce verbe : *Elle est douce et modeste;* mais dans le style badin, il précède même le pronom personnel : *Douce elle était.*

Certains adjectifs pris dans le sens figuré précèdent le substantif, tandis qu'au propre ils le suivent : *Verte jeunesse, juste prix, mûre délibération*, et au propre, *couleur verte, homme juste, fruit mûr.*

§ 187. En général, on ne doit pas placer deux adjectifs de suite pour qualifier conjointement un substantif. Ainsi, on ne doit pas dire *c'est une grande sotte personne;* mais il faut prendre l'adjectif *sotte* substantivement, et dire, sans exprimer le substantif *personne*, c'est une *grande sotte;* c'est-à-dire *c'est une très-sotte personne.*

§ 188. Certains adjectifs donnent aux substantifs qu'ils accompagnent une signification différente, suivant qu'ils sont placés avant ou après ces substantifs. Par exemple : *Un bon homme* est un homme simple, facile à tromper, ou même un homme d'esprit, plein de candeur; *un homme bon* est un homme qui a de la bonté, de l'humanité. L'expression *bonne femme* est moins usitée en ce sens.

Avoir bon air signifie avoir bonne façon; *avoir l'air bon* signifie paraître bon. *Avoir mauvais air* signifie avoir mauvaise façon; *avoir l'air mauvais* signifie avoir l'air méchant.

Un brave homme est un homme qui a de la probité; *un homme brave* est un homme qui a de la bravoure.

La voix commune signifie l'opinion générale : *C'est la voix commune;* mais on dit *d'une* commune *voix*, *d'un* commun *accord*, pour signifier *à l'unanimité; d'une voix commune* signifierait *d'une voix ordinaire.*

Cruel, placé après le substantif, signifie *inhumain : Un homme cruel, une femme cruelle;* placé avant le substantif, *cruel* signifie *fâcheux, douloureux, insupportable. Un cruel homme, un cruel hiver*, etc.

Un faux accord est un accord dont les intonations sont justes, mais qui n'est pas en harmonie avec le morceau qu'on joue; *un accord faux* est un accord qui n'est pas juste. Un tableau est dans un *faux jour* quand il n'est pas placé convenablement; il y a un *jour faux* dans un tableau quand une partie y est éclairée contre nature.

Un galant homme est un homme plein d'honneur; *un homme galant* est un homme adonné à la galanterie.

Furieux, placé avant le substantif, signifie *prodigieux, excessif: Un furieux mangeur, une furieuse dépense.* Après le substantif, il signifie qui est en fureur, en furie : *Fou furieux, tigre furieux.*

Un grand homme est un homme d'un mérite distingué; *un homme grand* est un homme d'une grande taille.

Une grosse femme est une femme qui a beaucoup d'embonpoint ; *une femme grosse* est une femme enceinte.

Un honnête homme est un homme qui a de la probité ; *un homme honnête* est un homme qui a de bonnes manières.

Un malhonnête homme est un homme sans probité ; *un homme malhonnête* est un homme grossier, incivil.

Une méchante épigramme est une épigramme sans esprit ; *une épigramme méchante* est une épigramme pleine de malice. De même : *De méchants vers, des vers méchants.*

De nouveau vin est du vin différent de celui que l'on buvait ; *du vin nouveau* est du vin nouvellement fait.

Un pauvre homme est un homme sans mérite ; *un homme pauvre* est un homme sans fortune.

Un plaisant homme est un homme ridicule ; *un homme plaisant* est un homme qui a le talent de faire rire. De même : *Un plaisant conte, un conte plaisant.*

Un petit homme est un homme de petite taille ; *un homme petit* est un homme qui a des sentiments bas.

Les propres termes sont les termes mêmes, sans y rien changer : *Voici ses propres termes. Les termes propres* sont les termes convenables. *Il a employé les termes propres pour rendre sa pensée.* (*Propre*, employé pour donner plus d'énergie à la phrase, se place toujours avant le substantif : *Ses propres amis le blâment.*)

Un simple homme est un homme seul ; *un homme simple* est un homme sans finesse, sans malice.

L'unique tableau que je possède, c'est-à-dire le *seul* tableau ; *le tableau unique* que je possède, c'est-à-dire le tableau *seul*, *unique* en son genre.

Un vilain homme est un homme désagréable par sa figure, sa malpropreté, ou méprisable par ses manières, ses vices ; *un homme vilain* est un homme avare.

Voyez le Dictionnaire de l'Académie et la Grammaire des Grammaires.

DES ADJECTIFS DE NOMBRE.

§ 189. On emploie les adjectifs de nombre *cardinaux*, au lieu des adjectifs de nombre *ordinaux*, 1° en parlant des heures et des années courantes : *Il est trois heures*, c'est-à-dire la troisième heure ; *l'an mil huit cent dix,* c'est-à-dire *l'an millième huit centième dixième;* 2° en parlant des jours du mois, excepté le *premier,* comme le *vingt de mars;* mais on doit dire le *premier mars;* 3° en parlant des souverains et des princes, comme *George trois, Louis quatorze,* pour *George troi-sième,* etc.; mais on ne dit pas *Henri un, François un,* pour *Henri premier, François premier.* On dit aussi *Charles cinq, Philippe cinq,* etc.; mais on dit *Charles-Quint,* contemporain de François premier; *Sixte-Quint,* pape.

§ 190. Les adjectifs de nombre cardinaux peuvent s'employer substantivement, comme *nous par-tîmes* le douze *pour revenir* le vingt. Le huit *de cœur.* Un cent *de fagots.* Il en est de même des adjectifs de nombre ordinaux : *Socrate est le* premier *qui se soit oc-cupé de la morale,* c'est-à-dire, *Socrate est le premier philosophe qui,* etc.

Il faut remarquer que le *nombre cardinal* prend l'ar-ticle quand il est mis pour un nombre *ordinal,* et employé substantivement, comme *le vingt de mars,* pour *le vingtième jour de mars.*

Orthographe des adjectifs de nombre.

§ 191. *Vingt* et *cent,* précédés d'un autre adjectif qui les multiplie, prennent un *s* quand ils ne sont pas suivis d'un autre nom de nombre. Ainsi on écrira *quatre-vingts, six vingts, deux cents, trois cents.* Dans ce cas *vingt* et *cent* sont de vrais substantifs, mis pour *vingtaine, centaine.* On écrit encore *quatre-vingts hommes, deux cents soldats.*

Mais *vingt* et *cent* s'écrivent toujours sans *s,* lors-qu'ils sont suivis d'un nom de nombre. Ex. : *Quatre-vingt-deux, quatre-vingt-quatorze, trois cent quarante soldats.*

Vingt et *cent* s'écrivent encore sans *s,* quand ils ser-vent à marquer la date des années : *l'an quatre-*VINGT, *l'an mil six* CENT. Ces nombres sont employés pour des nombres ordinaux et ne désignent qu'une année, l'*an quatre-vingtième*, *l'an millième six centième*, etc.

§ 192. Remarquez que pour la date des années on écrit *mil*, et non pas *mille* : *l'an mil sept cent*. Partout ailleurs on écrit *mille*.

Il ne faut pas confondre *mille*, nom de nombre, qui ne prend jamais la marque du pluriel, avec le substantif *mille*, qui signifie une étendue de *mille pas*, et qui prend *s* au pluriel. Ainsi, on écrit sans *s deux cent mille francs*, et avec un *s*, nous avons parcouru un espace de *deux cents milles*.

Un est le seul nombre cardinal dont la terminaison varie selon qu'elle doit être masculine ou féminine : *Un homme, une femme.*

§ 193. Lorsqu'un nombre cardinal est précédé du relatif *en*, l'*adjectif* ou le *participe* qui suit ce nombre est élégamment précédé de la préposition *de : sur mille habitants, il n'y en a pas un* de *riche. Sur cent combattants, il y en eut cinq* de *tués, et vingt* de *blessés.* Mais s'il y a un substantif exprimé dans le second membre de phrase après le nom de nombre, il faut prendre un autre tour. *Sur cent combattants, il y eut cinq hommes tués et vingt furent blessés.* Il ne faut donc pas dire *il y eut cinq hommes de tués, et vingt de blessés.*

---

§ 191. *Rem.* On écrit au singulier *l'an trois cent*, parce que le nombre cardinal est mis ici pour le nombre ordinal et qu'on ne parle que d'*une année, la trois centième*. Mais dans *on commence à six heures précises, il est quatre heures*, les mots *heures* et *précises* sont au pluriel, parce qu'on parle, non pas d'*une seule heure*, mais réellement de *six*. de *quatre heures*, et que le nombre cardinal n'est pas mis ici pour le nombre ordinal. — On se rappellera qu'on écrit aussi *vingt et un ans accomplis, trente et un francs*, etc., *ans* et *francs* au pluriel, parce qu'il ne s'agit pas seulement d'*un* an, d'*un* franc, mais d'un nombre total de *vingt et un ans* de *trente et un francs*.

Les adjectifs de nombre *ordinaux, premier, second*, etc., et les *substantifs* de nombre, *douzaine, quart, centième, centaine, million*, etc., prennent toujours la marque du pluriel. Ainsi l'on écrit *les premiers, les seconds, deux douzaines, trois quarts, trois centièmes, trois millions*, etc.

PRONOMS.

§ 194. Les pronoms ne doivent jamais réveiller une autre idée que celle du nom dont ils tiennent la place. Ainsi l'on dira bien : L'homme *ne peut être heureux s'il s'écarte de la vertu ;* parce que *il* est mis pour *l'homme ;* c'est comme si l'on disait *si l'homme s'écarte.* Mais on ne dira pas : Nul homme *ne peut être heureux s'il s'é-carté de la vertu,* parce que *il* ne peut pas se mettre pour *nul homme,* et qu'on ne pourrait pas dire, *nul homme ne peut être heureux si* nul homme *s'écarte de la vertu.* Il faut prendre un autre tour, et dire : *On ne peut être heureux quand on s'écarte de la vertu.*

Ainsi il y a faute dans ce vers de Racine :

Nulle paix *pour l'impie, il* la *cherche,* elle *fuit.*

En effet, *la* et *elle* ne peuvent pas se mettre pour *nulle paix.* On ne pourrait pas dire : Nulle paix *pour l'impie, il cherche* nulle paix, nulle paix *fuit ;* comme on dirait : *La paix n'existe pas pour l'impie, il la cherche, elle fuit.*

Ainsi les pronoms ne peuvent pas représenter un substantif précédé d'un adjectif négatif.

§ 195. Les pronoms personnels *je, tu, il, elle, nous, vous, ils, elles,* se mettent ordinairement avant le verbe : *Je lis, nous lisons,* etc. Cependant ils se mettent

---

N. B. Non-seulement les pronoms remplacent les noms, mais ils remplacent encore des membres de phrase. Ex. : *Dites-moi si vous pouvez* me rendre ce service ? *je le puis ;* c'est-à-dire, *je puis vous rendre ce service.*

Lorsque l'adjectif conjonctif *qui* accompagne le sujet de la proposition principale, et sert lui-même de sujet à une phrase explicative, il ne faut pas exprimer le pronom personnel devant le verbe qui se rapporte au sujet. Ainsi ne dites pas : *L'homme* qui compatit *aux maux de ses semblables,* qui a *toujours des secours ou des consolations à offrir au malheur,* il jouit *du plaisir le plus pur qu'on puisse goûter sur la terre ;* supprimez le pronom *il,* et dites, *jouit du plaisir,* etc. Mais le pléonasme suivant est admis : *Il jouit du plaisir... l'homme qui...*

après le verbe dans les phrases qui expriment, 1° l'interrogation et le doute : *Que lirai-je? Lirons-nous cette lettre?* 2° l'admiration : *Que vois-je!* 3° le souhait : *Que ne peuvent-ils! puissé-je!* 4° après ces mots : *aussi, ainsi, tel, peut-être, à peine*, etc. *Aussi puis-je dire; peut-être irons-nous; à peine furent-ils arrivés;* 5° quand le verbe se trouve enfermé dans une parenthèse, comme : *Vous voulez*, lui répondis-je, *que je me charge de cette affaire.*

§ 196. *Remarque.* Si le verbe doit se mettre au présent de l'indicatif ou à l'imparfait du subjonctif, et qu'il se termine par un *e* muet, cet *e*, d'après l'usage général, se change en *é* fermé devant *je : pensé-je, dussé-je*, au lieu de *pense-je*, etc. Si *je*, après un verbe monosyllabe, produisait un son désagréable, il faudrait tourner la phrase par *est-ce que*, et dire, au lieu de *dors-je? cours-je? mens-je? est-ce que je dors? est-ce que je cours? est-ce que je mens?*

PRONOMS DE LA PREMIÈRE ET DE LA SECONDE PERSONNE.

Moi, toi.

§ 197. *Moi* se joint à *je*, *tu* se joint à *toi* pour donner plus de force à l'expression : Moi, *j'aime la campagne;* toi, tu *aimes la ville.*

Moi et *toi* se placent devant ou après un infinitif, pour marquer l'exclamation ; alors il y a ellipse de *je* ou de *tu* et d'un verbe : *Moi, me* déshonorer *par une lâcheté! Toi,* manquer *à l'honneur!* c'est-à-dire, *moi, je pourrais me déshonorer ; toi, tu pourrais manquer*, etc.

Remarque. Ces deux règles sont applicables à tous les pronoms personnels. Ex. : Nous, *nous aimons la campagne;* vous, *vous aimez la ville ; lui*, manquer *à l'honneur; elle, se* déshonorer.

§ 198. Si *moi* et *toi* sont joints à un pronom de la troisième personne (*il, elle, eux*, etc.), ou à un substantif, pour former le sujet d'un verbe, on les fait suivre des pronoms *nous, vous*, qui deviennent alors le sujet du verbe. Ex. : *Eux et moi* nous *sommes dans l'erreur. Ton frère et toi* vous *partirez demain.* On dira de même en répétant *nous* et *vous* : *eux et nous* nous *partirons demain. Votre frère et vous* vous *partirez demain. Nous irons à la campagne,* nous *et nos amis.*

On ne doit donc pas dire *eux et moi* sommes *dans l'erreur ; ton frère et toi* partirez *demain ; nous irons à la campagne, et nos amis.*

§ 199. Les pronoms personnels *moi, toi, lui, elle, nous, vous, eux, elles,* placés en régime, doivent être précédés des pronoms *me, te, le, la, nous, vous, les.* Ainsi ne dites pas : *voudraient-ils tromper* moi *leur meilleur ami ? nous soutiendrons* toi *et tes frères. Le lion dévora* elle *et ses enfants. Je verrai* lui *et ses amis. Il attend* nous *et nos frères. Nous conduirons à la campagne* vous *et votre cousin. Je recevrai avec plaisir* eux *et leurs enfants.* Mais dites : *voudraient-ils* ME *tromper,* moi *leur meilleur ami.* Nous TE *soutiendrons* toi *et tes frères. Le lion* LA *dévora* elle *et ses enfants. Je* LE *verrai* lui *et ses amis. Il* NOUS *attend* nous *et nos frères. Nous* VOUS *conduirons à la campagne* vous *et votre cousin. Je* LES *recevrai avec plaisir* eux *et leurs enfants.*

On suit la même règle lorsque les pronoms sont *régimes indirects :* Ex. *Je* TE *l'ai donné* à toi *et à tes frères. Il le* LUI *a dit* à elle *et à sa sœur. Nous* LEUR *avons offert l'hospitalité* à eux *et à leurs amis.* Il ne faut pas dire : *Je l'ai donné* à toi *et à tes frères. Il l'a dit* à elle *et à sa sœur,* etc.

§ 200. *Moi* doit se placer après le nom ou le pronom auquel il est joint : *Vous et moi, Paul et moi ;* à moins que le nom auquel *moi* est joint ne soit celui d'une personne très-inférieure. Ainsi un maître pourra dire, *moi et mon domestique.*

§ 201. *Moi* se place en régime direct ou indirect après un impératif, quand il n'est pas suivi du pronom *en ;* alors *moi* se joint au verbe par un tiret : *Donnez-moi cela,* c'est-à-dire *donnez à moi.* Mais avec le pronom *en* on dirait : *Donnez-m'en,* et non *donnez-moi-en.*

Toi suit les mêmes règles : *Donne*-toi *la peine de venir*, c'est-à-dire *donne à toi; occupe-t'en*, et non, *occupe-toi-en.*

§ 202. *Moi* se met après l'adverbe de lieu *y*, soit comme régime direct, soit comme régime indirect. *Vous allez à la campagne, menez-y-moi. Si vous prenez votre voiture,* donnez-y-moi *une place.* On ne dit pas, *menez-m'y, donnez-m'y.*

Si le verbe est au singulier, et que la seconde personne de l'impératif finisse par un *e* muet, on ajoute un *s* au verbe pour adoucir la prononciation : *Mène-s-y-moi, donne-s-y-moi une place*, et non *mène-m'y*, ni *mène-moi-s-y.*

L'adverbe *y*, au contraire, se met après le pronom *nous : Menez-nous-y, donnez-nous-y une place*, et non, *donnez-y-nous....*

Toi et *vous* suivent les mêmes règles : *Transporte-s-y-toi*, et non *transporte-t'y; transportez-vous-y*, et non *transportez-y-vous*. On dirait aussi : *transporte-les-y.*

§ 203. On se sert de *moi* au lieu de *je*, et de *toi* au lieu de *tu*, après *c'est, c'était*, etc., et l'on dit *c'est* moi *qui ai fait cela; c'est* toi *qui as fait cela.*

Remarque. On voit que le verbe après le conjonctif *qui* se met à la première ou à la seconde personne, parce que le conjonctif représente *je* où *tu*. Ainsi on ne doit pas dire *c'est moi* ou *c'est toi* qui a *fait*. De même au pluriel on dit *c'est nous* qui avons *fait, c'est vous* qui avez *fait*, et non *c'est nous, c'est vous* qui ont *fait*. Dans les apostrophes, *toi* ou *vous* peut être sous-entendu devant le conjonctif *qui*, mais le verbe doit toujours se mettre à la *seconde* personne du singulier ou du pluriel : *Ami, qui m'as secouru dans ma détresse, ne crains pas que jamais je t'oublie.* Et au pluriel : *Amis, qui m'avez secouru... ne craignez pas*, etc. *Voy.* ci-après *Qui* relatif.

---

§ 202. Dans le discours familier, *moi* se met quelquefois par redondance : *Prends-moi le bon parti, laisse-là tous les livres; c'est-à-dire prends le bon parti.*

Me, te.

§ 204. *Me* est du singulier et des deux genres ; il ne s'emploie jamais comme sujet, mais tantôt comme régime direct, tantôt comme régime indirect : *Il* me *favorise*, au lieu de *il favorise moi ; il* me *propose cela*, au lieu de *il propose cela à moi.*

Me se construit avec *moi* et avec *je* : *Moi, je me laisserais vaincre par la mollesse !*

Te suit les mêmes règles : *Il te favorise, il te propose cela. Toi, tu te laisserais vaincre par la mollesse !*

Nous, vous.

§ 205. Quelquefois on fait usage du pronom *nous* au lieu du pronom *je :* le verbe se met au pluriel ; mais l'adjectif ou le participe qui se rapportent à *nous* se mettent au singulier, parce que *nous* ne désigne qu'une seule personne. Ainsi un magistrat pourra dire en parlant de lui : *Nous sommes* sévère, *mais nous sommes* juste.

Vous remplace *tu*, et suit les mêmes règles : *Vous* êtes sévère, *mais vous êtes* juste.

§ 206. On se sert du pronom *vous*, au lieu du pronom indéfini *on*, pour donner plus de vivacité à la phrase : *Trouverez-vous beaucoup d'hommes qui sacrifient tout à la vertu?* au lieu de *trouvera-t-on.*

Cependant il ne faudrait pas prendre ce tour pour exprimer une idée désagréable ou triviale.

Ainsi, il ne faudrait pas dire : *Quand vous vous appropriez le bien d'autrui, vous êtes un fripon.*

PRONOMS DE LA TROISIÈME PERSONNE.

§ 207. Les pronoms de la troisième personne *il, elle, ils, elles,* se disent des personnes et des choses,

---

§ 204. Dans les phrases où il y a deux verbes, *me* et *te* se placent ordinairement près du verbe qui les régit ; *on ne saurait* me *tromper.* Cependant, quand le premier verbe est à un temps simple, on peut placer le pronom avant ce verbe, et dire *on ne* me *saurait tromper.* Mais on ne doit pas dire *on ne* m'aurait *su tromper,* au lieu de *on n'aurait su me tromper.*

et sont toujours sujets de la proposition : *J'aime cet enfant*, il *est sensible à la louange et aux reproches. Voyez ces nuages*, ils *annoncent* la tempête.

§ 208. Le pronom *il*, *ils*, est remplacé par *lui*, *eux*, 1° quand il forme apposition avec *ce* joint au verbe *être*. *Est-ce votre frère ? C'est lui. Sont-ce vos amis ? Ce sont eux*.

2° Quand on veut donner plus de force au discours, *lui* et *eux* s'emploient en qualité d'explétive : *Comment peut-il m'accuser*, lui *qui ne me connaît même pas? Peuvent*-ils *vous blâmer*, eux *que vous avez obligés*.

3° Quand on veut marquer la part que différentes personnes ont eue ou auront à une action : *Mes frères et mon cousin m'ont secouru ;* eux *m'ont relevé et* lui *m'a pansé. Voyez* ci-après le pronom *lui*.

§ 209. *Lui*, *eux*, ne se disent jamais des choses ; le pronom *elle* ne se dit pas non plus des choses, quand il forme apposition avec *ce*. On remplace alors ces pronoms par *le*, *la*, *les*. Ainsi on dira : *Est-ce votre chapeau ? Ce l'est*, et non *c'est lui. Sont-ce vos robes ? Ce les sont*, et non *ce sont elles*.

§ 210. On ne doit point exprimer les pronoms *il*, *elle*, etc., devant le verbe lorsque le sujet de ce verbe a déjà été énoncé. Ainsi l'on ne dira pas : *Le malheur que je redoutais*, il *est arrivé ; la personne que j'attendais*, elle *n'est pas venue*. Il faut dire, *est arrivé*, *n'est pas venue*, sans exprimer ni *il*, ni *elle*.

Lui.

§ 211. *Lui*, pronom singulier de la troisième personne, est ordinairement placé en régime indirect : alors il est des deux genres, et signifie *à lui*, *à elle. Je* lui *dirai cela*, c'est-à-dire *je dirai à lui* ou *à elle. Parlez*-lui, c'est-à-dire *parlez à lui :* la préposition *à* est alors sous-entendue. Ce n'est que dans ce cas que le pronom *lui* est commun aux deux genres ; partout ailleurs il est du masculin : *Pensez à lui et à elle. Qui fut surpris ? ce fut lui*, c'est-à-dire *ce fut cet homme*.

Leur.

§ 212. *Leur* suit les mêmes règles : *Je* leur *dirai cela*, c'est-à-dire je dirai à *eux* ou à *elles. Parlez-leur*, c'est-à-dire *parlez à eux* ou *à elles.*

Il ne faut pas confondre le pronom *leur*, qui s'écrit toujours sans *s* et signifie *à eux*, *à elles*, avec l'adjectif possessif *leur*, qui s'écrit avec un *s* quand le nom auquel il se rapporte est du pluriel, et qui signifie *d'eux*, *d'elles.* Ex. : *Je* leur *ai dit qu'ils perdraient* leur *temps et* leurs *peines*, c'est-à-dire *j'ai dit* à eux *qu'ils perdraient le temps* d'eux *et les peines* d'eux. *Voyez* § 230.

§ 213. *Remarque.* Nous avons déjà vu que *lui, eux, elle, elles*, ne peuvent se dire des choses quand ils sont construits avec le pronom *ce* et un des temps du verbe *être.* Il en est de même lorsqu'ils sont en régime direct ou en régime indirect. Alors on prend un autre tour de phrase pour le régime direct, et l'on se sert des pronoms *en*, *y*, pour exprimer le régime indirect.

Ainsi il ne faudra pas dire en parlant d'un arbre, *je l'ai vu planter* lui *et les arbres voisins*, comme on dirait, en parlant d'un enfant, *je l'ai vu naître* lui *et ses frères ;* il faudra prendre un autre tour et dire, par exemple, *j'ai vu planter cet arbre et les arbres voisins.* On ne dira pas non plus : *Cet arbre est trop élevé, ne montez pas sur* lui *pour cueillir ses fruits ;* mais on dira, *n'y montez pas pour en cueillir les fruits.* (*Voy.* ci-après *son, sa, ses.*)

On dira donc :

Ma sœur est malade, je lui *donnerai mes soins.*

L'affaire est importante, j'y donnerai mes soins.

Et au pluriel : *Mon frère et ma sœur sont malades, je* leur *donnerai mes soins.*

Ces affaires sont importantes, j'y donnerai mes soins.

Vos amis sont arrivés, vous êtes-vous occupé d'eux.

Les malles de vos amis sont arrivées, vous en *êtes-vous occupé*, et non *vous êtes-vous occupé d'elles.*

§ 214. Cependant *lui, leur, eux, elles*, se disent des choses quand on *les* personnifie, ou quand on leur attribue ce qui ne convient qu'aux personnes, ou enfin quand il n'y a pas d'autres manières de s'exprimer. Ex. : *J'aime la vérité, je* lui *rendrai toujours hommage; je sacrifierai tout pour* elle, et non *j'y rendrai, j'y sacrifierai.*

Cette maison est magnifique; l'architecte, en y *ajoutant une aile,* lui *a donné l'apparence d'un palais.*

Ces arbres sont trop chargés, ôtez-leur une partie de leurs *fruits;* et non, *ôtez-en une partie des fruits.*

Voy. en, y, etc.

Se.

§ 215. *Se,* pronom de la troisième personne, est des deux genres et des deux nombres, et se dit des personnes et des choses : *Cet homme se flatte; ces poires se gâtent.*

Se peut être régime direct, et alors il se met pour *soi : Il se loue,* c'est-à-dire *il loue soi.* Il peut être régime indirect, et alors il se met pour *à soi. Il se donne des louanges,* c'est-à-dire *il donne à soi.*

§ 216. *Se* peut se construire avec plusieurs verbes et ne pas se répéter devant chaque verbe, quand ces verbes sont à des temps composés, et demandent le même régime. Ex. : *Ces deux grands hommes se sont connus et estimés* (ont connu soi et estimé soi).

Mais on ne pourrait pas dire : *Ces deux grands hommes se sont connus et donné des marques d'estime;* il faut répéter *se,* et dire *se sont donné.*

On répète toujours le pronom *se* quand il se rapporte à deux verbes qui sont à des temps simples : *Ces grands hommes se connaissent et s'estiment.* On ne dirait pas *se connaissent et estiment.*

Soi.

§ 217. *Soi,* pronom *singulier* de la troisième personne, se dit des personnes et des choses. Quand il se

---

§ 216. On dit *il faut s'entr'aider;* mais on peut dire aussi, en plaçant *se* avant le premier verbe, *il se faut entr'aider.*

dit des personnes, on l'emploie ordinairement avec un sujet vague et indéterminé, comme *on*, *chacun*, *quiconque*, *nul*, *personne*, *celui qui*, *heureux qui*, *tout homme qui*, etc. Ex. : *On pense trop à soi. Nul ne se juge bien soi-même. Personne n'est mécontent de soi. Chacun songe à soi. Quiconque craint trop pour soi est l'ennemi de ses semblables.*

On se sert encore de *soi* quand un infinitif sert de sujet à la phrase : *N'aimer que soi, c'est n'être bon à rien* (*).

Quand *soi* se dit des choses, on peut l'employer non-seulement dans un sens indéfini, comme *rien n'est parfait en soi*, mais encore dans un sens défini, comme *la modestie est aimable en soi*.

§ 218. *Soi* ne doit pas s'accorder avec un pluriel. Ainsi ne dites pas : *Ces hommes n'aiment que soi; de soi ces choses sont indifférentes.* Dites : *Ces hommes n'aiment qu'eux-mêmes ; d'elles-mêmes ces choses sont indifférentes.*

Même, ajouté à *soi*, donne plus de force à l'expression, et ne se dit que des personnes : *Un ami est un autre soi-même.* On ne dirait pas : *De soi-même le vice est odieux.*

On remarquera que l'expression *soi-même* s'emploie dans certains cas où le pronom *soi* ne pourrait s'employer seul. On ne dirait pas : *Un ami est un autre soi.* Même remarque pour *moi-même* et *toi-même*, *lui-même*, *elle-même*, etc.

RÉPÉTITION DES PRONOMS.

§ 219. Les pronoms personnels, placés en régime, doivent se répéter avant chaque verbe employé à un temps simple : *Il* me *flatte et* me *loue, il* nous *flatte et* nous *loue*, et non *il me flatte et loue, il* nous *flatte et loue*.

(*) Cependant *soi* peut s'employer avec un sujet déterminé et remplacer *à lui*, *à elle*, surtout quand l'emploi de ces pronoms pourrait donner lieu à une équivoque. Ex. : *Croyez-vous que cet homme pense à son ami? il pense à soi.*

Mais si les verbes sont à des temps composés, et qu'ils
demandent tous deux le même régime, on peut ne
pas répéter le pronom. Ainsi on dira également bien,
il m'a loué et récompensé, ou *il m'a loué et m'a récompensé*. Mais on ne pourrait pas dire, *il m'a loué et
donné une récompense*, parce que le pronom serait
employé à la fois comme régime direct et comme régime indirect; il faut dire, *il m'a loué* (*il a loué moi*)
et *m'a donné* (*et a donné à moi une récompense*). Cette
règle s'applique aux pronoms des trois personnes (*me,
te, se, nous, vous*).

PRONOMS POSSESSIFS.

§ 220. Les pronoms possessifs sont, pour la première personne, *le mien, la mienne, les miens, les miennes; le nôtre, la nôtre, les nôtres* : pour la seconde personne, *le tien, la tienne, les tiens, les tiennes; le vôtre,
la vôtre, les vôtres* : pour la troisième personne, *le sien,
la sienne, les siens, les siennes; le leur, la leur, les leurs*.

Le mien, le tien, le sien, n'ont rapport qu'à une seule
personne; *le nôtre, le vôtre, le leur*, ont rapport à plusieurs personnes. Ex. : *Ce n'est pas le livre de Pierre,
c'est le mien, le tien*, etc. ; et au pluriel, *ce ne sont pas
les livres de Pierre, ce sont les miens, les tiens*, etc. *Ces
livres n'appartiennent point à Pierre, ce sont les nôtres,
les vôtres, les leurs*, etc.

§ 221. Ces pronoms doivent toujours se rapporter à
un nom exprimé auparavant. Ainsi, il ne faut pas dire

---

§ 220. *Le mien, le tien, le sien*, peuvent s'employer substantivement, pour signifier ce qui m'appartient, ce qui t'appartient,
ce qui lui appartient. Ex. : *Le mien et le tien sont toujours en
guerre. A chacun le sien, et tout le monde vivra en paix.*

Dans cette signification, ces pronoms ne sont usités qu'au
masculin singulier.

On dit au pluriel masculin *les miens, les tiens, les siens, les
nôtres, les vôtres, les leurs*, pour signifier *les parents, les amis,
les partisans* qu'on a. Ex. : *Lui et les siens ont été arrêtés.*

comme certains négociants : *J'ai reçu* la vôtre, *en date du...* au lieu de *j'ai reçu votre lettre, en date du...*

§.222. On ne doit pas se servir des pronoms possessifs *le mien, le tien, le sien, le nôtre,* etc., après les adjectifs *mon, ton, son, notre, votre, leur,* etc., lorsque ces pronoms et ces adjectifs ont rapport à un seul et même possesseur. Ainsi, il ne faut pas dire : *Mes propriétés ne sont pas situées dans ce département,* les miennes *sont situées ailleurs;* il faut dire : *Elles sont situées ailleurs.* On ne dira pas non plus : *Ce n'est point dans les Pyrénées que le Rhin prend sa source;* la sienne *se trouve,* ou *il prend* la sienne *dans les Alpes;* il faut dire : *C'est dans les Alpes.*

Mais si l'on parle de deux possesseurs différents, on se servira des adjectifs possessifs dans la première proposition, et des pronoms dans la seconde. Ex. : *Votre propriété est située dans ce département,* la mienne *est située ailleurs. Le Rhin prend sa source dans les Alpes; la Meuse prend* la sienne *dans les Vosges.*

§ 223. Les pronoms possessifs *le mien, le tien, le sien, le nôtre, le vôtre, le leur,* ne peuvent pas se rapporter à des noms pris dans un sens indéfini. Ainsi on ne dira pas : *Votre frère n'a plus* d'amis, *vous avez encore tous* les vôtres; parce que le mot *amis* est pris dans un sens général et indéfini. Mais on pourrait dire: *Cet homme a perdu tous* les amis qu'il avait, ou *tous* ses amis; *vous avez encore tous* les vôtres. On ne dira pas : *Dans les premiers temps, chaque père de* famille *gouvernait* la sienne *avec un pouvoir absolu,* parce que le mot *famille* est pris dans un sens indéfini; mais il faut dire *chaque père de* famille *gouvernait ses enfants, sa maison.*

§.224. On emploie les pronoms personnels *moi, toi, nous, vous, lui, eux,* au lieu des pronoms possessifs *le mien, le tien,* etc., pour représenter un nom de chose mis pour un nom de personne. Ainsi l'on dit, en parlant d'un bon écrivain : *Il n'y a point de meilleure plume que lui,* parce que le substantif de chose *plume* est mis ici pour le substantif de personne *écrivain.* C'est comme

si l'on disait : *Il n'y a pas de meilleur écrivain que lui.*
Si l'on disait : *Il n'y a pas de meilleure plume que la
sienne*, cela signifierait que *la plume de l'écrivain est
excellente*, ce qui formerait un sens tout différent de
celui qu'on a en vue.

Mais, quand le substantif de chose n'est pas pris
dans un sens figuré, on doit se servir des pronoms possessifs *le mien, le tien*, etc. Ainsi l'on dira : *C'est la
plume de ton frère, ou la sienne*, au lieu de *c'est la plume
de ton frère, ou de lui. C'est mon ami et le vôtre*, au lieu
de *et de vous.*

ADJECTIFS PRONOMINAUX POSSESSIFS.

§ 225. On remplace par l'article les adjectifs possessifs *mon, ton, son, notre, votre, leur*, devant un nom
en régime, quand un pronom personnel, comme *je, tu,
lui, vous*, suffit pour indiquer le rapport de possession,
ou que les circonstances ôtent toute équivoque. Ainsi
l'on dit : *J'ai mal à la tête*, au lieu de *j'ai mal à ma
tête*, parce qu'on *ne peut pas avoir mal à la tête d'un
autre. Vous avez perdu l'esprit*, au lieu de *vous avez
perdu votre esprit. Il faudra lui couper la jambe*, au lieu
de *il faudra lui couper sa jambe*, etc.

Mais si les pronoms personnels ne suffisent pas pour
ôter l'équivoque, on doit faire usage des adjectifs possessifs. Ainsi l'on dira : *Je vois que ma jambe s'enfle*,
et non *que la jambe s'enfle*, parce qu'on peut voir s'en-
fler *la jambe d'un autre. Tu crois que ton cousin viendra*,
et non *que le cousin viendra.*

Les verbes pronominaux, c'est-à-dire ceux qui se
conjuguent avec deux pronoms de la même personne,
ôtent communément toute équivoque. Quand je dis :
Je me suis blessé à la main, il est évident que je parle
de *ma main*, et non de *celle d'un autre. A ma main*
serait une faute.

Cependant l'usage autorise certains pléonasmes, tels que *je
me retrouve sur mes jambes ; il est retombé sur ses pieds ; je l'ai
vu de mes propres yeux ; je l'ai entendu de mes propres oreilles.*
Il ne faudrait pas dire : *Je l'ai vu des yeux, je l'ai entendu des
oreilles.*

Quand on parle d'un mal habituel, on peut joindre l'adjectif possessif au nom, comme *ma migraine m'a tourmenté toute la nuit.*

§ 226. Les adjectifs possessifs sont encore remplacés par l'article avant les noms qui doivent être suivis de *qui* ou de *que* et d'un pronom de la même personne que ces adjectifs possessifs, quand le sens est indiqué clairement. Ainsi on dit : *J'ai entendu le discours que vous avez prononcé hier,* et non *votre discours que vous avez prononcé. Il a dû recevoir la lettre que je lui ai écrite,* et non *ma lettre que je lui ai écrite.*

§ 227. Dans certains cas il faut employer tantôt l'article, tantôt les adjectifs possessifs, suivant le sens de la phrase. On dira, en parlant d'une femme, *elle donna la main à cet homme,* si l'on veut faire entendre qu'*elle* présenta *seulement la main;* mais on dira *elle donna sa main à cet homme,* si l'on veut faire entendre qu'elle épousa l'homme dont on parle. *Vous m'avez donné le bras pour sortir; vous m'avez donné votre bras pour le panser. Elle a gardé le lit,* c'est-à-dire *elle est restée couchée. Elle a gardé son lit,* c'est-à-dire *elle a conservé le lit qu'elle avait.*

§ 228. Les adjectifs possessifs doivent se répéter :

1° Avant chaque substantif; on doit dire : *Mon père et ma mère viendront ; tes frères et tes sœurs sont attendus,* et non *mes père et mère, tes frères et sœurs.*

2° Ils se répètent avant les adjectifs qui ne qualifient pas un seul et même substantif : *Il recevra aujourd'hui ses anciens et ses nouveaux amis. Je vous ferai visiter mon ancien et mon nouvel appartement.* (On parle de deux *espèces* d'amis, de deux appartements.)

§ 229. Mais il ne faut pas répéter *mon, ton, son,* etc., si les adjectifs qui les accompagnent se rapportent à un même substantif. Ainsi l'on dira : *Mon bon et tendre frère, ses anciens et fidèles amis,* parce qu'on parle ici d'un *seul frère qui est bon et tendre, d'amis anciens et en même temps fidèles.*

Remarques sur l'emploi de l'adjectif possessif leur.

§ 230. *Leur*, pluriel *leurs*, adjectif pronominal possessif, est des deux genres ; il signifie *d'eux*, *d'elles*, et se rapporte ordinairement aux personnes : *Un père aime ses enfants, mais il n'aime pas leurs défauts*, c'està-dire *les défauts d'eux* (des enfants).

Voyez ci-après, § 284 et suivants, dans quel cas *son, sa, ses, leur, leurs*, peuvent se dire des bêtes et des choses inanimées.

§ 231. Dans certaines constructions, *leur* s'emploie tantôt au singulier, tantôt au pluriel, suivant le sens de la phrase.

On dira avec le singulier, *ces dames sont dans* leur *voiture*, si les dames dont on parle n'ont qu'une seule voiture ; et avec le pluriel, *ces dames sont dans* leurs *voitures*, si l'on parle de plusieurs dames qui ont chacune leur voiture.

Avec le singulier, *ces deux frères ont perdu* leur *mère*. Avec le pluriel, *son frère et son cousin ont perdu* leurs *mères*.

Avec le singulier, *ces hommes n'ont pas conservé* leur *dignité*, c'est-à-dire qu'ils se sont écartés *de la dignité* qui convenait à leur caractère. Avec le pluriel, *ces hommes n'ont pas conservé leurs dignités*, c'est-à-dire qu'ils n'ont plus *leurs honneurs, leurs emplois*.

Avec le singulier, *j'admire Cimon et Aristide*, leur *vie a été pure*. Avec le pluriel, *j'admire Cimon et Aristide; je vous ferai connaître* leurs *vies*, c'est-à-dire *leurs actions*.

§ 232. *Leur* s'emploie toujours au singulier quand il est joint à des substantifs abstraits qui ne sont pas usités au pluriel : *Nous blâmons* leur *égoïsme. Vous désapprouvez* leur *conduite. J'admire* leur *intrépidité*.

PRONOMS DÉMONSTRATIFS.

§ 233. Les pronoms démonstratifs servent à indiquer, à démontrer l'objet ou les objets dont on parle,

sans les nommer, sans les spécifier par des qualités.
Ce sont : pour le singulier, *ce, celui, celui-ci, celui-là;
celle, celle-ci, celle-là ; ceci, cela.* Pour le pluriel, *ceux,
ceux-ci, ceux-là ; celles, celles-ci, celles-là.*

Ce.

§ 234. *Ce*, pronom, est toujours joint au verbe
être, ou suivi de *qui* ou de *que* relatif. Ex. : CE *ne sont
pas les richesses,* c'est *la vertu que j'estime.* CE *qui m'af-
flige,* CE *que je ne puis supporter,* c'est *de voir les méchants
opprimer les bons.* C'est comme si je disais, *la chose que
j'estime, la chose que je ne puis supporter,* etc.

Le pronom *ce* sert pour les deux genres et pour les
deux nombres : *C'est* (pour *ce est*) *la médiocrité qui fait
le bonheur, ce sont les désirs déréglés qui rendent malheureux.*

§ 235. *Ce,* placé devant l'un des temps du verbe
être, remplace les pronoms de la troisième personne,
il, ils, elle, elles, quand le verbe *être* est suivi d'un
substantif qui lui-même est précédé ou de l'article ou
d'un adjectif remplaçant l'article. Ex. : *Lisez Homère
et Virgile,* ce *sont* les poëtes *les plus célèbres de l'antiquité. J'admire Démosthène et Bossuet,* ce *sont* deux
grands orateurs. Il ne serait pas bien de dire ; *ils sont
les poëtes ; ils sont deux grands orateurs.*

§ 236. Mais, si le verbe *être* est suivi d'un adjectif
ou d'un substantif pris adjectivement, on doit faire
usage du pronom *il, elle : Lisez Homère et Virgile,* ils
sont sublimes ; ils *sont* poëtes et peintres *en même temps.*
On ne dit pas : *Ce sont sublimes ; ce sont poëtes et peintres,* comme on dirait *ce sont* des *poëtes et* des *peintres.
J'admire Démosthène,* il *est* grand *orateur et* grand *politique.* Mais on dirait : *C'est* un *grand orateur et* un *grand
politique.*

§ 237. *Ce,* joint au verbe, est relatif à ce qui suit
dans le discours, et donne de la force et de la grâce à
l'expression, en indiquant, pour ainsi dire, la personne ou la chose dont on va parler. Ex. : *Ce furent*

les Phéniciens qui les premiers firent le tour de l'Afrique, au lieu de *les Phéniciens furent les premiers qui.*

C'est à cette construction qu'il faut rapporter les gallicismes suivants : *C'est encourager le mérite que de le récompenser. C'est une passion terrible que la haine. Ce que nous devons le plus respecter, c'est la vertu malheureuse. Ce qui m'affligerait le plus, ce serait de mériter le mépris des gens de bien.*

L'expression aurait moins de force si l'on disait : *On encourage le mérite quand on le récompense ; la haine est une passion terrible ; la vertu est ce que nous devons le plus respecter ; mériter le mépris des gens de bien serait ce qui m'affligerait le plus.*

Il faut observer que dans la première construction l'infinitif qui vient après *c'est, ce serait*, etc., doit toujours être précédé de la préposition *de*. On ne pourrait pas dire : *Ce qui m'affligerait le plus, ce serait mériter ;* il faut dire *ce serait de mériter.*

Règles sur la construction du pronom ce, *suivi de* qui, que, *etc.*

§ 238. Les propositions formées par le pronom *ce,* accompagné d'un des relatifs *qui, que, dont, quoi* et d'un verbe, comme *ce qui me plaît, ce que j'aime, ce dont je m'occupe, ce à quoi je pense,* sont toujours suivies d'un des temps du verbe *être,* comme *ce qui me plaît, c'est la modestie.* Or le verbe *être* est suivi lui-même ou d'un autre verbe, ou d'un adjectif, ou d'un substantif, ou d'un pronom.

1° Quand le verbe *être* est suivi d'un autre verbe, on répète le pronom *ce,* comme *ce que je désire le plus,*

---

§ 238. *Ce*, joint à un adjectif conjonctif, comme *qui, que,* ne se dit que des choses ; il signifie alors *cette chose :* il est toujours du masculin singulier : *Ce qui flatte est souvent plus dangereux que ce qui offense,* c'est-à-dire *la chose ou les choses qui flattent.*

Remarque. Où, signifiant *à quoi,* ne peut pas se construire avec *ce.* On ne dira pas : *Ce où j'aspire ;* il faut dire *ce à quoi j'aspire.*

c'est d'avoir *de vrais amis*, et non *est d'avoir. Ce qui console l'homme de bien du mépris des méchants*, c'est qu'il s'estime *lui-même*, et non *est qu'il s'estime.*

2° Quand le verbe *être* est suivi d'un adjectif, *ce* ne se répète pas, comme *ce que vous blâmez* n'est pas blâmable, et non *ce n'est pas blâmable. Ce que vous avez fait* est *généralement* approuvé, et non *c'est généralement approuvé.*

3° Si le verbe est suivi d'un substantif qui puisse se tourner par un adjectif, on ne répète pas *ce : Ce que je dis est la vérité*, c'est-à-dire *est vrai. Ce que vous soutenez est une fausseté*, c'est-à-dire *est faux.*

Mais si le substantif ne peut pas se prendre adjectivement, ou s'il est au pluriel, *ce qui, ce que* doivent être suivis de *c'est : Ce que j'aime*, c'est la vérité, et non pas *est la vérité*, parce que *c'est la vérité* ne signifie pas ici *est vrai. Ce qui m'indigne, c'est l'injustice, ce sont les injustices des hommes* (*).

Syntaxe du verbe être *après le pronom* ce.

§ 239. Le verbe *être*, précédé du pronom *ce*, se met au singulier, même quand il est suivi de *plusieurs substantifs singuliers : C'est l'oisiveté, l'ambition, l'orgueil qui sont la source de tous les vices*, et non *ce sont l'oisiveté*, etc.

Le verbe *être* se met encore au *singulier* devant un *substantif pluriel*, lorsque ce substantif n'est point le

---

(*) *Remarque.* Cependant il est des cas où l'on ne répète pas *ce* avant le substantif, quoique ce substantif ne puisse pas se prendre adjectivement. C'est d'après le sens qu'on veut donner à la phrase qu'il faut se régler pour répéter ou ne pas répéter le pronom *ce.* Ainsi je dirai : *Ce que nous apercevons là-bas est un arbre*, si la chose n'est douteuse pour personne ; mais si la chose est douteuse pour quelqu'un, et que je veuille soutenir mon opinion, je dirai : *Ce que nous apercevons là-bas, c'est un arbre.* C'est comme si je disais : *Ne vous y trompez pas, c'est un arbre, ce n'est pas autre chose.* Je dirai de même : *Ce que vous éprouvez est de la haine ;* ou *c'est de la haine*, si je veux vous convaincre que c'est bien là le sentiment que vous éprouvez.

sujet du verbe *être* : *C'est des bonnes pensées que viennent les bonnes actions.*

Le sens de la phrase est : *Ceci est, à savoir, que les bonnes
actions viennent des bonnes pensées.* On voit que le verbe *être* a
pour sujet le pronom *ce.*

§ 240. Mais le verbe *être* se mettra au pluriel, s'il
est suivi d'un nom ou de plusieurs noms pluriels qui
lui servent de sujets. Ainsi l'on dira : *Ce sont de bonnes
pensées que celles qui portent au bien; ce sont les ingrats
qui font les égoïstes,* parce que ces mots *bonnes pensées,
ingrats,* servent de sujet au verbe *être;* car la phrase
signifie *les pensées* (qui portent au bien) *sont bonnes; les
ingrats sont* ce qui fait les égoïstes.

§ 241. Le verbe *être,* après *ce,* doit se mettre **au**
singulier quand il est suivi d'un des pronoms de la
première ou de la seconde personne *nous, vous : C'est
nous qui avons fait cela, c'est vous qui avez dit,* etc.

Mais le verbe *être* se met au pluriel quand il est
suivi d'un des pronoms de la troisième personne *eux,
elles : Ce sont eux que nous attendons; ce sont elles qui
viendront,* et non *c'est eux, c'est elles.*

§ 242. Le temps du verbe *être,* précédé de *ce,* est
déterminé par le temps du verbe suivant. Ainsi l'on
dit : C'ÉTAIT *vous qui* SORTIEZ *quand j'entrais,* et non
c'est vous. CE FUT *Manlius qui* SAUVA *le Capitole,* et non
c'est Manlius. CE SERA *nous qui* VIENDRONS, et non
c'est nous.

---

§ 241. Dans les phrases interrogatives, le verbe *être,* suivi
d'un pronom de la troisième personne ou d'un nom pluriel,
peut se mettre au singulier quand la prononciation l'exige. Ainsi
l'on pourra dire, par la tournure impersonnelle, *est-ce eux,*
pour *sont-ce eux? sera-ce eux,* pour *seront-ce eux? fût-ce
mes amis,* pour *fussent-ce mes amis?* Mais on dira bien, *étaient-
ce eux, seraient-ce eux? sont-ce mes amis?*

On dira de même, sans interrogation, *ç'a été mes amis,* au
lieu de *ç'ont été mes amis;* mais on dira toujours, *ce sont, c'é-
taient, ce furent mes amis,* et non *c'est, c'était, ce fut mes
amis.*

§ 243. Après un nom ou un pronom précédé d'une préposition et de *c'est, c'était, ce fut,* etc., on doit toujours faire usage de la conjonction *que,* et non des relatifs *à qui, de qui, dont, où,* etc. Ainsi l'on dira : *c'est à un ami* que *je m'adresse,* et non *à qui je m'adresse; c'est de vous* que *je m'occupe,* et non *de qui je m'occupe; c'est de cela* que *nous nous entretiendrons,* et non *dont nous nous entretiendrons; c'est par votre entremise* que *j'obtiendrai cela,* et non *par laquelle j'obtiendrai cela; c'est à Paris* que *je veux aller,* et non *où je veux aller.*

Celui.

§ 244. *Celui, celle,* etc., ont toujours rapport à un nom exprimé ou sous-entendu : *Les maladies de l'âme sont plus dangereuses que celles du corps,* c'est-à-dire que *les maladies* du corps; *celles* représente *les maladies. Celui qui vous parle est votre ami,* c'est-à-dire *l'homme qui vous parle; celui* représente le substantif *homme.*

Quelquefois, pour donner de la grâce ou de l'énergie à l'expression, on supprime *celui, celle,* etc. : *Qui veut se faire craindre, se fait rarement aimer,* c'est-à-dire *celui qui veut.*

§ 245. Dans les phrases où le nom est sous-entendu, *celui, celle,* ne se disent que des personnes, parce que l'usage ne permet de sous-entendre que

---

§ 243. Dans ces phrases on se sert de la conjonction *que* et non des relatifs, parce qu'il ne s'agit pas d'établir la relation entre le substantif et le verbe, puisque cette relation est déjà marquée par les prépositions *à, de,* etc., placées devant les mots *ami, Paris,* etc.; mais qu'il s'agit seulement d'unir deux membres de phrase : *c'est à un ami... je m'adresse, c'est à Paris... je veux aller,* ce qui est l'office de la conjonction *que.*

Mais si le nom qui suit *c'est* n'est pas précédé d'une préposition, le rapport de ce nom avec le verbe n'est plus exprimé, et il faut alors se servir non de la conjonction *que,* mais des relatifs *à qui, dont,* etc. Ainsi, on dira : *C'est un ami à qui je m'adresse; c'est vous pour qui je m'intéresse,* etc. Il est évident qu'on ne pourrait pas dire : *C'est un ami que je m'adresse,* etc.

les noms de personne, *homme*, *femme*, etc. Ainsi il ne faudra pas dire, comme font certains marchands, *j'ai celui* DE VOUS ANNONCER, pour *j'ai l'honneur, le plaisir de vous annoncer.*

§ 246. On remarquera que ces pronoms doivent toujours être suivis de l'un de ces mots *de, qui, que, dont, ci, là,* suivant le sens de la phrase. *Celui* qui *dit cela est un menteur. Celui-*ci *est studieux, celui-*là *est paresseux.*

Il suit de là que *celui, celle, ceux,* ne peuvent être suivis immédiatement d'un adjectif, ou d'un participe, ou d'un verbe. On ne peut pas dire, *celui bon, celles reçues, ceux aimant :* il faut dire, par exemple, *celui qui est bon, celles qui sont reçues, ceux qui aiment, ceux-ci aiment,* etc.

Ainsi l'on ne dira pas non plus : *Les troubles qui agitaient alors la France;* ceux plus considérables *encore qui l'agitèrent quelques mois après.*

Je ne puis mieux finir cette lettre qu'en vous faisant part de celle écrite par M. de Buffon. *Le goût de la philosophie n'est pas* celui dominant.

Il faut ou répéter le substantif, ou, si la répétition est choquante, prendre un autre tour, comme, *les troubles qui agitaient alors la France,* ceux qui l'agitèrent avec plus de violence *encore quelques mois après. Je ne puis mieux finir cette lettre qu'en vous faisant part* de celle qu'a écrite M. de Buffon. *Le goût de la philosophie n'est pas* le goût *dominant,* ou celui qui *domine.*

§ 247. Les pronoms *celui, celle,* ne peuvent pas non plus être séparés par un trop grand nombre de mots du substantif dont ils tiennent la place, ni se rapporter à un substantif pris dans un sens indéfini.

On ne doit pas dire : *Le courage,* cette qualité *des armées françaises, devenait souvent funeste parce que la discrétion n'était pas* celle *de nos conseils :* il faut dire, *n'était pas la qualité de nos conseils;* ou, *parce que la discrétion ne se trouvait pas dans nos conseils.*

On ne dira pas non plus : *Ayez* soin *de votre santé, et remettez-moi* celui *de vos affaires.* Il faut restreindre le sens général du mot *soin* et dire, par exemple, *occupez-vous* des soins *qu'exige votre santé, et remettez-moi* ceux *qu'exigent vos affaires.*

§ 248. Les pronoms singuliers *celui, celle,* peuvent s'employer après un substantif pluriel et se rapporter à un substantif singulier sous-entendu, et les pronoms pluriels *ceux, celles,* peuvent s'employer après un substantif singulier et se rapporter à un substantif pluriel sous-entendu. Ex. : *J'ai vu* les chevaux *de votre oncle, ils ne valent pas* celui (le cheval) *de votre père;* ou *j'ai vu* le cheval *de votre père, il vaut mieux que* ceux (les chevaux) *de votre oncle.*

Celui-ci, celui-là.

§ 249. Contrairement à *celui,* qui n'a qu'une signification vague, et qui exige toujours après lui un *qui* relatif qui en détermine le sens, *celui-ci, celui-là,* par l'addition des adverbes *ci* et *là,* ont un sens déterminé et ne peuvent être suivis des relatifs *qui, que,* lorsqu'il n'y a dans la phrase qu'une proposition dont ils sont le sujet. Ainsi l'on ne dira pas : *celui-ci qui n'a rien à se reprocher, ne doit rien craindre. Celui-là que vous attendez ne viendra pas.* Il faut dire, *celui qui n'a rien à se reprocher; celui que vous attendez,* etc.

§ 250. Mais quand il y a deux propositions, *celui-là* peut être par lui-même le sujet de l'une des propositions, et, par le moyen d'un adjectif relatif, le sujet de l'autre. Ainsi l'on dira : *Celui-là se trompe,* qui *croit que la richesse fait le bonheur. Ceux-là sont heureux, qui ne désirent rien.* C'est comme si l'on disait : *Celui-là se trompe,* lequel celui-là *croit que,* etc. *Ceux-là sont heureux,* lesquels ceux-là, etc.

Dans ces phrases et autres semblables on ne peut pas remplacer *celui-là, ceux-là,* par *celui-ci, ceux-ci,* et dire *celui-ci se trompe, qui; ceux-ci sont heureux, qui,* etc.

§ 251. *Celui-ci* et *celui-là* peuvent être suivis immédiatement du *qui* relatif dans un seul cas, c'est lorsque le relatif est le sujet d'une phrase qui forme parenthèse, comme *celui-ci*, qui est si modeste, *est plus aimable que celui-là*, qui est si fier. C'est encore comme si l'on disait, *celui-ci*, lequel celui-ci est si modeste, *est plus estimable*, etc.

§ 252. Quand *celui-ci* et *celui-là* ont rapport à des personnes ou à des choses présentes, *celui-ci* sert à désigner l'objet le plus proche, *celui-là* désigne l'objet le plus éloigné de la personne qui parle.

Si, par exemple, il est question de deux choses, l'une placée près de moi, l'autre à une certaine distance, je dirai en parlant de la première, *celle-ci est plus rapprochée, celle-là est plus éloignée.*

La même règle s'observe quand *celui-ci* et *celui-là* ont rapport à des personnes ou à des choses qui ne sont pas présentes, mais dont il vient d'être question dans le discours, c'est-à-dire que *celui-ci* désigne la personne ou la chose qui a été nommée la dernière, et que *celui-là* se dit de celle qui a été nommée auparavant : *L'âme est immortelle, et le corps est périssable; cependant tous les soins sont pour* celui-ci, *tandis qu'on néglige* celle-là. *Le magistrat et le guerrier servent également la patrie :* celui-ci *par son courage,* celui-là *par sa sagesse.*

N. B. Il faut toujours placer *celui-ci* avant *celui-là.*

Ceci, cela.

§ 253. *Ci* et *là*, joints à *ce*, forment les deux autres pronoms démonstratifs *ceci, cela*, qui ne se disent que des choses et qui n'ont point de pluriel. *Ceci* signifie cette *chose-ci; cela* signifie cette *chose-là*. Ils s'emploient seuls, et se disent indifféremment l'un ou l'autre d'une chose qu'on montre : *Donnez-moi ceci* ou *donnez-moi cela.*

Quand *ceci* et *cela* s'emploient dans la même phrase et en opposition, *ceci* se dit de l'objet qui est le plus près de nous, *cela*, de l'objet le plus éloigné. *Donnez-moi* ceci, *et prenez* cela.

Ceci se dit aussi de la chose dont on vient de parler; *cela* de la chose dont on a parlé plus haut.

Dans le style familier, *cela* peut se dire des personnes. On dira, en parlant d'un enfant, *cela est drôle*, *cela est heureux.*

Ça se dit pour *cela*, mais seulement dans le style tout à fait familier : *Que dites-vous de ça? ce n'est pas ça.*

ADJECTIFS PRONOMINAUX DÉMONSTRATIFS.

§ 254. Les adjectifs pronominaux démonstratifs sont *ce*, *cet*, pour le masculin singulier; *cette* pour le féminin; *ces* pour le pluriel des deux genres. Ils se disent des personnes et des choses.

Ces adjectifs sont toujours joints à un nom ; ils en déterminent et en restreignent la signification, en indiquant qu'on parle d'un certain objet et non pas d'un objet quelconque. Si je dis, par exemple, *l'homme est égoïste*, je parle de l'homme en général. Mais quand je dis *cet homme est égoïste*, je parle d'un homme en particulier.

Ces adjectifs se répètent avant chaque substantif : *Ces bois et ces prés m'appartiennent :* ne dites pas *ces bois et prés.*

Ils se répètent aussi devant chaque adjectif lorsque ces adjectifs ne qualifient pas le même substantif : *Cette grande et cette petite maison sont bien bâties ;* on parle *de deux maisons.* Mais si les adjectifs qualifient le même substantif, on ne répète pas *ce*, *cet. Cette grande et belle maison est bien bâtie.* On ne parle que d'une maison.

Lorsqu'on se sert avec *ce*, *cet*, des adverbes *ci* et *là* pour déterminer d'une manière plus précise l'objet dont on parle, ces adverbes se placent après le substantif. On dit : *Cet homme-ci, cette femme-là*, etc.

PRONOMS RELATIFS.

Qui.

§ 255. *Qui*, des deux genres et des deux nombres, se dit des personnes et des choses aussi, mais seulement lorsqu'il est sujet d'une phrase. Alors on doit le préférer à *lequel*. Ex. : *L'homme qui joue perd son temps et sa fortune. Le livre qui plaît le plus n'est pas toujours le plus utile.*

Il ne serait pas bien de dire : *L'homme lequel joue, le livre lequel plaît*, etc.

Voyez ci-après, § 271, dans quel cas il faut remplacer *qui* par *lequel.*

§ 256. Lorsque le relatif *qui* est *régime indirect*, c'est-à-dire quand il est le complément d'une préposition (*à, de,* etc.), il ne se dit que des personnes et des choses personnifiées : *L'homme* à qui *vous vous intéressez; l'enfant* de qui *vous m'avez parlé. O mon* pays, toi à qui *j'ai consacré ma vie, que ne suis-je mort avant d'avoir vu tes ennemis te dicter des lois!* (Le nom de chose *pays* est personnifié par l'apostrophe.)

Mais on ne dirait pas *le pays vers* qui *vous vous dirigez,* parce que dans cette phrase le substantif de chose *pays* n'est pas personnifié ; il faut dire *vers lequel.*

§ 257. L'antécédent de *qui* peut être sous-entendu. *Qui* signifie alors *l'homme qui, celui qui, celle qui, quiconque.* Ex. : *Qui respecte ses parents sera respecté de ses enfants,* c'est-à-dire *celui qui* ou *quiconque respecte,* etc.

C'est ce que les grammairiens appellent *qui* absolu.

Qui absolu est seulement du singulier et du masculin. Ainsi l'on ne pourrait pas dire au pluriel : *Qui respectent leurs parents seront respectés,* etc.; il faut dire *ceux qui respectent,* etc.

§ 258. *Qui* absolu ne s'emploie qu'en parlant des personnes : *Qui sont ces guerriers intrépides qui meurent*

Dont, de qui.

Remarque. On doit, en général, préférer *dont* à *de qui.* Ainsi l'on dira : *La femme* dont *vous parlez,* plutôt que *de qui vous parlez.* — Cependant, quand le verbe exprime un mouvement figuré d'éloignement, on doit employer *de qui : Celui* de qui je *tiens cette nouvelle; la femme* de qui *vous avez appris cela.* Dans le premier exemple, *dont* signifie *touchant* (*de quo loqueris*). Dans le second exemple, *de qui* signifie *par qui* (*à quâ hoc audivisti*).

§ 257. *Qui* absolu, lorsqu'il n'est pas interrogatif, est toujours, ainsi que nous l'avons dit, du singulier et du masculin ; mais, quand il est interrogatif, il peut être suivi de noms qui marquent un féminin et un pluriel, comme *qui choisissez-vous parmi ces dames pour former un quadrille?* c'est-à-dire *quelles sont celles que vous choisissez parmi ces dames? Qui choisissez-vous parmi ces messieurs,* c'est-à-dire *quels sont ceux que,* etc.

*sans laisser échapper un soupir? Qui sont les personnes
que vous recevez ce soir?*

Mais on ne dirait pas : *Qui sont les livres que vous
avez?* il faut dire *quels sont les livres*, etc.

§ 259. *Qui* relatif prend toujours le nombre et la
personne de son antécédent, et les communique au
verbe auquel il sert de sujet, c'est-à-dire que le verbe
se met à la première, ou à la seconde, ou à la troisième
personne du singulier ou du pluriel, suivant que l'antécédent du relatif *qui* est de la première, ou de la seconde, ou de la troisième personne du singulier ou
du pluriel. Ainsi on dit :

Moi qui suis, qui ai, qui vois ;
Toi qui es, qui as, qui vois ;
Lui qui est, qui a, qui voit.
Nous qui sommes, qui avons, qui voyons ;
Vous qui êtes, qui avez, qui voyez ;
Eux qui sont, qui ont, qui voient.

Ce fut nous qui commençâmes *l'attaque*, et non *qui*
commencèrent. Il n'y avait que vous qui voulussiez *tenter*
cette entreprise, et non *qui voulût.*

§ 260. Lorsque le relatif est précédé d'un substantif
représentant le pronom personnel sujet de la phrase,
c'est avec ce substantif que le relatif s'accorde, et par
conséquent le verbe suivant doit se mettre à la troisième personne du singulier ou du pluriel, selon que
le substantif est à l'un de ces deux nombres. Ex. :
Nous sommes des gens qui entendent, et non *qui en*
tendons la plaisanterie, mais qui veulent, et non *qui*
voulons être respectés ; c'est-à-dire ; *nous sommes des*
gens, lesquels gens entendent; vous êtes des gens qui en
tendent, et non *qui entendez la plaisanterie*, *mais qui*
veulent, et non *qui voulez*, etc. ; *je suis un homme* qui
s'intéresse *à votre bonheur*, et non *qui m'intéresse*, c'est-
à-dire, *je suis un homme*, lequel homme *s'intéresse; tu*
es un homme qui s'intéresse, et non *qui t'intéresses à*
son bonheur.

Il en est de même lorsque le relatif est précédé d'un
adjectif, parce qu'alors il y a un substantif sous-en-

tendu, avec lequel s'accorde le relatif. Ex. : *Je suis le premier qui vous ait annoncé cet événement*, c'est-à-dire, *je suis le premier homme, lequel homme, vous ait annoncé*, etc. ; *nous sommes* les seuls qui veuillent *accepter cette condition*, c'est-à-dire, *nous sommes les seules personnes, lesquelles personnes veuillent*, etc.

§ 261. Si ce n'est pas un substantif qui soit sous-entendu avec l'adjectif, mais si c'est un pronom, alors le relatif *qui* représente ce pronom, et par conséquent le verbe suivant doit être de la même personne que ce pronom. Ex. : *C'est nous qui*, seuls *avec nos amis, avons soutenu le choc des ennemis*, c'est-à-dire, *c'est nous, lesquels nous avons soutenu, seuls avec nos amis, le choc*, etc. On ne dirait pas *qui ont soutenu. C'est vous qui, si fiers alors, si humbles aujourd'hui*, méprisiez *les indigents*, c'est-à-dire, *c'est vous qui méprisiez les indigents, vous, si fiers alors*, etc. On ne dirait pas *qui méprisaient*.

§ 262. On suit encore la même construction quand le relatif est précédé d'un adjectif qui ne peut se rapporter qu'au pronom sujet de la phrase, et non à un substantif sous-entendu. Ex. : *C'est moi seul qui subirai, et non qui subira les conséquences de cette démarche imprudente ; nous étions deux qui* voulions*, et non qui voulaient partir sur-le-champ*.

On reconnaît qu'un adjectif s'accorde avec le pronom sujet de la phrase, et non avec un substantif sous-entendu, quand cet adjectif n'est pas précédé de l'article ; car avec l'article on dirait : *je suis le seul qui subira*, c'est-à-dire, *le seul homme qui subira*.

§ 263. Si le substantif est exprimé après l'adjectif, le relatif s'accordera avec ce substantif. Ex. : *Nous étions deux voyageurs qui voulaient, et non qui voulions*

---

§ 261. On remarquera que dans ces exemples les adjectifs *seuls*, *fiers*, sont placés après le relatif, et forment une phrase incidente, qui ne peut rien changer au sens de la phrase principale. Il en sera de même si la phrase incidente est formée par un substantif placé avant le relatif *qui*. Ex. : *C'est moi, Pierre, qui suis venu ; c'est nous, soldats citoyens, qui avons défendu la patrie*.

partir, c'est-à-dire, *nous étions deux voyageurs, lesquels voyageurs voulaient*, etc.

§ 264. Lorsque le relatif *qui* est précédé d'un nom propre, le verbe s'accorde avec ce nom, c'est-à-dire qu'il se met à la première, à la seconde ou à la troisième personne, suivant que le nom propre représente l'une de ces trois personnes.

Or, le nom propre représente la première ou la seconde personne, toutes les fois qu'il n'est pas précédé d'un mot qui le détermine, comme *ce, un*, etc. : *Cet Alexandre, un nouveau César;* car alors il représente la troisième personne.

Le nom propre représente la première personne, quand cette personne se nomme elle-même. Ex. : *Je suis Alexandre qui ai vaincu les Perses ; moi, je suis Annibal qui ai vaincu les Romains;* c'est comme si je disais : *c'est moi, Alexandre, qui ai vaincu les Perses*, etc.

Le nom propre représente la seconde personne, quand on adresse la parole à la personne qu'on nomme. Ex. : *Vous êtes Alexandre qui avez vaincu les Perses;* c'est comme si je disais, *c'est vous, Alexandre, qui avez vaincu les Perses.*

Le nom propre représente la troisième personne, quand il est précédé d'un déterminatif, comme *ce, cet, un*, etc., ainsi que nous l'avons dit plus haut. Ex. : *Vous êtes cet Alexandre qui a vaincu les Perses*, c'est-à-dire, *vous êtes cet Alexandre, lequel Alexandre a vaincu les Perses; vous êtes un nouveau César qui ne veut point se contenter du second rang*, c'est-à-dire, *vous êtes un nouveau César, lequel César ne veut pas*, etc.

OBSERVATIONS.

§ 265. On dit : *votre ami est un des hommes qui* doit *ou qui* doivent *le moins compter sur moi*, suivant que l'on fait rapporter le relatif *qui* au sujet de la proposition, ou aux mots qui accompagnent le sujet.

En effet, la phrase peut signifier : *votre ami est un homme qui, parmi les autres hommes, doit le moins compter sur moi.* Elle peut signifier aussi : *votre ami est du nombre des hommes qui doivent le moins compter sur moi.*

Mais on dira toujours avec le pluriel : *votre ami est un* de ceux qui périrent, et non *qui périt dans cette sédition*, parce qu'on parle de *plusieurs hommes qui périrent*, et que votre ami est de ce nombre, c'est-à-dire, parce que le relatif *qui* se rapporte aux mots qui accompagnent le sujet, et non au sujet lui-même.

§ 266. Quand le relatif *qui* est sujet, il ne doit pas être séparé de son antécédent, si cet antécédent est un nom.

Ne dites pas : *Les lettres que je vous ai dit* qui *annonçaient l'arrivée de votre frère ;* dites : *les lettres qui annonçaient, comme je vous l'ai dit, l'arrivée de votre frère.*

Le relatif *qui* peut être séparé de son antécédent quand cet antécédent est un pronom personnel en régime direct, comme *il la trouva* qui *pleurait à chaudes larmes ; je le vois* qui *s'amuse.*

---

§ 266. Cependant, dans certaines phrases, *qui* peut être séparé de son antécédent ; c'est, 1° lorsqu'on peut le rattacher à cet antécédent par une conjonction d'une manière claire et précise. **Ex. :** *Avez-vous reçu la lettre dont je vous ai parlé, et* qui *annonçait l'arrivée de votre frère ?*

2° Lorsqu'il est séparé de son antécédent par des mots qui déterminent cet antécédent, et que le sens de la phrase force de rapporter *qui* à cet antécédent : **Ex. :** *il a fallu, avant toutes choses, vous faire connaître l'histoire du peuple de Dieu,* qui *fait le fondement de la religion.*

Cette phrase est correcte, parce que ces mots *du peuple de Dieu* déterminent l'antécédent *histoire*, et le qualifient, pour ainsi dire, comme pourrait le faire un adjectif ; c'est comme si l'on disait : *il a fallu vous faire connaître* l'histoire sainte qui *fait le fondement*, etc.

Qui est encore séparé de son antécédent, lorsque cet antécédent est un des pronoms démonstratifs *celui-là, celle-là*, comme *ceux-là sont heureux* qui *n'ont rien à se reprocher.*

Résumé. Il suit de là que l'on ne doit pas séparer le *qui* relatif de son antécédent :

1° En plaçant à côté de l'antécédent le verbe qui doit être placé après le relatif, comme dans ces vers de Racine :

Phénix même en répond, qui *l'a conduit au port.*

Il faudrait dire : *Phénix,* qui *l'a conduit au port*, en *répond.*

2° En plaçant entre l'antécédent et le *qui* une préposition avec son complément, comme dans ces vers de Boileau.

La déesse, en entrant, qui *voit la nappe mise.*

Et d'un bras, à ces mots, qui *peut tout ébranler.*

3° Qu'on ne doit pas séparer le *qui* relatif de son antécédent par des mots régis par cet antécédent, et auxquels le relatif paraît

Mais on ne dirait pas : *cet homme-là est heureux qui n'a rien à se reprocher ;* il faut tourner par *celui-là est heureux* qui, ou par *il est heureux l'homme qui*, etc.

§ 267. D'après cette règle, s'il y a dans une phrase deux substantifs suivis de *qui*, c'est au dernier de ces substantifs qu'on doit faire rapporter le *qui*. Ainsi l'on dira : *vous êtes, grande reine, un génie tutélaire qui est venu*, et non *qui êtes venue consolider la paix*.

§ 268. *Qui* relatif doit toujours se rapporter à un nom pris dans un sens défini, c'est-à-dire à un nom précédé de l'*article* ou de quelque équivalent de l'article, comme *un, ce*. Ainsi l'on ne peut pas dire : *l'homme est animal qui a la raison en partage ; il m'a reçu avec politesse qui m'a charmé*, etc. ; mais on doit dire : *l'homme est un animal qui*, etc. ; *il m'a reçu avec une politesse qui*, etc.

§ 269. Deux *qui* de suite ne doivent jamais se rapporter à des noms différents dans la même proposition ; ainsi, ne dites pas : *Votre frère, qui est parti de Lyon avec son ami qui désirait vous voir, arrivera bientôt ;* il

se rapporter, comme *la cinquième époque est celle de la fondation du temple de Jérusalem, qui ne finit qu'à la première année du règne de Cyrus.* Pour rendre cette phrase correcte, il faut prendre un autre tour et dire, en changeant le régime en sujet : *la fondation du temple de Jérusalem forme la cinquième époqu, qui ne finit qu'à la première année*, etc.

Il est quelquefois nécessaire de placer les adjectifs *cet, celle*, avant l'antécédent de *qui*, pour éviter ce qu'il pourrait y avoir d'obscur dans la phrase. Ainsi l'on dira : *il récompensa ceux de ses serviteurs qui ne l'avaient point abandonné dans sa fuite ;* si l'on disait, sans exprimer *ceux*, *il récompensa ses serviteurs qui*, etc., cela signifierait qu'il récompensa tous ses serviteurs, qui tous l'avaient accompagné dans sa fuite.

§ 268. Quelquefois la détermination des noms est sous-entendue ; mais elle n'en est pas moins réelle, comme dans ces phrases : *il se conduit en homme qui connaît le monde*, c'est-à-dire, *comme un homme qui*, etc. ; *il est accablé de dettes qui vont au delà de son bien*, c'est-à-dire, *de plusieurs dettes qui*, etc.

Il suit de cette règle qu'on ne doit pas faire rapporter *qui* à un verbe ou à tout autre membre de phrase. On ne peut pas dire : *les Gaulois se disent descendus de Pluton, qui est une tradition des Druides ;* il faut : *ce qui est une tradition.*

faut supprimer le premier *qui* et dire : *votre frère est parti de Lyon avec son ami qui désirait vous voir*, *et il arrivera bientôt.*

Que relatif.

§ 270. *Que* relatif, des deux genres et des deux nombres, se dit des personnes et des choses. On le reconnaît quand on peut lui substituer *lequel*, *laquelle*, avec le nom dont il tient la place, comme *l'enfant que j'aime est docile*, c'est-à-dire, *l'enfant* (lequel enfant) *j'aime est docile; les hommes que je connais*, c'est-à-dire, *les hommes* (lesquels hommes) *je connais.*

Lequel.

§ 271. Le pronom relatif *lequel*, *laquelle*, *lesquels*, *lesquelles*, se dit des personnes et des choses.

Lequel ne s'emploie presque jamais en sujet ni en régime direct. On ne doit s'en servir que pour éviter une équivoque, ou deux *qui* de suite, avec rapport à deux antécédents différents, comme dans cette phrase : *j'allai trouver l'homme* qui *m'avait parlé du mariage de votre sœur*, lequel (au lieu de *qui*) *me parut toujours dans les mêmes sentiments;* mais c'est une locution qu'il faut éviter si l'on veut écrire avec quelque élégance.

§ 272. *Duquel*, *de laquelle*, *desquels*, *desquelles*, ont pour synonyme *dont*, qui est des deux genres et des deux nombres, et qui se dit des personnes et des choses.

---

§ 270. *Que*, ainsi que le pronom *qui*, est absolu ou relatif; il est absolu quand il n'a pas d'antécédent, et alors il signifie *quelle chose.* Dans ce sens, il est toujours interrogatif. Ex. : *Que dites-vous? que faites-vous?* c'est-à-dire, *quelle chose dites-vous?* etc.

Que relatif ne peut jamais être sujet; il est ordinairement régime direct. Ainsi dans cette phrase : *c'est un homme bienfaisant que les malheureux n'implorèrent jamais en vain; que* est le régime direct du verbe *implorer*, qui a pour sujet *les malheureux.*

Mais *que* est quelquefois régime indirect. Ex. : *une fontaine ne peut jeter de l'eau douce par le même tuyau qu'elle jette de l'eau salée. Que* est mis pour *par lequel.*

Dont s'emploie de préférence à *duquel*, toutes les fois qu'il peut remplacer *duquel;* c'est ce qui a lieu quand le pronom relatif est avant le substantif dont il dépend. Ainsi l'on dira *l'homme* dont *les bienfaits annoncent la présence*, plutôt que *duquel les bienfaits.*

Mais si le relatif doit être placé après le substantif, *duquel, de laquelle* sont les seuls mots qu'on puisse employer. *L'homme aux bienfaits* duquel *nous devons notre bonheur,* on ne pourrait pas dire *aux bienfaits dont nous devons,* etc., parce que *dont* ne peut jamais être précédé d'une préposition.

On préfère aussi *duquel* à *dont* lorsqu'il y a quelque équivoque à craindre. Ainsi l'on dira : *le fils de cette femme* duquel *vous m'aviez parlé*, pour désigner *le fils;* et *le fils de cette femme* de laquelle *vous m'aviez parlé*, si l'on veut désigner la femme.

N. B. On verra ci-après que *dont* se dit aussi pour *de quoi.*

§ 273. *De qui*, des deux genres et des deux nombres, remplace aussi *duquel*, mais seulement quand il a rapport aux personnes. Ainsi l'on pourra dire : *le prince* de qui ou dont *la bonté ;* mais on ne pourra pas dire *la Tamise* de qui *le lit ; le cheval* de qui *les harnais ;* il faut dire *dont le lit, dont les harnais.*

§ 274. *Auquel, à laquelle, auxquels, auxquelles*, se disent des personnes et des choses : *les vieillards* aux-quels *nous devons le respect; les sciences* auxquelles *je m'applique.*

§ 275. *A qui*, synonyme de *auquel*, est des deux genres et des deux nombres, mais il ne se dit que des personnes ; et on doit en général le préférer à *auquel*, toutes les fois qu'il n'y a pas d'équivoque à craindre. Ainsi l'on dira : *les magistrats* à qui *nous devons obéir*, plutôt que *auxquels.*

On doit toujours se servir de *à qui, de qui*, dans les interrogations, lorsque celui qui interroge n'a aucune idée de la personne ou des personnes au sujet desquelles il fait une question. Ainsi l'on dira : *à qui, de qui parliez-vous? avec qui étiez-vous?* Mais on dira : *je*

vous ai vu avec votre frère et votre cousin; avec lequel
étes-vous sorti? auquel *parliez-vous avec tant de chaleur?*

Quand on parle des choses et des animaux , on
doit toujours se servir de *lequel , laquelle ,* etc. *Les lois
auxquelles nous devons obéir; le cheval sur lequel vous étiez
monté.*

Quoi.

§ 276. *Quoi ,* des deux genres et des deux nombres ,
ne se dit que des choses , et il signifie *quelle chose.
Quoi de plus estimable que la vertu?* c'est-à-dire *quelle
chose plus estimable ,* etc.

Si *quoi* est suivi d'un adjectif, cet adjectif doit toujours être précédé de la préposition *de ,* et il se met
toujours au masculin : *il y a dans cette histoire si simple
je ne sais* quoi de *passionné et de touchant.*

Lorsque le pronom *quoi* est relatif, c'est-à-dire
quand il a un antécédent, il se construit toujours avec
une préposition : *voilà le motif* pour quoi, c'est-à-dire,
pour lequel nous sommes venus; ce sont choses à quoi,
c'est-à-dire , *auxquelles vous ne prenez pas garde.*

On doit préférer *lequel* à *quoi* quand l'antécédent a
une signification déterminée; mais au contraire on se
servira de *quoi ,* dont la signification est vague, lorsqu'il aura pour antécédent *ce , voilà , rien ,* qui n'ont
pas une signification plus déterminée. Ainsi l'on dira :
la chose à laquelle vous pensez le moins , plutôt que , *à
quoi vous pensez le moins;* mais on dira : *ce à quoi vous
pensez le moins ,* et non *ce auquel; il n'y a rien à quoi je
sois plus disposé ,* et non *auquel.*

Remarque. Cependant l'usage veut qu'on préfère *dont* à *de quoi*
avec *rien : il n'est rien dont il ne soit capable; de quoi* serait
une faute.

---

§ 276. *De quoi* est une expression dont on se sert pour signifier *le
moyen, la faculté, la matière,* enfin tout ce qui est nécessaire
ou convenable pour la chose dont il s'agit. Ex. : *il n'a pas de*
quoi *vous payer ; donnez-moi* de quoi *écrire ; je vous remercie
de cette démarche ; il n'y a pas de quoi.*

Quoi , suivi de *que* et écrit en deux mots (*quoi que*), signifie

Où, d'où, par où.

§ 277. *Où*, pronom relatif, des deux genres et des deux nombres, ne se dit que des choses ; il se joint aux prépositions *de* et *par*, et forme avec elles les relatifs *d'où* et *par où*. Ces relatifs s'emploient pour *duquel*, *dans lequel*, *par lequel*, *desquels*, etc., comme *la maison où je demeure*, c'est-à-dire *dans laquelle je demeure* ; *c'est une chose* d'où *dépend le bonheur public*, c'est-à-dire *de laquelle* ; *les lieux* par où *il a passé*, c'est-à-dire *par lesquels*.

On doit faire usage du pronom *où*, seulement quand le nom auquel il se rapporte *peut* exprimer une sorte de localité morale ou un objet physique. Ex. : *voilà le but* où *il tend*, c'est-à-dire *auquel il tend* ; *le siècle* où *nous vivons*, c'est-à-dire *dans lequel* ; *la maison* d'où *je sors*, c'est-à-dire *de laquelle*.

Mais, si *maison* signifie *race*, *famille*, on dira : *la maison dont il est sorti*, parce que les mots *famille*, *race*, *aïeux*, n'expriment pas une idée de localité.

On ne doit jamais se servir de *dont* pour exprimer l'action de sortir, de venir *d'un lieu*. Ainsi ne dites pas : *la maison, la ville, le pays, le lieu, dont je sors* ; dites, *d'où je sors*.

Le, la, les.

§ 278. *Le*, *la*, *les*, sont articles ou pronoms. Ils sont articles quand ils sont joints à des noms ; ils sont pronoms quand ils sont joints à des verbes.

Dans ces phrases : le *vice est odieux, haïssez*-le ; la *vertu est aimable, aimez*-la ; les *vrais savants sont modestes, estimez*-les ; *le*, *la*, *les*, sont articles dans le

---

quelque chose que, et se construit avec le subjonctif. *Quoi que vous disiez*, *quoi que vous fassiez*, *vous ne réussirez pas*.

Il ne faut pas le confondre avec *quoique*, conjonction, qui s'écrit en un seul mot, et signifie *bien que*, etc. Ex. : *quoique* ou *bien que vous disiez cela*.

On dit substantivement *un je ne sais quoi*, pour signifier certaine chose qu'on ne peut exprimer. Ex. : *il y a dans la grâce un je ne sais quoi qu'on ne peut définir*.

premier membre, ils sont pronoms dans le second. Les pronoms *le*, *la*, *les*, sont toujours régimes directs.

§ 279. Le pronom *le* peut tenir la place d'un membre de phrase, ou d'un substantif, ou d'un adjectif.

Si le pronom *le* tient la place d'un membre de phrase, il ne prend ni genre ni nombre, parce que le membre de phrase qu'il supplée n'en a pas. Ex. : *On doit s'accommoder à l'humeur des autres autant qu'on* le *peut.* Dans cette phrase, *le* tient lieu de ces mots *s'accommoder à l'humeur des autres;* c'est comme si l'on disait, *on doit s'accommoder à l'humeur des autres autant qu'on peut s'y accommoder; soutenez vos intérêts quand vous pouvez* le *faire sans injustice,* c'est-à-dire, *faire cela, soutenir vos intérêts.*

Si le pronom *le* tient la place d'un substantif, il doit prendre le même genre et le même nombre que ce substantif, puisqu'il le représente. Ex. : *Soutenez vos intérêts quand vous pouvez* les *soutenir sans injustice,* c'est-à-dire *soutenir eux, vos intérêts. Madame, êtes-vous la mère de cet enfant? Oui, je* la *suis,* c'est-à-dire, *je suis elle, la mère.* On ne dirait pas *je* le *suis. Êtes-vous les voyageurs que nous attendons? Oui, nous* les *sommes,* c'est-à-dire *nous sommes eux, les voyageurs.*

§ 280. Si le pronom *le* tient la place d'un adjectif ou même d'un substantif pris adjectivement, il est invariable ; parce que les adjectifs ne règlent pas

---

§ 279. Les pronoms *le*, *la*, *les*, comme tous les autres pronoms qui sont régimes des verbes, doivent être placés avant les verbes : *je le vois, je les aime*, etc. Mais quand plusieurs pronoms sont régimes du verbe, les pronoms *me, te, se, nous, vous*, doivent être placés les premiers ; ensuite viennent *le, la, les*, puis *lui, leur*; enfin *en* et *y* se placent toujours les derniers. Ex. : *je vous le dirai; je la lui ai promise; nous les leur enverrons; nous leur en donnerons; vous les y conduirez.*

Dans les phrases impératives, *le, la, les*, se mettent après le verbe, et s'y unissent par un trait d'union. *Accompagnez-les, aimez-le*, etc.

Cependant si la phrase est négative, le verbe se place après le pronom. *Ne le faites pas, ne les accompagnez pas.*

l'accord, mais le reçoivent. Ex. : *Madame, êtes-vous malade? Oui, je le suis*, c'est-à-dire *je suis malade : le* n'est pas mis ici pour *elle*, mais pour *telle : je suis telle*.

On fera encore usage de *le* dans les phrases suivantes et autres semblables, où les substantifs sont pris adjectivement. Ex. : *Madame, êtes-vous mère? Oui, je le suis : le* ne signifie pas ici *elle, je suis elle, la mère*, mais il signifie *telle, je suis telle. Messieurs, êtes-vous chasseurs? Non, nous ne le sommes pas*, c'est-à-dire *nous ne sommes pas tels*. On ne pourrait pas répondre *nous ne sommes pas eux, les chasseurs*.

On doit remarquer qu'un substantif est pris adjectivement quand il n'est pas précédé de l'article ou d'un mot qui en restreigne le sens, comme *ce, cet, mon, ton*, etc.

De la remarque précédente il résulte qu'un *adjectif* précédé de l'article ou d'un déterminatif comme *ce, mon*, etc., se prend substantivement, et qu'ainsi à ces questions : *madame, êtes-vous la malade*, ou, *êtes-vous cette malade dont on m'a parlé?* on répondra, *oui, je la suis*, c'est-à-dire *je suis elle, cette malade*.

Ainsi, à ces questions,

Êtes-vous parentes ?		*Nous* le sommes.
Êtes-vous mes parentes ?		*Nous* les sommes.
Êtes-vous étrangers ?		*Nous* le sommes.
Êtes-vous les étrangers que l'on attend ?	on répondra :	*Nous* les sommes.
Êtes-vous mariée ?		*Je* le suis.
Êtes-vous la mariée ?		*Je* la suis.
Êtes-vous fille de mon ami ?		*Je* le suis.
Êtes-vous la fille de mon ami ?		*Je* la suis.

§ 281. Quand le pronom *le* représente un substantif placé en régime direct, on ne peut jamais supprimer ce pronom. Ainsi l'on dira : *Vous avez emprunté de l'argent à mon frère*, rendez-LE-LUI, et non, *rendez-lui*, parce que si l'on supprimait *le*, le régime direct *argent* ne serait pas représenté.

On ne doit pas non plus supprimer le pronom *le* quand il représente un membre de phrase. Ex. : *Il veut vous parler, et vous ne le voulez pas : le* représente *qu'il vous parle ;* c'est comme si l'on disait, *vous ne voulez pas qu'il vous parle.*

On ne pourrait pas dire : *il veut vous parler, et vous ne voulez pas ;* pas plus qu'on ne dirait : *faut-il lui parler? il faut,* au lieu de *il le faut; vous m'avez obligé, et je me rappellerai,* au lieu de *je me le rappellerai; s'ils n'étaient pas nos amis comme ils sont,* au lieu de *comme ils le sont.*

§ 282. Les pronoms *le, la, les,* ne peuvent pas se rapporter à des mots pris indéterminément. On ne peut pas dire : *Vous avez* droit *de chasse, et je le trouve bien fondé ; il m'a fait* grâce, *et je l'ai reçue avec reconnaissance ; rendez* justice *à autrui, si vous voulez qu'on vous* la *rende,* parce que ces mots *droit, grâce, justice,* étant pris indéterminément, le pronom *le* ne peut pas s'y rapporter; il faut donc déterminer le substantif, soit en le répétant, comme *vous avez droit de chasse, et je trouve* ce droit *bien fondé,* soit sans le répéter, comme *il m'a accordé* ma grâce, *et je l'ai reçue avec reconnaissance ;* ou prendre un autre tour, comme *observez* la justice *envers autrui, si vous voulez qu'on* l'observe *envers vous.*

En.

§ 283. *En,* pronom relatif des deux genres et des deux nombres, se dit des personnes et des choses : *le souverain d'un peuple doit en être le père,* c'est-à-dire *le*

---

§ 283. Le pronom *en* peut être considéré tantôt comme régime direct, tantôt comme régime indirect. Il est *régime direct* quand il représente un ou plusieurs substantifs pris dans un sens partitif, comme, *avez-vous reçu de l'argent et des livres? J'en ai reçu,* c'est-à-dire *j'ai reçu de l'argent et des livres* (une certaine partie *d'argent, de livres*).

Il est *régime indirect* quand il ne représente pas un substantif pris dans un sens partitif, comme *vous êtes-vous occupé de cette affaire? Je m'en suis occupé,* c'est-à-dire *j'ai occupé moi* (rég. direct) *de cette affaire tout entière,* et non *d'une certaine partie de l'affaire.*

En se place avant le verbe dont il est le régime, excepté dans les phrases impératives. *En voulez-vous? Je vous en offre, donnez-m'en,* etc.

père de ce peuple ; la richesse n'est utile qu'autant qu'on en *fait un bon usage,* c'est-à-dire *un bon usage de la richesse.*

§ 284. *En,* comme *son, sa, ses, leur, leurs,* peut exprimer la possession, c'est-à-dire qu'il peut signifier *de lui, d'elle, d'eux.*

Mais quand il s'agit des choses, il ne faut pas employer indifféremment *son, sa, ses, leur* ou *en.*

On ne doit employer *son, leur,* etc., avec les noms de choses, que lorsqu'il est impossible de se servir du pronom *en ;* c'est ce qui a toujours lieu quand l'objet possesseur se trouve dans la même proposition que l'objet possédé. Ex. : *le Rhône est sorti de* son *lit ; cet arbre a perdu* ses *feuilles ; la Seine a sa source en Bourgogne ; les tribunaux ont conservé leurs priviléges.*

Dans toutes ces propositions, les possesseurs *Rhône, arbre, Seine, tribunaux,* se trouvent dans la même proposition que les objets possédés, *lit, feuilles, source, priviléges.*

Mais on dira avec le pronom *en : J'ai vu le Rhône, le lit* en *est profond,* et non pas *son lit est profond ; cet arbre ne donne plus d'ombre, les feuilles* en *sont tombées,* et non *ses feuilles sont tombées ; la Seine commence en Bourgogne, j'*en *ai vu la source,* et non *j'ai vu sa source en ce pays ; les tribunaux sont nécessaires, il faut* en *respecter les priviléges,* parce que dans toutes ces phrases l'objet possesseur ne se trouve pas dans la même proposition que l'objet possédé : *j'ai vu le Rhône* (première proposition), *le lit en est profond* (seconde prop.) (*).

§ 285. Cependant on se sert encore de *son, sa, ses, leur,* même quand l'objet possédé est dans la seconde proposition, lorsque les pronoms sont régis par *de, à, en,* ou toute autre préposition. Ex. : *j'ai vu le Rhône,*

(*) Si l'emploi du pronom *en* formait une construction trop dure, on pourrait prendre un autre tour : au lieu de dire *ces étoffes sont belles, comment en trouvez-vous les couleurs ?* on pourrait tourner ainsi, *que pensez-vous* de leurs couleurs ? etc.

7

*la profondeur de son lit est considérable ; la Seine com-
mence en Bourgogne , je l'ai vue à sa source.*

§ 286. Pour les personnes , pour les animaux , ainsi
que pour les noms de choses personnifiées , on doit se
servir seulement de *son , sa, ses, leur , leurs.* Ex. : *Je
connais cet homme , sa famille est respectable , et non la
famille en est respectable. Le tigre semble toujours être
altéré de sang , sa fureur n'a d'autres intervalles que ceux
du temps qu'il lui faut pour dresser des embûches. La Sagesse conduit l'homme au bonheur : heureux celui qui
écoute sa voix , et non qui en écoute la voix.*

Y.

§ 287. Le pronom *y* , des deux genres et des deux
nombres, s'emploie pour *à lui, à elle, à eux, sur lui*, etc. ,
c'est-à-dire pour les pronoms de la troisième personne
précédés d'une préposition , quand l'usage rejette ces
pronoms. Il ne se dit *ordinairement* que des choses.
Ex. : *Fuyez les procès , souvent la conscience s'y intéresse ,
la santé s'y altère , les biens s'y dissipent.*

On ne pourrait pas dire , *s'intéresse à eux, s'altère
par eux , se dissipent en eux.*

J'ai agrandi ma maison en y ajoutant ce pavillon. On
ne dirait pas *en ajoutant à elle , ni en lui ajoutant.*

§ 288. Quelquefois *y* se rapporte aux personnes ;
c'est quand les personnes sont considérées comme des
choses. Ex. : *En examinant l'homme , on y découvre plus
de vices que de vertus. C'est comme si l'on disait : En
examinant le cœur de l'homme. Pensez-vous à moi ? j'y
pense , c'est-à-dire, je pense à vos intérêts , à votre affaire.*

Avec le verbe *se fier,* l'usage permet qu'on se serve de *y :
c'est un homme dangereux, ne vous y fiez pas.*

Voyez Y, adverbe.

---

§286. Un nom de chose est personnifié lorsqu'on attribue à ce
nom le langage ou les actions d'une personne réelle. Ici l'action
de *conduire* est attribuée à la *Sagesse.*

PRONOMS INDÉFINIS.

§ 289. Les pronoms indéfinis désignent les personnes et les choses d'une manière indéterminée, c'est-à-dire qu'ils n'indiquent point qu'on parle de telle personne plutôt que de telle autre. Quand je dis : *On est heureux quand on est sage*, le mot *on* ne désigne pas une personne en particulier, mais il a une signification vague et indéfinie.

Les pronoms indéfinis sont *on*, *quiconque*, *quelqu'un*, *chacun*, *autrui*, *personne*, *l'un l'autre*, *l'un et l'autre*, *tel*, *tout*.

On.

§ 290. *On*, d'après son étymologie, ne peut se dire que des personnes ; il est toujours sujet du verbe, et désigne toujours la troisième personne du singulier : *On ne craint pas la mort quand on a mené une vie irréprochable.*

§ 291. *On* est en général du genre masculin et du singulier, cependant il peut représenter le féminin et le pluriel ; c'est ce qui a lieu quand le sens de la phrase indique clairement qu'on parle d'une femme ou de plusieurs personnes : alors *on* peut se construire avec

---

§ 290. *On* vient du mot *homme*. Ainsi, quand on dit *on pense*, *on croit*, c'est comme si l'on disait *homme pense*, *homme croit*.

On sert à désigner l'espèce tout entière. *On naît pour mourir*, c'est-à-dire *tous les hommes naissent pour mourir* ; ou une partie vague de l'espèce, comme *on nous écoute*, c'est-à-dire *certaines personnes nous écoutent*.

Pour adoucir la prononciation, il faut remplacer *on* par *l'on* après les mots *et*, *si*, *ou*, *que*, *qui* : on dit *et l'on*, *si l'on*, *ou l'on*, etc., au lieu de *et on*, *si on*, etc.

Après *que*, on peut se servir de *on*, lorsque le verbe suivant ne commence pas par un *c* qui a le son du *q* : *On ne fait pas toujours tout ce qu'on dit* ; mais on dira, *ce que l'on conçoit*, *ce que l'on connaît*, etc.

Il ne faut pas se servir de *l'on* quand ce mot est suivi de *le*, *la*, *les*. Ainsi ne dites pas : *ce que l'on lui a dit*, *l'on le fera* ; *l'on l'a loué*.

En général il faut préférer *on* à *l'on*, et il serait ridicule de commencer une phrase par *l'on*. Ainsi dites : *On croit que l'hiver sera froid*, et non, *l'on croit que*, etc.

un adjectif féminin, ou avec un nom pluriel. Ex. : *On
n'est pas toujours jeune et jolie; on n'est pas des esclaves
pour essuyer de si mauvais traitements.*

On doit se répéter avant tous les verbes auxquels il sert de
sujet : *On le loue, on le blâme, on le flatte, on le menace ;* on
ne pourrait pas dire *on le loue, le blâme, le flatte,* etc.

§ 292. Quand on répète ce pronom, il faut toujours
le faire rapporter à un seul et même sujet; ainsi la
phrase suivante n'est pas correcte : ON *dit ici qu'*ON *se
bat à deux lieues de la ville;* parce que, dans cette
phrase, *on* se rapporte dans le premier membre *à ceux
qui disent,* et dans le second il se rapporte *à ceux qui
se battent :* il faut prendre un autre tour, et dire, par
exemple, *on dit ici qu'il y a une bataille, un combat à
deux lieues de la ville.*

§ 293. Il ne faut pas supprimer la négation après *on,*
quand le sens de la phrase l'exige, comme on est porté
à le faire quand le verbe qui suit *on* commence par une
voyelle. Ainsi dites : *On* N'*aime pas celui que l'on craint,*
et non *on aime pas,* etc.

§ 294. Dans les phrases interrogatives, *on* se met
après le verbe, et si ce verbe finit par une voyelle, on
met entre *on* et le verbe un *t* euphonique entre deux
traits d'union : *Que fera-t-on? que demande-t-on?*

Quiconque.

§ 295. *Quiconque* signifie *tout homme qui,* et par
conséquent ne peut se dire que des personnes; il est
sans pluriel, et ordinairement du masculin.

Quiconque, employé dans le premier membre d'une
phrase, ne doit jamais être représenté par *il* dans le
second membre. Ex. : *Quiconque attend un malheur
certain, peut déjà se dire malheureux;* ne dites pas, *il
peut déjà se dire malheureux.*

§ 296. Quand *quiconque* se rapporte évidemment à
une femme, l'adjectif ou le participe qui le suit doit
se mettre au féminin. Ainsi, l'on dirait en s'adressant

à des femmes, *quiconque de vous s'est* conduite *de la sorte* mérite *d'être blâmée* (*).

Quelqu'un.

§ 297. *Quelqu'un* a deux significations différentes, selon qu'il est employé seul et sans rapport à un nom, et selon qu'il a rapport à un nom exprimé dans la phrase.

Quand *quelqu'un* est employé seul, il signifie *une personne*, et ne se dit jamais des choses. En ce sens, il ne prend ni le féminin ni le pluriel. On dit : *J'ai vu quelqu'un, j'ai parlé à quelqu'un ;* mais on ne dit pas *j'ai vu quelqu'une, j'ai parlé à quelques-uns.*

Cependant, quand *quelqu'un* est employé comme sujet de la proposition, il peut se mettre au pluriel, mais seulement au masculin : *Quelques-uns prétendent, quelques-uns m'ont assuré.*

§ 298. Quand *quelqu'un* a rapport à un nom exprimé dans la phrase, il se dit des personnes et des choses, et s'emploie aux deux genres et aux deux nombres. Alors il se joint à un nom ou à un pronom précédé de la préposition *de,* comme *connaissez-vous quelques-uns de ces messieurs? Avez-vous vu quelques-unes de ces étoffes?* ou il est précédé du pronom *en: J'en connais quelques-uns, j'en ai vu quelques-unes.*

Quelqu'un s'emploie quelquefois seul. C'est lorsque le nom auquel il se rapporte vient d'être exprimé auparavant : *Ces fleurs sont belles, mais quelques-unes sont déjà flétries.*

Chacun.

§ 299. *Chacun* a deux significations différentes :

1° Il s'emploie d'une manière absolue, c'est-à-dire sans rapport à un nom exprimé ; et alors il signifie *tout homme, toute personne,* et ne peut être mis au féminin. Dans ce cas, il ne se dit que des personnes. Ex. : *Chacun a ses plaisirs et ses peines.*

(*) Dans cet exemple, *quiconque* prend le féminin, parce qu'il n'est plus employé indéfiniment, mais qu'il est restreint et déterminé par *vous;* c'est comme si l'on disait *celle de vous qui.*

2° Il s'emploie avec relation à un nom exprimé ou avant ou après. En ce sens il se di[t] des personnes et des choses, et s'accorde en genre avec le nom auquel il se rapporte : *Ces livres coûtent chacun six francs*, ou *chacun de ces livres coûte six francs. J'ai vu ces dames; chacune d'elles avait une parure différente.*

§ 300. *Chacun*, quoique toujours du singulier, est tantôt suivi de *son*, *sa*, *ses*, et tantôt de *leur*, *leurs*.

Dans les phrases où il n'y a pas de nom pluriel exprimé, l'adjectif possessif ne peut se rapporter qu'à *chacun*, et alors on doit toujours se servir de *son*, *sa*, *ses*, et jamais de *leur*, *leurs*. Ex. : *Il a donné à chacun sa part; je récompenserai chacun selon son mérite.* On ne peut pas dire : *J'ai donné à chacun* leur *part; je récompenserai chacun selon* leur *mérite.*

Remarque. Si le substantif singulier auquel se rapporte *chacun* est exprimé, on doit se servir du pronom réfléchi *soi*, et non de *lui*, *elle* : *Toute* LA COMPAGNIE *se retira, chacun chez* SOI.

§ 301. Dans les phrases où *chacun* est précédé d'un nom pluriel, l'adjectif possessif qui suit *chacun* se rapporte ou au nom pluriel ou au distributif *chacun*. Si l'adjectif possessif doit se rapporter au nom pluriel, il faut se servir de *leur*, *leurs*, pour exprimer ce rapport de possession, comme, *ces messieurs ont amené chacun leur domestique.* Mais si l'adjectif possessif doit se rapporter au distributif *chacun*, le rapport de possession s'exprimera par *son*, *sa*, *ses*, comme *j'ai remis ces livres, chacun à sa place.*

Voici maintenant comment on peut reconnaître si le rapport de possession répond ou au nom pluriel ou au distributif singulier *chacun* :

Remarque. Comme *chacun* ne désigne jamais qu'une seule personne ou une seule chose, il ne peut jamais être au pluriel, et le verbe qui suit le nom régi par *chacun* se met toujours au singulier, même quand ce nom est pluriel, ainsi qu'on le voit dans cet exemple : *Chacune de ces dames avait une parure différente.* On remarquera aussi que *chacun* devant un nom ou un pronom doit être suivi de la préposition *de*.

1° *Chacun* peut être placé dans la phrase après un seus fini, c'est-à-dire après le régime du verbe. Alors l'adjectif possessif doit se rapporter à *chacun*, et par conséquent on doit se servir de *son*, *sa*, *ses*, comme *remettez les livres que vous avez pris*, chacun *à sa place; les hommes devraient se tendre une main secourable*, chacun *dans son intérêt*.

2° *Chacun* peut être énoncé dans la phrase avant que le sens ne soit fini, c'est-à-dire avant le régime du verbe, et alors l'adjectif possessif se rapporte au nom pluriel, et l'on doit se servir de *leur*, *leurs*, comme *remettez*, chacun *à leur place, les livres que vous avez pris; les hommes devraient*, chacun *dans leur intérêt, se tendre une main secourable*.

§ 302. Dans les phrases où le verbe est sans régime, on peut employer *son*, *sa*, *ses* ou *leur*, *leurs*, et dire, par exemple : *Tous les juges ont opiné* chacun *selon ses lumières*, ou *selon* leurs *lumières*. Dans le premier cas, on suppose que le sens de la phrase est complet avant *chacun*, et la phrase signifie alors *tous les juges ont donné leur avis*, chacun *selon ses lumières*. Dans le second cas, on suppose que le sens est incomplet avant *chacun*, et alors la phrase signifie *tous les juges ont donné* chacun *selon leurs lumières, leur avis*.

Voyez, § 332, la différence qui existe entre *chacun* et *chaque*.

Autrui.

§ 303. *Autrui* signifie en général *les autres*, et ne se dit que des personnes. Il ne prend ni genre ni nombre, et ne s'emploie guère qu'en régime indirect. *Autrui* ne se construit proprement qu'avec les prépositions *à* et *de*, et n'est jamais accompagné ni de l'article ni d'un adjectif : *N'enviez pas le bien d'autrui ; ne faites pas à autrui ce que vous ne voudriez pas qu'on vous fît*.

§ 304. Le mot *autrui* ayant une signification vague et indéterminée, on ne doit pas y faire rapporter les

---

Remarque. On dit aussi *être logé chez autrui ;* et en plaçant *autrui* en régime direct, *aimer autrui, tromper autrui*.

adjectifs possessifs *son*, *sa*, *ses*, *leur*, *leurs*, en régime simple ou direct, c'est-à-dire quand ils ne sont pas précédés d'une préposition; dans ce cas, il faut faire usage du relatif *en* et de l'article. On dira donc : *En épousant les intérêts d'autrui, nous ne devons pas en épouser les passions ; leurs passions* ou *ses passions* serait une faute (*).

§ 305. On ne doit pas employer *autre* pour *autrui*. Ainsi ce serait mal s'exprimer que de dire : *Il ne faut pas désirer le bien des autres*, au lieu de *il ne faut pas désirer le bien d'autrui*. En effet, on ne doit se servir du pronom *autre* que pour exprimer une relation avec des personnes dont il a déjà été question, comme *ceux-ci sont déjà venus*, les autres *ne tarderont pas à arriver*. On ne dira pas non plus : *Ne faites point* aux autres *ce que vous ne voulez pas qui vous soit fait*, parce que *autre* ne se rapporte ici à aucun mot précédent; il faut dire : *Ne faites point* à autrui *ce que vous ne voulez pas qui vous soit fait*.

(*) Cette règle est juste et doit être adoptée.

Mais les grammairiens disent qu'on peut faire rapporter à *autrui* les adjectifs *son*, *sa*, *ses*, *leur*, *leurs*, quand ces adjectifs sont en régime composé ou indirect, c'est-à-dire quand ils sont précédés d'une préposition, comme *nous reprenons les défauts d'autrui sans faire attention* à *ses* ou à *leurs bonnes qualités*.

Nous pensons d'abord que, dans aucun cas, on ne doit se servir de *leur* avec *autrui*, parce que ce mot doit être considéré comme un substantif masculin sans pluriel, qui signifie, il est vrai, *les autres*, mais comme *chacun* signifie *tous les hommes*, comme *le prochain* signifie *les autres*, et qu'ainsi il est aussi choquant de dire : *Nous reprenons les défauts d'autrui, sans faire attention* à leurs *bonnes qualités*, qu'il le serait de dire *nous reprenons les défauts du prochain, sans faire attention à* leurs *bonnes qualités*, au lieu de *ses bonnes qualités*.

En second lieu, nous pensons même que l'adjectif possessif *son*, *sa*, *ses*, qui *détermine* le nom auquel il se rapporte, ne devrait pas s'employer avec le mot *autrui*, dont la signification est *vague* et *indéterminée*, puisqu'il ne se construit jamais avec l'article, et qu'ainsi, dans la phrase citée pour exemple, il faudrait se servir du substantif *prochain*, et dire : *Nous reprenons les défauts du prochain, sans faire attention à ses bonnes qualités*.

Personne.

§ 306. *Personne* est employé comme substantif ou comme pronom. Dans l'une et dans l'autre signification, il ne se dit jamais des choses, ni des animaux.

Personne, considéré comme substantif, est toujours du féminin, et signifie *un homme* ou *une femme*. Il se met au singulier ou au pluriel, et est toujours accompagné de l'article ou d'un autre mot qui le détermine : *La personne que vous connaissez est venue. Une personne instruite, des personnes instruites.* Dans ces phrases, *personne* peut signifier *l'homme* ou *la femme* que vous connaissez, *un homme instruit* ou *une femme instruite*, *des hommes instruits* ou *des femmes instruites.*

§ 307. *Personne*, considéré comme pronom, a une signification vague et indéterminée, et s'emploie sans article ni aucun autre déterminatif; il est toujours du *masculin* et du *singulier*, et précédé ou suivi d'une négation, excepté dans les phrases qui expriment l'interrogation ou le doute.

Quand *personne* est accompagné d'une négation, il signifie *nul homme* (dans le sens de *nul* être humain), *qui que ce soit.* Ex. : *Il n'y a personne si peu instruit des affaires qui ne sache cela. Je ne connais personne aussi heureux que cette femme* (c'est comme si l'on disait *je ne connais nul être humain aussi heureux que cette femme*). *Y a-t-il quelqu'un à la maison?* Personne. Ici *personne* est mis par ellipse pour *il n'y a personne.*

§ 308. Dans les phrases dubitatives et interrogatives, *personne* s'emploie sans négation et signifie *quelqu'un : Je doute que* personne *soit plus estimé que votre père. Personne a-t-il jamais conté plus naïvement que La Fontaine? Si jamais* personne *est assez hardi pour tenter cette entreprise, il y réussira.*

Remarque. Quand l'interrogation doit se faire par deux négations, *personne* doit alors être suivi d'une négation : Personne ne *peut il me dire ce qu'est devenu cet enfant?* C'est comme si l'on disait *quelqu'un ne peut-il pas me dire*, etc.

Autre.

§ 309. *Autre* est un adjectif des deux genres qui marque distinction, différence entre les personnes ou les choses, et s'emploie avec l'article ou d'autres mots déterminatifs, comme *cet, un, tel,* etc.

Les grammairiens considèrent *autre* comme pronom quand il n'est joint à aucun substantif et qu'il ne se rapporte pas au pronom *en* : *Tout* autre *que vous n'eût pas agi ainsi.* Dans cette phrase, il y a ellipse du mot *homme;* c'est comme si l'on disait : *Tout* autre *homme que vous. L'épée d'une main et le pistolet de l'autre* (c'est-à-dire *de l'autre main*).

On regarde *autre* comme adjectif quand il est joint à un substantif ou qu'il est précédé du pronom *en*, qui alors tient lieu d'un substantif : *Il amena son frère et deux* autres *personnes. Quand on perd un véritable ami, on en retrouve difficilement un* autre.

L'un l'autre.

§ 310. *L'un l'autre* prend les deux genres et les deux nombres, et se dit des personnes et des choses.

Il ne faut pas confondre *l'un l'autre*, qui ne forment qu'une seule expression et marquent réciprocité, comme, *ils s'aiment l'un l'autre,* avec *l'un, l'autre,* qui expriment distinction, comme *l'un dit oui, l'autre dit non.*

§ 311. Quand *l'un l'autre* expriment réciprocité,

---

§ 309. *Autre* peut signifier *différent. Vous êtes* tout autre *que vous n'étiez,* c'est-à-dire *tout différent de ce que vous étiez.*

Autre signifie aussi *supérieur, de plus grande importance : L'homme que vous m citez est habile; mais celui dont je vous parle est bien un* autre *homme. Le vin de Mâcon est* bon*; mais celui de Beaune est bien* d'autre *vin.*

Il signifie aussi *second : C'est un* autre *César,* c'est-à-dire *un second Cesar.*

L'Académie écrit (édition de 1835) : *En voici bien* d'un *autre ou* d'une *autre,* c'est-à-dire *voici une chose plus surprenante.* Nous pensons qu'on doit préférer le féminin, parce qu'après *autre* on sous-entend naturellement le mot *chose, affaire.*

Il n'y a que *l'autre* qui prenne une préposition, si le mot auquel il se rapporte en exige une, comme, *ils sont très-attachés l'un à l'autre ; ils médisent l'un de l'autre ; ils se sont battus l'un* contre *l'autre.* Dans ces phrases, *l'un* est le mot régissant, *l'autre* est le mot régi ; il ne faut donc pas dire : *Ils sont très-attachés à l'un l'autre ; ils médisent de l'un l'autre,* etc., puisque la phrase signifie *l'un est très-attaché à l'autre, l'un médit de l'autre,* etc.

Au pluriel (c'est-à-dire quand on parle de plus de deux personnes ou de deux choses), on dirait : *Ils médisent les uns des autres ; ils se sont battus les uns contre les autres* (*).

§ 312. Quand *l'un, l'autre,* s'emploient séparément, ils servent à marquer la division des personnes et des choses, et forment alors deux expressions distinctes, et s'emploient comme les substantifs ; alors *l'un* peut être régi par une préposition de même que *l'autre.* Ex. : *Bossuet et Fléchier furent deux grands orateurs : l'un rappelle Démosthène,* l'autre *Cicéron. Les Français et les Anglais sont deux peuples puissants ; l'impétuosité des uns, le sang-froid des autres, les rend redoutables à leurs ennemis.*

Il faut remarquer que *l'un* désigne la personne ou la chose dont on a parlé d'abord, et *l'autre* celle dont on a parlé en dernier lieu ; ainsi, dans la première phrase, *l'un* désigne *Bossuet, l'autre* désigne *Fléchier.*

L'un et l'autre.

§ 313. *L'un et l'autre* a le même sens que *tous deux,* et par conséquent marque l'assemblage de plusieurs personnes ou de plusieurs choses. C'est proprement un adjectif des deux genres et des deux nombres ; mais on le considère aussi comme *pronom.*

(*) Ainsi, il ne faut pas imiter Racine quand il dit : *Tous ses projets semblaient l'un l'autre se détruire ;* il fallait dire *les uns les autres.*

§ 314. Si les substantifs ou les pronoms auxquels se rapporte *l'un et l'autre* sont de différents genres, *l'un* se met au *masculin*. Ex. : *Je verrai votre frère ou votre sœur, ou peut-être l'un et l'autre.* Il faut alors avoir soin de placer le substantif masculin avant le substantif féminin, parce que *l'un* doit se rapporter au premier substantif.

§ 315. Quand *l'un et l'autre* est dans la même proposition que les substantifs auxquels il se rapporte, il se place toujours après le verbe. Ex. : *Votre père et votre frère viendront l'un et l'autre, et partiront avec nous.* Dans cette phrase, *l'un et l'autre* est adjectif.

Mais si *l'un et l'autre* n'est pas dans la même proposition que les noms auxquels il se rapporte, alors il se place avant le verbe auquel il sert de sujet. Ex. : *Votre père et votre frère viendront aujourd'hui, et l'un et l'autre partiront avec nous.* Dans cette phrase, *l'un et l'autre* est considéré comme pronom.

§ 316. Quand *l'un et l'autre* est employé comme *régime direct* d'un verbe, il doit, comme les pronoms personnels, être précédé du pronom *les*. Ex. : *Corneille et Racine sont deux grands poëtes, je* les *admire l'un et l'autre; j'admire l'un et l'autre* serait une faute.

Si *l'un et l'autre* est employé comme *régime indirect*, il doit être précédé d'un pronom de même personne que le sujet du verbe de la première proposition. Ex. :

Nous avons déjà dit qu'il ne faut pas confondre *l'un l'autre* marquant réciprocité, comme *ils se soutiennent l'un l'autre*, avec *l'un... l'autre* marquant division, opposition, comme *l'un soutient que cela est, l'autre soutient que cela n'est pas.*

Il ne faut pas non plus confondre *l'un l'autre* avec *l'un et l'autre.* Ex. : *Les hommes devraient se secourir* les uns les autres ; *mais, au contraire,* les uns et les autres *se traitent en ennemis.* J'ai pour l'un et pour l'autre *l'estime qu'ils ont eux-mêmes* l'un pour l'autre.

Il faut répéter la préposition devant chacun des mots dont est composé *l'un et l'autre.* Au contraire, on la place seulement devant *l'autre*, dans *l'un l'autre.* Voilà pourquoi l'on dit dans l'exemple précédent : *J'ai pour l'un et pour l'autre, et* ils ont *l'un pour l'autre.*

VOUS *et votre frère vous m'avez aidé dans cette circonstance difficile*, *et je* VOUS *ai voué* (et non *j'ai voué*) *à
l'un et à l'autre la plus vive reconnaissance. Ces deux
hommes vous sont très-attachés ; vous* LEUR *avez donné*
(et non *vous avez donné*) *à l'un et à l'autre des preuves
de bienveillance.*

§ 317. Le substantif qui suit *l'un et l'autre* doit se
mettre au singulier : ainsi l'on dira *l'un et l'autre cheval*, *l'une et l'autre* maison. Ces phrases sont elliptiques ; c'est comme si l'on disait *l'un cheval et l'autre
cheval*, etc.

Tel.

§ 318. *Tel*, adjectif, signifie 1° *pareil, semblable ;* il se
construit avec la conjonction *que : Le fils est tel que le
père*, ou l'on répète *tel*, et alors on renverse la phrase,
c'est-à-dire que le second membre de la comparaison
devient le premier, comme, *tel père, tel fils :* c'est comme
si l'on disait *le fils est semblable au père.* 2° *Tel* signifie
ce que. Les hommes ne sont pas tels qu'ils devraient être,
c'est-à-dire *ce qu'ils devraient être.*

---

§ 317. Il semblerait, d'après la règle précédente, que le verbe
qui suit *l'un et l'autre* doit se mettre au singulier ; cependant on
trouve dans le Dictionnaire de l'Académie, édition de 1835 : *l'un
et l'autre y a manqué ; l'un et l'autre sont venus ; ni l'un ni
l'autre ne viendra ; ni l'un ni l'autre ne viendront :* d'où il
suit que l'emploi du singulier est justifié comme celui du pluriel.
On peut donc établir la règle suivante :

Quand un verbe a pour sujet *l'un et l'autre*, ce verbe se met
au singulier ou au pluriel ; il se met au singulier par ellipse,
comme *l'un et l'autre viendra*, c'est-à-dire *l'un viendra*, et
l'autre viendra. Il se met au pluriel, parce qu'alors on considère
l'un et l'autre comme faisant l'office de deux substantifs. *L'un et
l'autre viendront*, c'est comme si l'on disait : *Pierre et Paul
viendront ; cet homme-ci et cet homme-là viendront.*

Voyez Accord du verbe avec son sujet, § 104.

§ 318. *Tel*, m. , *telle*, f., pour le singulier ; *tels*, m., *telles*, f.,
pour le pluriel, est proprement un adjectif qui marque la comparaison d'une personne ou d'une chose à une autre, mais sans
exprimer en quoi ces personnes ou ces choses sont comparées
entre elles.

On voit que *tel* est adjectif quand il se rapporte à un nom exprimé, soit qu'il le précède, soit qu'il le suive.

§ 319. *Tel* est considéré comme pronom indéfini quand le substantif auquel il se rapporte n'est pas exprimé : *Tel sème, qui souvent ne recueille pas*, c'est-à-dire *tel homme sème*, ou, *celui qui sème*, etc. *L'orage tombera sur tel qui n'y pense pas*, c'est-à-dire *sur quelqu'un qui*, etc. En ce sens, *tel* ne se dit que des personnes.

§ 320. *Tel* se dit des personnes ou des choses qu'on ne veut ou qu'on ne peut désigner qu'indéterminément : *J'ai vu votre frère chez un tel ; je ne vous le dirai pas par telle et telle raison.*

§ 321. *Tel* répété peut s'employer dans le style soutenu pour former une comparaison : alors le premier *tel* est suivi de *que*, et tient lieu de *comme ;* le second tient lieu de la conjonction *ainsi : Tel qu'un rocher résiste à la fureur des vagues, tel Socrate résistait aux coups de la fortune*, c'est-à-dire *comme un rocher... ainsi Socrate...*

§ 322. *Tel*, exprimant comparaison et suivi de *que*, s'accorde avec le substantif qui précède, et non avec celui qui suit : *Les bêtes féroces, telles que le lion et le tigre, oublient leur férocité dans les grandes convulsions de la nature.*

Nul, aucun, pas un.

§ 323. Ces trois adjectifs ont à peu près la même signification ; mais ils ne s'emploient pas dans tous les cas l'un pour l'autre.

---

§ 321. *Tel*, construit avec ou sans *que*, tient souvent lieu d'un adjectif qui serait joint à la particule *si : Sa mémoire est telle ou telle est sa mémoire, qu'il n'oublie jamais rien ;* c'est-à-dire *sa mémoire est si fidèle, si heureuse, qu'il.* etc. *Un homme d'une telle réputation devait être préféré*, c'est-à-dire *d'une si bonne réputation.*

Tel quel signifie, 1° aussi mauvais que bon : *C'est une maison telle quelle ;* ce sont des gens *tels quels.* 2° Sans changement, dans le même état : *Je vous rendrai votre livre tel quel.* Ces locutions sont du style familier.

§ 324. *Nul*, m. , *nulle*, f. , dans le sens de *aucun*, *pas un*, se dit des personnes et des choses, et se place devant le substantif, soit en sujet, soit en régime direct : *Nul homme n'est infaillible. Je n'en ai nulle connaissance.*

Nul ne s'emploie généralement qu'au singulier ; cependant il est usité au pluriel avec les noms qui n'ont point de singulier, comme *nulles gens*, *nulles troupes*, *nuls frais*. (Dict. de l'Académie, édit. de 1835.)

§ 325. *Nul* signifie aussi *qui n'est d'aucune valeur*, *qui est sans effet* ; alors il se met toujours après son substantif et peut s'employer au pluriel : *Votre observation est nulle. Le marché est nul.*

Il se dit particulièrement des actes défectueux ou contraires aux lois : *Ce testament est nul. Toutes ces procédures sont nulles.*

§ 326. *Nul* s'emploie *absolument*, c'est-à-dire sans rapport à un nom exprimé, dans le sens de *personne*, *nul homme*. Dans cette acception, il est toujours du masculin et toujours sujet de la phrase : *Nul n'est exempt de mourir. Nul ne sait s'il est digne d'amour ou de haine.* (C'est-à-dire *personne n'est exempt*, *personne ne sait*.) *Nul*, dans ce sens, est considéré comme pronom indéfini par les grammairiens.

§ 327. *Aucun* est un adjectif qui se dit des personnes et des choses.

Aucun ne doit pas s'employer absolument, c'est-à-dire sans rapport à un substantif exprimé. Ainsi il ne faut pas dire : *Aucun n'est innocent devant Dieu ; je n'ai porté envie à aucun.* Dites : *Personne n'est innocent... ; je n'ai porté envie à personne.*

§ 328. *Aucun*, ainsi qu'on le voit dans les exemples précédents, doit toujours être accompagné d'une négation exprimée soit avant ou après.

Cependant *aucun* se met quelquefois sans négation dans les phrases qui expriment l'interrogation ou le doute : *De tous les hommes en est-il aucun dont la conduite soit irréprochable ? Je doute qu'il y ait aucun auteur sans défaut.* Dans ces phrases, *aucun* signifie *quelque*, *quelqu'un.*

N. B. Quand *aucun* signifie *personne*, il se construit avec une négation : *Croyez-vous qu'aucun de vous ne soit coupable?* (*Croyez-vous que personne de vous, etc.*)

Pas un.

§ 329. *Pas un* marque une exclusion plus générale qu'*aucun*, comme : *De tous les ouvrages, il n'y en a pas un sans défaut. Il n'y a pas une seule personne qui dise cela.*

On dit familièrement : *il est aussi savant que pas un*, c'est-à-dire *que qui ce soit.*

Cette expression ne s'emploie pas dans les phrases de doute : on ne pourrait pas dire : *Je doute que pas un soit aussi savant que vous.*

Quelconque.

§ 330. *Quelconque*, adjectif des deux genres, n'est point usité au pluriel quand il a le sens de *nul*, *aucun*, ce qui arrive dans les phrases négatives, c'est-à-dire quand il est précédé d'une négation, comme *il* NE *lui*

Aucun, sans négation, s'employait autrefois au pluriel pour *quelques, quelques-uns* : *Aucuns racontent*, c'est-à-dire *quelques-uns racontent*. Maintenant il n'est plus usité dans ce sens que dans le style marotique et badin : *Aucuns ont dit qu'en ce siècle félon. D'aucuns croiront que vous avez menti.*

Aucun, employé avec une négation dans le sens de *nul*, n'est usité au pluriel qu'en style de palais ou avec des noms qui n'ont point de singulier, ou qui ne peuvent s'employer au singulier avec aucun : *Il n'a fait aucuns frais; il ne m'a rendu aucuns soins.*

Cependant il faut éviter cette construction. Ainsi, Racine n'est point à imiter quand il dit :

Aucuns monstres par moi domptés jusqu'aujourd'hui.

En effet, *aucun* signifie ici *pas un* : c'est comme si l'on disait *pas un monstre*; or, puisqu'il n'y en a pas même *un*, pourquoi parler de plusieurs? pourquoi le pluriel? Cependant on trouve dans le Dictionnaire de l'Académie (édition de 1835) : *Il n'a fait aucunes dispositions, aucuns préparatifs.* Nous pensons que le singulier est préférable, et qu'il faut dire : *Il n'a fait aucune disposition, aucun préparatif.*

est demeuré chose quelconque ; il n'y a homme quelconque qui ne sache cela. C'est comme si l'on disait : *il n'y a certainement aucun homme.*

Quelconque s'emploie aussi sans négation pour signifier *quel qu'il soit, quelle qu'elle soit ;* et alors il a un pluriel : *Cherchez des prétextes quelconques ; donnez-lui une excuse quelconque.* En ce sens il est surtout usité dans le style didactique (*) : *Deux points quelconques étant donnés.*

Quelconque, ainsi qu'on le voit par les exemples donnés ci-dessus, se met toujours après le substantif. On ne dirait pas *une quelconque raison.*

Chaque.

§ 331. *Chaque* est des deux genres, mais sans pluriel. C'est un adjectif distributif qui désigne une personne ou une chose prise séparément ; il précède toujours un substantif. Ex. : *Chaque homme a ses goûts, et chaque pays ses usages.*

§ 332. Il ne faut pas confondre *chaque* avec *chacun. Chaque* ne se prend jamais absolument ; il doit toujours être accompagné d'un substantif ; il ne peut même se rapporter à un substantif exprimé auparavant. Ainsi ne dites pas : *Ces livres coûtent dix francs chaque ;* dites, *dix francs chacun.*

Chacun, au contraire, peut s'employer absolument, c'est-à-dire sans rapport à un nom exprimé, comme *chacun pense à soi.* En outre, il ne peut être

---

(*) *Didactique* (du grec *disdasko, enseigner*), *qui sert à enseigner.*

Chaque, dit la Grammaire des Grammaires, ne peut être séparé de son substantif par aucune préposition ni par aucun adjectif. Nous pensons, avec M. Laveaux, que *chaque* peut être séparé de son substantif par un autre adjectif, et qu'on peut dire *chaque nouvelle mode, chaque brave soldat,* comme on dirait *toute nouvelle mode, tout brave soldat.* Cependant il vaut mieux mettre le second adjectif après le substantif quand cela est possible ; ainsi on dira plutôt *chaque mode nouvelle* que *chaque nouvelle mode ;* mais on dira *chaque brave soldat,* et non *chaque soldat brave.*

suivi immédiatement d'un substantif. On ne dit pas *chacun soldat, chacune maison;* il faut dire *chaque soldat* ou *chacun des soldats, chaque maison* ou *chacune des maisons.*

Voyez ci-dessus, § 299 . la syntaxe du pronom *chacun.*

Même.

§ 333. *Même,* adjectif des deux genres, signifie *qui n'est pas autre, qui n'est pas différent ; qui est semblable, pareil.*

Comme adjectif il prend la marque du pluriel.

Mais il s'emploie aussi comme adverbe, et alors il est invariable.

§ 334. 1° *Même,* adjectif, est précédé de *le, la, les,* ou de *un, une : C'est le même homme ; ce sont les mêmes personnes ; une seule et même chose.*

Même, dans ces phrases, marque *identité :* c'est l'*idem* des Latins.

Même, adjectif, signifie encore *semblable, pareil : Vos droits et les miens sont les mêmes. On ne trouve pas deux hommes ayant même visage, mêmes traits.*

Même, avec l'article, peut s'employer substantivement, comme *le même a dit, les mêmes ont dit,* c'est-à-dire *le même homme, les mêmes hommes. Cela revient au même,* c'est-à-dire *à la même chose.*

2° *Même,* adjectif, s'emploie sans article immédiatement après les noms, pour marquer plus expressément la personne ou la chose dont on parle : *Le roi même. La reine et les princesses mêmes. Les Romains n'ont vaincu les Grecs que par les Grecs mêmes.*

Même, adjectif, se met aussi après les substantifs qui désignent quelques qualités, pour exprimer qu'elles sont au plus haut degré, en bien ou en mal, dans la personne dont on parle : *Dieu est la bonté même.*

Dans toutes ces phrases, *même* signifie *lui-même, elles-mêmes, eux-mêmes* ; c'est comme si l'on disait : *La reine et les princesses elles-mêmes ; par les Grecs eux-mêmes, Dieu est la bonté elle-même.*

3° *Même* est encore adjectif quand il est précédé de l'un des pronoms personnels *moi, toi, soi, lui, elle, nous, vous, eux, elles*, ou des adjectifs démonstratifs *ce, celui, celle, ceux;* ainsi l'on écrit avec un *s, nous-mêmes, vous-mêmes, eux-mêmes, elles-mêmes, ceux mêmes, celles mêmes* (*).

§ 335. *Même* est employé comme adverbe, et par conséquent est invariable, lorsqu'il signifie *de plus, aussi, encore*, ce qui a lieu,

1° Quand il modifie un verbe : *Je vous prie, je vous ordonne* même *de vous éloigner d'ici.*

2° Quand il est précédé de plusieurs substantifs, et qu'il peut, sans que le sens de la phrase en soit altéré, se transposer, c'est-à-dire se placer, avec la conjonction *et*, avant le substantif qui le précède : *Les animaux, les plantes* même *, étaient au nombre des divinités égyptiennes.* On pourrait dire *et même les plantes,* ou *les plantes aussi étaient,* etc. *Les libertins, les impies* même, *tremblent à la vue de la mort.* On pourrait dire *et même les impies.*

Mais on écrirait *même* avec un *s* si la phrase commençait par *les impies mêmes tremblent à la vue de la mort;* parce que, dans cette phrase, *même* n'est pas précédé de plusieurs substantifs, et qu'il signifie *eux-mêmes.*

Il est évident que *même*, placé devant le mot auquel il se rapporte, est toujours invariable : *Tous les hommes,* même *les plus sages, sont trompés par les apparences.*

Certain.

§ 336. *Certain, certaine*, adjectif. Dans le sens de *vrai, sûr*, il se met toujours après son substantif, et ne se dit que des choses : *C'est une chose* certaine, *un avis* certain.

(*) *Même*, dans ces phrases, répond à l'*ipse* des Latins.

On écrit *nous-même, vous-même*, quand il n'est question que d'une seule personne. *Vous m'avez dit vous-même, monsieur,* etc.

Certain signifie aussi *qui est assuré d'une chose;* en ce sens il ne se dit que des personnes : *Je suis* certain *que votre frère est arrivé.*

Certain, dans le sens de *quelque,* se dit des personnes et des choses, et se met toujours avant son substantif. Certain *homme* ou un certain *homme.* Certaines *gens* prétendent, certaines *choses arrivent.*

Plusieurs.

§ 337. *Plusieurs* est un adjectif pluriel des deux genres. Ex. : *Plusieurs personnes, plusieurs choses. Plusieurs* s'emploie aussi substantivement; alors il est du masculin et ne se dit que des personnes : *Plusieurs pensent,* c'est-à-dire *plusieurs personnes pensent.* On voit que *plusieurs* est substantif quand il ne se rapporte pas à un nom exprimé.

Plusieurs peut être suivi de la préposition *de,* ou se construire avec le pronom *en: Plusieurs de vos amis pensent que vous avez tort,* ou, *parmi vos amis, il y en a plusieurs qui pensent.*

Tout.

§ 338. *Tout* est *substantif* ou *adjectif* ou *adverbe.*

Tout, substantif, est toujours du masculin et au singulier; il signifie une chose considérée en son entier: *Le tout est plus grand qu'une de ses parties. Tout* signifie alors la totalité.

Remarque. Dans les phrases suivantes, *tout,* substantif, est usité au pluriel et conserve le *t : Plusieurs* touts *distincts les uns des autres. Il ne peut y avoir deux* touts *dans une seule et même chose,* etc.

Tout, substantif, s'emploie aussi sans article; alors il signifie *chaque chose, toutes choses, toutes sortes de choses. Tout est bon dans cet ouvrage,* c'est-à-dire *chaque chose est bonne. Tout ou rien. Il joue à tout perdre.*

---

§ 337. Dans ces phrases, *plusieurs* se dit d'un nombre plus ou moins considérable, faisant partie d'un nombre plus grand.

Il signifie quelquefois *tout le monde, toutes les per-sonnes,* comme : *Femmes, enfants, vieillards,* tout *fut massacré.* Tout *s'arma pour défendre la patrie.*

§ 339. *Tout,* adjectif, fait au pluriel *tous, toutes.* Il a trois acceptions différentes : 1° Il signifie l'*inté-grité* d'une chose, c'est-à-dire une chose en son en-tier ; 2° la *généralité* des choses, c'est-à-dire toutes les choses dont on parle ; et, dans ces deux acceptions, il veut être suivi de l'article, comme : *tout l'homme ne meurt pas, mais tous les hommes meurent; toute la fa-mille est venue.*

3° Quand *tout* signifie *chaque,* il ne veut être suivi ni de l'article, ni d'un équivalent de l'article : *Tout bien est désirable; tout homme est sujet à la mort* (c'est-à-dire *chaque homme,* etc.). Dans cette acception, il est tou-jours du singulier.

Tout, adverbe.

§ 340. *Tout,* adverbe, signifie *entièrement, com-plétement.* Dans cette acception, il est invariable devant un adjectif masculin, singulier ou pluriel, comme : *il est* tout *étonné ; ils furent* tout *étonnés ; c'est un* tout *autre homme ; ces fruits sont* tout *autres que les premiers ; ce sont des enfants* tout *pleins d'esprit.*

C'est comme si l'on disait : *Ils furent* entièrement ou tout à fait *étonnés... Ce sont des enfants* entièrement ou tout à fait *pleins d'esprit.*

Tout est encore invariable quand il signifie *quelque, quoique ;* ce qui arrive quand il est suivi de *que :* Tout *corrompus* que *sont les méchants, ils ne peuvent s'empê-cher d'admirer la vertu.* Tout *ingrats* que *sont les hommes, Dieu répand sur eux ses bienfaits.*

Dans ces différentes acceptions, *tout* est encore inva-riable devant un adjectif féminin, singulier ou pluriel, qui commence par une voyelle ou une *h* muette.

Cette jeune personne est tout *interdite. Ces femmes sont* tout *éplorées.* Tout *honorable qu'est l'amitié des grands, il ne faut point en tirer vanité.*

§ 341. Mais *tout* prend le genre et le nombre de l'adjectif féminin qui le suit lorsque cet adjectif commence par une consonne ou par une *h* aspirée : *Cette femme est* toute *confuse. Ces fleurs sont* toutes *flétries. Cette jeune personne est* toute *honteuse.* Toutes *hardies et* toutes *grossières que sont les personnes mal élevées, elles n'osent manquer à celui qui se respecte lui-même.*

Première remarque. Tout *suivi de* autre.

§ 342. *Tout,* avant *autre,* est invariable quand il n'y a pas, après *autre,* de substantif féminin exprimé ou sous-entendu auquel il puisse se rapporter, parce qu'alors *tout* est mis pour *entièrement, tout à fait : Cette femme est* tout autre *qu'elle n'était,* c'est-à-dire est *tout à fait autre. Les femmes de Sparte étaient* tout autres *que celles d'Athènes. Autre,* dans ces phrases, signifie *différent.*

Mais si après *tout autre* il y a un substantif exprimé ou sous-entendu, alors *tout* est adjectif et s'accorde en genre et en nombre avec ce substantif. On reconnaît que *tout* est adjectif quand *autre* ne signifie pas *différent.* Ex. : *Cette femme est bien affligée, et* toute autre *le serait à sa place.* Toute autre *personne eût été trompée.* C'est comme si l'on disait *toute femme autre, toute personne autre.*

Cependant si *tout autre,* suivi d'un substantif, était précédé du mot *une,* alors *tout* redeviendrait adverbe et serait invariable : *C'est une* tout autre *femme, une* tout autre *personne,* c'est-à-dire *une femme, une personne tout à fait différente.*

D'après ce qui précède, on écrira : *C'est* tout autre *chose, et, demandez-moi* toute autre *chose,* c'est-à-dire *toute chose autre que celle-là.*

Deuxième remarque.

§ 343. Lorsque *tout* sert à désigner l'ensemble, la totalité des parties d'une chose, il redevient adjectif, et prend le genre et le nombre du substantif auquel il se rapporte, même quand il est suivi d'un adjectif commençant par une voyelle ou une *h* muette. Ex. :

La forêt est toute *enflammée. Au langage près, la comédie chez les Romains fut* toute *athénienne.* Dans ces phrases, *tout* ne signifie pas *tout à fait ;* il signifie *dans toutes ses parties, dans toute son étendue.*

Troisième remarque.

§ 344. Souvent l'adjectif féminin est remplacé par une expression équivalente ; on observe alors la même distinction. Ainsi on écrira : *Elle était* tout *en larmes,* c'est-à-dire *entièrement ; elle pleurait beaucoup. Elle est* tout *à son devoir,* c'est-à-dire *entièrement.* Mais on emploiera l'adjectif *toute* dans les phrases suivantes : *La maison est* toute *en feu,* c'est-à-dire *toute la maison est en feu, la maison est en feu dans toutes ses parties. Cette maison est* toute *à lui,* c'est-à-dire *toute cette maison est à lui.*

§ 345. *Tout* est invariable dans les locutions *tout cœur, tout zèle,* etc. : *Ils* ou *elles sont* tout *cœur,* tout *zèle. Elles étaient* tout *yeux et* tout *oreilles.* (*Tout* signifie *entièrement.*)

Tout, adverbe, se joint avec plusieurs prépositions ou adverbes, et avec plusieurs locutions, pour leur donner plus d'énergie : *Ces fleurs sont* tout *aussi fraîches ; cette eau coule* tout doucement.

Cependant *tout* peut se rapporter au substantif ou au pronom qui le représente, et alors il prend l'accord. Ainsi l'on dira : *Ces fleurs sont* toutes *aussi fraîches les unes que les autres,* pour indiquer que *toutes les fleurs sont également fraîches.*

§ 346. *Tout,* joint à un nom propre de ville, prend le genre masculin, quoique le nom de ville soit féminin, parce que, dans ce cas, *tout* se rapporte au mot *peuple,* sous-entendu, avec lequel s'accorde aussi l'adjectif qui suit, s'il y en a un : Tout *Rome le sait,* tout *Rome en est* indigné, c'est-à-dire *tout le peuple de Rome.*

On dira même, sans que le mot *peuple* soit sous-entendu : *J'ai parcouru* tout *Rome ou Rome* tout *entière.* Alors *tout* est adverbe ; il signifie *entièrement : J'ai parcouru entièrement Rome, ou j'ai couru partout dans Rome.*

Mais *tout* n'est invariable qu'avec les noms propres de villes; car on dit avec les autres noms de lieu : Toute *la France le sait ; j'ai parcouru* toute *la rue ;* toute *la ville vous connaît*, etc.

§ 347. Quand *tout* signifie *chaque*, il se met, avec son substantif, au singulier plutôt qu'au pluriel : *Des vins de* toute sorte, *de* toute espèce ; *je vous suivrai en* tout lieu.

Cependant on écrirait : *Ce marchand a* toutes sortes *de vins,* toutes sortes *d'étoffes*, c'est-à-dire *toutes les sortes de vins, d'étoffes*.

§ 348. On répète *tout* avant chaque substantif qu'il modifie, même quand ces substantifs sont du même genre. Ainsi ne dites pas : *Avez-vous perdu* toute *l'estime et l'affection que vous aviez pour moi ?* mais dites, *toute l'estime et* toute *l'affection* (*).

Quel.

§ 349. *Quel, quelle*, est un adjectif dont on se sert pour demander ce que c'est qu'une personne ou qu'une chose. Il se rapporte à un nom exprimé ou sous-entendu, dont il prend le genre et le nombre, et qu'il précède toujours : *Quel homme est-ce que votre ami ? En quelle monnaie vous a-t-il payé ? Quelles fleurs m'apportez-vous ?*

Il s'emploie aussi pour marquer l'incertitude : *Il ne sait quel parti prendre. Je ne sais quel auteur a dit.*

Il s'emploie aussi dans les phrases affirmatives : *Je vous ai dit quel homme c'est. Je vous ai fait connaître quelles sont mes raisons.*

Il se dit aussi par exclamation : *Quelle pitié! quel malheur !*

Quand on rappelle quelque chose dont il a été

____

(*) *Tout* se place avant les adjectifs possessifs *mon, ton, son,* etc., et avant les adjectifs démonstratifs *ce, cet,* etc. *Tout mon bien, tout ceci.* Il se place toujours après *nous, vous, eux, nous tous, eux tous,* etc.

Tout se place après le verbe dans les temps simples, quand il est accompagné de *le, la, les : Je les vois tous ;* et après le verbe dans les temps composés : *Je les ai tous vus.*

question, *quel* se rapporte au pronom qui représente la personne ou la chose : *Vous connaissez cet homme. Quel est-il ? J'ai une proposition à vous faire.* Quelle *est-elle ?*

Voyez ci-dessus *Tel*, suivi de *Quel*, § 321, notes.

Quelque.

§ 350. *Quelque*, adjectif des deux genres, se dit des personnes et des choses, et signifie *un* ou *plusieurs* entre un plus grand nombre. Il se place toujours avant son substantif : *Quelque auteur, quelques bonnes nouvelles. Savez-vous quelque chose qu'on puisse lui reprocher ?*

Quelque sert aussi à indiquer un petit nombre, une quantité peu considérable : *Cette affaire souffre* quelque *difficulté. Il en coûtera* quelques *écus.*

Quelque se joint à *peu. Quelque peu d'argent*, c'est-à-dire *un peu d'argent.*

Quelque, suivi d'un adjectif de nombre cardinal, signifie *environ, à peu près ;* alors il est adverbe : *Il y a* quelque *soixante ans.*

Quelque que, quel que.

§ 351. *Quelque*, suivi de *que*, a deux significations différentes : il est *adjectif* ou *adverbe.*

Il est *adjectif* lorsqu'il est suivi ou d'un substantif seul, comme : Quelques *richesses que vous possédiez*, ou d'un substantif précédé ou suivi d'un adjectif, comme : Quelques *belles actions qu'il fasse ;* quelques *peines affreuses que vous ressentiez.*

Quelque s'écrit alors en un seul mot, et prend le nombre du substantif qui le suit.

§ 352. *Quelque* est *adverbe*, et par conséquent invariable, lorsqu'il est joint à un adjectif seul, c'est-à-dire à un adjectif précédé de son substantif, ou séparé de ce substantif par un ou plusieurs mots : *Tous les* hommes, quelque *puissants qu'ils soient, sont le jouet*

---

§ 351. Dans cette acception, *quelque* répond au *quicumque, quantuscumque* des Latins.

de la fortune. Quelque *grandes que soient vos* richesses, *elles ne doivent point vous inspirer d'orgueil* (*).

Quelque est encore invariable quand il est joint à **un** adverbe : *Quelque* bien *élevés que soient les jeunes gens, ils doivent craindre de se laisser corrompre par les mauvais exemples.*

§ 353. Si *quelque* est suivi d'un verbe, alors il s'écrit en deux mots, *quel que* ; et l'on fait accorder *quel* en genre et en nombre avec le substantif qui suit le verbe et qui lui sert de sujet : Quels *qu'ils soient, les hommes sont le jouet de la fortune.* Quelles que *soient vos richesses, elles ne doivent point vous inspirer d'orgueil.*

Ainsi l'on écrira :

1° Devant un substantif seul ou accompagné d'un adjectif : Quelques talents *que vous possédiez,* quelques heureuses *qualités que vous ayez reçues de la nature, ne comptez que sur les suffrages d'un petit nombre d'hommes.*

2° Devant un adjectif seul, c'est-à-dire séparé de son substantif : Quelque grands *que soient vos talents,* ou *vos talents* quelque grands *qu'ils soient.* Quelque brillantes *que soient les qualités que vous avez reçues de la nature, ne comptez,* etc.

3° Devant un verbe : *Vos talents* quels qu'ils soient ; quelles que soient *vos qualités, ne comptez,* etc.

Remarque. Ne confondez pas *tel que* avec *quel que* ; ainsi ne dites pas : *Telles que soient vos richesses, vous ne devez pas,* etc. ; dites : *quelles que soient vos richesses.*

Qui que ce soit.

§ 354. *Qui que ce soit* (*qui que ce puisse être*) ne s'emploie qu'au singulier masculin et seulement pour les personnes, avec ou sans négation.

Employé sans négation *qui que ce soit* signifie *quiconque, quelque personne que ce soit.* Ex. : Qui que ce soit (qui que ce puisse être) *qui ait fait cela, c'est un*

(*) Dans cette acception, *quelque* signifie *quoique, à quelque point que, à quelque degré que.* C'est le *quantumvis* des Latins.

habile homme. Qui que ce soit qui *vous l'ait dit, il s'est trompé.*

Employé avec la négation, *qui que ce soit* signifie *nul, personne.* Ex. : *Il n'y a qui que ce soit,* c'est-à-dire *il n'y a personne. Je ne l'ai dit à qui que ce soit,* c'est-à-dire *à personne.*

Quoi que ce soit.

§ 355. *Quoi que ce soit* (*quoi que ce puisse être*) ne se dit que des choses, et s'emploie seulement au singulier et au masculin, avec ou sans négation.

Sans négation, il signifie *quelque chose que.* Ex. : Quoi que ce soit *d'avantageux que vous lui proposiez, il le refusera.* Quoi que ce soit *que vous disiez, vous ne me persuaderez pas.*

Avec négation, *quoi que ce soit* signifie *rien.* Ex. : *Il ne pense* à quoi que ce soit, c'est-à-dire *à rien. Il ne fait* quoi que ce soit.

Quoi que.

§ 356. *Quoi que,* ainsi qu'on le voit dans l'article précédent, signifie *quelque chose que.* Dans cette acception il s'écrit toujours en deux mots. Ex. : Quoi que *vous disiez,* quoi que *vous fassiez, vous ne tromperez pas celui qui voit tout,* c'est-à-dire *quelque chose que vous disiez.*

Il ne faut pas confondre *quoi que,* signifiant *quelque chose que,* avec *quoique,* conjonction, où *quoi* et *que* ne forment qu'un seul mot.

Quelque chose.

§ 357. *Quelque chose,* employé comme un seul mot, est toujours masculin : *Demandez-moi* quelque chose, *et je vous le donnerai. On m'a dit* quelque chose *qui est très* plaisant.

S'il y a un adjectif entre *quelque* et *chose,* alors ce n'est plus un seul mot, et *chose* reprend le genre féminin. *Quelque* bonne, *quelque* belle *chose.*

Si *quelque chose* est suivi d'un adjectif, il faut le

joindre à cet adjectif par la préposition *de*. *Quelque chose* de *beau*, *quelque chose* de *plaisant*.

Rien.

§ 358. *Rien*, substantif masculin, signifie proprement *néant*, *nulle chose*. *Dieu a créé le monde de* rien. *Vous ne répondez* rien. Dans cette acception, *rien* est toujours précédé de la négation. Ainsi il faut dire, *il passe sa vie à ne* rien *faire*, et non, *il passe sa vie à* rien *faire*.

Rien, employé sans négation, signifie *quelque chose*. Il a cette signification dans les phrases qui expriment le doute et l'interrogation : *Je doute que* rien *vous soit plus agréable. Y a-t-il* rien *de plus rare qu'un véritable ami?*

RÉPÉTITION DES PRONOMS.

§ 359. 1° Les pronoms personnels sujets *je*, *tu*, *il*, *elle*, *nous*, *vous*, *ils*, *elles*, doivent se répéter avant chaque verbe, quand on passe d'une proposition négative à une proposition affirmative, et réciproquement. IL *veut et* IL *ne veut pas*. VOUS *le dites et* VOUS *ne le pensez pas*.

2° Quand les verbes sont liés par des conjonctions, excepté *et*, *ni* : IL *parle d'une façon*, MAIS *il agit d'une autre*. On ne dirait pas : *Il parle d'une façon*, mais agit *d'une autre*.

§ 360. Avec *ni* on ne répète jamais le pronom. *Il ne donne à personne*, ni ne reçoit *de personne*. On ne dirait pas : *Il ne donne à personne*, ni il *ne reçoit de personne*.

Avec *et* on peut ne pas répéter le pronom, surtout quand les deux verbes ne sont séparés que par la conjonction. *Vous dites et redites sans cesse la même chose. Il craint et espère.*

---

§ 360. Dans les récits où les pensées se succèdent avec une sorte de désordre, il est élégant de supprimer le pronom de la troisième personne. *Troublé, furieux, livré à son désespoir, il*

§ 361. **Les pronoms en régime se répètent avant chacun des verbes dont ils sont les régimes.** *La mort nous saisit, nous frappe au milieu de la plus brillante prospérité.*

Lorsqu'un verbe simple est suivi d'un verbe composé, on peut ne pas répéter les pronoms devant le verbe composé, si ce verbe exprime la répétition de l'action déjà exprimée par le verbe simple : *Il* LE *fait et refait; je* LE *lui ai dit et redit.*

Mais si les verbes ne sont pas au même temps, ou si le verbe composé exprime une action différente de celle qu'exprime le verbe simple, il faut répéter les pronoms en régime : *Je vous l'ai dit et je vous le redis. Il le fait et le défait sans cesse.*

---

s'arrache les cheveux, se roule sur le sable, reproche *aux dieux leur rigueur,* etc.

Il eût été moins élégant de dire en répétant le pronom : Il *s'arrache les cheveux*, il *se roule sur le sable,* il *reproche aux dieux*, etc.

On répète le pronom, quand dans une suite de verbes on veut supprimer la conjonction ET avant le dernier, afin de soutenir l'attention : Ils *flattent*, ils *caressent*, ils *environnent* de séduction ; au lieu de *ils flattent, caressent* et *environnent.*

Lorsque, dans une énumération qui renferme plusieurs verbes, le dernier de ces verbes est séparé des premiers par une phrase incidente, la clarté exige qu'on répète le pronom avant ce verbe, quoiqu'il soit sous-entendu devant les autres. *Excité par l'insatiable avidité,* il (l'homme) *renonce aux sentiments d'humanité,* tourne *toutes ses forces contre lui-même,* cherche *à s'entredétruire,* se détruit *en effet,* et, *après ces jours de sang et de carnage, lorsque la fumée de la gloire s'est dissipée,* IL VOIT *d'un œil triste la terre dévastée,* etc. On ne pourrait pas dire *et,* après ces jours de sang et de carnage....., *voit,* etc.

On répète les pronoms dans les phrases qui expriment le commandement. *Tu aimeras ton prochain comme toi-même, tu béniras ceux qui te maudissent, tu feras du bien à tes ennemis.*

Enfin on répète ou on ne répète pas les pronoms personnels *sujets,* selon que la clarté ou l'harmonie de la phrase l'exige. Nous ferons seulement observer qu'en général on répète les pronoms quand on veut donner plus de force à la phrase, et qu'on les supprime quand on veut donner de la rapidité au style.

DU VERBE.

§ 362. Le *verbe* est un mot dont *le principal* usage est d'exprimer *l'affirmation*, avec désignation *des personnes, des nombres, des temps et des modes*.

Le verbe exprime l'affirmation. En effet, si nous examinons, par exemple, cette phrase *Dieu est bon*, nous y trouvons un substantif (*Dieu*), un adjectif de qualité (*bon*), et un mot (*est*) par lequel nous *affirmons* que cette qualité appartient à Dieu : ce mot est le *verbe*. Le verbe exprime donc *l'affirmation*.

La réunion de ces mots (*Dieu est bon*) forme une proposition. Le substantif *Dieu* se nomme *le sujet* de la proposition ; et l'adjectif *bon*, qui est uni au sujet *Dieu* par le verbe, se nomme *l'attribut*.

Dans cette proposition, non-seulement le verbe (*est*) sert à affirmer que la qualité exprimée par l'attribut (*bon*) appartient au sujet (*Dieu*) ; mais encore il indique que cette qualité appartient ici à un sujet qui n'est ni *moi*, ni *vous*, c'est-à-dire ni de la première ni de la seconde personne, mais qui est de la troisième personne : donc le verbe exprime *l'affirmation avec désignation des personnes*.

En outre, le verbe (*est*) indique qu'il ne s'agit pas ici de plusieurs personnes, mais d'une seule, c'est-à-dire que le sujet (*Dieu*) est du nombre singulier : donc le verbe exprime *l'affirmation avec désignation des personnes et des nombres*.

Le verbe (*est*) indique que la qualité exprimée par l'attribut (*bon*) appartient au sujet *actuellement*, c'est-à-dire *dans le temps présent* : donc le verbe exprime *l'affirmation avec désignation des personnes, des nombres et des temps*.

Enfin le verbe (*est*) est au *mode indicatif*, parce qu'il affirme ici, parce qu'il *indique* d'une *manière* positive, certaine et absolue, que le sujet existe avec la qualité exprimée par l'attribut : donc le verbe exprime *l'affirmation avec désignation des personnes, des nombres, des temps et des modes*.

La définition du verbe, telle que nous venons de la donner, ne convient proprement qu'au verbe *être* ; et il n'y a réellement que ce seul verbe, parce que lui seul exprime l'affirmation. On l'appelle verbe *substantif* ou verbe *abstrait*, parce qu'il ne signifie par lui-même que l'affirmation, sans attribut ou abstraction faite de l'attribut ; de même que le substantif ne signifie que l'objet, sans égard à ses qualités.

Mais ce verbe n'est pas toujours séparé de l'attribut. Le désir d'abréger le discours a porté les hommes à inventer des mots qui renferment et le verbe *être* et *l'attribut*. Ainsi, au lieu de dire *je suis lisant*, on a dit *je lis* ; au lieu de dire *il est écoutant*, on a dit *il écoute*. Ces verbes *je lis, il écoute*, renferment donc en eux-mêmes l'idée du verbe *être* et celle de leur propre participe, c'est-à-dire l'idée de l'existence et celle d'un *adjectif* ou *attribut*. On les appelle, pour cette raison, verbes *adjectifs* ou *attributifs*. Tous les verbes, excepté *être*, sont compris dans cette classe.

Accord du verbe avec son sujet.

§ 363. Nous avons vu que l'affirmation est la principale fonction des verbes, et que le *sujet* du verbe est ce dont on affirme quelque chose, comme : *La vertu est aimable; vertu* est le *sujet* du *verbe*, parce que c'est de la vertu qu'on *affirme* qu'elle *est aimable*. Le *sujet* s'exprime par un nom ou par un pronom. Il est toujours aisé de le reconnaître. Il répond à la question *qui est-ce qui*, pour les personnes, *qu'est-ce qui*, pour les choses. Quand on dit : *Pierre lit;* si l'on demande *qui est-ce qui lit?* la réponse, *Pierre*, indique que *Pierre* est le sujet. Quand on dit : *Les vices rendent l'homme malheureux;* si l'on demande *qu'est-ce qui rend malheureux?* la réponse, *les vices*, indique que *les vices* sont le sujet.

On a vu que le verbe doit s'accorder en nombre et en personne avec son sujet.

§ 364. Quand un verbe a deux sujets du nombre singulier, ce verbe se met au pluriel. Ex. : *Un bon cœur et une belle âme* sont *des dons précieux de la nature.*

§ 365. Quand un verbe se rapporte à plusieurs sujets de différentes personnes, il s'accorde avec la première personne de préférence aux deux autres, et avec la seconde de préférence à la troisième. On place, en apposition, devant le verbe le pronom *nous*, s'il y a un sujet de la première personne, et le pronom *vous*, s'il y a un sujet de la seconde personne dans la phrase. Ex. : *Vous, votre frère et moi* nous partirons *ensemble. Vous et votre ami*, vous viendrez *avec moi.*

§ 366. Quand un verbe a le relatif *qui* pour sujet, le verbe se met à la même personne et au même nombre que l'antécédent du *qui* relatif, parce que le relatif est du même nombre et de la même personne que son antécédent. Ex. : *C'est moi* qui ai (et non *qui a*) *dit cela. C'est toi* qui *l'as voulu*, et non, *qui l'a voulu. Nous* qui croyons *à la vertu*, et non, *qui croient. Vous* qui appréciez *le mérite*, et non, *qui apprécient.*

Voyez Syntaxe des pronoms, § 259 et suivants.

Remarques sur l'accord du verbe avec le sujet.

§ 367. Quand un verbe a pour sujets plusieurs substantifs singuliers ayant à peu près la même signification, ce verbe se met au singulier. Ex. : La douceur et la mollesse *de la langue italienne* s'est insinuée *dans le génie des auteurs italiens.* L'inconstance et l'agitation est *le partage des choses humaines.*

Le verbe se met encore au singulier après plusieurs sujets singuliers, quand l'action ou l'état exprimé par le verbe ne convient pas à tous les sujets réunis, mais que cette action ou cet état doit être considéré comme se rapportant séparément à chaque sujet. Ex. : *Chaque sexe, chaque âge, chaque état* a *ses devoirs.* On ne pourrait pas dire *ont leurs devoirs*, parce que ce ne sont pas les mêmes devoirs que *chaque âge, chaque état, chaque sexe*, a à remplir.

Une pâleur de défaillance, une sueur froide, se répand *sur tous ses membres. La gloire et la prospérité des méchants* est courte. Il est évident que ces phrases sont elliptiques, et que le verbe est sous-entendu après chaque sujet. En effet, c'est d'abord la pâleur, puis la sueur, qui se répand sur les membres ; c'est d'abord la gloire, puis la prospérité des méchants, qui est courte.

Mais si l'action ou l'état exprimé par le verbe peut convenir à plusieurs sujets *à la fois*, l'exception n'a plus lieu et le verbe se met au pluriel. Ex. : *La raison et la vertu conduisent l'homme au bonheur. Le bien et le mal sont en vos mains.* Ici les deux sujets, *la vertu* et *la raison*, concourent à faire l'action exprimée par le verbe, et les deux autres sujets, *le bien* et *le mal*, sont en même temps entre vos mains.

Le verbe se met encore au singulier après plusieurs sujets du singulier, lorsque, par une sorte de gradation établie dans la phrase, c'est sur le dernier substantif que l'esprit s'arrête : *Votre intérêt, votre gloire, votre honneur,* l'exige. C'est comme si l'on disait *votre intérêt, votre gloire, votre honneur même,* ou, *et qui plus est, votre honneur l'exige. L'homme ne doit pas compter sur la vie, une vapeur, un grain de sable,* suffit *pour la terminer.*

Cette construction a surtout lieu dans les phrases où la gradation est marquée par la conjonction *mais.* Alors le verbe se met au singulier, si le dernier sujet est de ce nombre, bien que les sujets qui précèdent soient du pluriel. Ex. : *Non-seulement tous ses honneurs et toutes ses richesses, mais toute sa vertu s'évanouit.*

§ 368. A quel nombre doit se mettre le verbe qui a plusieurs sujets unis par la conjonction *ou?*

La peur ou *la misère lui a fait commettre cette faute. La peur* ou *la misère ont fait commettre bien des fautes.* Dict. de l'Acad.

Quand un verbe se rapporte à plusieurs sujets singuliers unis par la conjonction *ou,* ce verbe se met ordinairement au singulier; cependant l'Académie et plusieurs écrivains mettent aussi le verbe au pluriel. Ex. : *La peur* ou *la misère lui a fait commettre bien des fautes. La peur* ou *la misère* ont *fait commettre bien des fautes.*

Nous pensons qu'il ne faut pas mettre le verbe au singulier ou au pluriel indifféremment; et qu'en général le singulier est préférable, parce que la conjonction *ou,* employée avec deux sujets de la troisième personne, marque que le verbe se rapporte à l'un ou à l'autre des sujets, et non pas à tous les deux.

Cependant lorsque plusieurs sujets concourent à faire une action habituelle, tour à tour ou dans différentes circonstances, alors le verbe se met au pluriel. Ex. : *On appelle bailliage la maison dans laquelle le bailli* ou *son lieutenant* rendent *la justice.* Le sens de cette phrase est : *Le bailli et son lieutenant rendent tour à tour la justice dans le bailliage.* Buffon a dit en parlant de la souris : *La peur* ou *le besoin* font *tous ses mouvements*, c'est-à-dire *ses mouvements sont produits tantôt par la peur, tantôt par le besoin.*

Si le verbe exprime un état, une situation, et qu'il soit suivi d'un nom pluriel, il se met au pluriel. Ex. : *Le temps* ou *la mort* sont *nos remèdes;* on ne dirait pas *est nos remèdes.*

Si l'un des deux sujets est au pluriel, l'autre au singulier, il faut placer le sujet pluriel le dernier, et faire accorder le verbe avec ce sujet.

Votre père ou *vos frères* viendront; il ne serait pas bien de dire *vos frères* ou *votre père viendra.* Il faut dire c'est *vous* ou *moi, c'est lui* ou *moi qui* avons *fait cela, c'est lui* ou *vous qui* avez *fait cela,* parce que le verbe devant s'accorder avec la première personne de préférence aux deux autres, et avec la seconde personne de préférence à la troisième, il faut qu'il soit précédé du pronom avec lequel il s'accorde. On ne doit donc pas dire : *C'est vous* ou *lui qui* avez *fait cela.*

§ 369. Quand deux sujets sont liés par les conjonctions *comme, de même que, ainsi que, aussi bien que, non plus que, avec,* et autres semblables, le verbe s'accorde avec le premier sujet, parce que c'est ce sujet, et non celui de la phrase incidente, qui règle l'accord. Ex. : *La force de l'âme,* comme celle du corps, *est le fruit de la tempérance. L'envie,* ainsi que toutes les autres passions, *est peu compatible avec le bonheur. La vertu,* de même que le savoir, *a son prix. La ville,* avec les faubourgs, *a une lieue de circuit.*

§ 370. Le verbe se met encore au singulier, même quand il est précédé de plusieurs sujets pluriels, lorsqu'une expression, telle que *tout, ce, rien, chacun, personne, nul,* réunit tous les sujets en un seul. Ex. : *L'intérêt, la raison, l'amitié,* tout *nous* lie. *Jeux, conversations, spectacles,* rien *ne* put *l'arracher au sentiment de sa douleur.*

§ 371. Le verbe se met encore au singulier si la conjonction adversative *mais* est placée avant le dernier substantif, et que ce substantif soit du singulier. Ex. : *Non-seulement tous ses honneurs et toutes ses richesses,* mais toute sa vertu s'évanouit. *Voy.* page 177, § 367.

§ 372. *Remarques sur le nombre que doit prendre le verbe qui a pour sujet* l'un et l'autre, ni l'un ni l'autre, *voyez* § 317, *notes.*

D'après l'Académie et plusieurs grammairiens, le verbe qui suit *l'un et l'autre* se met indifféremment au singulier ou au pluriel, comme *l'une et l'autre* est bonne, *l'une et l'autre* sont bonnes. (Dict. de l'Ac.)

Cependant nous pensons qu'il y a une distinction à observer, et que le verbe doit se mettre au singulier lorsque chaque sujet se trouve dans un état différent, et qu'il doit se mettre au pluriel lorsque les deux sujets se trouvent dans le même état ou concourent à faire la même action en même temps et de la même manière. Ainsi je dirai, en parlant de deux voitures : *Vous pouvez choisir celle qui vous plaira, l'une et l'autre est bonne,* parce que le choix ne se porte que sur *une* voiture, et non sur les *deux ensemble;* mais je dirai : *Vous pouvez partir dans ces deux voitures avec votre famille, l'une et l'autre sont bonnes, et vous conduiront également bien à votre destination.* Je dirai, en parlant de deux hommes : *L'un et l'autre exécutera ce qu'il a entrepris,* et, *l'un et l'autre exécuteront l'entreprise qu'ils ont faite en commun.*

§ 373. Après *l'un ou l'autre,* le verbe doit se mettre de préférence au singulier, parce que la conjonction alternative *ou* exclut un des deux sujets, et qu'ainsi l'action ne peut retomber que sur un seul. On dira donc : *L'un ou l'autre viendra; l'un ou l'autre est mon parent.*

On dirait cependant, *ils viendront l'un ou l'autre,* parce que le sujet de la proposition *ils* n'annonce pas la distinction, et que cette distinction n'est indiquée que lorsque la proposition est complète.

§ 374. Après *ni,* répété et suivi de *l'un, l'autre,* ou d'un autre sujet, le verbe se met de même au singulier, si l'action ou l'état exprimé par le verbe ne convient qu'à un des sujets; et au pluriel, si l'action ou l'état convient aux deux sujets. Ex. : *Ni l'une ni l'autre n'est ma mère.* On ne peut avoir qu'une mère. *J'attendais ma mère et ma sœur ; ni l'une ni l'autre ne sont venues.*

Ce ne sera ni votre père ni votre oncle qui sera nommé préfet de notre département. Il n'y a qu'un préfet par département. *Ce ne sera ni votre père ni votre oncle qui seront nommés aux deux sous-préfectures vacantes dans notre département.*

Ni l'un ni l'autre ne fut ébranlé par la force. Ni la douceur ni la force ne l'ébranlèrent. Je mets le *singulier* dans le premier exemple, parce que ce n'est que successivement que les deux sujets peuvent éprouver l'effet produit par la force ; je mets le *pluriel* dans le second, parce que les deux sujets peuvent concourir à la même action.

On se rappellera que le verbe se met toujours au pluriel quand il y a dans la phrase un pronom de la première ou de la seconde personne : *Ce n'est ni lui ni moi qui ferons cela ; ce n'est ni lui ni vous qui agirez ainsi.*

§ 375. Après *un, une,* suivi d'un nom pluriel, le verbe se met au singulier, lorsqu'il se rapporte à *un, une,* et non au substantif pluriel, comme : *C'est un de vos amis qui m'a dit cela. Ce fut un des héritiers qui attaqua le testament.* C'est comme si l'on disait : *Parmi vos amis, il y en a un qui m'a dit ; parmi les héritiers, il y en eut un qui attaqua.*

Mais si le verbe se rapporte au nom pluriel qui suit *un, une,* alors il se met au pluriel, comme : *Votre ami est un de ceux qui périrent dans cette sédition. Il fut un de ceux qui vous témoignèrent le plus d'intérêt. C'est une des actions les plus merveilleuses qui aient jamais été faites.* C'est comme si l'on disait : *Votre ami se trouve parmi ceux qui périrent,* etc.

Accord du verbe avec les noms collectifs.

§ 376. Nous avons vu qu'il y a deux sortes de noms collectifs ; les *noms collectifs partitifs* qui expriment une partie des objets dont on parle, et les *collectifs géné-*

raux qui expriment la totalité ou un nombre déterminé de ces objets.

Les partitifs sont, *la plupart, la plus grande partie, une infinité, une foule, un nombre, une sorte, une espèce, une partie,* etc. Il faut y joindre les mots qui expriment la quantité, comme *peu, bien, beaucoup, assez, moins, plus, tant, combien* et *que,* mis pour *combien.*

§ 377. Lorsqu'un nom collectif partitif ou un adverbe de quantité est suivi de la préposition *de* et d'un substantif, *l'adjectif, le participe* et *le verbe* s'accordent avec ce substantif, c'est-à-dire qu'ils se mettent au singulier ou au pluriel, suivant que ce substantif est à l'un de ces deux nombres. Ex. : *La plupart* du monde se laisse *tromper. La plupart* des hommes sont *trop* prompts *dans leurs jugements. Tant* d'années *d'habitude* étaient *des chaînes de fer qui me liaient à ces deux hommes. Tant* de vertu peut-elle *se récompenser. Une troupe* de jeunes Phéniciens, vêtus *de fin lin*, dansèrent *les danses de leur pays.*

La plupart employé absolument, c'est-à-dire sans être suivi d'un nom, se construit avec le pluriel. Ex. : *La plupart furent d'avis qu'on remît la chose au lendemain.*

Du collectif général.

§ 378. Les collectifs généraux expriment la totalité des objets dont on parle, ou un nombre déterminé de ces objets, comme *la multitude, l'armée, le nombre, cette sorte, cette espèce; la moitié.*

Remarque. Les collectifs partitifs formés d'un *substantif*, comme *une infinité de, une partie de*, sont souvent construits avec le singulier. Ex. : *Une partie des soldats s'enfuit* ou *s'enfuirent. Un grand nombre d'insectes a dévasté* ou *ont dévasté les campagnes*, etc. Cet accord n'est point grammatical; cependant les écrivains en offrent un si grand nombre d'exemples, qu'on peut le regarder comme sanctionné par l'usage. On s'exprime ainsi par *syllepse*, c'est-à-dire en faisant rapporter les mots plutôt à la pensée qu'aux règles de la grammaire. (*Syllepse,* du grec *sullepsis*, conception.)

L'adjectif, le participe, le verbe, *s'accordent* toujours avec le *collectif général* et jamais avec le nom qui le suit. Ex. : *Cette espèce d'hommes* EST *dangereuse. Le nombre des soldats qui ont péri* EST *considérable. L'armée des ennemis* A *été vaincue. Cette sorte de poires* EST *bonne.*

On remarquera que le même mot est collectif partitif lorsqu'il est précédé de *un*, *une*, et qu'il est collectif général lorsqu'il est déterminé par l'article ou par l'adjectif démonstratif *ce*, *cet*. Ainsi l'on dit : *Un grand nombre d'ennemis* PARURENT, *et*, *le nombre des ennemis* EST *considérable. Une espèce d'oiseaux rares* ONT *paru dans ce pays*, *et*, *cette espèce d'oiseaux* EST *rare.*

De la place du sujet.

§ 379. Le sujet soit nom, soit pronom, se place ordinairement avant le verbe. Ex. : Dieu *est juste*, *il récompense les bons et punit les méchants.*

Il y a plusieurs exceptions à cette règle.

§ 380. 1° Dans les phrases interrogatives le *pronom sujet* se place toujours après le verbe. Ex. : *Que dit*-il ? *Irai*-je *à la campagne ?* Si le sujet du verbe est un nom, ce nom se place après le verbe quand il est seul, mais il se place avant le verbe quand le pronom correspondant doit marquer l'interrogation. Ex. : *Est-ce votre* frère *que vous attendez ? Cette* nouvelle *est*-elle *sûre ?*

2° Le sujet se place encore après le verbe dans l'incise (dans la phrase incidente) qui marque qu'on rapporte les paroles de quelqu'un, comme : *La vraie gloire*, dit le sage, *est fondée sur l'humanité.*

N. B. On se rappellera que quand le verbe qui précède *il*, *elle*, *on*, finit par une voyelle, pour éviter un *hiatus*, on met la lettre *t* entre ce verbe et ces pronoms, comme *arrive-t-il ? viendra-t-il ?*

Quand le pronom *je* placé après le verbe produirait un son dur et désagréable, comme *dors-je ? mens-je ?* pour l'éviter, on tourne la phrase par *est-ce que* : *Est-ce que je dors ? est-ce que je mens ?*

3° Le sujet se place après le subjonctif quand le subjonctif exprime un souhait, ou qu'il est mis pour *quand même* et un *conditionnel*. Ex. : *Puissent* les hommes *se convaincre qu'ils ne peuvent être heureux sans la vertu !* c'est-à-dire *je souhaite que les hommes puissent*, etc. *Dussé-je mourir, je ne manquerai pas à l'honneur !* c'est-à-dire *quand même je devrais mourir*, etc.

4° Le sujet se place aussi après le verbe dans les phrases qui commencent par un verbe impersonnel, ou par ces mots : *tel, ainsi, encore, aussi.* Ex. : *Il est arrivé* un grand malheur. *Tel était* l'acharnement *des soldats, qu'ils n'obéissaient plus à la voix de leurs chefs. Ainsi finit* cette sanglante tragédie. *Encore devez*-vous *vous trouver heureux. Aussi prendrons*-nous *nos précautions.*

5° On peut encore placer, après le verbe, *le sujet suivi de plusieurs mots qui en dépendent*, et cette exception est de rigueur quand ces mots forment une phrase incidente qui, par sa longueur, ferait perdre de vue le rapport du verbe avec le sujet. Ex. : *Là*, au milieu des prairies émaillées de fleurs, *serpentent* mille ruisseaux *qui distribuent partout une eau pure et limpide, et répandent la fraîcheur dans ces lieux charmants* (*).

6° On peut encore placer le sujet après le verbe, quand ce verbe a pour régime le relatif *que*. Ex. : *La nouvelle* qu'*apporta* le courrier, ou, que *le courrier apporta.*

DU RÉGIME DES VERBES.

§ 381. Nous avons vu qu'on appelle *régime* ou *complément* un mot qui est *régi* par un autre mot dont il *complète* la signification. Or cette signification peut être *complétée directement* ou *indirectement.* De là deux sortes

---

(*) On ne dirait pas également bien : *Là, mille ruisseaux qui distribuent partout une eau pure et limpide, et répandent la fraîcheur dans ces lieux charmants, serpentent au milieu des prairies.*

de régimes ou compléments : l'un *direct*, et l'autre *indirect*.

Le *régime* ou *complément direct* d'un verbe est celui qui complète, sans le secours d'une préposition, l'idée commencée par le verbe. Il répond à la question *qui*, pour les personnes ; *quoi*, pour les choses, comme : *J'aime Dieu ;* j'aime, *qui ?* Dieu. *Dieu* est le régime direct du verbe *aimer*. *J'étudie la grammaire ;* j'étudie, *quoi ?* la grammaire ; *grammaire* est le régime direct du verbe *étudier*.

Le *régime* ou *complément indirect* d'un verbe est celui qui ne complète l'idée commencée par le verbe qu'à l'aide d'une préposition exprimée ou sous-entendue. Il répond à la question *à qui*, *de qui*, *pour qui*, *par qui ?* etc., pour les personnes ; *à quoi*, *de quoi*, *par quoi ?* etc., pour les choses, comme : *Il parle à Pierre ;* il parle, *à qui ?* à Pierre ; *à Pierre* est le régime indirect de *parler*. *Il parle de sa maison ;* il parle, *de quoi ?* de sa maison ; *de sa maison* est le régime indirect de *parler*.

§ 382. Un verbe peut avoir pour régime, outre un substantif, un autre verbe à l'infinitif ou un pronom, ou un membre de phrase, comme, *j'entends* parler ; *je* vous *vois ; je pense qu'*il viendra.

§ 383. Le régime des verbes passifs se construit

L'infinitif, quoique précédé des prépositions *de* ou *à*, n'en est pas moins régime direct ; car il répond directement à la question *quoi ?* Ex. : *Il aime à jouer ; il aime*, quoi ? *à jouer. Je crains de parler ; je crains*, quoi ? *de parler. A* et *de*, dans ces phrases, sont purement *euphoniques*.

Pour indiquer qu'un nom est pris dans un sens partitif, on place avant ce nom la préposition *de*, comme *j'ai reçu de l'argent, des lettres*,.. Ces mots *de l'argent, des lettres*, sont encore en régime direct ; car ils répondent à la question *quoi ?* *J'ai reçu* quoi ? *de l'argent ?* c'est comme si l'on disait *j'ai reçu quelque argent, quelques lettres*.

Certains verbes actifs peuvent avoir à la fois un régime direct et un régime indirect, comme : *Il a donné un livre à son frère ; il accuse son ami d'imprudence*.

avec les prépositions *de* ou *par*. *En général*, on emploie *de* avant le substantif, quand le verbe exprime *quelque sentiment*, *quelque passion*, comme, *je suis aimé* de *mes parents ; il est craint* de *tout le monde*.

Si, au contraire, le verbe exprime une *action*, soit *du corps*, soit *de l'esprit*, ou une action quelconque, le régime se construit *ordinairement* avec la préposition *par*. *Ce vaisseau a été battu* par *la tempête. C'est une fable inventée* par *les poëtes et adoptée* par *la crédulité du vulgaire* (*).

§ 384. Les verbes pronominaux ont pour régimes les pronoms personnels *me, te, se, nous* et *vous*. Or, ces pronoms sont quelquefois régimes directs, comme dans *je me flatte*, c'est-à-dire *je flatte moi ;* et quelquefois régimes indirects, comme dans *je me fais une loi*, c'est-à-dire *je fais une loi à moi*.

Les verbes impersonnels ne peuvent avoir qu'un régime indirect : *Il importe à un jeune homme d'être laborieux. Il nous importe de pratiquer la vertu*, c'est-à-dire *il importe à nous*. Dans ces phrases, l'infinitif est le sujet de la proposition. *Être laborieux* importe à un jeune homme ; *pratiquer la vertu* importe à nous.

DU RÉGIME VERBE.

§ 385. Un verbe peut en régir un autre à l'infinitif, sans préposition, comme, *je crois arriver demain ;* ou avec une des prépositions *à* ou *de*, comme, *il aime à jouer ; je crains de tomber*. Quelques verbes se construisent suivant le sens dans lequel on les emploie,

---

(*) Quelques grammairiens prétendent qu'il ne faut jamais construire le substantif *Dieu* avec la préposition *par ;* et qu'ainsi il faut dire *les méchants seront punis* de *Dieu ;* mais cette construction est contraire à la règle générale : en effet, on ne peut pas dire : *Le monde a été créé de Dieu*. Si l'on veut éviter l'équivoque du juron vulgaire *pardieu*, il faut tourner par l'actif, et dire : *Dieu punira les méchants ; Dieu a créé le monde*.

Les verbes passifs s'emploient souvent sans régime : *Rome fut plusieurs fois saccagée*.

Quelques verbes neutres sont sans régime, comme *dormir, languir ;* mais beaucoup de ces verbes ont un régime marqué par la préposition *à* ou *de*, comme : *Tout genre d'excès nuit à la santé ; il médit de tout le monde*.

avec ou sans la préposition *de;* d'autres se construisent avec la préposition *de* ou *à.*

Remarques sur les verbes qui se construisent ordinairement
sans préposition devant un infinitif.

§ 386. On dit : *Je dois dire la vérité;* mais on dit, avec un pronom en régime indirect, *je me dois à moi-même de dire la vérité : je les entends parler;* mais on ne dit pas, *ils sont entendus parler;* il faut tourner, par l'actif, *on les entend parler; je prétends faire,* c'est-à-dire *j'ai l'intention de faire;* mais on dit, *il prétend à régner,* ou mieux, *il aspire à régner; il s'imagine faire quelque chose,* c'est-à-dire *il croit faire; il imagine de faire,* c'est-à-dire *il forme le projet de.*

Remarques sur les verbes qui veulent être suivis
de la préposition à.

§ 387. AIDER.—*Aider quelqu'un,* c'est-à-dire *secourir : aider les pauvres. Aider à quelqu'un* signifie lui prêter une assistance momentanée : *Aider à quelqu'un à soulever un fardeau. Aider au succès d'une affaire,* c'est-à-dire *contribuer.*

CONSENTIR. — *Consentir à faire,* et non, *de faire.*

DÉCIDER. — *Décider quelqu'un à faire quelque chose,* c'est-à-dire *déterminer. Décider de faire quelque chose,* c'est-à-dire *résoudre de. Décider de la vie des citoyens,* c'est-à-dire *disposer.*

DONNER.— *Donner à entendre, donner à faire;* mais on dit, *Il n'a été donné à personne de faire quelque chose de parfait,* c'est-à-dire *il n'a été accordé.*

EXHORTER. — *Exhorter à bien faire,* et non, *de bien faire.*

HASARDER. — *Se hasarder à faire,* et sans le pronom *se, hasarder de faire; hasarder sa vie.*

INSTRUIRE. — *Instruire les chiens à chasser. Instruire quelqu'un de quelque chose,* c'est-à-dire *informer. S'instruire dans un art; s'instruire de sa religion; s'instruire par les exemples.*

INTÉRESSER. — *Être intéressé à faire une chose,* c'est-à-dire *trouver son intérêt. Intéresser quelqu'un dans une affaire,* c'est-à-dire *lui donner part à.* — *Cet auteur intéresse aux moindres actions de son héros. Tout le monde s'intéresse à vous, à votre succès.*

PENSER. — *Je pense à faire,* et non, *de faire.* Mais avec l'interrogation, on dit : *A quoi pensez-vous de faire cela?*

Je pense une chose qui, etc., c'est-à-dire *j'imagine une chose.*

Il pense être, ou, *qu'il est plus habile*, c'est-à-dire *il croit être*, ou, *qu'il est*, etc.

PLAIRE. — *Il se plaît à faire cela*; mais on dit par la tournure impersonnelle, *il lui plaît de faire cela*.

Remarques sur les verbes qui veulent être suivis de la préposition de.

§ 388. AFFECTER. — *Il affecte de dire*, c'est-à-dire *il prend à tâche de dire. Il s'affecte, il est affecté de vous voir si triste. Affecter et hypothéquer une terre à payer* ou *pour payer une dette*. — *Affecter une place*, c'est-à-dire *l'aimer. Affecter certains mots*, en faire un usage fréquent. *Cette pièce affecte (émeut) les spectateurs*.

APPARTENIR. — *Appartenir*, pris impersonnellement, régit à devant un nom, et de avant l'infinitif. *Il appartient à un roi de défendre ses sujets*, c'est-à-dire *c'est le devoir d'un roi. Il appartient à un père de châtier ses enfants*, c'est-à-dire *un père a le droit de. Il n'appartient qu'à peu de gens de comprendre cela*, c'est-à-dire *peu de gens sont capables de*.

DÉFENDRE. — *Défendre* est suivi de la préposition de avec l'infinitif, ou de la conjonction que avec le subjonctif. On emploie de quand *défendre* a un régime indirect : *J'ai défendu à mon fils de partir*. On emploie que quand *défendre* n'a point de régime indirect : *Il défendit qu'aucun étranger entrât dans la ville*.

DÉFIER. — *Défier de faire. Défier au combat. Se défier de quelqu'un*.

DÉSESPÉRER. — *Désespérer de réussir. Désespérer d'une chose.*

DÉSIRER. — *Désirer* s'emploie avec de, lorsqu'il exprime un désir dont l'accomplissement est incertain ou difficile : *Je désire de réussir, mais j'en doute. C'est en vain que je désire de m'affranchir de cette contrainte*. Lorsque ce verbe exprime un désir dont l'accomplissement est certain et facile, il s'emploie sans la préposition de. *Si vous désirez le voir, vous le pouvez*.

DÉTESTER. — *Détester* s'emploie avec ou sans la préposition de : *Je déteste de changer*, ou, *je déteste changer*.

DIFFÉRER. — *Différer de faire*, et non, *à faire*.

EMPÊCHER. — Si ce verbe a pour régime un nom de *personne*, il s'emploie avec de et l'infinitif. *Il nous a empêché de partir; il a empêché mon frère de partir*. Si *empêcher* n'a point de régime, il se construit avec que et le subjonctif : *Il a empêché que nous ne partissions, que mon frère ne partît*. S'il est question d'un nom de chose, on tourne toujours par que avec le subjonctif : *Il a empêché que ce malheur n'arrivât*, et non, *il a empêché ce malheur d'arriver*.

L'Académie laisse le choix d'employer ou de ne pas employer *ne* après *que*.

Ce verbe ne peut pas avoir de régime indirect, comme *défendre*. On ne peut pas dire, *on nous empêcha l'accès de cette maison* ; il faut dire, *on nous défendit l'accès*.

On dit *je n'empêche pas qu'il ne sorte quand il voudra*, ou, sans la négation, *je n'empêche pas qu'il sorte*, si la personne dont on parle *sort* en effet.

ESPÉRER. — *Espérer* se construit quelquefois avec la préposition *de*, surtout quand il est à l'infinitif et qu'il est suivi d'un autre infinitif : *Peut-on espérer de vous revoir ?* mais il faut dire *j'espère vous revoir*.

EXCUSER (s'). — *S'excuser* peut être suivi de la préposition *de* et de l'infinitif, lorsqu'on ne veut pas ou lorsqu'on ne peut pas faire la chose dont on s'excuse. Ex. : *Je me suis excusé de venir ce soir, de faire cela.* Mais si *l'on a fait* la chose dont on s'excuse, il faut, après *s'excuser*, se servir de l'indicatif avec *de ce que*. Ex. : *Je me suis excusé de ce que j'étais venu, de ce que j'avais fait cela*, et non, *d'être venu, d'avoir fait cela*.

FLATTER (SE). — *Se flatter* est suivi de la préposition *de* et de l'infinitif quand l'action du second verbe est faite par le sujet du verbe *se flatter*. Ex. : *Je me flatte de réussir ;* dans le cas contraire, on se sert de *que* : *Je me flatte que vous réussirez*.

GAGER. — *Gager* suit la même construction : *Je gage de faire ; je gage qu'il fera* (on dit aussi *je gage que je ferai*) ; s'il y a une négation, le second verbe se met au subjonctif : *Je ne gage pas qu'il fasse cela*.

NIER. — *Nier* se construit aussi avec l'infinitif, quand cet infinitif a rapport au sujet du verbe *nier* : *Je nie d'avoir fait cela*. Mais *nier* doit être suivi de *que* et du subjonctif, lorsque le verbe régi ne se rapporte pas au sujet de la phrase : *Je nie qu'il ait fait cela*. On dit aussi : *Je nie que j'aie fait cela*.

N. B. L'Académie dit : *Je ne nie pas qu'il ait fait cela*, ou, *qu'il N'ait fait cela*.

OBTENIR. — *Obtenir* se construit de même : *J'ai obtenu de partir ; j'ai obtenu qu'il partît.* Cependant on ne dirait pas : *J'ai obtenu que je partisse*.

ORDONNER. — *Ordonner*, s'il a un régime indirect, se construit avec *de* et l'infinitif : *Je vous ordonne, j'ordonne à votre frère de venir.* S'il n'a point de régime, il demande *que* et le subjonctif : *J'ai ordonné que vous vinssiez*.

PROTESTER. — *Il proteste de ne l'abandonner jamais. Il proteste qu'il n'a jamais eu de tels sentiments.*

RAPPELER (SE). — On dit *je me rappelle d'avoir fait*, ou, *que j'ai fait telle chose ;* et, *je me rappelle une chose*, et non, *d'une chose*.

SOUHAITER. — *Souhaiter* se construit avec *de* et sans *de*. Ex. :

Je souhaiterais d'avoir un emploi. Je souhaiterais pouvoir vous obliger. (L'Acad.) — Lorsque le verbe régi ne se rapporte pas au sujet de la phrase, on se sert de *que* avec le subjonctif : *Je souhaiterais que vous fissiez cela* ; mais on ne dirait pas *je souhaiterais que je fisse cela.* Cette règle s'applique à presque tous les verbes qui se construisent avec l'infinitif : *Je crains de tomber, je crains qu'il ne tombe ; je regrette d'avoir fait cela, je regrette qu'il ait fait cela,* etc.

Soupçonner. — *Soupçonner* doit être suivi de la préposition *de* et de l'infinitif, lorsqu'il a pour régime un nom de personne ou un pronom qui ne se rapporte pas au sujet de la phrase : *Je soupçonne Paul d'avoir fait cela.* On dit aussi : *Je soupçonne que Paul a fait cela.* Si le nom ou le pronom se rapporte au sujet, le verbe régi se construit avec *que* : *Je soupçonne que je me suis trompé,* et non, *je soupçonne de m'être trompé.*

§ 389. Il y a des verbes qui veulent être suivis de la préposition *à* ou de la préposition *de,* suivant l'acception qu'on leur donne. Ces verbes sont :

Accoutumer. — Employé activement, ce verbe veut être suivi de *à* : *Il faut accoutumer la jeunesse à respecter les lois. Il faut s'accoutumer à faire le bien sans intérêt.*

Employé *neutralement,* dans le sens, *d'avoir coutume,* ce verbe se construit avec *de* : *Il avait accoutumé de se promener le matin.* Construit avec *être,* il régit *à,* et ne se dit que des personnes : *Nos soldats sont accoutumés à supporter la fatigue.*

Commencer. — Ce verbe se construit avec *à* quand il désigne une action qui aura du progrès, de l'accroissement : *Cet enfant commence à lire, à parler, à écrire.*

Commencer de désigne une action qui aura, ou qui peut avoir de la durée plutôt que du progrès : *Quand cet orateur commença de parler, chacun se tut pour l'écouter. A peine avais-je commencé de lire que je fus interrompu.* Ainsi l'on dira d'un enfant en bas âge : *Il commence à parler,* et d'un orateur, *il commence de parler, écoutons-le.*

Continuer, suivi de la préposition *à,* signifie persévérer dans une habitude. *Continuez à bien faire, et vous en serez récompensé. Si vous continuez à jouer, vous vous ruinerez.*

Continuer de ne marque pas une habitude, il signifie poursuivre une chose commencée, mais qui n'est pas de longue durée : *Il continue de prendre des notes pendant que vous lisez. Il a continué de boire depuis que nous l'avons quitté.*

Cependant l'Académie dit indifféremment *continuer à faire, à dire, de faire, de dire.* Mais nous pensons qu'il vaut mieux observer la différence établie par les bons écrivains.

Défier *quelqu'un à faire quelque chose* signifie provoquer quelqu'un à faire une chose qu'on fait soi-même : *Je vous défie à boire.*

Défier quelqu'un de faire quelque chose, c'est *le mettre au défi de faire* la chose, c'est supposer qu'il ne la fera pas.

EFFORCER (s'), signifiant employer sa force à faire quelque chose, est suivi de la préposition *de* : *S'efforcer de soulever un fardeau*, s'il signifie *ne pas assez ménager ses forces* en faisant quelque chose, il régit *à*. *Il s'est efforcé à courir. Ne vous efforcez point à parler.*

Au figuré il régit *de*. *S'efforcer de paraître calme. Efforcez-vous de lui plaire.*

ÊTRE. — Ce verbe est suivi de la préposition *à* quand il exprime une idée de tour : *C'est à vous à parler après moi*, c'est-à-dire *c'est votre tour de parler*. Il est suivi de la préposition *de* quand il exprime une idée de *droit*, de *devoir* : *C'est à vous de parler dans une affaire si importante pour votre famille*, c'est-à-dire *c'est votre devoir, votre droit de parler*. Cependant l'Académie dit : *C'est au juge à prononcer*, c'est-à-dire *c'est au juge qu'appartient le droit de prononcer*. Nous pensons, néanmoins, qu'il est bon d'observer la différence établie par la grammaire.

LAISSER, employé sans négation, est suivi de *à* : *Je vous laisse à penser ce qui en arrivera*. Employé avec la négation, *laisser* est suivi de la préposition *de* ou *de que de* : *Il ne faut pas laisser d'aller votre chemin. Malgré leur brouillerie, il n'a pas laissé que de lui écrire.* (L'Acad.)

MANQUER. — Quand ce verbe signifie *ne pas faire ce qu'on doit*, il régit *à* : *Il a manqué à remplir ses devoirs.* — Quand il signifie *omettre, oublier*, il se construit avec *de* : *Ne manquez pas de vous trouver au rendez-vous*, c'est-à-dire *n'oubliez pas.....* — Avec *de*, il signifie encore *courir quelque risque, être sur le point de. Nous avons manqué de verser.*

OBLIGER, dans le sens d'*imposer l'obligation de, engager à, contraindre à*, régit *à* ou *de* : *L'équité nous oblige à restituer ce qui ne nous appartient pas. L'envie de parvenir l'a obligé d'étudier. La crainte l'oblige à se taire.*

S'obliger régit *à* : *Prêtez-lui cette somme ; s'il ne vous la rend pas, je m'oblige à vous la rendre.*

Obliger, dans le sens de *rendre service, faire plaisir*, régit *de* : *Vous m'obligerez beaucoup d'aller lui parler pour moi.*

Obliger, employé au passif, régit encore *de* : *Je serai obligé de vous punir.*

Quand *être obligé* marque un devoir moral, il ne se dit que des personnes. Ainsi l'on ne dira pas : *La jeunesse est obligée d'avoir du respect pour la vieillesse*, comme on peut dire, *un jeune homme est obligé d'avoir*, etc. Mais on dira : *La jeunesse doit avoir*, c'est un devoir pour la jeunesse d'avoir, etc.

OCCUPER (s') régit *de* lorsqu'il signifie *penser à* ; alors il ne s'emploie qu'avec les substantifs et les pronoms : *Je m'occupe de vous, de vos affaires ;* c'est-à-dire *je pense à vous, à vos affaires.*

Il régit *à* lorsqu'il signifie *travailler à : Il s'occupe à son jardin, il s'occupe à lire.*

Il suit de là que *s'occuper* ne régit jamais *de* avant un infinitif, et qu'on ne peut pas dire *s'occuper de faire quelque chose*, ni dans le sens de *songer à faire quelque chose*, ni dans le sens de *travailler à faire quelque chose.*

OUBLIER.—On dit *oublier à*, pour exprimer qu'on perd l'usage, l'habitude d'une chose qu'on savait, comme *oublier à chanter, à danser.* (Ce tour vieillit.) On dit *oublier de* dans le sens de négliger, omettre : *Il a oublié de parler de cela dans son discours.*

PRIER.—Quand ce verbe a pour régime un de ces quatre verbes *déjeûner, dîner, goûter, souper*, il est suivi de la préposition *à*, s'il s'agit d'une invitation en forme : *Il m'a prié à dîner pour la semaine prochaine.* Mais, s'il s'agit d'une invitation fortuite et familière, il régit *de* avant ces verbes : *J'entrai chez lui comme il allait se mettre à table, et il me pria de dîner avec lui.*

RÉSOUDRE. — Employé à l'actif avec un nom ou un pronom pour complément, ce verbe régit *à : On ne saurait le résoudre à faire cette démarche.*

Il régit encore *à* quand il est pronominal : *Je me résolus à plaider.*

Dans le sens neutre, c'est-à-dire quand il n'a point pour complément un nom ou un pronom, *résoudre* régit *de : Des intrigants ont résolu de le perdre.*

L'Académie ne dit point si ce verbe, employé au passif, régit *à* ou *de.* Nous pensons que *à* est préférable à *de*, et que l'on doit dire, *je suis résolu à faire cela*, comme on dit, *je me résous à faire cela.*

SUFFIRE régit *à* ou *pour* avant les noms et les verbes : *Il ne peut pas suffire aux questions de tout le monde. Cinq cents francs suffiront pour ces emplettes. La plus légère contrariété suffit pour l'irriter. Il ne saurait suffire à servir tant de personnes.*

Employé impersonnellement, *suffire* régit *de : Il suffit d'un calomniateur pour perdre un honnête homme. Il ne suffit pas de vouloir, il faut pouvoir.*

TÂCHER. — Ce verbe régit *à* quand il signifie *viser à : Vous tâchez à m'embarrasser.* Il régit *de* quand il signifie *faire ses efforts pour venir à bout de faire quelque chose. Tâchons de mériter l'estime des honnêtes gens.*

TARDER, employé comme verbe personnel, régit *à : Il tarde à venir.* Il régit *de* quand il est impersonnel : *Il me tarde de le voir.*

Venir se construit avec *à* pour marquer ce qu'une action a de fortuit, d'inattendu. Ex. : *Si le secret venait à être découvert.* Il régit *de* lorsqu'il exprime une action faite depuis peu : *Il vient de partir*, c'est-à-dire *il est parti depuis peu*.

Suivant la Grammaire des Grammaires, les verbes *contraindre, demander, déterminer, (s') empresser, engager, essayer, faillir, finir, forcer, occuper, réserver, solliciter, souffrir, tarder* et *trembler*, régissent *à* ou *de* avant un infinitif.

Mais cela n'est vrai que pour quelques-uns de ces verbes. En effet, *déterminer* régit toujours *à* : *Déterminer quelqu'un à faire*, et non, *de faire*.

Engager régit toujours *à* : *Il m'a engagé à solliciter pour lui.*

Finir régit toujours *de* : *J'ai fini de lire.*

Pour les autres verbes, consultez les observations qui suivent :

Contraindre régit indifféremment *à* ou *de* : *Contraindre quelqu'un à faire* ou *de faire quelque chose.*

Demander régit *à* quand il n'a pas de pronom pour régime indirect : *Je demande à être entendu.* Mais on dit, *je vous demande de m'écouter*, et, *je demande que vous m'écoutiez.*

Empresser (s'), signifiant *agir avec ardeur, s'agiter pour faire quelque chose*, régit *à* : *S'empresser à faire sa cour.* Dans le sens de *se hâter*, il régit *de* : *S'empresser de parler, de partir.*

Essayer régit indifféremment *à* ou *de* : *Essayer de marcher* ou *à marcher.* Mais *s'essayer* régit toujours *à* : *S'essayer à nager.*

Faillir se construit avec *à* ou *de*, ou sans préposition : *J'ai failli de tomber*, ou, *j'ai failli tomber.*

Forcer régit *à* ou *de* : *Forcer quelqu'un à faire* ou *de faire quelque chose.*

Réserver, dans le sens actif, régit *pour* avant un infinitif ; il régit *à* ou *pour* avant un nom : *Le gouverneur réserve ses troupes pour soutenir les attaques. Réserver à un autre temps* ou *pour un autre temps.*

Dans le sens neutre, il régit *à* : *La cour a réservé à faire droit sur les intérêts.*

Se réserver régit *à* ou *de* : *Se réserver à faire quelque chose* ou *de faire quelque chose.*

Solliciter régit *à* ou *de* : *Solliciter quelqu'un de faire* ou *à faire quelque chose.*

Souffrir régit *de* ou *à* : *Je souffre de l'entendre* ou *à l'entendre. Je souffre de la tête* ou *à la tête.*

Souffrir, dans le sens de *permettre*, régit *que* avec le subjonctif : *Je ne souffrirai pas que vous fassiez cela.*

Tarder régit *à* ou *de*, mais mieux *à* : *On a trop tardé à envoyer ce secours.* Pris impersonnellement, il régit *de* avec l'infi-

nitif, ou *que* avec le subjonctif : *Il me tarde d'être hors d'affaire,
ou que je sois hors d'affaire.*

TREMBLER régit *de* avec l'infinitif, ou *que* avec le subjonctif
précédé de *ne* : *Je tremble de penser* (et non *à penser*). *Je
tremble que cela n'arrive.*

OBSERVATIONS.

§ 390. Un verbe peut avoir différentes manières de
régir ; mais on doit toujours employer la même manière pour toutes les dépendances qu'on donne à ce
verbe. Ainsi l'on ne dira pas : *Je ne vous empêche pas
de partir ou que vous ne restiez ;* il faut dire : *Je ne vous
empêche pas de partir ou de rester,* ou *je n'empêche pas
que vous ne partiez ou que vous ne restiez.*

§ 391. Un verbe actif ne peut jamais avoir ni deux
régimes directs, ni deux régimes indirects ; mais il
peut avoir un régime direct et un régime indirect.

On ne dit pas : *Informez votre* AMI CELA ; *c'est à lui*
A QUI *je veux parler; c'est de cette affaire* DONT *je veux
vous entretenir.* Il faut dire : *Informez votre ami* DE *cela ;
c'est à lui* QUE *je veux parler ; c'est de cette affaire* QUE
je veux vous entretenir.

De la place du régime.

§ 392. Le régime nom, soit direct, soit indirect,
suit ordinairement le verbe : *Les riches doivent faire du
bien aux pauvres.*

EXCEPTION. Dans les phrases interrogatives, le régime, quand il est joint à l'adjectif *quel, quelle,* se place
avant le verbe : *Quel livre lisez-vous ? À quelle science
vous appliquez-vous ?*

Quand un verbe a deux régimes, le plus court se
place ordinairement le premier : *Les hypocrites s'étudient à parer* le vice *des dehors de la vertu. Les hypocrites
s'étudient à parer* des dehors de la vertu *les vices les plus
honteux et les plus décriés, les passions les plus viles.*

Mais, si les régimes sont de la même longueur, le
régime direct se place avant le régime indirect. Cependant on est quelquefois obligé, pour éviter une

9

équivoque, de donner la première place au régime indirect, quoique ce régime soit aussi long et même plus long que le régime direct : *Le physicien arrache à la nature tous ses secrets.* Si l'on disait, *le physicien arrache tous ses secrets à la nature,* on ne saurait si l'on veut parler des secrets de la nature ou de ceux du physicien.

DU RÉGIME PRONOM.

§ 393. Il faut se rappeler que les pronoms *le, la, les,* sont toujours régimes directs ; et les pronoms *lui, leur,* toujours régimes indirects. Si l'on employait ces pronoms les uns pour les autres, il arriverait souvent que la phrase aurait un sens contraire à celui qu'on veut lui donner. Ainsi il y a une grande différence entre, *je l'ai vu donner un soufflet,* et *je lui ai vu donner un soufflet.* Dans le premier cas, c'est la personne que j'ai vue qui donne le soufflet ; dans le second, c'est à elle qu'on le donne.

On voit que quand le pronom est régime direct, c'est lui qui fait l'action marquée par le second verbe ; et que quand il est régime indirect, c'est lui qui reçoit cette action.

EXEMPLES SUR CES DEUX CONSTRUCTIONS :

Je les ai entendus faire cette proposition. (Ce sont eux qui la font.)

Je leur ai entendu faire cette proposition. (C'est à eux qu'on la fait.)

Sa force le fait craindre de ses ennemis.

Sa faiblesse lui fait craindre ses ennemis.

Leur fierté les fait mépriser des gens de bien. (Ce sont eux qu'on méprise.)

Leur fierté leur fait mépriser les gens de bien. (Ce sont eux qui méprisent.)

---

§ 193. Lorsque le second verbe n'a point de régime, les pronoms *le, la, les,* peuvent être régis par le premier verbe ou par le second ; alors la phrase offre un double sens. Ainsi : *Je les entendais appeler* peut signifier *je les entendais qui appelaient,* ou *j'entendais qu'on les appelait.* (En tournant la phrase de cette manière, on évitera l'amphibologie.)

Dans le style familier, l'impératif est quelquefois suivi de deux

Remarques sur l'emploi des temps et des modes.

§ 394. On se sert du présent pour marquer un futur, mais seulement en parlant d'une époque prochaine : *Je reviens à l'instant. C'est demain fête ;* mais on ne peut pas dire, *je pars l'année prochaine.*

Le présent désigne encore un futur, quand il est précédé de *si* conditionnel : *Je suis sûr qu'il m'accompagnera, si ses affaires le lui* permettent.

On se sert encore du *présent,* au lieu du *prétérit,* pour donner de la vivacité à la phrase, et réveiller l'attention :

J'ai vu, seigneur, j'ai vu votre malheureux fils,
Traîné par les chevaux que sa main a nourris ;
Il veut *les rappeler, et sa voix les effraie.*

Le présent *il veut,* au lieu du prétérit *il a voulu,* met, pour ainsi dire, le récit en action.

Quand on emploie le *présent* au lieu du *prétérit,* il faut que tous les verbes qui sont en rapport dans la même phrase soient aussi au présent. On ne pourrait pas dire : *La foudre* éclatait *dans les nues, et la mer* ouvre *ses abîmes.* Il faut dire *la foudre éclate.*

DU PRÉTÉRIT DÉFINI ET DU PRÉTÉRIT INDÉFINI.

§ 395. Le *prétérit défini* marque une chose faite dans un temps déterminé, et dont il ne reste plus rien : *J'écrivis hier à votre frère. Henri IV fut un grand roi.*

---

pronoms régimes indirects, comme : *Donnez-lui-moi sur les oreilles ;* le pronom *moi* est explétif, et doit se placer après le pronom, qui est le véritable régime du verbe. Il ne faut pas dire : *Donnez-moi-lui. Voyez* plus haut.

Lorsque deux propositions impératives sont jointes par la conjonction *et,* comme, *parlez-moi franchement, et dites-moi si cela vous convient,* on peut placer avant le second impératif le second pronom qui lui sert de régime, si les deux verbes sont à la même personne et au même nombre ; comme, *parlez-moi franchement, et me dites si cela vous convient.* Nous pensons que ce tour a vieilli.

§ 396. Le *prétérit indéfini* marque une chose faite dans un temps entièrement passé que l'on ne désigne pas, comme : *J'ai voyagé en Italie ;* ou dans un temps passé désigné, mais qui n'est pas encore entièrement écoulé, comme, *j'ai vu beaucoup de monde* cette semaine.

§ 397. Ces deux *prétérits* ne s'emploient pas indifféremment l'un pour l'autre. On ne doit se servir du *prétérit défini* que pour exprimer un temps entièrement écoulé, depuis un jour au moins. Ainsi l'on ne peut pas dire, *j'écrivis ce matin, cette semaine, cette année,* parce que *la journée, la semaine, l'année,* ne sont pas tout à fait écoulées. Mais on se servira du *prétérit indéfini,* et l'on dira, *j'ai écrit ce matin, cette semaine, cette année.*

Le *prétérit indéfini* s'emploie aussi, comme le *prétérit défini,* pour marquer un temps entièrement écoulé : *J'ai écrit* ou *j'écrivis hier à votre frère.*

§ 398. On ne doit pas employer le *plus-que-parfait* pour le *prétérit indéfini,* comme, *il m'a écrit qu'il avait vu votre frère ;* il faut dire, *qu'il a vu votre frère.*

DES PRÉTÉRITS ANTÉRIEURS.

§ 399. Il y a deux prétérits antérieurs :

Le prétérit antérieur *défini,* qui exprime une chose passée, faite avant une autre dans un temps dont il ne reste plus rien, comme, *quand j'eus reçu mon argent,*

---

§ 397. Dans les narrations, on doit préférer le prétérit défini : *Troie fut détruite par les Grecs,* est préférable à *Troie a été détruite.*

Le prétérit *indéfini* s'emploie quelquefois pour un *futur passé,* comme : *Avez-vous bientôt fait ? J'ai fini dans un moment ;* c'est-à-dire, *aurez-vous bientôt fait ? J'aurai fini dans un moment.*

§ 399. Il existe entre ces deux derniers prétérits la même différence qu'entre les deux premiers, et ils doivent s'employer de la même manière. Ils sont toujours accompagnés d'une conjonction ou d'un adverbe de temps, comme : *Aujourd'hui je suis sorti dès que j'ai eu dîné. J'eus dîné* hier *dans un instant.*

Dans les phrases où il n'y a pas deux verbes en rapport, on se sert du *prétérit antérieur défini* pour indiquer une action faite

je partis. On voit que ce prétérit s'emploie avec le *prétérit défini.* (*Je partis* est au prétérit *défini.*)

Le prétérit antérieur *indéfini*, qui exprime une chose passée, faite avant une autre dans un temps qui n'est pas encore entièrement écoulé, comme, *quand j'ai eu reçu mon argent, je suis parti.* Ce prétérit est en rapport avec le prétérit *indéfini.* (*Je suis parti* est au prétérit *indéfini.*)

DU PLUS-QUE-PARFAIT.

§ 400. Le *plus-que-parfait* exprime doublement le passé : il marque une chose comme déjà passée, quand une autre passée elle-même a eu lieu, comme, *j'avais dîné quand il entra.*

§ 401. Il ne faut pas confondre le *plus-que-parfait* avec le *prétérit antérieur.* Quand le *prétérit antérieur* est en rapport avec un autre verbe, l'action exprimée par ce dernier verbe est subordonnée à l'action exprimée par le *prétérit antérieur.* Ex. : *Quand j'eus dîné, il entra.* Je veux faire entendre qu'il *n'entra* que *quand j'eus dîné :* l'action d'entrer est *subordonnée* à celle de dîner. Le *plus-que-parfait* exprime simplement qu'une action avait déjà eu lieu, quand une autre a eu lieu : *J'avais dîné quand il entra.*

DES DEUX FUTURS.

§ 402. Le *futur absolu* marque qu'une chose sera ou se fera dans un temps qui n'est pas encore : *L'enfant studieux* deviendra *savant.* Et au passif : *Tôt ou tard les méchants* seront punis.

Ce futur, à l'actif, a la signification de l'impératif,

---

dans un temps entièrement écoulé et déterminé, comme : *J'eus fini* HIER *mon ouvrage à quatre heures.* On peut dire aussi, avec le prétérit antérieur indéfini, *j'ai eu fini;* ou, avec le plus-que-parfait, *j'avais fini hier mon ouvrage à quatre heures,* comme on dirait, *j'ai eu fini,* ou *j'avais fini mon ouvrage ce matin;* mais on ne dirait pas, *j'eus fini mon ouvrage ce matin.*

quand il exprime un commandement ou une défense : *Vous aimerez Dieu ; vous ne mentirez point.* Ce qui signifie, *aimez Dieu ; ne mentez point.*

§ 403. Le *futur passé* marque l'avenir avec rapport au passé, et indique qu'une chose sera faite quand une autre qui n'est pas encore aura lieu : *Quand j'aurai lu ce livre, je vous l'enverrai.* Et sans rapport à un autre verbe, *j'aurai fini cet ouvrage aujourd'hui, demain,* etc.

DU CONDITIONNEL.

§ 404. On se sert du *conditionnel* pour indiquer qu'une chose *serait* ou *aurait été, se ferait* ou *aurait été faite,* moyennant une condition. Ce mode a deux temps : le *présent* et le *passé.*

§ 405. Il y a deux manières d'exprimer le conditionnel passé : *j'aurais fait, j'eusse fait.* La première marque d'une manière plus précise l'époque où une chose aurait été entreprise ; et la seconde, celle où elle aurait été finie : *j'aurais fait,* signifie, *je me serais occupé à faire ;* et *j'eusse fait,* signifie, *l'affaire serait faite.*

DE L'IMPÉRATIF.

§ 406. L'*impératif* joint, à la signification du verbe, l'idée d'un commandement ou d'une exhortation, ou d'une invitation faite par la personne qui parle.

Ce mode n'a qu'un temps : *Faites votre devoir ; soyez-moi favorable.*

---

§ 405. Les conditionnels, ainsi que les futurs, ne peuvent pas s'employer dans le second membre d'une phrase, après *si,* mis pour *supposé que.* On ne dit pas : *Je vous recevrai avec plaisir, si vous viendrez. Je serais content, si je vous verrais. Vous auriez réussi, si vous auriez travaillé.* Il faut dire : *Si vous venez ; si je vous voyais ; si vous aviez travaillé.*

Cependant on peut se servir de la seconde forme du conditionnel passé dans les deux membres de phrases : *J'aurais* ou *j'eusse été content, si vous eussiez fait cela.*

L'impératif marque tantôt le présent : *Fuyez le vice ;* tantôt le futur : *Venez demain* (*).

DU SUBJONCTIF.

§ 407. Le *subjonctif* joint à la signification du verbe l'idée de subordination à quelque verbe antécédent, sans lequel le subjonctif ne formerait pas un sens parfait et achevé : *Tu veux que je fasse.* Ces derniers mots, *que je fasse,* ne formeraient point par eux-mêmes un sens complet ; ils dépendent du verbe qui les précède.

Ainsi, le *subjonctif* diffère de l'*indicatif* en ce qu'il n'a point de sens déterminé par lui-même, mais qu'il est

---

(*) L'impératif, ainsi que nous l'avons dit, n'a point de première personne au singulier, parce que, quand on se commande à soi-même, on se parle toujours à la seconde personne ; mais il a une première personne au pluriel, parce qu'alors c'est autant à soi qu'aux autres qu'on s'adresse : *Ayons le courage de haïr le vice.*

§ 407. *Temps du subjonctif.*

Le subjonctif exprime, comme l'indicatif, le *présent,* le *passé* et le *futur ;* mais il n'a que quatre temps distincts : le *présent,* l'*imparfait,* le *prétérit* et le *plus-que-parfait.*

Le *présent* et le *futur* ont la même forme ; c'est par le sens qu'on les distingue. Quand on dit : *Il faut que vous soyez bien bon pour supporter cela,* c'est comme si l'on disait, *vous êtes bien bon de supporter cela.* Mais si l'on dit : *Il faut que vous veniez demain,* ces mots, *que vous veniez demain,* signifient *vous viendrez demain, il le faut.*

L'*imparfait* du subjonctif exprime ordinairement une action passée, comme *je ne pensais pas que vous* VINSSIEZ *hier ;* mais il peut aussi exprimer le futur, *si je pensais que vous* VINSSIEZ *demain.*

Le *prétérit* indique un passé, comme, *je ne crois pas qu'il ait dîné ici ;* c'est-à-dire, *je crois qu'il n'a pas dîné.* Il exprime aussi un futur passé, comme, *il ne sortira pas qu'il n'ait dîné ;* c'est-à-dire, *il ne sortira que quand il aura dîné.*

Le *plus-que-parfait,* outre le passé, peut aussi marquer le futur : *Je ne savais pas que vous* EUSSIEZ ÉCRIT *cette lettre ;* c'est-à-dire, *vous aviez écrit cette lettre, je ne le savais pas. Je voudrais que vous* EUSSIEZ ÉCRIT *cette lettre avant qu'il n'arrivât ;* c'est-à-dire, *aurez-vous écrit cette lettre avant qu'il n'arrive ? je le voudrais.*

toujours *subordonné* à quelques mots qui précèdent, au lieu que l'indicatif a un sens déterminé absolument et indépendamment de tout autre mot qui pourrait précéder.

Cas où l'on doit faire usage du subjonctif.

§ 408. Lorsqu'une phrase est composée de plusieurs propositions, on unit ces propositions entre elles par des conjonctions. Or, parmi ces conjonctions, il y en a qui sont toujours suivies de l'indicatif, d'autres qui régissent toujours le subjonctif, enfin d'autres qui régissent tantôt l'indicatif, tantôt le subjonctif.

On appelle proposition *principale* le membre de phrase qu'on place *avant* la conjonction; et proposition *secondaire* ou *subordonnée*, celui qu'on place *après* la conjonction. Dans cette phrase, *je crois* que *vous aimez à jouer*, *je crois* est la proposition principale; *vous aimez à jouer* est la proposition subordonnée. La conjonction *que* est le lien de ces deux propositions.

§ 409. Le verbe de la proposition subordonnée doit se mettre à *l'indicatif*, lorsque le verbe de la proposition principale exprime quelque chose de *positif*, d'*affirmatif;* mais il doit se mettre au *subjonctif*, quand le verbe de la proposition principale exprime l'*indécision*, le *doute*. Ainsi, dans cette phrase, *je crois* qu'*il viendra; il viendra* est à l'indicatif, parce que j'affirme *positivement* que *je crois* que l'action de venir aura lieu. Dans cette autre phrase, *je ne crois pas, je doute* qu'*il vienne*, le verbe *venir* est au subjonctif, parce que je n'exprime pas *positivement* que je crois qu'il viendra; mais, au contraire, je le nie ou j'en doute.

§ 410. Il suit de là que le verbe de la proposition subordonnée se met au subjonctif, quand le verbe de la proposition principale exprime *la surprise*, *l'admiration*, *la volonté*, *le commandement*, *le souhait*, *le consentement*, *la dénégation; l'opposition*, *la défense*, *le doute*, *la crainte*, et, en général, quelque passion, quelque mouvement de l'âme, *la joie*, *la tristesse*, *la colère*, etc. Ex. : *Je suis surpris, je suis étonné qu'il ait fait cela; je veux, j'ordonne que cela soit ainsi; je souhaite, je désire qu'il vienne; je consens que vous le fassiez; je nie que vous soyez venu; je m'oppose à ce qu'il lise; je défends qu'il lise la lettre; je doute qu'il réussisse; je suis charmé que vous soyez venu; je suis désolé que cela vous fasse de la peine; je suis indigné qu'il se conduise ainsi envers vous.*

§ 411. Si la proposition principale est *interrogative* ou *négative*, le verbe de la proposition subordonnée se met au *subjonctif*, quand il s'agit d'une chose vague, douteuse, incertaine : *Croyez-vous que je* puisse *réussir dans cette affaire? je ne pense pas qu'il* vienne *aujourd'hui.*

Mais, quand il s'agit d'une chose vraie dans tous les temps, ou regardée comme telle par celui qui parle, le verbe de la proposition subordonnée se met à l'indicatif : *Ne croyez-vous pas que Dieu* est *bon et juste? Croyez-vous qu'il* peut *laisser la vertu sans récompense? Oubliez-vous qu'il* est *votre père, et que vous lui* devez *le respect?*

§ 412. Les verbes *prétendre, entendre*, régissent l'indicatif et le subjonctif, suivant qu'ils expriment l'affirmation ou le commandement : *Je prétends que cela* est; c'est-à-dire, *je soutiens, je suis sûr que cela* est. *Je prétends que cela* soit; c'est-à-dire, *je veux, j'ordonne que cela* soit. *Au son de la voix, j'entends que c'est votre frère;* c'est-à-dire, *je reconnais que c'est votre frère. Je ne veux point que vous m'accompagniez;* j'entends *que ce* soit *votre frère.*

§ 413. On met le verbe de la proposition subordonnée au subjonctif après les verbes impersonnels ou employés impersonnellement, quand ils expriment le doute, l'incertitude. Ex. : *Il importe, il faut, il convient que vous* fassiez *cela. Il répugne que cela* soit *ainsi.* Ces phrases expriment l'incertitude : *Il importe que vous fassiez cela,* mais il n'est pas sûr que vous le fassiez; *il répugne que cela soit,* mais il n'est pas sûr que cela ne soit pas.

9*

§ 414. Quand les verbes impersonnels expriment une idée positive, comme, *il arrive, il est certain, il s'ensuit, il résulte*, ils n'exigent le subjonctif qu'autant que la phrase est interrogative ou négative : *Il arrive souvent qu'on est trompé. Il est certain, sûr, évident que le vice est méprisé. Il s'ensuit que le méchant n'est pas heureux*. Ces verbes expriment une idée positive. Par exemple, *il arrive souvent qu'on est trompé*, signifie, *on est trompé, et cela arrive souvent*.

Mais on dira, avec le subjonctif, *il n'arrive pas souvent qu'on soit trompé par sa conscience. Il n'est pas sûr que la vertu soit méprisée, même par les méchants*.

§ 415. Le verbe *sembler*, ayant un régime indirect, demande le verbe de la proposition subordonnée à l'indicatif : *Il semble à l'égoïste que tout est fait pour lui. Il me semble que je dois agir ainsi.* Quand il est sans régime, on met ordinairement le verbe de la phrase subordonnée au subjonctif : *Il semble qu'il prenne à tâche de me désoler.* Cependant on peut mettre aussi l'indicatif, si l'on veut fixer l'attention sur une chose qui se fait actuellement : ainsi, je dirai, *il semble qu'il prend à tâche de me désoler*, si je veux fixer l'attention sur ce qu'il fait actuellement pour me désoler.

Le verbe *sembler* demande toujours le subjonctif quand il est employé avec une négation ou une interrogation : *Il ne me semble pas que vous ayez raison. Vous semble-t-il que je me sois trompé ?*

§ 416. Quand l'un des relatifs *qui, que, lequel, dont, où*, etc., lie la proposition subordonnée à la proposition principale, on met à l'indicatif le verbe de la proposition subordonnée, si cette proposition exprime quelque chose de positif ; et on met le verbe au subjonctif, si la proposition exprime quelque chose d'incertain :

1° Je m'adresse à un homme qui me *comprend*.

2° Je m'adresserai à un homme qui me *comprenne*.

Je choisirai une retraite où je *serai* tranquille.

Je choisirai une retraite où je *sois* tranquille.

Je vous indiquerai un avocat auquel vous *pouvez* confier votre affaire (*).

Je vous indiquerai un avocat auquel vous *puissiez* confier votre affaire (*).

§ 417. Le verbe se met encore au *subjonctif* après les pronoms *relatifs* précédés de l'un des adjectifs *nul, aucun, seul, unique, premier, second, dernier,* et d'un substantif ou d'un adverbe qui a un sens négatif; comme, *personne, peu, guère.* Ex. : *Dédale est le* premier qui ait *fait usage des voiles. Vous êtes le* seul qui prétendiez *cela. C'était l'*unique *orateur qu'il y eût à cette époque. Il y a* peu *d'hommes qui puissent braver la honte. Les consolations de la religion sont les* dernières *que reçoive un mourant. Je ne connais* personne *qui soit plus ridicule qu'un sot dans la prospérité. Il n'y a* guère *que l'homme qui n'a pas de désirs qui soit véritablement* riche (**).

Remarque. Si le premier verbe est au parfait défini, le second verbe qui suit le relatif se met au *parfait défini de l'indicatif,* et non au parfait du subjonctif. Ex. : *Dédale* fut *le premier qui* fit (et non *qui ait fait*) *usage des voiles* (***).

§ 418. On met au subjonctif le verbe qui suit le

(*) Dans les exemples du nº 1, le second verbe est à *l'indicatif,* parce que l'action exprimée par les verbes de la proposition subordonnée est *positive : Je suis sûr que l'homme auquel je m'adresse me comprend ; que je serai tranquille dans la retraite que je choisirai; que vous pouvez vous confier à l'avocat que je vous indiquerai.*

Dans les exemples du nº 2, le second verbe est au *subjonctif,* parce que l'action exprimée par ce verbe est encore *incertaine : Je veux m'adresser à un homme qui me comprenne ; mais je ne sais pas encore si je le trouverai. Je choisirai une retraite où je sois, où je veux être tranquille ; mais c'est une chose encore incertaine.*

(**) On voit, par ce dernier exemple, que, s'il y a deux *relatifs* dans la phrase, c'est le verbe qui suit le second *relatif,* et non celui qui est placé après le premier, que l'on met au subjonctif. En effet, le premier *qui* ou *que* forme une phrase incidente, indépendante, pour la construction, de la phrase principale.

(***) Mais on dirait : *Vous êtes le premier qui* ayez fait, etc.

relatif *qui*, *que*, *dont*, etc., lorsque ce relatif est précédé d'un superlatif relatif, c'est-à-dire, d'un adjectif précédé d'un des mots *le plus*, *le moins*, *le mieux*, etc. : *C'est l'homme* le plus *savant* que je connaisse. *Aristote est un* des plus *grands génies* qui aient *existé*.

Remarque. Si le superlatif est *suivi d'un régime indirect*, le relatif se rapporte à ce régime, et alors le verbe se met à *l'indicatif*, parce que l'idée est positive : *Alexandre est le plus célèbre* des conquérants qui ont *existé ;* mais je dirai, avec le subjonctif, *Alexandre est* le plus *célèbre conquérant* qui ait *existé*.

§ 419. Après *quel que*, *quelque que*, *qui que*, *quoi que*, le verbe se met au subjonctif : *Quel que soit le mérite d'un homme, il ne peut échapper à l'envie. Quelque grands que soient les rois, ils sont mortels comme le reste des hommes. Qui que vous* soyez, *je ne vous crains pas. Quoi que vous* fassiez, *vous ne réussirez jamais à contenter tout le monde.*

§ 420. La conjonction *si*, suivie de *que*, exige le subjonctif, 1° quand elle est employée pour *quelque que* : *Si faible* que soit *un ennemi, il est toujours à craindre.* 2° Quand elle est précédée et suivie d'une négation : *Il n'est* point *de caractère* si *farouche qui* ne soit *sensible aux bons traitements.* 3° Lorsqu'elle est remplacée par *que : Si vous voyez un malheureux et que vous* puissiez *le secourir, vous éprouverez une douce satisfaction.*

§ 421. Le verbe de la proposition subordonnée se met ordinairement au subjonctif, après les conjonctions ou locutions conjonctives suivantes : *Afin que, à moins que, avant que, en cas que, bien que, quoique, de peur que, de crainte que, encore que, jusqu'à ce que, loin que, non que, malgré que, pour que, pour peu que, pourvu que, sans que, si peu que, si tant est que, soit que, supposé que, tant s'en faut que.*

Remarque. Suivant l'Académie, *malgré que* ne s'emploie qu'avec le verbe *avoir*, et dans ces phrases, *malgré que j'en aie, malgré qu'il en ait*, etc.

, Avec les autres verbes, il faut se servir de *quoique* :
Quoique vous disiez cela, vous pensez le contraire.

§ 422. Les conjonctions suivantes se construisent
avec l'indicatif ou avec le subjonctif, suivant que la
phrase exprime quelque chose de positif ou d'incertain : *De manière que, de sorte que, en sorte que, si ce
n'est que, sinon que, tellement que.* Ex. : *Il s'est comporté* de telle sorte qu'il a *mérité l'estime des honnêtes
gens. Comportez-vous* de telle sorte que vous méritiez
l'estime des honnêtes gens. (*Voyez* ci-après Syntaxe des
conjonctions.)

§ 423. Le verbe *savoir*, accompagné d'une négation, se met au subjonctif, sans qu'un autre verbe le
précède : *Je ne sache pas que vous soyez venu.* Mais cela
n'a lieu que pour la première personne ; on ne dit pas,
tu ne saches pas, il ne sache pas.

DE L'INFINITIF.

§ 424. Lorsque le verbe *être* a pour sujet un infinitif, il doit se construire avec *ce*, s'il est suivi d'un
autre infinitif, comme : *Récompenser la vertu, c'est dé-*

---

§ 422. Souvent la phrase principale, et même la conjonction, est
sous-entendue : *Puissiez-vous charmer vos derniers jours par
l'espérance d'une félicité éternelle* ; c'est-à-dire, *je souhaite
que vous puissiez*, etc.

§ 424. Le *présent* de l'infinitif peut exprimer le *présent*, le
passé ou le *futur*, suivant que le verbe précédent exprime l'un de
ces temps : *Je l'entends* chanter. *Chanter* exprime le *présent* ;
car la phrase signifie *il chante maintenant, je l'entends. Je l'ai
entendu* chanter : *chanter* exprime le *passé* ; car la phrase signifie *il chantait, il a chanté, je l'ai entendu. Je l'entendrai
chanter* : *chanter* exprime le *futur* ; car la phrase signifie *il
chantera, je l'entendrai.*
Après les verbes *promettre, espérer, s'attendre, compter, menacer,* l'infinitif exprime toujours le futur, parce que ces verbes
désignent eux-mêmes le futur : *Je promets de venir,* signifie, *je
promets que je viendrai,* et non *que je viens ; je m'attends à
partir, je compte partir,* signifient, *je compte que je partirai,* et
non *que je pars.* Ainsi, il ne faut pas dire, *je vous promets que
cela est ainsi,* au lieu de, *je vous assure que cela est ainsi.*

courager le vice; mais, s'il est suivi d'un nom ou d'un adjectif, on peut supprimer *ce* : *Protéger l'innocence est un devoir sacré.*

Cependant, si l'infinitif qui sert de sujet a un régime d'une certaine étendue, il ne faut pas supprimer le *pronom* : *Se dévouer à la cause de la philosophie,* c'est le *devoir de tous les hommes qui pensent.*

On suit la même règle quand il y a deux ou plusieurs infinitifs de suite employés comme sujets : *Boire, manger, dormir,* c'est le partage de la brute.

§ 425. Il est dans le génie de notre langue de préférer l'infinitif aux autres modes, parce qu'il donne plus de vivacité et de concision au discours, en le débarrassant des conjonctions et des pronoms. Ainsi l'on dit : *Je viens vous voir,* au lieu de *je viens pour que je vous voie. Il vaut mieux mourir avec gloire, que de vivre déshonoré,* au lieu de *il vaut mieux que vous mouriez avec gloire, que vous viviez déshonoré.*

Si la construction par l'infinitif a quelque chose de dur, il faut prendre un autre tour. Ainsi, au lieu de *je vous prie* de *lui dire* de *venir,* on dira : *dites-lui,* je vous prie, *de venir.*

§ 426. Il y a des cas où l'emploi de l'infinitif serait une faute ; c'est lorsque le rapport en est incertain, équivoque, c'est-à-dire lorsque l'infinitif ne se rapporte pas clairement au sujet ou au régime, soit di-

---

L'infinitif de certains verbes devient un véritable substantif: *Le mentir est honteux. Le bien vivre est un art difficile.* Ces infinitifs , si l'on en excepte *déjeuner, dîner, souper, rire, sourire,* ne sont pas usités au pluriel.

§ 425. Un verbe régi par un autre verbe ou par une préposition doit toujours se mettre à l'infinitif : *Nous devons aimer* (et non *aimé*) *notre prochain comme nous-mêmes. Craignons* de blesser *la vérité.*

EXCEPTIONS. La préposition *en* se construit toujours avec le participe présent : *On ne peut être heureux qu'en pratiquant la vertu.*

Après les verbes *croire, voir,* on met aussi le participe passé: *Je vous croyais parti ; je les ai vus très-affligés de cet événement.*

rect, soit indirect, comme dans cette phrase : *C'est pour être heureux que j'ai donné* à mon fils *une bonne éducation*. On ne voit pas si *pour être heureux* signifie *pour que je sois* ou *pour qu'il soit heureux*, c'est-à-dire s'il se rapporte au sujet (*je*) ou au régime indirect (*fils*) ; il faut prendre un autre tour, et dire, suivant le sens de la phrase, *c'est pour assurer mon bonheur*, ou *pour assurer le bonheur de mon fils*, etc.

On ne doit pas non plus se servir de l'infinitif quand cet infinitif ne peut pas se *rapporter* au *sujet* de la proposition ou au *régime*. Ainsi l'on ne dira pas, *la vie est faite pour travailler*, parce que *la vie ne travaille pas*. Mais on pourra dire, *l'homme est fait pour travailler*. On ne dira pas non plus : *Virgile ordonna de brûler l'Énéide*, parce que *brûler* ne se rapporte pas au sujet de la phrase, attendu que ce n'est pas Virgile qui reçoit l'ordre de *brûler l'Énéide*, puisque c'est lui qui donne cet ordre. Mais on pourra dire, *Virgile ordonna qu'on brûlât l'Énéide*, ou, avec l'infinitif, *ordonna* à ses amis *de brûler l'Énéide*, parce que *brûler* se rapporte au régime indirect, *à ses amis*, et que la phrase signifie, *ordonna à ses amis qu'ils brûlassent l'Énéide*.

Il suit de là qu'on ne peut employer l'infinitif qu'autant que *l'action exprimée par cet infinitif* peut être *faite par le sujet* ou *par le régime indirect*, et qu'elle se rapporte clairement à ce sujet ou à ce régime.

Remarques sur la correspondance entre les temps.

§ 427. Le *présent du conditionnel* correspond au plus-que-parfait de l'indicatif : *Il serait heureux, s'il avait suivi vos conseils.*

Le *premier conditionnel passé* correspond au plus-que-parfait : *Vous auriez fini maintenant, si vous aviez commencé plus tôt.*

Il correspond encore au second conditionnel passé : *Vous seriez parti, si je l'eusse voulu.*

Le *second conditionnel passé* correspond à son propre temps : *Quand même vous eussiez obtenu ce que vous désiriez, vous n'eussiez pas été satisfait.*

§ 428. Lorsque deux verbes sont unis par la conjonction *que*, l'*imparfait*, le *prétérit défini*, le *prétérit indéfini*, le *plus-que-parfait* de l'indicatif, correspondent aux mêmes temps de l'indicatif : *On assurait, on assura, on a assuré, on avait assuré que vous lisiez* (maintenant, ce matin, l'an passé); *que vous lûtes* (hier, l'an passé); *que vous avez lu, que vous aviez lu.*

Il faut remarquer que l'imparfait peut exprimer le présent : *On assurait, on assura,* etc., *que vous lisiez maintenant;* ou le passé, *on assurait que vous lisiez ce matin, on assura hier que vous lisiez l'an passé,* etc. Les autres temps n'expriment que le passé.

§ 429. EXCEPTIONS. Quand le second verbe exprime *une chose vraie dans tous les temps*, on doit toujours se servir du *présent* de l'indicatif après l'*imparfait, les deux prétérits* et le *plus-que-parfait* de l'indicatif. Ainsi l'on dira : *Je soutenais, je soutins, j'ai soutenu, j'avais soutenu* que Dieu *récompense* la vertu et *punit* le crime ; et non, *je soutenais, je soutins...* que Dieu *récompensait,* etc.

On se servira encore du *présent,* au lieu de l'*imparfait,* pour indiquer qu'une *chose a lieu* au moment où l'on parle : *J'écrivais à votre frère que vous êtes* (et non *que vous étiez*) *en voyage depuis un an. J'ai appris que mon ami est malade depuis deux mois.*

Si la chose a réellement existé, mais qu'elle n'existe plus, on se sert du parfait indéfini et non du plus-que-parfait : *J'ai appris que votre ami a été,* et non *avait été malade.* Mais on dirait : *On m'a dit, on m'avait dit que votre ami avait été malade;* mais il ne l'a pas été.

Dans les *propositions conditionnelles,* on emploie l'*imparfait de l'indicatif* après la conjonction *si,* quand on parle d'une action ou d'un état habituel. Ainsi l'on dira d'un homme affecté de surdité : *Il n'aurait pas souffert qu'on parlât ainsi de son ami,* s'il entendait.

Mais on emploiera le *plus-que-parfait* de l'indicatif, si l'on ne parle pas d'un homme sourd, et l'on dira : *Il n'aurait pas souffert qu'on parlât ainsi de son ami,* s'il avait entendu *ce propos.*

Après l'*imparfait,* le *prétérit défini,* le *prétérit indéfini* et le *plus-que-parfait* de l'indicatif, on se sert du *conditionnel présent* pour marquer un *futur absolu : On disait, on dit, on a dit, on avait dit* que *vous viendriez* si, etc.; *que vous viendrez* serait une faute.

§ 430. *Correspondance des temps du subjonctif avec ceux de l'indicatif.*

Le *présent* du subjonctif correspond :

Au *présent*	Il faut	
Au *futur absolu*	Il faudra	que tu partes.
Au *futur passé*	Il aura fallu	

de l'indicatif.

L'imparfait du subjonctif correspond :

A *l'imparfait*	Je voulais	
Au *prétérit défini*	Je voulus	
Au *prétérit indéfini*	J'ai voulu	que tu
Au *prétérit antérieur*	Quand j'eus voulu	partisses.
Au *plus-que-parfait*	J'avais voulu	
Aux *deux conditionnels*	Je voudrais, j'aurais voulu	

de l'indicatif.

Le *parfait* du subjonctif correspond :

Au *présent*	Il faut	
Au *prétérit indéfini*	Il a fallu	que tu
Au *futur absolu*	Il faudra	aies lu.
Au *futur passé*	Il aura fallu	

de l'indicatif.

Le *plus-que-parfait* du subjonctif correspond :

A *l'imparfait*.	Je voulais	
	Je voulus	que vous eussiez diné.
Aux *prétérits*.	J'ai voulu	
	Quand j'eus voulu	
Au *plus-que-parfait* . .	Si j'avais voulu	que vous eussiez diné.
Aux *deux conditionnels*	Je voudrais	que vous eussiez diné
	J'aurais voulu	avant... etc.

EXPLICATIONS DES RÈGLES PRÉCÉDENTES.

§ 431. Quand le verbe de la proposition principale (c'est-à-dire le premier verbe) est au présent de l'indicatif, on met le verbe de la proposition subordonnée (c'est-à-dire le second verbe) au présent du subjonctif, pour exprimer, 1° un *présent :* Il faut *qu'un citoyen* obéisse *aux lois ;* 2° un *futur :* Je veux *que vous* partiez *demain.*

Quand le premier verbe est au *futur*, le second se met au *présent* du subjonctif pour exprimer le *futur :* Il faudra *que vous* partiez (*demain*).

Si l'on veut exprimer le passé après le *présent* et le *futur absolu*, le second verbe se met au *prétérit du subjonctif : Il suffit que vous* ayez eu *l'intention de m'obliger, pour que je vous* doive *de la reconnaissance. Je craindrai toujours que vous ne* m'ayez *mal* compris.

N. B. C'est par abus que l'on emploie le second verbe pour marquer le *présent* quand le premier verbe est au futur, comme : *Il faudra que vous partiez sur-le-champ.* On doit dire, *il faut que vous partiez,* etc.

EXCEPTION. Quoique le premier verbe soit au *présent*, on peut mettre le second à l'*imparfait* ou au *plus-que-parfait* du *subjonctif*, s'il y a dans la phrase une expression conditionnelle, comme, *si, quand même, quoique, sans* (avec un subjonctif), etc. : *Il n'est point d'homme, quelque mérite qu'il ait, qui ne fût très-mortifié, s'il savait tout ce qu'on pense de lui.* Je doute *qu'il eût réussi, quand même vous l'eussiez protégé.* Je doute *qu'il eût obtenu cela* sans votre protection, c'est-à-dire, *si vous ne l'aviez protégé.* Dans ces phrases, l'imparfait et le plus-que-parfait du subjonctif sont en rapport avec l'expression conditionnelle ; c'est comme si l'on disait : *Vous l'eussiez protégé, qu'il n'eût pas réussi ;* du moins, j'en doute, etc.

Quand le premier verbe est à l'*imparfait*, ou à l'un des *prétérits*, ou au *plus-que-parfait*, ou à l'un des *conditionnels*, on met le second verbe à l'*imparfait* du *subjonctif*, si l'on veut exprimer un *présent* ou un *futur*, par rapport au premier verbe ; mais on le met au *plus-que-parfait* du subjonctif, si l'on veut exprimer un *passé : Je voulais, je voulus, j'ai voulu, j'aurais voulu, etc., que vous partissiez dans un mois.*

Mais on dira, pour exprimer le *passé*, par rapport au premier verbe : *Je ne savais pas, pendant longtemps je ne sus pas, je n'ai pas su, je n'avais pas appris que vous eussiez changé de résolution.*

§ 432. *Rem.* Au lieu de l'imparfait du subjonctif, on met le second verbe au présent, si l'on veut exprimer une action qui peut se faire, qui a lieu dans tous les temps : *Avez-vous pu douter que la vertu ne soit plus estimable que les richesses ?*

Après le *prétérit indéfini*, le second verbe se met presque toujours au *parfait* du subjonctif pour exprimer le passé : *Il a fallu qu'il ait sollicité ses juges* (au lieu de, *qu'il eût sollicité*) *pour obtenir la remise de sa cause.*

DU PARTICIPE.

§ 433. On distingue deux sortes de *participes :* 1° Le *participe présent*, qui est l'adjectif résultant de la décomposition du verbe adjectif, comme, *être aimant*, au lieu de *aimer : aimant* est le participe présent du verbe *aimer ;* 2° le *participe passé*, qui est l'adjectif qui sert avec les verbes auxiliaires à former les temps composés des verbes, *j'ai aimé, j'ai lu*, etc. *Aimé, lu*, sont les participes passés des verbes *aimer, lire.*

On voit que les participes se divisent en deux classes relativement aux temps qu'ils expriment.

DU PARTICIPE PRÉSENT ET DE L'ADJECTIF VERBAL.

§ 434. Le *participe présent* se termine toujours en *ant*, et est toujours *invariable*, c'est-à-dire qu'il ne prend ni le genre ni le nombre du nom ou du pronom qu'il modifie.

Il ne faut pas le confondre avec l'*adjectif verbal*, qui a une ressemblance parfaite avec lui quant à la forme, mais qui est *variable*, c'est-à-dire qui *s'accorde en genre et en nombre* avec le nom auquel il se rapporte.

Nous allons expliquer la différence qu'il y a entre ces deux mots, en établissant les règles qui leur sont applicables :

Le *participe présent* diffère de l'*adjectif verbal* en ce qu'il exprime toujours une *action*, soit que cette action tombe directement sur un objet, comme : *Une femme* aimant *ses enfants ;* soit qu'elle ne tombe qu'indirectement, c'est-à-dire au moyen d'une préposition, sur cet objet, comme : *une femme s'occupant de ses enfants, pensant à ses enfants ;* soit enfin que l'action exprimée par le participe n'ait point d'objet, comme quand je dis, *j'ai vu une femme courant, dormant, parlant,* etc.

L'*adjectif verbal* diffère du *participe présent* en ce qu'il n'exprime jamais une action, mais seulement une *qualité*, un *état*, une *disposition habituelle*. Quand je dis, *c'est une femme aimante*, je veux dire que c'est une femme qui a de la disposition à aimer, sans indiquer si elle fait actuellement l'action d'aimer. — *L'homme et la femme sont des créatures pensantes ;* je veux dire qu'ils ont la faculté de penser, sans indiquer s'ils font l'action de penser. — *Il y a dans ce pays des eaux courantes et dormantes ;* je veux dire que ces eaux sont courantes de leur nature, sans indiquer quelle direction a leur cours ; mais, si j'indiquais cette direction, je dirais, *des eaux courant vers la mer*, parce qu'alors *courant* exprimerait non plus la qualité, la nature des eaux, mais l'action qu'elles font, le but, l'objet vers lequel elles se dirigent; en un mot, parce que *courant*, ayant un régime indirect (vers la *mer*), est un participe présent.

Je dis, *j'ai vu des eaux dormantes*, parce que je veux indiquer la nature, l'état habituel des eaux : il n'y a pas d'interruption dans cet état, voilà pourquoi je me sers de l'adjectif verbal *dormantes;* mais je dis, *j'ai vu une femme dormant*, parce que je ne veux pas dire que la *nature* de cette femme est de *dormir*, mais seulement qu'elle faisait l'action de *dormir* quand je l'ai vue : il y a nécessairement interruption dans l'action, parce qu'il est certain que cette femme ne *dort pas toujours*.

Je dirai encore, *il y a une figure parlante dans ce tableau;* parce que je ne veux pas faire entendre que la figure fait l'action de parler, parle réellement. Je veux dire seulement qu'elle est représentée avec tant de vérité, qu'elle a l'air de parler. Mais je dirai, *j'ai vu une femme parlant avec beaucoup de feu*, parce que j'indique ici que la femme faisait l'action de parler.

Je dirai, avec le participe, *je les ai vus* mourant *sur le champ de bataille*, parce que je veux exprimer qu'ils faisaient l'action de mourir, qu'ils mouraient lorsque je les ai vus, et qu'ils sont morts actuellement. Je dirai, avec l'adjectif verbal, *je les ai laissés* mourants *sur le champ de bataille*, parce que j'exprime ici l'état dans lequel je les ai laissés : ils étaient dans l'état d'hommes qui sont près de mourir; *ils étaient moribonds*, mais peut-être ne sont-ils pas morts.

Remarque. Appartenant est participe ou adjectif. Il est participe lorsqu'on peut tourner la phrase par *que, comme, parce que : Cette maison* appartenant *aux héritiers, ils peuvent en disposer*, c'est-à-dire, *vu que, comme cette maison appartient aux héritiers, ils peuvent*, etc. — Il est adjectif lorsque la phrase n'exprime point une conséquence : *C'est une maison* appartenante *aux héritiers.*

§ 435. On reconnaît encore que le mot en *ant* est au participe présent, lorsqu'il est précédé de la préposition *en*, ou lorsqu'on peut sous-entendre cette préposition avant ce mot : *Combien de pères* tremblant, *ou,* en tremblant *de déplaire à leurs enfants, leur préparent de cuisants chagrins pour l'avenir.*

§ 436. Le gérondif, c'est-à-dire le participe présent précédé de la préposition *en*, doit toujours se rapporter au sujet. Ainsi, *je l'ai aperçu en passant* signifie *je l'ai aperçu lorsque je passais*, et non *lorsqu'il passait*. On ne pourrait donc pas dire, *je l'ai aperçu en se promenant*, au lieu de *lorsqu'il se promenait.*

Il faut remarquer aussi que le *gérondif* doit toujours se rapporter à un sujet exprimé ; on ne peut donc pas dire : *Soyez persuadé qu'en obligeant mon ami, c'est m'obliger moi-même ;* il faut dire : *Soyez persuadé qu'en obligeant mon ami,* VOUS *m'obligerez moi-même.*

§ 437. Le participe présent peut se rapporter également au sujet et au régime : *Je ne puis vous accompagner,* ayant *des affaires qui me retiennent à la maison,* c'est-à-dire, parce que j'ai des affaires. *J'ai trouvé votre frère* ayant *beaucoup d'affaires, et ne* pouvant *les terminer ;* ayant*,* pouvant*,* se rapportent au régime *frère.*

---

§ 435. On reconnaîtra que le mot en *ant* peut être précédé de la préposition *en*, s'il peut répondre à la question *comment ? en quoi ? Comment* les pères préparent-ils des chagrins ? RÉP. *En tremblant de,* etc. — *La mer* mugissant *ressemblait à une personne irritée. En quoi* la mer ressemblait-elle à une personne irritée ? RÉP. *En mugissant, parce qu'elle mugissait.*

§ 437. Il ne faut pas employer de suite deux participes présents sans les joindre par une conjonction : *L'ambitieux,* espérant et craignant *sans cesse, n'a pas un seul moment de repos.* S'il y a plusieurs participes de suite, on met seulement une conjonction avant le dernier : *Le temps est un vrai brouillon* mêlant, séparant, approchant, éloignant et bouleversant *toutes choses.*

§ 438. On ne doit mettre le pronom relatif *en*, ni avant un participe ni avant un gérondif. On ne peut pas dire : *Je vous ai confié mon fils*, en voulant *faire un jeune homme instruit;* il faut dire, *voulant en faire.* Au lieu de dire : *On augmente ses richesses* en en *faisant un bon emploi;* dites : *en faisant un bon emploi de ses richesses, on les augmente.*

§ 439. Le verbe de la proposition subordonnée (c'est-à-dire le verbe qui suit le participe présent) se met au présent du subjonctif, si la phrase indique qu'il s'agit d'une action présente ou non encore faite, comme : *Mon père,* désirant que je parte *aujourd'hui ou demain au plus tard,* m'envoie de l'argent, c'est-à-dire, *comme mon père* désire que je parte, *il m'envoie,* etc. S'il s'agit d'une action passée, le verbe se met à l'imparfait du subjonctif : *Mon père,* désirant que je partisse, m'a envoyé de l'argent, c'est-à-dire, *comme mon père* a désiré que je partisse, *il m'a envoyé de l'argent.*

DU PARTICIPE PASSÉ.

§ 440. Dans certains cas, le participe passé est invariable ; dans d'autres, il s'accorde en genre et en nombre avec le nom ou le pronom auquel il se rapporte.

Du participe passé employé comme adjectif.

§ 441. Le *participe passé*, employé adjectivement, c'est-à-dire sans auxiliaire, s'accorde comme l'adjectif en genre et en nombre avec le substantif ou le pronom auquel il se rapporte. Ex. : *Les lettres* protégées *par Louis XIV ont illustré son règne. Que de noms illustres aujourd'hui demeureront* ensevelis *dans l'oubli !*

EXCEPTION. Les participes *attendu, vu, supposé, excepté, y compris, ci-joint, ci-inclus,* sont invariables lorsqu'ils précèdent le substantif, parce qu'alors ils font l'office de prépositions : Vu *l'autorisation du ministre.* Attendu *les circonstances.* Excepté *vous et votre* ami. *Vous trouverez* ci-inclus., ci-joint *deux traites de mille francs*, etc. (*).

Mais on dirait : *Vous et vos amis* exceptés. *Les deux traites* ci-jointes, ci-incluses, etc.

§ 442. *Remarque.* Lorsque le participe est placé au commencement d'une phrase, il doit se rapporter d'une manière précise et sans équivoque au nom ou au pronom avec lequel il s'accorde. Ex. : *Quoique* surpris *par l'ennemi*, nos soldats *firent bonne contenance.*

Mais on ne doit pas dire : *Quoique* surpris *par l'ennemi*, *je vis* nos soldats *faire bonne contenance;* parce que *surpris* paraît d'abord se rapporter au pronom *je*. Il faudrait dire : *Je vis nos soldats, quoique surpris par l'ennemi, faire bonne contenance.*

Même observation pour le participe présent, et pour tous les adjectifs.

Accord du participe passé avec le sujet.

§ 443. Le *participe passé*, quand il est accompagné de l'auxiliaire *être*, s'accorde en genre et en nombre avec le sujet du verbe *être*, comme les autres adjectifs. Ex. : *Tôt ou tard* la vertu *est* récompensée; *tôt ou tard* les crimes *sont* punis.

Le participe, dans les temps composés des verbes neutres qui se construisent avec le verbe *être*, comme *je suis venu, nous sommes tombés,* suit la règle des verbes passifs, c'est-à-dire qu'il s'accorde avec le sujet : *Mes* sœurs *sont* arrivées *ce matin*. Nous serons partis *à* midi. La neige est tombée *en grande quantité.*

§ 444. Le *participe passé*, quand il est accompagné de l'auxiliaire *avoir*, ne s'accorde jamais avec le *sujet*. Ex. : Les Romains *ont* triomphé *des nations les plus belliqueuses*. Les Amazones *ont* acquis *de la célébrité.*

(*) *N. B.* Il en serait de même de tous les participes, s'ils pouvaient se placer avant le substantif.

Remarque. Le participe *été* est toujours invariable.

Accord du participe passé avec le régime direct.

§ 445. Le *participe passé*, quel que soit l'auxiliaire qui l'accompagne, s'accorde toujours avec son régime direct, quand ce régime le précède.

Le régime, placé avant le participe, est ordinairement un de ces mots : *que, me, te, se, nous, vous, le, la, les*, ou un substantif précédé de *quel, quelle*, ou de *que de, combien de.*

La leçon que *j'ai* apprise. *Les livres* que *j'ai* achetés. *Votre père* m'a accueillie *avec bonté* (si c'est une femme qui parle). *Tu me dis, ma sœur, que cette nouvelle t'a* surprise. *Les ennemis* se *sont* rendus *maîtres de la ville.* *Cette femme* s'est toujours bien conduite. (Dans ces deux phrases, le verbe *être* remplace le verbe *avoir* : *Se sont rendus*, est pour *se ont rendus* ; *s'est conduite*, pour *se a conduite*.) *Dieu* nous *a* distingués *des autres animaux par le don de la parole. Messieurs,* je vous *avais* invités *à dîner. Je vous avais donné une lettre pour mon frère,* la *lui avez-vous* remise ? *Vos projets me sont connus,* je les *ai* approuvés. *Les lettres que j'attendais sont arrivées,* on me les *a* remises. Quels amis *vous avez* perdus *par votre faute !* Que *ou* combien d'ennemis *il a* vaincus ! Que de villes *il a* prises !

Dans toutes ces phrases, le *régime direct* est placé avant les *participes.*

Pour s'en assurer, on peut se faire la question *qui?* pour les personnes ; *quoi?* pour les choses. Le mot qui répond à cette question est le régime du participe.

La leçon que *j'ai apprise. J'ai appris* quoi ? La leçon, *représentée par* que. *Votre père* m'a accueillie *avec bonté. Votre père a accueilli* qui ? moi. *Ma sœur, cette nouvelle t'a surprise. Cette nouvelle a surpris* qui ? toi. *Dieu nous a distingués des autres animaux. Dieu a distingué* qui ? nous. Quels amis *vous avez perdus ! Vous avez perdu* qui ? quels amis. Que de villes *il a prises ! Il a pris* quoi ? que de villes *(beaucoup de villes).*

DU PARTICIPE PASSÉ DANS LES VERBES NEUTRES.

§ 446. Les verbes neutres ne peuvent avoir de régime direct ; par conséquent le participe passé, dans ces verbes, est invariable, lorsqu'il est précédé du verbe *avoir*.

On verra, en effet, dans les exemples suivants, que le mot placé avant le participe est toujours sujet ou régime indirect du verbe.

Exemples du sujet :

Ces livres n'ont pas encore paru. *Dites-moi* quels vices *ont plus* nui *aux hommes que l'orgueil et la paresse. Avez-vous vu* quelle joie *a* éclaté *dans ses yeux?*

Ce sont les vices qui ont nui ; c'est la joie qui a éclaté.

Exemples du régime indirect :

Ces livres nous *ont* paru *intéressants ;* c'est-à-dire, *ont paru intéressants à nous.*

§ 447. Le participe ne doit pas non plus prendre l'accord dans les phrases suivantes, où *que* est employé adverbialement pour *pendant lequel, laquelle,* etc. *L'heure qu'il a* parlé, c'est-à-dire, *pendant laquelle il a* parlé ; *la nuit qu'il a* couché *dans ma chambre,* c'est-à-dire, *pendant laquelle il a* couché.

Les participes des verbes actifs sont également invariables après le *que* adverbial.

Toutes les heures qu'il *a* souffert, c'est-à-dire, *pendant lesquelles* (*).

§ 448. Quand les verbes neutres ont un sens actif, le participe prend l'accord, parce qu'alors il a un régime.

(*) Nous croyons devoir donner comme exemple la phrase suivante, dont la construction, quoiqu'elle puisse paraître étrange, est cependant régulière : *Les deux jours* que *l'armée a* traversé *la ville, a* passé *par la ville, j'étais absent,* c'est-à-dire, *les deux jours pendant lesquels.* Mais on dirait en faisant accorder le participe, *j'ai été absent pendant les deux jours* que *l'armée a* passés *dans la ville,* c'est-à-dire, *pendant les deux jours, lesquels jours l'armée a passés.* *Que,* dans cette phrase, n'est plus adverbe, mais il est relatif.

Ex. : *Les dangers* qu'il a courus. *La langue anglaise* qu'il a parlée *si bien. Les enfants* que *cette mère avait* pleurés. *Les récompenses* que *sa bonne conduite lui a* values. Que de peines *m'a* coûtées *cet ouvrage !* En effet, on peut dire, *courir des dangers, parler une langue, pleurer un enfant, valoir des récompenses, coûter des peines.*

DU PARTICIPE PASSÉ DANS LES VERBES PRONOMINAUX.

§ 449. Les verbes pronominaux se divisent en deux classes : les verbes pronominaux *essentiels*, qui se conjuguent toujours avec deux pronoms de la même personne, comme *je me souviens, je me repens;* et les verbes pronominaux *accidentels*, formés des verbes actifs et des verbes neutres, employés accidentellement avec deux pronoms, comme *je me rappelle, je me plais.*

Le participe des verbes pronominaux *essentiels* s'accorde toujours avec le régime, parce que, dans ces verbes, le second pronom est toujours placé en régime direct avant le participe. Ex. : *Elle s'est* souvenue *de cela. Nous* nous *sommes* repentis *de notre imprudence. Ils* se *sont* moqués *de vous. Les ennemis* se *sont* enfuis.

Il faut excepter le verbe *s'arroger*, dans les temps composés duquel le second pronom est toujours employé comme régime indirect. Ex. : *Ils* se *sont* arrogé *des droits qu'ils n'ont pas*, c'est-à-dire, *ils ont arrogé, attribué à eux des droits.*

§ 450. Le participe passé des verbes pronominaux *accidentels actifs* prend aussi l'accord, lorsque le second pronom est régime direct, ce qui a lieu quand il ne peut pas se tourner par *à moi, à toi, à soi, à nous, à vous, à eux*, etc.

Ainsi l'on écrira : *Elle s'est* coupée, c'est-à-dire, *elle a coupé soi, elle. Ils* se *sont* percés *de leurs épées*, c'est-à-dire, *ils ont percé eux. Nous* nous *sommes* présentés *à nos amis*, c'est-à-dire, *nous avons présenté nous à nos amis. Messieurs, vous* vous *êtes* montrés *favorables à mon frère*, c'est-à-dire, *vous avez montré vous favorables.*

§ 451. Mais si le pronom régime peut se tourner par *à moi, à toi, à soi, à nous, à vous, à eux,* etc., alors il est régime indirect, et le participe est invariable ; c'est ce qui a lieu quand le participe est suivi lui-même d'un régime direct. Ainsi l'on écrira : *Elle s'est* coupé *le doigt,* c'est-à-dire, *elle a coupé le doigt à soi, à elle. Ils se sont* percé *la poitrine de leurs épées,* c'est-à-dire, *ils ont percé la poitrine à soi, à eux. Nous* nous sommes présenté *réciproquement nos amis,* c'est-à-dire, *nous avons présenté à nous nos amis. Messieurs,* vous vous êtes rendu *mon frère favorable,* c'est-à-dire, *vous avez rendu mon frère favorable à vous.*

§ 452. Dans les verbes pronominaux *accidentels neutres,* le participe est toujours invariable, parce que ces verbes ne peuvent avoir de régime direct. Ex. : *Ils se sont* nui *à eux-mêmes. Nous nous sommes* plu *à vous rendre ce service. Vous vous êtes* parlé *longtemps sans pouvoir vous entendre. Ces événements se sont* succédé *sans interruption,* etc.

C'est-à-dire *nous avons plu à* nous..... *vous avez parlé à* vous... *les événements ont succédé à* eux.

Remarque. Les seuls verbes pronominaux accidentels neutres sont : *Se nuire, se parler, se succéder, se plaire, se rire, se déplaire, se sourire.*

§ 453. RÉSUMÉ. On voit, par les règles que nous avons établies, que le participe est invariable quand il est suivi de son régime ou quand il n'a point de régime. Ex. : *Les profits auxquels il a* participé *sont considérables. Cet homme vous a* rendu *de grands services. Lucrèce s'est* donné *la mort.*

DU PARTICIPE PASSÉ DANS LES VERBES IMPERSONNELS.

§ 454. Quoique les verbes impersonnels paraissent avoir un sens actif, cependant ces verbes ne sont jamais employés que pour marquer l'existence, et, par conséquent, le participe, dans les temps composés de ces verbes, est invariable, parce qu'il n'a point de régime.

Ainsi l'on écrit : *Les inondations qu'il y a eu. La sé-cheresse qu'il a fait. Que d'années il a fallu pour découvrir les choses les plus simples !*

En effet, dans ces phrases, les verbes sont employés dans un *sens neutre ;* c'est comme si l'on disait : *Les inondations* qui ont existé ; *la sécheresse* qui a existé ; *que d'années* ont été nécessaires !

Ainsi, le participe est *invariable* toutes les fois que le verbe est employé comme *impersonnel.* On dira donc : *Il est* arrivé *de grands malheurs. Il s'est* rencontré *des hommes. Il s'est* présenté *une occasion. Quels avantages en est-il* résulté ?

DU PARTICIPE PASSÉ SUIVI D'UN INFINITIF.

§ 455. Quand le participe passé , conjugué avec l'auxiliaire *avoir*, est suivi d'un infinitif, il faut considérer si le régime placé avant le participe appartient à ce participe ou à l'infinitif.

1° Le régime appartient au participe, quand l'infinitif qui le suit est un verbe neutre, parce qu'un verbe neutre ne peut avoir de régime direct. Alors le participe prend l'accord. Ex. : *Je* les *ai* vus *partir*, c'est-à-dire , *j'ai vu eux partir. Ils* nous *ont* entendus *parler*, c'est-à-dire , *ils ont entendu nous parler. Cette dame s'est* laissée *tomber*, c'est-à-dire, *a laissé elle tomber.*

2° Si le participe est un verbe neutre, et l'infinitif un verbe actif, le régime appartient à l'infinitif, et le participe reste invariable : *Je vous envoie les livres* que *vous avez* paru *désirer*. On ne peut pas dire : *Vous avez paru les livres désirer*. Le sens est, *vous avez paru désirer les livres.*

3° Si l'infinitif et le participe sont tous deux actifs , le participe prend l'accord si le régime lui appartient; si, au contraire, le régime appartient à l'infinitif, le participe reste invariable.

Le régime appartient au participe quand c'est le nom représenté par le régime qui fait l'action exprimée par l'infinitif. Dans le cas contraire, le régime appartient à l'infinitif.

Ainsi l'on écrit :

(AVEC ACCORD.)	(SANS ACCORD.)

L'actrice que *j'ai* enten-due *chanter.*

Parce que c'est le nom (*actrice*) représenté par le régime *que* qui fait l'action de chanter.

La dame que *j'ai* vue *peindre.*

Je veux dire que j'ai vu une dame qui peignait.

Je les *ai* vus *applaudir.*

J'ai vu eux qui applaudis-saient.

Les propositions que je les *ai* entendus *faire.*

J'ai entendu eux faire les pro-positions.

Les secours qu'on vous a offerts, madame, je vous *les ai* vue *refuser.*

C'est vous qui avez refusé les secours.

La romance que *j'ai* en-tendu *chanter.*

Parce que ce n'est pas le nom (*romance*) représenté par *que* qui fait l'action de chanter.

La dame que *j'ai* vu *peindre.*

Je veux dire que j'ai vu pein-dre la dame, faire le portrait de la dame.

Je les *ai* vu *applaudir.*

J'ai vu eux qui étaient ap-plaudis.

Les propositions que je leur *ai* entendu *faire.*

On leur faisait les proposi-tions, ce n'étaient point eux qui les faisaient.

Les secours que vous avez demandés, madame, je vous les ai vu *refuser.*

Ce n'est pas vous qui avez refusé, c'est à vous qu'on a re-fusé les secours.

§ 456. Lorsque l'infinitif est suivi d'un régime, il n'y a plus de difficulté, parce qu'alors le régime placé avant le participe appartient évidemment à ce parti-cipe. Ex. : *Je* les *ai* entendus *implorer votre secours. Je* les *ai* vus *applaudir cette pièce.* (Ce sont eux qui imploraient, qui applaudissaient.)

§ 457. Quelques grammairiens prétendent que le participe *laissé*, suivi d'un infinitif, est toujours inva-riable comme le participe *fait.*

Nous pensons que le participe *laissé* est soumis à toutes les règles que nous avons données, et que l'on doit écrire avec accord, *ils* se *sont* laissés *tomber, vous* les *avez* laissés *tomber,* parce que le verbe neutre *tom-ber* ne peut avoir de régime ; et sans accord, *ils* se *sont* laissé *tuer, vous* les *avez* laissé *tuer,* parce que les

régimes (*se, les*) appartiennent au verbe actif *tuer. Vous
les avez* laissés *tuer leurs ennemis,* c'est-à-dire, *vous avez
laissé eux tuer leurs ennemis. Vous* les avez laissé *tuer
par leurs ennemis,* c'est-à-dire, *vous avez laissé tuer
eux. Vous* les avez laissés *se divertir, s'ennuyer,* etc.,
c'est-à-dire, *vous avez laissé eux se divertir,* etc.

§ 458. Le participe *fait,* suivi d'un infinitif, est
toujours invariable, parce qu'il ne peut se séparer par
le sens de cet infinitif. Ainsi l'on écrira sans accord :
Les incidents que *vous avez* fait *naître. Sa mère* qu'il a
fait *mourir de douleur. La pièce* que *la cabale a* fait
tomber (*).

§ 459. Le participe est encore invariable dans les
phrases où il est précédé de *que* et suivi d'un infinitif
actif qui se trouve construit avec les prépositions *à* ou
de, sans être suivi d'un second régime, parce qu'alors
le *que* est régi par l'infinitif. Ex. : *La vertu* que *vous
m'avez* appris *à estimer.* (*Vous m'avez appris* quoi ? *à
estimer la vertu.*) *L'expédition* que *nous avons* résolu *d'entreprendre.* (*Nous avons résolu* quoi ? *d'entreprendre l'expédition.*) *L'entreprise* que *nous nous sommes* proposé
d'exécuter. (*Nous avons proposé à nous* quoi ? *d'exécuter
l'entreprise.*) *La lettre* que *j'ai* chargé *ma sœur de vous
écrire.*

§ 460. Mais, s'il y a deux régimes dans la phrase,
l'un avant le participe, l'autre après l'infinitif, le participe s'accorde avec le régime qui le précède, parce
qu'autrement les deux régimes appartiendraient à l'infinitif ; ce qui ne peut être : *La joie* que *nous avons* res-
sentie *de voir votre frère.* (*Nous avons ressenti* quoi ?
la joie ; de voir qui ? *votre frère.*) *Nous nous sommes* pro-
posés *pour exécuter cette entreprise.* (*Nous avons proposé*

(*) *Remarque.* Lorsque l'infinitif qui suit le participe *fait* a un
régime direct, le participe ne peut être précédé lui-même d'un
autre régime direct, parce que ces deux régimes appartiendraient
à l'infinitif ; ce qui serait incorrect, puisque le même verbe ne
peut avoir deux régimes directs. On ne dira donc pas : *Je les ai*
fait *acheter des livres ;* mais on dira, *je leur* ai fait *acheter
des livres.*

qui ? **nous** ; *pour exécuter* quoi ? *cette entreprise.*) *Nous* nous *sommes* chargés *d'exécuter cette entreprise.* (*Nous avons chargé* qui ? nous.)

RÉSUMÉ. Ainsi l'on écrira sans accord, *l'entreprise* que *j'ai* eu *la satisfaction d'achever.* Et avec accord, *la satisfaction* que *j'ai* eue *d'achever cette entreprise.*

§ 461. L'infinitif est quelquefois sous-entendu après les participes des verbes *devoir, valoir, pouvoir ;* alors le participe est invariable. Ex. : *Il a fait tous les efforts qu'il a* pu (sous- entendu *faire*). *Il n'a pas donné à cette affaire tous les soins qu'il aurait* dû (sous-entendu *y donner*). *Il lui a accordé tous les avantages qu'il a* voulu (sous-entendu *obtenir*).

Mais on écrit avec accord, *il m'a toujours payé toutes les sommes* qu'*il m'a* dues. *Il veut fortement toutes les choses* qu'*il a* voulues.

Il n'y a pas d'infinitif sous-entendu après *dû* et *voulu.*

Du participe placé entre deux que.

§ 462. Le participe placé entre un *que* relatif et la conjonction *que* est invariable, parce que le relatif *que* est le régime du verbe de la proposition subordonnée. Ex. : *Les obstacles* que *j'ai* présumé que *vous feriez naître ne sont pas insurmontables.* J'ai présumé quoi ? *Que vous feriez naître* les obstacles, lesquels obstacles. Le premier *que* est relatif au substantif *obstacles ;* il le représente, et il est le régime de *vous feriez naître,* et non du participe *présumé.*

§ 463. On écrira aussi, sans faire accorder le participe, *ces anecdotes ne sont pas aussi intéressantes* que *je* L'*avais pensé,* que *je* L'*avais* cru. *Leurs richesses ne sont pas aussi considérables* que *je* L'*avais* imaginé.

Le sens de ces phrases est : *Ces anecdotes ne sont pas aussi intéressantes, leurs richesses ne sont pas aussi considérables que j'avais pensé, que j'avais cru, que j'avais imaginé qu'elles l'étaient.*

Dans ces phrases, *que* n'est point relatif ; car il ne

peut pas se tourner par *lequel :* c'est la conjonction *que* placée après *aussi.* Et LE, placé avant *pensé, imaginé,* ne représente pas les substantifs *anecdotes, richesses;* il représente un membre de phrase : *qu'elles l'étaient.*

Du participe précédé du pronom EN.

§ 464. Le pronom *en*, qui précède le participe, peut être *régime direct* ou *régime indirect.*

Le pronom *en* tient la place d'un régime direct dans les phrases qui expriment comparaison, et alors le participe est invariable, parce que le pronom *en*, représentant toujours un membre de phrase et non un substantif, n'a ni genre ni nombre. Ex. : *Il a fait* plus *d'exploits* que *d'autres n'*en *ont* lu; c'est-à-dire, *n'ont lu d'exploits. Vous commettrez* moins *d'erreurs* que *je n'*en ai *commis moi-même.* (*Commis* et non *commises.*) *Il a écrit* plus *de lettres* que *je n'*en ai *reçu* (et non *reçues*). *Il vous a rendu* autant *de services* que *vous lui* en *avez* rendu.

N. B. Dans ces phrases, *que* n'est point le régime du participe, puisqu'il est adverbe, et qu'il ne peut se tourner par *lequel, lesquelles.* On ne peut pas dire, *il a fait plus d'exploits* lesquels *d'autres n'en ont lu.*

§ 465. Mais si *en* est régime indirect, alors le *que* n'étant plus adverbe, mais relatif, le participe s'accorde avec le nom représenté par *que.* C'est ce qui a lieu quand la phrase n'exprime pas comparaison. Ex. : *Je n'ai point été à Paris, mais les lettres* que *j'*en *ai reçues me déterminent à partir pour cette ville ;* c'est-à-dire, *les lettres, lesquelles* (lettres) *j'ai reçues de Paris. Il s'applaudit d'avoir fait ce voyage à cause des avantages* qu'il en *a retirés;* c'est-à-dire, *lesquels il a retirés de ce voyage.*

Dans ces phrases, *que* est relatif, et *en* est régime indirect. Ainsi, toutes les fois que la phrase n'exprime point comparaison, *en* est régime indirect, et le participe s'accorde avec le *que,* qui alors est relatif.

Accord du participe avec LE PEU *ou avec le substantif
qui suit cette locution.*

§ 466. Si le participe passé est précédé des mots
le peu suivis d'un substantif, il s'accorde, suivant le sens
de la phrase, avec *le peu*, ou avec le substantif.

Le participe s'accorde avec *le peu*, et par conséquent est invariable, quand c'est à cette locution que
se rattache l'idée principale exprimée dans la phrase ;
dans le cas contraire, le participe s'accordera avec le
substantif qui suit *peu* et qui est représenté par *que*.

Ainsi l'on écrira sans accord : Le peu *de bienveillance* que *vous lui avez* témoigné *l'a découragé*. En
effet, ce n'est pas la bienveillance que vous lui avez
témoignée, mais c'est le peu (de bienveillance) qui l'a
découragé. Le peu *d'eau qu'il a* bu *n'a pu le désaltérer*.
Ce n'est pas parce qu'il a bu de *l'eau*, mais parce qu'il
en a bu *peu*, qu'il n'a pu se désaltérer.

Avec accord : *Le peu* de bienveillance que *vous lui
avez* témoignée *a suffi pour l'encourager*. Ce n'est pas *le
peu* (de bienveillance), mais c'est *la bienveillance* qui
l'a encouragé.

Le peu d'eau qu'il a bue *imprudemment lui a donné
la fièvre*. C'est parce qu'il a bu de l'eau, et non parce
qu'il en a bu *peu*, qu'il a la fièvre.

Remarque. On lit dans le Dictionnaire de l'Académie, édition
de 1835 : « Plusieurs personnes écrivent, *les vingt mille francs*
que *cette maison m'a* coûtés ; *les efforts* que *ce travail m'a*
coûtés ; *la peine qu'il m'a* coûtée. *L'exactitude* grammaticale
exige, *les vingt mille francs* que *cette maison m'a* coûté ; *les
efforts* que *ce travail m'a* coûté. »
Cependant nous pensons, avec l'auteur de la Grammaire des
Grammaires, que *coûté*, ayant ici un sens actif, doit prendre
l'accord. Il en est de même de *valu*, participe du verbe *valoir :
Les honneurs* que *son mérite lui a* valus.

DES PRÉPOSITIONS. (*Voyez* Ire partie, § 120.)

§ 467. Toute préposition a nécessairement pour
complément *un nom, un pronom* ou *un infinitif*, parce

que ce sont les seuls mots qui puissent, avec la préposition, déterminer le sens général de l'*antécédent*. Quand je dis, *l'exercice est utile à la santé*, ces mots, *à la santé*, déterminent le sens général de l'adjectif *utile*. *Je travaille pour m'instruire*. Le sens général du verbe *travailler* est déterminé par ces mots *pour m'instruire*.

Division des prépositions.

§ 468. Les rapports qui peuvent exister entre deux objets sont infinis; cependant le nombre des prépositions qui mettent en rapport les objets n'est pas très-considérable, parce que souvent une même préposition exprime des rapports différents et même opposés. Ainsi dans ces phrases : *éloignez-vous* de *moi*, *approchez-vous* de *moi*, la préposition *de* exprime deux rapports opposés, l'un d'*éloignement*, l'autre de *rapprochement*.

On voit que les rapports qu'expriment les prépositions sont très-nombreux; mais on les réduit ordinairement à *neuf*, savoir : rapports *de lieu*, *d'ordre*, *d'union*, *de séparation*, *d'opposition*, *de but*, *de cause*, *de moyen* et *de spécification*.

(*Voyez* Irᵉ partie, § 121—130.)

§ 469. Parmi les prépositions qui marquent le lieu, il en est plusieurs qui s'emploient aussi comme adverbes; ce sont : *Autour* : Le palais était fermé, *autour* veillait une garde nombreuse. — *Contre* : J'étais tout *contre*. — *Devant* : Si vous êtes pressé, courez *devant*. — *Derrière* : Qu'importe que cela soit *devant* ou *derrière*. —*Près* : Regarder de *près*.—*Proche* : Il demeure ici *proche*. — *Auprès* : Je ne puis voir cela si je ne suis *auprès*.

§ 470. Les prépositions qui marquent l'ordre sont: *avant*, *après*, *entre*, *depuis*.

On emploie adverbialement *avant* : N'allez pas si *avant*. —*Après* : Vous irez devant, et lui *après*.—*Depuis* : Il est parti, et je ne l'ai point vu *depuis*.

§ 471. Divisées selon leur régime, les prépositions sont de deux espèces : 1° celles qui régissent les noms sans le secours d'une autre préposition ; 2° celles qui régissent les noms à l'aide des prépositions *à* ou *de*.

Les prépositions qui régissent les noms sans le secours d'une autre préposition sont : *à, de, dès, après, attendu, avant, avec, chez, concernant, contre, dans, depuis, derrière, dessus, dessous, devers, devant, durant, en, entre, envers, excepté, hors* (dans le sens d'*excepté*), *hormis, malgré, moyennant, joignant, nonobstant, contre, outre, par, pour, parmi, pendant, sans, sauf, selon, sous, suivant, sur, touchant, à travers, voici, voilà, vu*.

§ 472. Les prépositions qui se construisent avec *de* sont : *Auprès, autour, ensuite, faute, hors* (marquant exclusion du lieu et des choses), *loin, près, proche*.

Il faut y joindre différentes *locutions prépositives*, comme : *à cause, à côté, à couvert, à fleur, à force, à l'insu, à moins, à rez, au deçà, au delà, au travers, vis-à-vis*, etc. , etc.

Ainsi l'on dit : *Autour de la ville, près de la barrière au travers des bataillons ennemis, vis-à-vis de la promenade*, etc.

Remarque. Dans certaines locutions familières, la préposition *hors* s'emploie sans la préposition *de : Il est logé hors la barrière*. On dit aussi *hors* (*hormis, excepté*) *vous et moi*. L'usage permet aussi de supprimer *de* après la préposition *près* dans certaines phrases : *Être logé près le Palais-Royal ; Passy près Paris*, etc. (L'Académie.)

Hors régit toujours *de* avant un infinitif : *Hors de le battre, il ne pouvait le traiter plus mal*. Mais, avec les autres modes, *hors* régit *que : Hors qu'il ne l'a pas battu, il ne pouvait le traiter plus mal*.

§ 473. Les prépositions qui veulent être suivies de *à* sont : *Jusque, attenant, quant, sauf*, et la locution prépositive *par rapport*.

Remarque. L'Académie dit : *Tout attenant du palais, au palais, le palais. — Sauf* se construit ordinairement sans *à : sauf meilleur avis ;* mais on dit, *sauf à eux à se pourvoir. Sauf* se construit toujours avec *à* devant un infinitif : *sauf à déduire*.

Outre les prépositions qui se construisent avec *à* et *de*, il y en a encore qui se construisent avec d'autres prépositions ; telles sont : *De, hors, excepté, pour, jusque, par.* — *De* régit *après, avec, en, entre, chez, par.* Ex. : *D'après nature, la partie d'en haut, peu d'entre eux, de chez vous, de par le roi.* On dit : *Hors* ou *excepté* contre *vous, pour* après *le dîner, jusqu'*en *Laponie, jusque* par delà *les monts, jusque* sur *le toit*, etc. ; *par* dessus, *par* devant, *par* derrière, etc.

§ 474. Un nom peut être régi par deux prépositions, pourvu que ces prépositions ne veuillent pas différents régimes. On dira : *Un homme qui écrit* pour *et* contre *un parti, est méprisable.* Mais on ne pourra pas dire : *En faveur et contre un parti*, parce que *en faveur* se construit avec *de*, tandis que *contre* se construit sans préposition.

De la répétition des prépositions.

§ 475. Les prépositions *à, de, en*, se répètent avant chaque nom, chaque pronom, chaque infinitif qui en est le régime : *Tout homme se doit à sa patrie et à sa famille. Il est riche en terres et en maisons. Il ne faut pas craindre de soutenir et de faire triompher la vérité.* On s'exprimerait mal en disant, *de soutenir et faire triompher.*

§ 476. La préposition *sans* doit se répéter ; mais on peut la retrancher quand on peut la remplacer par *ni* avant le second régime. Ex. : *Sans peine et sans plaisir*, ou, *sans peine ni plaisir.*
On dira aussi, *il fut condamné* sans *avoir été entendu* ni *examiné.* Mais, s'il y a une négation dans le premier membre de phrase, on ne répètera pas *sans* et l'on n'exprimera pas *ni : Il ne fut pas condamné* sans *avoir été entendu et examiné.*

§ 477. Les autres prépositions doivent se répéter avant les mots qui ont entre eux un sens opposé, ou qui n'ont pas le même sens ; mais elles ne se répètent pas ordinairement avant les mots qui sont à peu près synonymes.

Exemples où les prépositions sont répétées.

Selon Dieu et *selon* le monde. *Dans* la ville et *dans* la campagne. Soyez juste *envers* vos semblables et *envers* vous-même.

Exemples où les prépositions ne sont pas répétées.

Agir *selon* la sagesse et la raison. Vivre *dans* la mollesse et la volupté. Montrez-vous généreux *envers* le pauvre et l'opprimé.

§ 478. Cependant les prépositions se répètent souvent pour donner plus de force à l'expression. Mais il ne faut jamais les répéter avant deux substantifs qui désignent une seule et même chose. Ex. : *Il y a dans le roman de* Paul et Virginie *des situations pleines d'intérêt.* Il ne faudrait pas dire, *de Paul et de Virginie,* parce qu'on ne parle pas de deux romans.

Il faut éviter, autant que possible, de répéter une préposition avec divers sens dans une même phrase, comme : *La garnison marcha* contre *l'ennemi qui s'avançait* contre *la ville.* Dites, *la garnison marcha au-devant de l'ennemi, qui,* etc.

Place des prépositions.

§ 479. Les prépositions doivent toujours être à la tête des mots qu'elles régissent, et se placer dans la phrase de manière à ce qu'il n'y ait point d'obscurité dans les circonstances qu'elles indiquent. Ex.: *Combien ne voit-on pas de gens qui,* avec beaucoup d'esprit, *commettent de très-grandes fautes !* Si l'on disait : *Combien ne voit-on pas de gens qui commettent de très-grandes fautes avec beaucoup d'esprit,* il y aurait équivoque dans la phrase.

Observations sur l'emploi de plusieurs prépositions.

§ 480. AUTOUR, ALENTOUR. *Autour* est une préposition qui ne présente un sens complet qu'autant qu'elle est suivie d'un régime : *Tous les grands du royaume étaient autour du trône. Alentour* est un adverbe qui présente un sens complet, et qui ne peut avoir de régime : *Le roi était sur son trône et les grands du royaume étaient* alentour. *Les échos d'alentour,* et non, *les échos d'autour.*

§ 481. AVANT, AUPARAVANT. *Avant* est une préposition ; *auparavant* est un adverbe : *Il partira* avant *un mois. Il était parti un mois* auparavant.

Avant, devant. Avant exprime priorité soit de temps, soit de lieu : *Avant la fin de l'année. Ma maison est avant l'église.*

Devant se dit seulement du lieu : *Mettez cela* devant *le feu ; ôtez-vous de* devant *mon jour.* On ne doit pas dire *devant la fin de l'année* (*).

§ 482. *Avant de, avant que de.* On peut dire : *Je viendrai vous voir* avant que de *partir ;* mais on dit mieux, *avant de partir.* La première locution a vieilli.

§ 483. AUPRÈS DE, AU PRIX DE. Si l'on veut marquer la différence qui existe entre deux objets, sous le rapport de leur étendue, soit au propre, soit au figuré, abstraction faite de la valeur, du mérite, du prix de ces objets, on doit se servir de *auprès* pour exprimer la comparaison. Ex. : *La terre n'est qu'un point* auprès *du reste de l'univers. Votre mal n'est rien* auprès *du sien.*

(*) L'Académie dit, *mettez cela* devant *ou* derrière, *devant ou* après. *L'article se met* devant *le substantif* (au lieu de *avant le substantif*). Nous pensons qu'on doit opposer *avant* à *après,* et *devant* à *derrière,* et qu'il est mieux de dire, *l'article se met avant le substantif,* comme on dirait, *après le substantif,* et non *derrière le substantif.*

Ainsi l'on dira : *Je viendrai* avant *ou* après *vous ; je me placerai* devant *ou* derrière *vous, suivant que vous l'exigerez.*

Mais si l'on veut comparer deux objets entre eux, sous le rapport du *mérite*, de la *valeur*, du *prix* qu'ils peuvent avoir, on se servira de la locution prépositive *au prix de*. Ex. : *L'intérêt n'est rien* au prix *du devoir. Ce service n'est rien* au prix *de celui qu'il m'avait rendu.* (L'Académie.)

§ 484. *Près de, auprès de, prêt à. Près de* exprime simplement la proximité ; *auprès de* éveille une idée d'assiduité : il s'emploie dans le sens d'*autour de*. Ex. : *Ma maison est* près de *la vôtre. Vous l'avez cherché bien loin, et il était* près de *vous.*

Mais je dirai : *Vous avez sans cesse* auprès de *vous un homme qui est votre ennemi ;* c'est-à-dire, *vous avez* autour de vous.

Remarque. Il ne faut pas confondre *près de*, signifiant *sur le point de*, avec *prêt à*, signifiant *disposé à.* Ex. : *Nous étions* près de *tomber entre les mains de l'ennemi, quand on vint à notre secours. Nous étions* prêts à *tomber sur l'ennemi, quand on donna le signal de la retraite.*

§ 485. DURANT, PENDANT. *Durant* exprime une durée continue ; *pendant* exprime plutôt une époque, un moment, une durée susceptible d'interruption. Ex. : *La pluie ne cessa pas* durant *le combat.* Pendant *le combat, il survint un orage.*

Durant est la seule préposition qu'il soit permis de placer quelquefois après son complément. Ex. : *Durant sa vie*, ou, *sa vie durant.*

§ 486. *Dedans, dehors*, sont adverbes, et ne peuvent être suivis d'un complément qu'autant qu'ils sont précédés de la préposition *par : Passer* par dedans *la ville*, par dehors *la ville.*

§ 487. DESSUS, DESSOUS. Suivant l'Académie et plusieurs grammairiens, ces deux mots, qui ordinairement sont adverbes, s'emploient comme prépositions, 1° quand on les oppose l'un à l'autre, et qu'on ne place le nom qu'après le dernier, comme, *il n'est ni* dessus *ni* dessous *la table ;* 2° quand ils sont précédés d'une des prépositions *de* ou *par* : *on a tiré cela de dessous la table, par-dessous la table, de dessus la table, par-dessus la table.*

§ 488. *En dedans, en dehors, au-dessus, au-dessous,* sont toujours suivis de la préposition *de.* Ex. : *En dedans de la ville, en dehors de la ville. Le thermomètre est* au-dessus de *zéro,* au-dessous de *zéro.*

§ 489. VERS, DEVERS. *Vers* marque le lieu et le temps : *Vers Paris, vers la fin du mois.* Quand *vers* marque le temps, le nom de temps qui est régi par cette préposition doit toujours être précédé de l'article : *Vers* les *onze heures, vers* le *midi,* c'est-à-dire, *sur les onze heures, sur le midi.*

On disait autrefois, *devers Paris, devers Orléans ;* maintenant on dit, *vers Paris, près de Paris.*

Devers, employé avec *par,* n'est guère usité qu'avec les pronoms personnels : *Garder par-devers soi.*

§ 490. EN, DANS, A. *En* se prend dans une acception moins déterminée que *dans,* et son régime ne s'emploie que rarement avec l'article. *A,* ainsi que *dans,* exprime un sens précis ; mais *dans* exprime qu'une chose est contenue dans une autre, *à* indique plutôt la situation. On dit, *vivre* en *France ; être* dans *la chambre ; être* à *l'ombre.* Quelquefois cependant *à* et *dans* ont à peu près le même sens : *Vivre* dans *Paris,* vivre à *Paris.* Je dirai, *il a été conduit* EN *prison* (dans une prison quelconque) ; et, *il a été conduit* DANS *la prison de la ville,* parce que j'indique la prison.

On emploie ordinairement *en* avant les noms de pays, parce que ces noms présentent un sens vague ; et *dans* avec les noms de villes, parce que ces noms présentent un sens précis et particulier. Ex. : *Être* en *France, être* dans *Paris.*

Cependant on construit les noms de pays eux-mêmes avec *dans* et l'article, 1° quand on veut donner une certaine précision à l'idée : *Paris est tout* dans la *France ;* 2° quand ils sont déterminés par une idée accessoire.

Ex. : *C'est* dans la France, ce pays *où règne l'urbanité, que je veux me fixer.*

On se sert de *en* pour marquer l'état, la manière. On dit : *Nous sommes* en *paix, nous sommes* en *guerre avec l'Autriche.* Mais on se sert de la préposition *dans* pour marquer le temps. On dira : Dans la guerre *que nous fit l'Autriche. Les arts fleurissent* dans la paix. *Dans* signifie ici *pendant :* pendant la guerre, pendant la paix. *Les arts fleurissent en paix,* signifierait, *les arts fleurissent paisiblement.*

Il suit de là que toutes les fois qu'on veut exprimer *l'état, la manière d'être, la disposition* d'une personne ou d'une chose, on doit se servir de *en : Être* en *nage; une femme* en *couche, du blé* en *herbe; se tenir* en *haleine; être* en *affaire, être* en *faveur,* en *bonheur; se résoudre* en *pluie, se terminer* en *pointe; ce terrain est* en *potager; être* en *bottes,* etc.

§ 491. Il ne faut pas employer indifféremment *en* et *dans* pour marquer le temps : *Il fera ce voyage* en *trois jours,* signifie qu'*il mettra trois jours* à faire ce voyage. *Il fera ce voyage dans trois jours,* signifie qu'il ne partira *que dans* trois jours, *qu'après* trois jours.

§ 492. Il y a encore une distinction à observer dans l'emploi de *en, dans, à : Dîner en ville,* signifie *dîner hors de chez soi,* même quand on serait *à la campagne. Dîner à la ville,* signifie qu'on était *à la campagne,* et qu'on dîne *à la ville. Dîner dans la ville,* signifie *qu'on ne dîne pas hors de la ville. Être en ville,* signifie *être hors de chez soi. Être dans la ville,* signifie *qu'on n'est pas hors de la ville. Être à la ville,* signifie *qu'on a la ville pour séjour.*

En campagne se dit de la marche, de l'action des troupes, ou du mouvement qu'on se donne pour faire quelque chose : *Les armées sont en campagne, entrent en campagne. Il a mis ses amis en campagne, il s'est mis en campagne pour découvrir une demeure. Vivre à la campagne, être à la campagne,* signifie *qu'on habite les champs, la campagne.*

En; joint à certains verbes, en change la signification :

<table>
<tr><td>

Les gens qui ne réussissent en rien s'en prennent *à la fortune*, c'est-à-dire *en accusent la fortune. Après lui avoir fait des reproches*, *il ne* s'en tint *pas là, il n'en* demeura *pas là*, c'est-à-dire, *il fit quelque chose de plus.*

Ils en vinrent *à se reprocher leur fourberie réciproque*, c'est-à-dire, *ils poussèrent l'animosité jusqu'à se reprocher.*

</td><td>

Les gens qui se noient se prennent *à tout ce qu'ils rencontrent*, c'est-à-dire *s'attachent. Après lui avoir fait des reproches, il se tint là, il demeura là*, c'est-à-dire, *il resta dans ce lieu.*

Ils vinrent à parler de la fourberie de cet homme, c'est-à-dire, *ils parlèrent*, *ils s'entretinrent de*, etc.

</td></tr>
</table>

En forme certains gallicismes, et alors il est seulement explétif. Ex. : *Il s'en retourne à Lyon. Il* en est de *cela comme de beaucoup d'autres choses.*

Remarque sur la préposition à.

§ 493. *A*, placé entre deux nombres, en laisse supposer un qui est intermédiaire : *Vingt à trente personnes.*

Il se place entre deux nombres consécutifs lorsque ces nombres se rapportent à des choses qui peuvent se diviser par fractions : *Deux à trois livres, cinq à six heures.*

Mais on dira, *cinq* ou *six personnes, onze* ou *douze chevaux*, et non, *cinq* à *six personnes*, etc. ; parce qu'une personne, un cheval, ne peut pas se diviser par fractions.

§ 494. JUSQUE se dit du lieu et du temps, et marque le terme où aboutit une chose ; il doit toujours être suivi d'une préposition avec son complément : *Jusqu'à demain, jusque par delà les monts, jusqu'en Afrique.* On écrit *jusques* (avec un *s*) quand la prononciation ou l'oreille l'exige : *Jusques à quand abuseras-tu de notre patience ?*

On écrit toujours avec un trait d'union *jusque-là*.

§ 495. MALGRÉ exprime opposition : *Il a fait cela malgré moi.*

Malgré que, au lieu de *quoique*, n'est plus en usage qu'avec le verbe *avoir*, précédé de la préposition *en*, dans les locutions suivantes : *Malgré qu'il en ait, nous savons son secret; malgré que j'en eusse*, etc. Mais on doit dire, *quoique vous fassiez, quoique, bien que vous prétendiez*, et non, *malgré que vous fassiez.*

§ 496. PARMI signifie *dans le nombre de*, et ne s'emploie qu'avec un pluriel qui peut signifier plus de deux ou de trois, ou avec un singulier collectif, comme *foule, troupe : Il se mêla parmi eux. Parmi les honnêtes gens. Parmi le peuple. Parmi la foule.*

Mais on ne doit pas dire, *choisissez parmi ces deux ou trois livres. Parmi la vertu et l'amitié.* Il faut dire, *entre ces deux ou trois livres*, etc.

§ 497. *Près, à côté, vis-à-vis, en face*, doivent être suivis de la préposition *de : Vis-à-vis de la place. En face du marché*, etc. ; et non, *en face le marché.*

Dans le style familier, on supprime quelquefois *de* après *vis-à-vis* et *près.*

On ne doit pas employer *vis-à-vis* dans le sens d'*envers*. Ainsi ne dites pas : *Il est ingrat vis-à-vis de son bienfaiteur ;* dites, *envers son bienfaiteur. (Voyez* ci-dessus, § 472.)

§ 498. SUS, dans le sens de *sur*, n'est plus d'usage que dans cette phrase : *Courir sus à quelqu'un.*

En sus signifie *au delà : Il a touché une gratification en sus de ses appointements.*

Sus est aussi une interjection dont on se sert pour exhorter : *Sus, mes amis, levez-vous.*

§ 499. A TRAVERS, AU TRAVERS. Nous avons vu que l'on dit, *à travers le, la, les*, et *au travers de, du, des*, etc.

A travers se dit principalement pour désigner un passage *vide, libre ; au travers* se dit plutôt pour désigner un passage qu'on se fraie entre des obstacles.

Ex. : *Courir* à travers les *champs ; se frayer un passage*, *se faire jour* au travers des *ennemis*.

§ 500. *Voici, voilà*. *Voici* sert à désigner la personne ou la chose qui est proche de celui qui parle.

Voilà désigne une chose plus éloignée : *Voici mon cousin, et, plus loin, voilà mon frère. Voici* se rapporte à ce qu'on va dire : *Voici ce dont il est question. Voilà* se rapporte à ce qui a été dit : *Voilà ce que vous m'avez raconté*.

Voici sert à exprimer ce qui se fait, ce qui a lieu dans le moment même : *Nous voici donc arrivés. Nous voici à la fin de l'hiver. Voilà* s'emploie plutôt pour marquer un état prochain : *Voilà qui est fait tout à l'heure*. Il marque aussi la surprise : *Voilà qu'une ondée vint à tomber*.

Voici est quelquefois suivi de l'infinitif du verbe *venir* : *Voici venir le printemps*.

DE L'ADVERBE. (*Voyez* Ire partie, § 130.)

§ 501. L'adverbe, renfermant en lui-même son régime, offre un sens *complet*, et par conséquent n'a pas besoin de *complément*. C'est en quoi il diffère de la préposition, qui, pour former un sens complet, a besoin d'un régime.

Cependant il y a quinze adverbes de manière qui exigent un régime. Ce sont : *Dépendamment, indépendamment, différemment*, qui sont suivis de la préposition *de*, et *antérieurement, convenablement, conformément, conséquemment, exclusivement, inférieurement, préférablement, privativement, proportionnément, postérieurement, relativement, supérieurement*, qui peuvent être suivis de la préposition *à* ; comme : *Les rois doivent agir* différemment *des particuliers, c'est* relativement *à vous*, etc. L'usage a conservé à ces adverbes le régime de l'adjectif dont ils sont formés. — *Différemment, antérieurement, convenablement, conséquemment, exclusivement, postérieurement, relativement, supérieurement*, s'emploient aussi sans régime, comme : *Agir différem-*

ment, *parler convenablement, il est venu antérieurement, cela est vrai relativement*, etc. (*).

Les adverbes de quantité se construisent aussi avec de : *beaucoup* de, *peu* de, etc. *Voyez* ci-après, § 515.

§ 502. Lorsqu'on se sert, pour modifier un verbe ou un adjectif, de plusieurs mots en manière d'adverbe, ces mots prennent le nom d'expression adverbiale. Ex. : *Il est venu* à l'improviste. *Jouer* à coup sûr.

§ 503. Les adverbes de comparaison se placent après les adverbes de quantité. On dit : (*un*) *peu plus*, (*un*) *peu moins, beaucoup mieux* ou *bien mieux, bien pis :* on ne dit pas *beaucoup pis*.

Pour exprimer une double comparaison, on répète *plus, moins, autant.* Ex. : *Plus on est vicieux, plus on est malheureux. Moins on a de désirs, moins on a de tourments. Autant j'estime la modestie, autant je méprise la vanité.*

Répétition des adverbes.

§ 504. Les adverbes de comparaison, *si, autant, aussi, plus, moins, mieux*, etc., se répètent avant chacun des mots qu'ils modifient : *Il est* si *modeste et si savant, qu'on l'aime autant qu'on l'admire.* Moins *on a de désirs,* moins *on a de besoins.* Autant *on estime la vertu,* autant *on méprise le vice.*

Remarque. Dans les comparaisons où l'on répète *plus, moins, autant*, il ne faut pas lier par la conjonction *et* le second membre de phrase au premier. Ainsi ne dites pas : *Autant on estime la vertu,* et *autant on méprise le vice.* En effet, le second membre de phrase est la conséquence du premier, et l'adverbe qui exprime une conséquence doit toujours être placé en tête de la phrase. Par exemple, cette phrase : *Plus vous serez vertueux, plus vous serez heureux*, équivaut à celles-ci, *vous serez très-vertueux, donc vous serez très-heureux*, ou, *si vous êtes très-vertueux, vous serez très-heureux.* Il est évident qu'on ne peut pas dire, *et vous serez très-heureux.*

(*) La terminaison *ment*, dans les adverbes de *manière*, vient de l'italien *mente*, qui dérive lui-même du latin *mens, mentis*, qui signifie *esprit, intention.* Ainsi, *comment* (autrefois *quament*) vient de *qua mente*, qui signifie *dans quelle intention, de quelle manière ; justement* signifie *avec une intention juste, d'une manière juste*, etc.

Place des adverbes.

§ 505. L'adverbe se place *ordinairement* après le verbe qu'il modifie, quand ce verbe est employé dans ses temps simples : *Il n'y a point d'offense que l'homme sente plus vivement que le mépris.* Cependant l'adverbe se met aussi avant le verbe, quand on peut le placer en tête de la phrase. Ex. : Rarement *on aime celui que l'on craint*, ou, *on aime rarement celui que l'on craint.*

§ 506. Les adverbes de temps se placent avant ou après le verbe, mais jamais entre l'auxiliaire et le participe. Ex. : *Il a fait beau* hier, *mais* aujourd'hui *il pleuvra.* —Cependant on place après le verbe les adverbes qui marquent le temps d'une manière indéfinie. Ex. : *On se ruine la santé à travailler* tard; *il faut se coucher* de bonne heure *et se lever* matin.

§ 507. On place après le verbe les adverbes qui ont ou qui peuvent avoir un régime. Ex. : *Il a agi* conséquemment. *Il a agi* conséquemment à *ses principes.* On ne dirait pas, *il a conséquemment agi.*

§ 508. Lorsque le verbe est à l'infinitif, les adverbes de quantité et de manière, quand ils ne peuvent pas avoir de régime, se placent avant ou après cet infinitif, suivant que l'oreille l'exige. Ex. : *Bien chanter* ou *chanter bien, mal faire* ou *faire mal, parler beaucoup* ou *beaucoup parler.* Mais si le verbe est à un autre mode et à un temps simple, l'adverbe se met après le verbe. Ex. : *Il parle* bien, *il se loue* beaucoup *de vos procédés.* Avec les temps composés, ces adverbes se placent ordinairement entre l'auxiliaire et le participe, surtout si le verbe a un régime. Ex. : *Il a* bien *fait son devoir. Il a* beaucoup *parlé.*

Mais si ces adverbes doivent être suivis d'un autre adverbe, il faut en général les placer après le verbe. Ex. : *Il a parlé* bien *et* longtemps.

§ 509. L'adverbe se place toujours avant l'adjectif qu'il modifie : *C'est un homme* extrêmement *doux, mais* très-ferme *quand les circonstances l'exigent.*

Remarque. Bien est adverbe de manière ou adverbe de quantité, suivant le sens de la phrase. Ex. : *Il se conduit* bien, c'est-à-dire, *honnêtement. Il boit* bien, c'est-à-dire, *beaucoup.*

Les expressions adverbiales se placent *ordinairement* après l'adjectif : *Il est tombé malade* tout à coup.

Remarques sur l'emploi de plusieurs adverbes.

§ 510. *Aujourd'hui* signifie le jour où l'on est. On dit *jusqu'à aujourd'hui,* et non, *jusqu'aujourd'hui,* quoique la Grammaire des Grammaires admette les deux expressions. (*Voyez* le Dict. de l'Acad.)

§ 511. *Auparavant* marque la priorité de temps et non celle de lieu, et ne doit point avoir de régime. On dit, *je viendrai huit jours* auparavant. Mais on ne dit pas, *je viendrai auparavant lui.*

§ 512. *Si, aussi,* se joignent aux adjectifs, aux participes et aux adverbes : *L'esprit n'est pas si* ou *aussi utile que le bon sens. On n'est jamais trompé si aisément que lorsqu'on cherche à tromper les autres. La vertu est aussi aimable que le vice est odieux.*

Tant et *autant* s'emploient avec les substantifs et les verbes, à tout autre temps que les participes passés : *Elle n'a pas* tant *de beauté que d'esprit. La solitude a* autant *de charmes pour moi que le monde en a peu.*

On peut néanmoins employer *autant* au lieu de *aussi* lorsque la comparaison se fait entre deux adjectifs, et qu'on place *autant* après le premier adjectif. Ex. : *Il est modeste* autant *qu'instruit,* au lieu de, *il est aussi modeste qu'instruit.*

On voit par les exemples que nous avons donnés que *aussi, autant,* s'emploient dans les phrases négatives ou affirmatives, et *si* et *tant,* seulement dans les phrases négatives. Cependant, quand *si* et *tant* signifient *tellement,* ils s'emploient dans les propositions affirmatives au lieu de *aussi, autant,* parce qu'alors la phrase n'énonce aucune comparaison. Ex. : *Je suis parti si précipitamment* que *j'ai oublié mon passe-port. Il a* tant *couru* qu'*il est hors d'haleine.*

OBSERVATIONS.

§ 513. La conjonction *que*, après les adverbes de comparaison, *plus, moins, aussi, autant,* doit toujours être suivie de *le.* Ex. : *Les riches sont* moins *heureux qu'on ne* le *pense. Mon frère n'arrivera pas* aussi *promptement que je l'avais espéré.*

§ 514. Après *si, aussi, tant, autant,* on se sert toujours de *que* et jamais de *comme.* Ainsi il faut dire : *Il a autant de probité* que *vous,* et non, *comme vous,* etc.

§ 515. *Beaucoup,* employé dans le sens de *plusieurs,* doit être suivi des substantifs *personnes, gens, hommes : Beaucoup* de gens *pensent ainsi.* Si *beaucoup* est précédé du pronom *en,* alors on n'exprime pas le mot *gens : Il y en a beaucoup qui pensent ainsi.* Dans la conversation on peut aussi sous-entendre le mot *gens,* pourvu que *beaucoup* serve de sujet à la phrase, comme *beaucoup pensent.* Mais on ne peut pas dire, *j'ai vu beaucoup ; c'est l'avis de beaucoup ; le jeu a été funeste à beaucoup.* Cependant on peut l'employer absolument, lorsque la *chose* qu'on n'exprime pas peut être aisément sous-entendue : *C'est un homme qui sait beaucoup,* c'est-à-dire *beaucoup de choses.*

§ 516. Quand *beaucoup* est placé après le comparatif, il doit toujours être suivi de la préposition *de : Vous êtes plus savant de beaucoup.* Lorsqu'il est placé avant le comparatif, on peut également dire, *vous êtes beaucoup plus savant,* ou, *de beaucoup plus savant.*

On l'emploie de même après certains verbes qui marquent excellence et comparaison : *L'emporter de beaucoup sur un autre. Dépasser de beaucoup.*

§ 517. On dit, *il s'en faut beaucoup,* pour signifier *il y a une grande différence.* Ex. : *Le cadet n'est pas aussi sage que l'aîné, il s'en faut beaucoup.* Et l'on dit *il s'en faut de beaucoup,* pour signifier que la quantité

qui devrait être dans un objet n'y est pas à beaucoup
près, comme : *Vous croyez m'avoir tout rendu, il s'en
faut* de beaucoup. *Il s'en faut* de beaucoup *que la mesure soit comble.* (L'Académie.)

§ 518. *Ci*, adverbe de lieu, pour *ici*, indique l'endroit où est celui qui parle, ou du moins un lieu proche de lui, ou bien encore une chose présente. Il se
met à la suite des noms, du pronom démonstratif *celui*,
des adjectifs de nombre, *deux*, *trois*, etc., et de la
préposition *par*. Ex. : *Ce lieu-ci; celui-ci, celle-ci; ces
deux-ci; nous avons couru par-ci, par-là.*

Mais il précède ordinairement les adjectifs et les
adverbes. Ex. : *Le mémoire ci-joint, la lettre ci-incluse,
ci-dessus, ci-devant.*

Là, adverbe démonstratif, se dit d'un lieu qu'on
désigne d'une manière expresse : *Je sens du mal là ;
venez là.*

Il se dit aussi d'un lieu considéré comme différent
de celui où l'on est : *D'ici là nous comptons deux lieues.*
Et pour le temps : *Revenez demain ; d'ici là j'arrangerai
votre affaire.*

Il s'emploie quelquefois sans marquer aucun rapport au plus ou moins de distance : *Ce tableau offre
des scènes différentes ; là un sacrifice, ici une troupe de
philosophes.*

Là suit les mêmes règles que *ci* pour la place qu'il
doit occuper dans le discours : *Cet homme-là ; là-
dessus ; là contre,* etc.

Ci et *là* sont quelquefois opposés : *Cet homme-ci,
cet homme-là. Ci* marque l'objet le plus proche ; *là*,
l'objet le plus éloigné.

§ 519. *Combien* signifie *quelle quantité, quel nombre*,
et quelquefois *quel prix : Combien de gens, combien de
livres ?* Il s'emploie aussi absolument, c'est-à-dire
sans régime, lorsque le sens permet de suppléer le
substantif auquel il se rapporte. Ex. : *Combien de gens,*
ou simplement, *combien se trompent dans leurs calculs!
Combien avez-vous mis pour faire ce trajet ?* c'est-à-dire,

combien de temps. Combien y a-t-il d'ici à la ville ? Combien vendez-vous cela ?

Combien signifie aussi *à quel point : Si vous saviez combien il vous aime.*

§ 520. *Que*, adverbe, s'emploie aussi dans le sens de *combien ;* mais il ne s'emploie jamais absolument: *Que de gens se trompent dans leurs calculs !*

Il se met aussi dans certaines phrases exclamatives entre l'adjectif et le verbe : *Malheureux que je suis !*

Il signifie encore *pourquoi*, au commencement de certaines phrases interrogatives : *Que ne se corrige-t-il ?*

En ce sens, il s'emploie rarement sans négation. Cependant on dit : Que *différez-vous ?* Que *sert de se flatter*, etc. ?

Il signifie quelquefois *si ce n'est : A qui puis-je confier ce secret*, qu'à vous seul ?

§ 521. Lorsque *combien*, et *que* mis pour *combien*, modifient un adjectif, cet adjectif ne peut pas être précédé d'un des adverbes *bien, très, fort*.

Ainsi ne dites pas, *que*, ou *combien cet homme doit être très-heureux ;* mais dites, *que*, ou *combien cet homme doit être heureux.* Mais si l'adjectif n'est pas modifié par *combien*, il peut être précédé de *très, fort, bien : Combien de gens sont très-malheureux !*

§ 522. *Comment, comme. Comment* signifie *de quelle sorte, de quelle manière : Si vous voulez savoir* comment *la chose s'est passée, je vous le dirai.* Comment *s'appelle-t-il ?*

Comment, mis par exclamation, signifie *est-il possible ! eh quoi !* Ex. : Comment ! *vous voilà !*

Comme signifie proprement *de même que : Il est hardi* comme *un lion.* Il signifie encore, 1° *combien :* Comme *il est changé !* 2° *autant que : Rien n'anime le soldat* comme *l'exemple des chefs.*

Il s'emploie quelquefois dans le sens de *comment : Voici* comme *l'affaire se passa.* En ce sens, il se dit aussi par exclamation : Comme *vous me traitez !* Mais on ne doit pas employer *comme* au lieu de *comment* dans le sens interrogatif. Ainsi ne dites pas, *comme s'appelle-t-il?* dites, *comment s'appelle-t-il?*

§ 523. *Davantage* et *plus* ne s'emploient pas toujours l'un pour l'autre. *Davantage* s'emploie toujours absolument, c'est-à-dire qu'il ne doit jamais être suivi ni de la conjonction *que*, ni de la préposition *de*. On ne dit pas : *Il se fie* davantage *à ses lumières* qu'à *celles d'autrui; il a* davantage *de brillant* que de *solide*. Il faut dire, *il se fie* plus *à ses lumières, il a* plus *de brillant*.

Davantage ne s'emploie bien que seul et à la fin des phrases : *La science est estimable; mais la vertu l'est davantage* (*).

On ne doit pas non plus employer *davantage* pour *le plus*. Ainsi l'on dira : *De toutes les fleurs d'un parterre, la rose est celle qui me plaît le plus;* et non, *qui me plaît davantage.*

§ 524. *Environ* signifie *à peu près, un peu plus, un peu moins : Il y a* environ *deux heures. Son armée était d'*environ *vingt mille hommes, de vingt mille hommes ou* environ. Mais on ne pourrait pas dire, *de dix-neuf ou* environ *vingt mille hommes;* il faudrait dire, sans exprimer *environ, de dix-neuf ou vingt mille hommes;* parce que *ou* marque quelque chose d'incertain comme *environ;* ou, en exprimant *environ, d'environ dix-neuf à vingt mille hommes.*

§ 525. *Guère* signifie *pas beaucoup, peu,* et s'emploie toujours avec la négative : *Il n'y a* guère *de gens tout à fait désintéressés.*

Guère signifie quelquefois *presque,* et alors il est toujours suivi de *que : Il n'y a* guère que *les pauvres qui entendent la vérité.*

On dit, en parlant d'une quantité comparée à une

(*) La comparaison exprimée par *davantage* est l'inverse de celle qui est exprimée par *plus*. En effet, on dirait, avec *plus*, en renversant la phrase : *La vertu est plus estimable que la science.*

autre, ou d'une mesure : *Il ne s'en faut de guère que ce vase ne soit plein ; il ne s'en faut de guère que l'un ne soit aussi grand que l'autre.* Mais, si l'on marque simplement une différence morale, il faut supprimer *de.* Ex. : *Il ne s'en faut guère que le cadet ne soit aussi avancé que l'aîné.* (*Voyez* ci-dessus *Beaucoup*, § 515.)

§ 526. *Ici* signifie *en ce lieu-ci* (où je suis, où nous sommes). Il est opposé à *là*, *là-bas* : *En partant d'ici vous irez là. On vit là-bas autrement qu'ici.* (*Voyez* Ci, § 518.)

§ 527. *Mieux* est le comparatif de *bien*, et signifie *d'une manière plus accomplie.* Ex. : *Personne n'entend mieux ses intérêts que celui qui sait les négliger à propos.*

Lorsque *mieux* est suivi de deux infinitifs, le second doit être précédé de la préposition *de.* Ex. : *Il vaut mieux se taire que de parler mal à propos.*

Mieux signifie quelquefois *plus.* Ex. : *J'aime* mieux *cette étoffe que l'autre.* Le sens est : *Cette étoffe me plaît plus que l'autre.*

Plus et *mieux* ne sont pas synonymes. Le premier s'emploie quand il s'agit d'extension, et le second quand il s'agit de perfection. Ex. : *L'abbé Prévôt a* plus *écrit que Fénelon ; mais Fénelon a* mieux *écrit que l'abbé Prévôt.* Cette phrase signifie que *l'abbé Prévôt a composé* un plus grand nombre *d'ouvrages*, et que *Fénelon a composé* de meilleurs *ouvrages.*

On dirait, en parlant de deux choses, l'une meilleure que l'autre, mais plus commune, l'autre moins bonne, mais beaucoup plus rare, *que l'une* vaut mieux *et que l'autre* vaut plus.

Dites, *j'ai gagné* plus *de cent francs*, et non, *mieux de cent francs* ; c'est-à-dire, une somme *plus forte* que cent francs, et non, *meilleure* que cent francs.

§ 528. *Jamais* signifie en aucun temps. Il a ordinairement un sens négatif. Ex. : *On* ne *peut* jamais *contenter tout le monde.* On sous-entend quelquefois la négation et le verbe : *Avez-vous été à Rome? Jamais ;* c'est-à-dire, *jamais je n'ai été à Rome.*

Jamais s'emploie quelquefois sans être négatif : *Les Normands étaient un peuple exterminateur, s'il en fut jamais.*

Quand *jamais* s'emploie sans article avec un nom, ce nom doit se mettre au singulier : *Jamais mortel ne fut plus favorisé du Ciel.* On ne doit pas dire, *jamais mortels ne furent*, etc.

Usage de la négation ne.

§ 529. La négation s'exprime en français par *ne* ou *non*, seul ou accompagné de *pas* ou *point*.

Voyez ci-dessus, § 170, dans quel cas il ne faut pas faire usage de *ne*, et dans quel cas il faut en faire usage dans les comparaisons.

§ 530. Quand le premier membre de la comparaison est interrogatif ou dubitatif, et qu'il ne renferme point de négation, on supprime la négation après *que*, ou on l'exprime, suivant le sens de la phrase. Ex. : *Pensez-vous que la saison sera plus belle cette année qu'elle l'a été l'année passée ? La récolte sera-t-elle encore plus belle cette année* qu'elle l'a été *l'année passée ?*

En renversant la phrase, on verra qu'il ne doit point y avoir de négation dans le second membre de la comparaison. En effet, la phrase signifie : *La récolte a été belle l'année passée, celle de cette année sera-t-elle plus belle ?* On *affirme* que la récolte de l'année passée a été belle ; il ne peut donc pas y avoir de négation dans la phrase.

Mais si l'on veut faire entendre que la récolte n'a pas été belle, et qu'on doute qu'elle doive être *meilleure*, on dira : *La récolte sera-t-elle plus belle cette année* qu'elle ne l'a été *l'année passée ?* En effet, la phrase signifie : *La récolte n'a pas été belle l'année passée ; sera-t-elle plus belle cette année ?*

Si le verbe du premier membre de la comparaison est accompagné de *ne pas* ou *ne point*, il faut encore exprimer *ne* après *que* dans le second membre de la comparaison. Ex. : *La récolte* ne sera-t-elle pas *plus belle cette année* qu'elle ne l'a été *l'année passée ?*

En effet, dans cette phrase, comme dans la précédente, on veut faire entendre que la récolte *n'a pas été* belle, et l'on demande *si elle* ne *sera* pas *plus belle.*

§ 531. Quelquefois on met *ne* après la conjonction *que,* quoique le premier membre de la comparaison soit déjà négatif. C'est quand on veut exprimer une comparaison d'égalité négative, c'est-à-dire, quand on veut faire entendre qu'une chose n'existe pas, et qu'une autre ne peut pas exister davantage. Ainsi, pour exprimer que je ne suis point persuadé, et que personne ne peut l'être plus que moi, je dirai, en exprimant *ne* après *que : On* NE *peut être* plus *persuadé* QUE *je* NE *le suis.* Mais je dirai, sans exprimer la négation après *que: On* ne *peut être* plus *persuadé* que *je le suis,* si je veux faire entendre que je suis tout à fait persuadé, et que personne ne peut l'être davantage.

Dans la première phrase, il y a égalité dans la *non* persuasion ; dans la seconde phrase, il y a égalité dans la persuasion. D'Alembert a dit de même : *L'existence de Scipion* ne *sera* pas plus *douteuse dans dix siècles* qu'*elle* ne *l'est aujourd'hui,* c'est-à-dire dans dix siècles, on doutera *aussi peu* de l'existence de Scipion qu'on en doute peu aujourd'hui.

Mots avec lesquels on doit employer NE.

§ 532. *A moins que* est toujours suivi de *ne,* et régit le subjonctif : *Il n'en fera rien,* à moins que *vous* ne *lui parliez.*

Remarque. A moins que se construit dans le même sens avec l'infinitif et la préposition *de,* sans négation. *A moins que d'être fou,* ou, en supprimant le *que, à moins d'être fou, il n'est pas possible de raisonner ainsi.* (L'Académie.)

---

§ 532. *Sans que* ne doit jamais être suivi de *ne.* Il régit le subjonctif : *Il l'a fait sans qu'on le lui ait dit.*

§ 533. *Avant que* est suivi de *ne* quand l'action exprimée par le verbe suivant est douteuse ; mais on supprime *ne* quand il y a certitude que cette action aura lieu. Ex. : *Hâtez-vous de sortir* avant que *la pluie* ne *tombe*. Il est probable qu'il pleuvra ; cependant il est possible qu'il ne pleuve pas. *Hâtez-vous de sortir* avant que *la nuit vienne.* Il est certain que la nuit viendra.

Remarque. Avant se construit aussi avec l'*infinitif* précédé de *que de* ou *de : Mon frère vous fera ses adieux avant que de partir,* ou, *avant de partir,* ou, *avant qu'il parte.* Cependant il ne faut pas employer indifféremment *avant que* avec le subjonctif, et *avant de* avec l'infinitif. On ne peut se servir de l'infinitif qu'autant que cet infinitif se rapporte au sujet de la proposition principale, comme dans l'exemple précédent : *C'est mon frère qui vous fera ses adieux ; c'est mon frère qui part.* Mais si c'est vous qui partez, et que ce soit mon frère qui vous fasse ses adieux, je dirai : *Mon frère vous fera ses adieux avant que vous partiez.*

§ 534. *Nier.* Lorsque ce verbe n'est pas précédé d'une négation, il ne doit jamais être suivi de *ne*. Ex. : *Je nie qu'il ait fait cela.*

Mais, si *nier* est précédé d'une négation, il peut être suivi de *ne*. Ex. : *Je* ne *nie* pas *qu'il n'ait fait cela.* Mais l'Académie dit aussi, *je ne nie pas qu'il ait fait cela.*

Dans les phrases interrogatives, *nier* doit être suivi de *ne*. Ex. : *Puis-je nier qu'il n'ait fait cela?*

§ 535. *Désespérer,* quand il se construit avec *que,* suit la même règle. Ex. : *Je désespère que cela arrive jamais. Je* ne *désespère* pas que *cela* n'arrive *un jour.*

Désespérer se construit avec *de* et *l'infinitif* quand l'action exprimée par le second verbe doit se rapporter au sujet du verbe *désespérer : Les médecins désespèrent de le guérir. Je ne désespère pas de le voir arriver.*

§ 536. *Disconvenir.* Suivant l'Académie, ce verbe est suivi de *que ne* avec le subjonctif, ou de *que* seulement avec l'indicatif. Ex. : *Vous ne sauriez disconvenir qu'il ne vous ait parlé*, ou, *qu'il vous a parlé*.

§ 537. *Douter* ne doit pas être suivi de *ne*, lorsqu'il n'est pas précédé d'une négation ; mais, dans les phrases *négatives*, le *que*, après *douter*, est suivi de *ne*. Ex. : *Je doute qu'il vienne. Je ne doute pas qu'il ne vienne bientôt.*

Dans les phrases interrogatives on n'exprime pas *ne* si l'on admet que la chose dont on parle existe déjà : *Doutez-vous que je sois malade ?* On exprime *ne* quand la chose n'existe pas encore, et que l'on suppose qu'elle pourra avoir lieu : *Doutez-vous que je ne tombe malade ?* (L'Académie.)

§ 538. *Empêcher, défendre, s'opposer. Empêcher*, lorsqu'il n'est pas précédé d'une négation, doit toujours être suivi de *ne*. Ex. : *J'empêcherai qu'il ne vienne.*

Quand *empêcher* est précédé d'une négation, on peut exprimer *ne* ou le supprimer dans la proposition subordonnée. Ex. : *Je n'empêche pas qu'il ne fasse*, ou, *qu'il fasse ce qu'il voudra. Puis-je empêcher qu'il ne vienne, ou, qu'il vienne ?* (L'Académie.)

Remarque. Empêcher se construit avec *de* et l'*infinitif* quand on prend le pronom, sujet du second verbe, pour en faire le régime d'*empêcher*. Ainsi, au lieu de dire : *Je n'empêche pas que* votre frère *vienne*, je puis dire, *je n'empêche pas* votre frère *de venir*.

§ 539. *Défendre* ne doit jamais être suivi de la négation : *J'ai défendu que mon fils sortît*, et non pas, *ne sortît.* On doit dire aussi, sans négation : *Je m'oppose à ce que mon fils sorte.*

Remarque. Défendre se construit avec *de* et l'*infinitif*, lorsqu'on prend le sujet du second verbe pour en faire le régime indirect du verbe *défendre : J'ai défendu à mon fils de sortir.*

§ 540. *Tenir à.* Quand le verbe *tenir* ne peut pas se tourner par le verbe *empêcher*, c'est-à-dire quand il n'exprime pas un obstacle, il ne doit pas être suivi de *ne.* Ex. : *Il tient à moi que cela se fasse.*

Mais si le verbe *tenir* signifie *empêcher*, ce qui arrive quand il est accompagné d'une négation ou d'une interrogation, il doit être suivi de *ne.* Ex. : *Il ne tient* pas à moi, *à quoi tient-il que cela* ne *se fasse*, c'est-à-dire, *je n'empêche pas que cela ne se fasse. Il a tenu à peu que cela* ne *se fît*, c'est-à-dire, *peu de chose a empêché que*, etc.

§ 541. Quand les verbes *craindre, trembler, appréhender*, ne sont pas précédés d'une négation, la conjonction *que*, après ces verbes, doit être suivie de *ne*. Ex. : *Je crains, je tremble, j'appréhende* que *cette nouvelle* ne *soit vraie. Je crains, je tremble* que *votre frère* n'*arrive pas aujourd'hui.*

Mais si ces verbes sont précédés d'une négation, ou si la phrase est interrogative, il ne faut pas exprimer *ne*. Ex. : *Je* ne *crains* pas *que vous* négligiez *mes intérêts. Puis-je craindre que vous* négligiez *mes intérêts* (*) ?

§ 542. *Se défier.* Quand ce verbe n'est pas précédé de la négation, il doit être suivi de *que ne. On se défie toujours* que *les menteurs* ne *mentent, même quand ils disent la vérité. C'est comme si l'on disait, on craint que les menteurs*, etc.

Mais si ce verbe est précédé de la négation, il ne faut pas exprimer *ne* après *que*. Ex. : *Je* ne *me serais jamais défié* que *vous dussiez m'abandonner ainsi.* (L'Académie.)

§ 543. *Prendre garde*, signifiant *faire attention, remarquer*, est suivi de *ne*, si l'on veut faire entendre qu'une chose n'est pas ; mais, dans le sens contraire, on n'exprime pas *ne*. Ex. : *Prenez garde que je* ne *vous ai jamais dit cela. Prenez garde que vous m'avez promis de venir me voir.*

Prendre garde, dans son acception propre, signifie prendre ses précautions pour qu'une chose n'arrive

---

(*) Quand on désire qu'une chose ne soit pas, comme dans cet exemple, *je crains que cette nouvelle* ne *soit vraie*, il ne faut point exprimer *pas* après *ne*.

Si au contraire on désire que la chose soit, comme dans cet exemple, *je crains que votre frère n'arrive pas*, il faut exprimer *pas* après *ne*.

pas. Dans ce sens, il doit toujours être suivi de *ne* : *Prenez garde que la pluie* ne *vous surprenne.*

Remarque. On dit aussi avec l'infinitif : *Prenez garde d'être surpris par la pluie.* Cette construction est même plus usitée que la première avec les pronoms personnels. Ainsi, *prenez garde de tomber* est préférable à *prenez garde que vous ne tombiez.*

§ 544. *Il s'en faut* signifie *il s'en manque.* Lorsque cette locution n'est ni précédée de la négation, ni suivie des mots négatifs *peu, presque,* la conjonction *que* ne doit pas être suivie de *ne.* Ex. : *Il s'en faut beaucoup que l'un soit du mérite de l'autre. Tant s'en faut qu'il y consente, qu'au contraire il fera tout pour l'empêcher.* (L'Académie.)

Mais si cette locution est accompagnée d'un *mot négatif,* ou si *la phrase est interrogative,* la conjonction *que* doit être suivie de *ne.* Ex. : *Il s'en faut* peu que *l'un* ne *soit du mérite de l'autre. Il ne s'en est* guère *fallu, peu s'en est fallu que je* ne *tombasse. S'en faut-il beaucoup que l'un* ne *soit du mérite de l'autre?*

Pas et point.

§ 545. *Pas* nie moins fortement que *point.* On pourra dire : *Il n'a pas assez d'esprit pour sortir d'un tel embarras;* mais si l'on dit, *il n'a point d'esprit,* on ne peut rien ajouter. Ainsi *point,* suivi de la particule *de,* forme une négation absolue ; au lieu que *pas* laisse la liberté de restreindre, de réserver. Par cette raison *pas* vaut mieux que *point* : 1° devant les adverbes comparatifs *plus, autant,* etc. : *Cicéron n'est* pas moins *véhément que Démosthène; Démosthène n'est* pas si *abondant que Cicéron.* 2° Devant les noms de nombre : *Il n'y a* pas un *seul homme parfait.* 3° *Pas* convient mieux à quelque chose de passager et d'accidentel ; *point,* à quelque chose de permanent et d'habituel : *Il ne lit pas,* c'est-à-dire, il ne lit pas *dans ce moment; il ne lit point,* c'est-à-dire, *il ne lit jamais.*

Dans les interrogations, on se sert de *point,* si la

question est accompagnée de doute : *N'avez-vous* point *été là ?* S'il n'y a pas doute, on dira : *N'avez-vous* pas *été là ? Pouvez-vous le nier ?*

§ 546. On supprime ordinairement *pas* et *point* après les verbes *cesser, oser, pouvoir : Il ne cesse de gronder. On n'ose l'aborder. Je ne puis me taire.*

Cependant, si l'on veut déterminer l'époque à laquelle une chose *cesse, a cessé,* etc., il faut exprimer *pas : Il ne cesse* pas *d'étudier avant la nuit.*

Il en est de même si *cesser, oser, pouvoir,* ne régissent pas un infinitif ou s'ils n'ont pas de régime : *Je ne cesserai* pas. *Je ne cesserai* pas *ma lecture. Vous n'oserez* pas. *Vous ne pouvez* pas *l'impossible.* Cependant on dit aussi : *Je n'ose, il n'oserait, je ne puis.*

§ 547. On supprime *pas* après *prendre garde,* quand ce verbe signifie *éviter : Prenez garde qu'on ne vous trompe.* Mais il faut exprimer *pas* quand *prendre garde* signifie *faire réflexion : Prenez garde que je n'ai pas dit cela.*

Après *savoir,* pris dans le sens de *pouvoir,* on supprime toujours *pas : Je ne saurais en venir à bout.* On peut encore le supprimer quand *savoir* signifie *être incertain : Je ne sais où le prendre.* Mais il faut exprimer *pas* quand *savoir* est pris dans son vrai sens : *Je ne sais* pas *l'anglais.*

On supprime *pas* quand la négation est suffisamment exprimée par d'autres termes qui la restreignent ; comme, *je ne soupe guère ;* ou qui excluent toute restriction, comme, *je ne soupe jamais ; je ne vis* personne *hier ;* ou enfin après des termes qui désignent les moindres parties d'un tout, et qui se mettent sans article : *Je n'y vois goutte, je ne dis mot.* Mais on doit dire : *Je ne dis* pas *un mot, je ne dis* pas *cela.*

On supprime *pas* dans les phrases où *autre* est sous-entendu : *Je n'ai de volonté que la tienne* (je n'ai pas d'autre volonté).

Après *depuis que,* ou après *il y a,* suivi d'un mot qui indique un espace de temps, on supprime *pas* et *point* quand le verbe est au prétérit : *Depuis que je ne l'ai vu. Il y a six mois que je ne lui ai parlé.* Mais si le verbe est au présent, il faut exprimer *pas* ou *point: Depuis que nous ne nous voyons* pas. (On dit aussi, *que nous ne nous voyons* plus.) *Il y a six mois que nous ne nous parlons* point. (On dit aussi, *que nous ne nous parlons plus.*)

On supprime *pas* après *si* dans le sens d'*à moins que* : *Je ne sortirai point* si *vous ne venez me prendre en voiture.*

Après *ni* : *Je ne l'estime ni ne l'aime. Il est avantageux de n'être* ni *trop pauvre,* ni *trop riche.*

Après le verbe *craindre*, suivi de la conjonction *que*, on supprime *pas* et *point*, lorsqu'il s'agit d'un effet qu'on ne désire pas : *Je crains que vous ne perdiez votre procès.* Au contraire, il faut exprimer *pas* ou *point* lorsqu'il s'agit d'un effet qu'on désire : *Je crains que vous* ne *gagniez* pas *votre procès.*

Remarque. La même règle est à observer avec le verbe qui suit *de crainte que, de peur que*, et avec les verbes *trembler, avoir peur, éviter, appréhender* (*).

Peu.

§ 548. Lorsque *peu* est suivi de la préposition *de* et d'un substantif, le verbe s'accorde avec le substantif. Ex. : *Peu de monde* a su *votre arrivée. Peu de gens* négligent *leurs intérêts.*

Peu, précédé de *c'est* et suivi d'un infinitif, se construit avec *de*, et non avec *que de : C'est peu d'être concis, il faut être clair.*

Mais on dit, avec un nom : *C'est peu de chose* que *cet homme-là.*

(*) *Point* se met quelquefois par ellipse pour une phrase négative : *Y consentez-vous? Point;* c'est-à-dire, *je n'y consens* point. *On pardonne la haine, mais point le mépris.*

Pas et *point* se placent ordinairement avant l'infinitif : *Pour ne point mentir.* Dans les temps composés, ils se mettent entre l'auxiliaire et le participe : *Il n'a point menti;* mais on dit, *il ne ment pas.*

C'est peu que, devant un verbe, régit le subjonctif: *C'est peu qu'il veuille* être le premier, il voudrait être le seul.

On dira: *Il s'en faut* de peu *que ce vase ne soit plein*, parce qu'il s'agit d'une quantité; mais s'il s'agit d'exprimer simplement une différence, on supprimera *de*, et l'on dira: *Il s'en faut* peu *que je ne vous blâme.*

Peu est aussi substantif. Ex.: *Le sage vit du peu qu'il a. Attendez* un peu (*).

Un petit peu est un pléonasme qu'il faut éviter. En effet, *peu* signifie déjà une *petite quantité;* il ne doit donc pas se construire avec l'adjectif *petit.*

Peut-être.

§ 549. *Peut-être*, adverbe dubitatif, se construit avec *que: Peut-être qu'il viendra.* Mais on peut dire: *Peut-être viendra-t-il.* Il se prend substantivement: *On ne peut pas se fonder sur un* peut-être.

Peut-être, et les locutions *il est possible, il est impossible*, ne doivent pas se construire avec le verbe *pouvoir,* parce qu'elles formeraient un pléonasme. Ainsi ne dites pas: *Il* pourra peut-être *vous rendre service; il est* impossible *que* je puisse *arriver à temps.* Dites: *Il vous rendra peut-être service; il est impossible que j'arrive à temps.*

Plus.

§ 550. Lorsque *plus* exprime la quantité, il faut remplacer *que* par *de: Cela ne vaut pas plus d'un écu,* et non, *qu'un écu. Nous avons fait plus de la moitié du chemin. Notre voyage est plus d'à moitié fait.*

Lorsque *plus* est suivi d'un *que* et d'un infinitif, il

(*) *Peu* forme différentes locutions: *Peu ou point* signifie presque point; *peu à peu* signifie lentement; *dans peu, sous peu* signifient dans peu de temps; *quelque peu* signifie un peu; *tant soit peu* signifie très-peu. — *Pour peu que* signifie seulement, et régit le subjonctif: *Pour peu que vous le vouliez, vous réussirez.*

faut répéter, avant cet infinitif, la préposition que demande l'adjectif qui précède : *Il y a plus de mérite à bien faire qu'à bien dire. Il est plus agréable de donner des éloges que de faire des reproches.* (Gramm. des Gramm.)

Plus d'un demande le verbe qui le suit au singulier : *Plus d'un témoin a déposé.* (L'Académie.)

Mais le verbe se met au pluriel s'il exprime réciprocité : *Plus d'un témoin* se sont contredits l'un l'autre. (Grammaire des Grammaires.)

Non plus a le même sens que *aussi;* mais on se sert de *non plus* quand la phrase est négative, et de *aussi* quand la phrase est affirmative. Ex. : *Vous ne le voulez pas? Ni moi non plus. Vous le voulez? Et moi aussi.*

Plus s'emploie dans un sens négatif, absolument et par ellipse, sans que la négation soit exprimée : *Plus de larmes, plus de chagrin,* c'est-à-dire, *il ne faut plus verser de larmes,* etc.

§ 551. *Plus tôt* s'écrit en deux mots, comme *plus tard,* quand il marque le temps : *Plus tôt vous serez prêt, plus tôt nous partirons.* Il s'écrit en un seul mot et sans *s* lorsqu'il exprime la préférence : *Plutôt mourir que de faire une lâcheté.*

Moins.

§ 552. *Moins* est opposé à *plus,* et sert à marquer l'infériorité d'une personne ou d'une chose ; il suit les mêmes règles que *plus.* Lorsqu'il exprime l'infériorité, il est suivi de *que;* lorsqu'il exprime la quantité, il est suivi de la préposition *de.* Ex. : *Il est moins sage* qu'*heureux. Nous n'étions pas moins* DE *cent personnes,* et non, *que cent personnes.*

§ 553. *Rien moins,* précédé du verbe *être* et de la négation, et suivi d'un adjectif, a aussi un sens négatif. Ex. : *Il n'est rien moins que sage,* c'est-à-dire, *il n'est point sage.*

Suivi d'un substantif, il a le sens affirmatif ou le sens négatif, suivant la circonstance : *Vous ne lui devez rien,*

car il n'est rien moins *que votre bienfaiteur,* c'est-à-dire,
il n'est pas votre bienfaiteur. Vous lui devez de la recon-
naissance, car il n'est rien moins *que votre bienfaiteur,*
c'est-à-dire, *il est votre bienfaiteur.*

Quand, lorsque, alors que, tandis que.

§ 554. *Quand* et *lorsque* signifient l'un et l'autre
dans le temps que. Mais *quand* s'emploie dans les interrogations, et signifie aussi *dans quel temps? Lorsque*
n'est jamais interrogatif. Ex. : *Quand un homme,* ou
lorsqu'un homme se livre à ses passions, il doit renoncer
au bonheur. — Quand un sot est-il mécontent de son es-
prit et de sa personne?

Quand signifie aussi *quoique : Quand je le voudrais,*
je ne le pourrais pas. Voy. § 578.

Alors que signifie *lorsque,* et ne s'emploie que dans
le style élevé ou dans la poésie : *Quel est l'homme qui*
n'éprouve aucune émotion, alors qu'il va paraître devant
le souverain juge?

Tandis est toujours suivi de *que;* il signifie *dans le*
temps que, et a pour synonyme *pendant que : Tandis*
qu'on forme des projets, la vie s'écoule. Voy. § 575.

§ 555. *Quant,* qu'il ne faut pas confondre avec
quand, est toujours suivi de la préposition *à,* et signifie *pour (ce qui est de).* Ex. : *Quant à moi* (pour moi),
je ne m'y oppose pas.

§ 556. *Si ce n'est* signifie quelquefois *excepté.* Ex. :
Il vous ressemble, si ce n'est *qu'il est plus petit que vous.*
On dit de même, *si ce n'était la crainte de vous déplaire,*
dans le sens de, *sans la crainte,* etc.

Si ce n'est perd cette signification quand il est suivi
de *pas: Si ce n'est pas vous, c'est quelqu'un qui vous res-*
semble beaucoup.

De suite, tout de suite.

§ 557. *De suite* signifie *l'un après l'autre, sans inter-ruption : Faites-les marcher de suite. Il ne saurait dire deux mots de suite.*

Tout de suite signifie *sur-le-champ, aussitôt : Il faut que les enfants obéissent tout de suite.* (L'Académie.)

DES CONJONCTIONS. (*Voyez* Ire *partie*, § 133—136.)

Répétition des conjonctions.

§ 558. Lorsque, dans une énumération, on place une conjonction copulative ou disjonctive avant le premier mot, il faut répéter cette conjonction avant tous les mots qui suivent. Ex. : *Socrate fut et un grand philosophe et un bon citoyen. C'est ou l'intérêt ou l'amour-propre qui fait agir la plupart des hommes.* Mais on peut dire aussi : *Socrate fut un grand philosophe et un bon citoyen; c'est l'intérêt ou l'amour-propre qui*, etc.

§ 559. *Ni* et *soit* se répètent toujours : *Ne vous estimez ni trop ni trop peu. Il faut toujours conserver une âme égale, soit dans la bonne, soit dans la mauvaise fortune.*

Quelquefois, au lieu de répéter *soit*, on met *ou* : *Soit qu'il arrive ou qu'il n'arrive pas, je partirai demain.*

§ 560. Au lieu de répéter les conjonctions condi-tionnelles *si, pourvu que, à moins que*, etc., on les remplace souvent par *que*. Ex. : *Si vous êtes riche, et, que vous ne fassiez pas un bon usage de vos richesses, vous méritez de les perdre. Pourvu que mes affaires me permettent de partir aujourd'hui, et que le temps soit beau, je serai près de vous dans trois jours.*

§ 561. Lorsque plusieurs propositions doivent se rapporter, par le moyen de la conjonction *que*, au verbe principal d'une période, il faut répéter *que* à la tête de chacune de ces propositions. Ex. : *Quand je considère que les chrétiens ne meurent point, qu'ils ne font que changer de vie, que l'apôtre nous avertit de ne pas pleurer ceux qui dorment dans le sommeil de la mort*, etc.

Observations sur l'emploi de plusieurs conjonctions.

§ 562. *A moins* se construit avec *de* avant un nom : *Je ne lui pardonnerai pas à moins d'une rétractation publique.* Avant un verbe, on se sert de *à moins que* avec le subjonctif, ou de *à moins que de* ou *à moins de* avec l'infinitif. Ex. : A moins que *vous* ne preniez *bien votre temps, vous ne réussirez pas.* A moins que d'être *fou,* ou, à moins d'être *fou, il n'est pas possible de raisonner ainsi.*

Au reste, du reste, cependant.

§ 563. *Au reste* signifie *quant à ce qui reste*, et ne s'emploie qu'avec rapport aux choses dont on a déjà parlé, et dont on a omis quelque point dont on veut traiter. Ex. : *Le désintéressement est une vertu bien rare ; au reste, c'est la vertu des grandes âmes.* Dans cette phrase, *au reste* exprime une conséquence; il signifie *aussi :* Aussi *est-ce la vertu des grandes âmes.*

Mais, s'il n'y a pas relation directe entre ce qui précède et ce qui suit, il faut employer *du reste, cependant.* Ex. : *C'est un égoïste qui n'agit que par intérêt ; du reste, je n'ai jamais eu affaire à lui. On m'a dit que votre procès serait jugé aujourd'hui ; cependant, je n'en ai pas la certitude. Du reste et cependant* n'expriment pas une conséquence nécessaire.

Comme.

§ 564. *Comme* a différentes acceptions : 1° Il est adverbe et exprime comparaison : *Hardi* comme *un lion. Il est* comme *insensé.*

Il signifie *comment, de quelle manière : Voici* comme *l'affaire se passa* (*). — *A quel point : Voyez* comme *il est changé.* — *En qualité de : Je vous dis cela* comme *votre ami.* — *Autant que : Il n'y a rien qui soit agréable* comme *le souvenir d'une bonne action.*

____

(*) *Comme* ne s'emploie jamais pour *comment* quand on interroge. On ne peut pas dire, *comme vous appelez-vous,* au lieu de, *comment vous appelez-vous ?*

Il est aussi adverbe de temps : *Comme le roi était à Paris*, c'est-à-dire, *lorsque, dans le temps que.*

2° Il est conjonction et signifie, *vu que, parce que.* Dans ce sens, *comme*, employé au premier membre de phrase, ne se répète pas au second ; mais il est remplacé par *que* : *Comme ses raisons paraissaient bonnes, et que, d'ailleurs, on était bien disposé pour lui*, etc.

De crainte de, de peur de, de crainte que, de peur que.

§ 565. *De crainte de, de peur de*, régissent l'infinitif sans négation : *De crainte de vous déplaire. De peur d'être surpris.* Ils s'emploient aussi avant un nom : *De peur du mauvais temps ; de crainte d'accident.* On supprime quelquefois le premier *de* avant *de crainte de* : *Crainte d'accident.*

§ 566. *De crainte que, de peur que*, régissent le subjonctif avec la négation *ne*. Ex. : *Ne laissez pas échapper l'occasion de faire le bien*, de peur, *ou*, de crainte qu'*elle ne se représente plus.*

De même que, ainsi que.

§ 567. Lorsqu'on emploie *de même que* au commencement du premier membre d'une comparaison, on met ordinairement *de même* au commencement du second membre : *De même que le feu éprouve l'or*, de même *l'adversité éprouve l'homme courageux.*

Ainsi que est ordinairement suivi de *ainsi* : *Ainsi que le soleil dissipe les nuages, ainsi la vérité dissipe le mensonge et l'erreur.*

Et.

§ 568. Les mots que lie cette conjonction doivent être du même ordre, c'est-à-dire que *et* doit lier des substantifs avec des substantifs, des adjectifs avec des adjectifs, des verbes avec des verbes, etc. Ex. : *Alexandre était roi de plusieurs millions d'hommes*, et esclave *de ses passions.* Mais on ne doit pas dire, *Alexan-*

drc était roi *de plusieurs millions d'hommes*, et asservi *à ses passions*. On dira, *Louis XIV* aimait *les arts* et encourageait *les artistes;* mais on ne dira pas, *Louis XIV aimait* les arts et à encourager *les artistes.*

La conjonction *et* rend louche le discours, quand, précédée d'un régime simple, elle est suivie d'un sujet qui est séparé de son verbe par plusieurs mots. Ex. : *Je condamne* sa paresse, et les fautes *que sa négligence lui a fait faire m'*ont *toujours* paru *incxcusables.* Il faut prendre un autre tour, et dire, par exemple, *et je trouve inexcusables les fautes que*, etc.

Nous avons vu Rome recevoir *dans son sein des nations qui s'étaient unies* pour la déchirer, et se fortifier *de ce qui devait occasionner sa ruine. Se fortifier* est trop éloigné de *nous avons vu :* il faudrait dire, *et* elle a su se *fortifier,* etc.

Quand il ne s'agit que de lier plusieurs mots ensemble, on ne met la conjonction qu'avant le dernier : *La sottise, l'ignorance* et *l'orgueil se trouvent souvent réunis dans le même homme.*

Lorsque deux adjectifs précèdent leur substantif, on remplace l'article devant le second par la conjonction *et : La faible et timide innocence,* et non, *la faible et la timide innocence.*

S'il y a plus de deux adjectifs, on répète l'article, et l'on n'emploie pas la conjonction *et : L'humble, la faible, la timide innocence.*

Quelquefois, pour donner plus d'énergie au discours, on exprime la conjonction *et,* même avant le premier mot, et alors on la répète avant tous les autres : *Je le lui ai dit et à lui et à sa famille et à ses amis.*

On supprime, au contraire, la conjonction *et* dans les gradations, et lorsqu'on veut donner plus de vivacité à la phrase. Ex. : *Ce que les hommes appellent grandeur, pouvoir, profonde politique, n'est aux yeux de Dieu que misère, faiblesse, vanité.*

Et, ni.

§ 569. *Et* sert à lier deux propositions affirmatives de manière à ce qu'elles n'en forment plus qu'une seule, comme, *la science* et *la vertu sont estimables.* Ce qui équivaut à : *La science est estimable, la vertu est estimable ;* ou à lier une proposition affirmative avec une proposition négative, comme *je plie et ne romps pas.*

Et diffère en cela de la conjonction *ni*, qui sert à lier les mots entre eux quand la proposition est négative, c'est-à-dire, quand *ne* est exprimé avant le premier verbe. Ainsi, au lieu de, *ils ne veulent* et ne *peuvent pas ;* dites, *ils* ne *veulent* ni ne *peuvent.* Au lieu de : *Heureux celui qui ne connaît pas le luxe* et *la corruption des cours ;* dites, *qui ne connaît pas le luxe ni la corruption,* ou mieux, *ni le luxe ni la corruption.*

Il ne faut pas non plus mettre *ni* pour *et*, comme *je lui défends de voir mon fils* ni *de lui parler,* au lieu de, *et de lui parler.* En effet, le verbe *défendre* n'est pas précédé d'une négation.

On se rappellera que la préposition *sans* reçoit également après elle *ni* ou *et* entre deux régimes : *Sans crainte* ni *pudeur* (avec *ni, sans* ne se répète point); ou bien, *sans crainte* et *sans pudeur.*

§ 570. Dans les phrases négatives, la négation doit être suivie de la préposition *de* avant les substantifs pris dans un sens général. Ex. : *Je n'ai pas d'argent, pas d'amis.* Mais après *ni* répété on retranche *de.* Ex. : *Je n'ai* ni *argent,* ni *amis.*

Ou.

§ 571. *Ou* ne doit être employé que dans le sens affirmatif. Dans le sens négatif, on se sert de *ni.* Ainsi, au lieu de dire : *Ce n'est pas que je doute de sa fidélité* ou *de son zèle ;* dites : *de sa fidélité* ni *de son zèle.*

§ 572. Après *lequel des deux,* employé soit comme sujet, soit comme régime direct, le nom ou le pronom

qui suit la conjonction *ou* ne doit pas être précédé de
la préposition *de*, parce que ce nom est lui-même sujet
ou régime direct du verbe qui est exprimé après *lequel
des deux* dans la première proposition, et sous-entendu
dans la seconde. Ainsi dites : *Lequel, ou, lequel des deux
est le plus éloquent, Démosthène ou Cicéron? Lequel de
nous deux arrivera le plus tôt, vous ou moi?* et non,
*lequel des deux est le plus éloquent de Démosthène ou de
Cicéron? Lequel de nous deux arrivera le plus tôt de vous
ou de moi ?*

En effet, la phrase est elliptique et signifie *Démosthène est-il plus éloquent que Cicéron, ou Cicéron est-il
plus éloquent que Démosthène ? — Arriverez-vous plus tôt
que moi, ou arriverai-je plus tôt que vous ? —* On dira de
même : *Quel est celui qui est le plus éloquent, ou Démosthène, ou Cicéron?*

Même règle pour le régime direct : *Lequel des deux
admirez-vous le plus, Démosthène ou Cicéron?* c'est-
à-dire, *admirez-vous plus Démosthène que Cicéron, ou
admirez-vous plus Cicéron que Démosthène?*

Mais on dira : *Duquel des deux faites-vous le plus de
cas, de Démosthène ou de Cicéron?* Parce que la phrase
signifie, *faites-vous plus de cas de Démosthène que de Cicéron, ou plus de cas de Cicéron que de Démosthène?*
Comme on dirait : *Auquel des deux donnez-vous la préférence, à Démosthène ou à Cicéron ?*

§ 573. Lorsque deux propositions sont unies par la
conjonction *ou*, et que l'une est *négative*, c'est-à-dire
qu'elle renferme les mots *pas* ou *point*, et l'autre *affirmative*, il faut exprimer la négation *ne* avant le verbe
de la proposition négative, et répéter le verbe sans
négation après *ou*. Ex. : On ne rencontre point, ou
l'on rencontre peu *de vrais amis dans la société.*

Ce serait une faute de dire : *On rencontre point ou
peu de vrais amis dans la société.*

Parce que, par ce que.

§ 574. *Parce que*, écrit en deux mots, est une conjonction qui sert à exprimer la cause pour laquelle une

chose est, se fait, se dit, etc. : *Je lirai ce livre,* parce que *vous me dites qu'il est bon.*

Dans *par ce que,* écrit en trois mots, *par* est une préposition suivie du démonstratif *ce* et du relatif *que : Je juge,* par ce que *vous me dites, que la lecture de ce livre ne peut qu'être très-utile.*

Pendant que, tandis que.

§ 575. *Pendant que* et *tandis que* signifient tous deux *dans le temps que :* Pendant que, ou, *tandis que vous êtes ici.* Cependant on doit se servir de *tandis que,* et non de *pendant que,* si l'on veut marquer une sorte d'opposition entre les deux actions qui ont lieu en même temps. Ex. : *Le sommeil du juste est paisible,* tandis que *celui du méchant est agité.*

Que.

§ 576. Le principal usage de la conjonction *que* est d'unir une proposition à une autre. La proposition qui suit *que* sert à compléter, à expliquer la proposition précédente. Ainsi, dans cette phrase : *Je crois qu'il viendra,* ces mots, *qu'il viendra,* servent à expliquer ce que *je crois.*

§ 577. La conjonction *que* sert encore :

1° A exprimer une restriction dans les phrases négatives, et alors *ne que* se met pour *seulement : L'ambition* ne *sert* qu'à *tourmenter.*

2° *Que* se met pour *afin que, de peur que,* après un impératif : *Approchez,* que *je vous parle,* c'est-à-dire, afin que *je vous parle. Retirez-vous,* qu'il ne *vous maltraite,* c'est-à-dire, *de peur qu'il ne vous maltraite.*

3° *Que* sert à marquer un souhait, un commandement, un sentiment de répugnance, de blâme, etc., et alors il y a un verbe sous-entendu : Qu'*il vive,* c'est-à-dire, *je souhaite qu'il vive.* Qu'*il s'en aille,* c'est-à-dire, *j'ordonne,* ou, *je consens qu'il s'en aille.* Que *je trahisse mon ami !* c'est-à-dire, *voudrait-on que je trahisse.* Qu'*il se soit oublié à ce point!* c'est-à-dire, *est-il possible qu'il...*

4º *Que* se met pour *à moins que, avant que, sans que :* *Je ne partirai point* que *tout ne soit prêt,* c'est-à-dire, *à moins que,* ou, *avant que tout ne soit prêt. Il ne peut sortir* qu'il *ne lui arrive quelque accident,* c'est-à-dire, *sans qu'il lui arrive.*

5º Pour *aussitôt que, dès que, si :* Qu'il *fasse le moindre excès, il est malade,* c'est-à-dire, *s'il fait, aussitôt qu'il fait, dès qu'il fait le moindre excès.*

6º Pour *jusqu'à ce que : Attendez* qu'il *vienne,* c'est-à-dire, *jusqu'à ce qu'il vienne.*

7º Pour *pourquoi :* Que *ne se corrige-t-il?* c'est-à-dire, *pourquoi ne se corrige-t-il pas?* En ce sens il s'emploie rarement sans négation, excepté dans ces phrases : *Que tardez-vous? que différez-vous?* et quelques autres semblables.

8º Pour *combien :* Que *Dieu est grand!* c'est-à-dire, *combien Dieu est grand!*

9º Pour *si ce n'est : A qui puis-je confier ce secret qu'à vous seul,* c'est-à-dire, *si ce n'est à vous seul.*

10º Pour *si bien que : On se régala,* que *rien n'y manquait,* c'est-à-dire, *si bien que rien,* etc. (Ce tour est familier.)

11º Pour *soit que : Qu'il veuille ou* qu'il *ne veuille pas, je partirai.*

12º Pour *depuis que : Il y a deux ans* que *je ne l'ai vu.*

13º Pour *et cependant : Les avares auraient tout l'or du monde,* qu'ils *ne seraient pas contents. (Et cependant ils ne seraient pas contents.)*

14º Pour *puisque : Qu'avez-vous,* que *vous ne mangez point?* c'est-à-dire, *puisque vous ne mangez point.*

15º Pour *comme, lorsque, parce que, puisque, quand, quoique, si,* etc., lorsqu'à des propositions qui commencent par ces mots, on en joint d'autres également régies par ces conjonctions par le moyen de la conjonction *et.* Ex. : *Comme il était tard, et* qu'il *ne venait point... Quand on est jeune, et* qu'on *se porte bien... Si les hommes étaient sages, et* qu'ils *suivissent les lumières de la raison... Quoiqu'il soit prudent, et* qu'on *puisse compter sur lui...* Au lieu de, *quoiqu'on puisse,* etc.

16° *Que* s'emploie par redondance : *Que s'il m'al-lègue...*, c'est-à-dire, *s'il m'allègue.*

17° Il s'emploie pour donner plus de force à l'expression : *C'est se tromper que de croire*, au lieu de, *c'est se tromper, de croire.*

Quand.

§ 578. *Quand*, adverbe de temps, signifie *lorsque*; mais il est aussi conjonction, et alors il signifie *encore que, quoique*, *alors même que* : Quand *un avare aurait tous les trésors du monde, en serait-il plus heureux?*

Quoique, quoi que.

§ 579. *Quoique*, conjonction, ne forme qu'un seul mot, et régit toujours le subjonctif : Quoiqu'*il soit pauvre, il est honnête.* On peut sous-entendre le premier verbe : Quoique *pauvre, il est honnête.*

Il faut éviter de construire *quoique* avec des *participes présents* ou *passés*, parce que ces participes n'expriment pas d'une manière assez claire les temps et les personnes. Ainsi, au lieu de dire : *Quoique n'ayant pas réussi, il n'en mérite pas moins des éloges pour son zèle;* dites plutôt : *Quoiqu'il n'ait pas réussi.*

Quoique ne peut jamais se construire avec le participe, quand ce participe ne se rapporte pas clairement au sujet de la phrase. Ainsi ne dites pas : *Quoique n'ayant pas réussi, les efforts qu'il a faits méritent des éloges.*

§ 580. *Quoi que*, écrit en deux mots, signifie *quelque chose que* : *Quoi que vous fassiez, vous ne contenterez jamais tout le monde.*

Si.

§ 581. *Si*, conjonction conditionnelle, signifie *en cas que, pourvu que, à moins que, supposé que.* Il se construit avec l'indicatif : Si *vous voulez être heureux, aimez la vertu.*

Lorsque *si* devrait être répété, et qu'on le remplace par *que*, on doit mettre au subjonctif le verbe qui suit *que : S'il venait ici, et qu'il vous vît*, au lieu de, *et s'il vous voyait.*

Si s'emploie aussi dans plusieurs phrases où il s'agit non d'une supposition, mais d'une chose certaine : Si *je suis triste, c'est que j'en ai sujet*, c'est-à-dire, *je ne suis triste que parce que j'en ai sujet.*

Si est quelquefois particule et s'oppose à *non : Vous dites que non, et je dis que si.*

Il signifie quelquefois *combien : Vous savez si je vous aime.*

Il est aussi adverbe, et signifie *tellement.* Dans ce sens il se construit avec les adjectifs, mais rarement avec les participes, à moins que ces participes ne soient considérés comme des adjectifs verbaux. Ex. : *Il est si habile qu'il réussit dans tout ce qu'il entreprend. C'est un homme si instruit que rien ne lui est inconnu.* Mais on ne dirait pas, *il est si instruit de cette affaire ;* il faut ajouter un adverbe, et dire, *il est si bien instruit...*

Si ne fait pas bien devant les mots précédés d'une préposition. Au lieu de : *Il est si à plaindre, si en peine,* dites plutôt, *si fort à plaindre, si fort en peine.*

Si, devant le pronom *il*, perd son *i : Il viendra, s'il peut.*

DE L'INTERJECTION. *Voyez* Ire *partie*, § 136.

§ 582. La même interjection sert à exprimer différents sentiments de l'âme, parce que la signification que l'on donne à l'interjection dépend de l'inflexion que prend la voix. Ainsi, *ah* exprime la joie, la douleur, l'amour, l'admiration, la pitié, l'impatience : *Ah ! que je vous aime ! Ah ! que je suis à plaindre ! Ah ! quel admirable spectacle !* etc.

Ha (*h* s'aspire) sert à marquer la surprise : *Ha ! vous voilà !*

Hé sert à appeler, à avertir, à exprimer la pitié, l'étonnement, la crainte : *Hé ! venez çà. Hé ! qu'allez-vous faire ? Hé ! pauvre homme !* etc.

Eh ne sert qu'à marquer la surprise, l'admiration : *Eh ! qui aurait pu croire cela ?*

Ho (*h* s'aspire) sert à appeler et à exprimer l'étonnement, l'indignation : *Ho ! venez ici. Ho ! quel coup !* —Quand il exprime l'étonnement et l'indignation, il se confond quelquefois avec *oh !* Le plus souvent on le redouble : *Ho ! ho ! vous agissez ainsi !*

Oh marque la surprise : *Oh ! quelle chute !* Il sert aussi à donner plus de force au sens : *Oh ! je me vengerai.*

Ô (avec l'accent circonflexe) sert à marquer divers mouvements de l'âme. L'indignation : *ô temps ! ô mœurs ! ô douleur !* L'ironie : *ô le plaisant homme de prétendre que...* —Il marque aussi l'apostrophe : *ô mon fils ! ne cédez pas à vos passions.*

§ 583. Les interjections n'ont pas de place fixe dans le discours. Cependant il ne faut jamais les placer entre deux mots que l'usage a rendus inséparables, comme entre le sujet et le verbe, entre l'adjectif et le substantif. Lorsque les interjections tiennent à une phrase, on les place ordinairement au commencement de cette phrase, ainsi qu'on l'a vu dans les exemples précédents.

PLURIEL DES SUBSTANTIFS COMPOSÉS.

§ 584. Certains substantifs sont composés de plusieurs mots, quoique, pour le sens, ils n'aient que la valeur d'un substantif simple. Ainsi, *petit-maître* équivaut à *fat*; *contre-coup*, à *répercussion*. Les mots qui servent à former les substantifs composés prennent la marque du pluriel, suivant que dans la décomposition du substantif le sens et la nature de ces mots exigent l'un ou l'autre nombre.

Dans la formation d'un substantif composé, il peut entrer : 1° un substantif accompagné, ou d'un autre substantif, *garde-chasse*; ou d'un adjectif, *petit-maître*; ou d'un adverbe, *quasi-délit*; ou un mot qui ne s'emploie plus isolément, *pie-grièche*; 2° un verbe accompagné, ou d'un substantif, *passe-droit*; ou d'un second verbe, *passe passe*; ou d'une préposition, *passe-avant*; ou d'un adverbe, *passe-partout*; 3° une préposition accompagnée, ou d'un substantif, *avant-coureur*, *vice-roi*; ou d'un adjectif, *haute-contre*; ou d'un adverbe, *après-demain*; 4° plusieurs mots étrangers : *Te Deum*, *mezzo-termine*. Or les seuls mots essentiellement *invariables* sont le *verbe*, la *préposition* et l'*adverbe*, comme des *passe-partout*, des *avant-coureurs*, des *passe-passe*, etc. (*).

§ 585. Si le nom est composé d'un adjectif et d'un substantif, le substantif et l'adjectif prennent la marque du pluriel, lorsque, dans la décomposition du mot, ils seraient mis tous deux au pluriel. Ex. : Un *gentil-*

(*) Beaucoup de substantifs composés sont écrits sans distinction de leurs parties : *Justaucorps*, *auvent*, *adieu*. Ces substantifs suivent la règle générale pour la formation de leur pluriel. Ex. : Des *justaucorps*, des *auvents*, des *adieux*.

homme, des *gentilshommes ; gentil* a ici le sens de *noble ;* c'est comme si l'on disait un *homme noble*, des *hommes nobles.* Un *arc-boutant*, des *arcs-boutants*, c'est-à-dire, des *arcs*, des piliers arqués qui *boutent*, qui soutiennent. Des *petits-maîtres*, c'est-à-dire, des *hommes fats.* Des *aigues-marines*, c'est-à-dire, des *eaux marines*, des pierreries couleur de vert de mer. (*Aigue* vient du latin *aqua*, eau.) On écrit de même les autres mots composés dans lesquels il entre un mot qui ne s'emploie plus isolément, comme, des *pies-grièches*, des *loups-cerviers*, des *loups-garous*, des *épines-vinettes*, etc.; parce que ce mot tient la place d'un substantif ou d'un adjectif pris substantivement. Mais on écrira des *terre-pleins*, c'est-à-dire, des lieux remplis de terre (*terre* au sing.); des *blanc-seings*, c'est-à-dire, des *seings*, des signatures sur du papier blanc (*blanc* au sing.).

Si le mot est composé de deux substantifs unis par une préposition, le sens indique qu'on ne doit mettre la marque du pluriel qu'au premier des deux substantifs, comme, *un chef-d'œuvre*, *des chefs-d'œuvre.*

Si le mot est composé de deux substantifs non unis par une préposition, ces substantifs prennent ou ne prennent pas la marque du pluriel, suivant le sens : *Un garde-chasse*, *des gardes-chasse*, c'est-à-dire, *des gardiens de la chasse ; un garde-côte*, *des gardes-côtes.* *Garde* est substantif quand il se dit d'une personne; *garde* est verbe et invariable quand il se dit d'une chose : *Des garde-manger*, c'est-à-dire, *des armoires* où l'on garde le manger.

Il est évident que dans les mots composés d'un substantif joint à une préposition, ou à un verbe, ou à un adverbe, le substantif seul prend, s'il y a lieu, la marque du pluriel. Ex. : Un *contre-amiral*, des *contre-amiraux;* un *casse-noisettes*, des *casse-noisettes. Noisettes* se met au pluriel, même quand on ne parle que d'un instrument, parce que cet instrument sert à casser non une seule noisette, mais plusieurs.

La préposition latine *vice* (à la place de), les mots initials *demi, semi, ex, tragi, archi*, sont toujours invariables : des *vice-rois*, des *demi-dieux*, des *semi-tons*, des *ex-généraux*, des *tragi-comédies*.

Les mots composés formés de mots étrangers s'écrivent au pluriel comme au singulier : des *Te Deum*, des *mezzo-termine*, des *forte-piano*, des *auto-da-fé*.

Des noms unis par DE *ou* A, *ou une autre préposition, mais qui ne forment point des noms composés, comme* lit de plume, marchand de plumes, un arbre à fruit.

§ 586. Lorsque deux noms sont unis par *de*, le second se met au *singulier* ou au *pluriel*, suivant le sens dans lequel il est pris.

1° Si le second nom n'est employé que dans un sens général, et seulement pour indiquer l'espèce du premier nom, il se met au singulier. Ainsi on écrira : *Un lit*, ou, *des lits de plume ; des crins, des queues de cheval ; des arbres à fruit, des rognons de mouton*, parce que ces mots *plume, laine, cheval, fruit, mouton*, servent seulement à indiquer l'espèce de *lits*, de *crins*, de *queues*, etc., sans réveiller l'idée du nombre de plumes, de chevaux, etc. (*).

2° Si le second nom désigne une chose qui n'est pas susceptible de se compter, il reste au singulier : *cent mesures de blé, deux plats d'oseille*, etc., parce qu'on ne dit pas *un blé, deux blés*, etc.

Mais le second nom se met au pluriel s'il désigne une chose qui se compte : *une mesure de haricots, de fèves*, etc. Il se met encore au pluriel, si le premier nom réveille nécessairement l'idée de plusieurs choses ; ainsi l'on écrit : *un bouquet de roses, de fleurs, un collier de perles*, parce qu'il faut *plusieurs roses, plusieurs fleurs*, pour faire un bouquet ; *plusieurs perles* pour faire un

---

(*) Le second nom tient la place d'un adjectif, par lequel il pourrait se remplacer, si cet adjectif existait en français. C'est ainsi qu'on dirait en latin : *culcitra plumea*, un lit de plume ; *caudæ equinæ*, des queues de cheval ; *arbores frugiferæ*, des arbres à fruit, ou des arbres fruitiers.

collier, et que, d'ailleurs, les seconds noms désignent des choses qui peuvent se compter. Mais on écrira, *des bouquets de jasmin* (jasmin au singulier); c'est-à-dire, des bouquets faits avec des fleurs de la plante appelée *jasmin*.

§ 587. Les observations que nous venons de faire s'appliquent à toutes les constructions semblables, où il entre soit des adjectifs, soit des verbes. Ainsi l'on écrira avec le singulier ou avec le pluriel, suivant le sens de la phrase : *Une jeune personne remplie de bonté et de bonnes qualités; un enfant plein d'esprit; un enfant plein de défauts; des musiciens, ou, des peintres remplis de talent; un homme du monde rempli de talents. Talent* est au singulier dans la première phrase, parce qu'on ne parle que *d'un seul talent,* celui de la peinture ou celui de la musique; *talents* est au pluriel dans la seconde phrase, parce qu'on parle de *plusieurs talents* réunis dans un seul homme.

§ 588. On suit les mêmes règles quand le nom est précédé d'une autre préposition. Ex. : *Aller à pied; pied,* au singulier, parce qu'on ne pose qu'un pied à terre pour marcher. *Sauter à pieds joints; pieds,* au pluriel, parce que le sens indique qu'on parle des deux pieds réunis. *Il voyage de ville en ville,* c'est-à-dire, d'une ville dans une autre; *il a parcouru beaucoup de villes,* c'est-à-dire, plusieurs villes.

DE L'ORTHOGRAPHE.

§ 589. On écrit avec un *e* muet final, dans les substantifs féminins, les terminaisons *aie, ie, ue, eue, oie, oue, ale, ole, ule, ire, oire, ure.* Ex.: *Haie, envie, vue, lieue, voie, moue, cabale, obole, virgule, cire, passoire, figure,* etc.

Excepté *paix, brebis, souris, houris, perdrix,* (la) *merci, bru, glu, tribu, vertu,* (la) *foi,* (une) *fois,* loi, *croix, voix, noix,* (la) *poix.*

Les substantifs féminins qui ont le son *é* s'écrivent aussi par deux *é: fumée, nuée;* excepté, 1° *clef;* 2° les mots en *tié,* comme *moitié, amitié,* et ceux en *té,* comme *bonté, cruauté,* qui ne sont pas des participes féminins employés substantivement; mais on écrit (une) *dictée,* parce que ce substantif est formé du participe féminin du verbe *dicter.*

Il y a des substantifs masculins dérivés du grec qui s'écrivent avec deux *ée,* comme *trophée, lycée, musée,* etc. On écrit avec un *e* final les substantifs masculins *génie, incendie,* et autres

semblables qui viennent de noms masculins ou neutres en latin.
(*Genius*, *ingenium*, *incendium*.)

§ 590. Les consonnes finales de la plupart des mots ne se prononcent point. Pour savoir s'il y a dans un mot une consonne finale qui ne sonne pas, il faut voir si cette consonne se trouve dans les dérivés de ce mot. Ainsi on écrira : *plomb, fard, dard, art, sourcil, sanglot, berger, univers, sourd, accroc, arsenic*, parce qu'on dit, *plomber, farder, darder, artiste, sourciller, sangloter, bergère, universel, sourde, accrocher, arsénical*, etc. (*).

§ 591. On écrit par *ai* initial les mots où *ai* forme la première syllabe sans le secours de la consonne suivante, comme *ai-der, ai-mable*; et on écrit par *e* les mots où la consonne suivante est nécessaire pour former la première syllabe, comme *er-reur, es-pion*.

Ai a lieu dans le corps du mot : 1° Quand on trouve *a* à la place de *ai* dans les mots qui ont la même racine que les mots

---

(*) Mais il y a plusieurs mots qui n'ont point de dérivés, et qui sont terminés par une des consonnes *c, d, g, l, p, s, t*. Voici les principaux. Mots terminés par *c* : *cotignac, tabac, cric*; par *d* : *boulevard, brancard, brouillard, épinard, étendard, vieillard, différend* (contestation), *muid, nid, pied, plafond, lord, nord, nœud*; par *g* : *etang* (*vingt, doigt*, se terminent par deux consonnes, et l'on écrit aussi *vingtaine, doigtier*) ; par *l* : *nombril, fenil, cul*; par *p* : *loup, beaucoup*; par *s* : *canevas, frimas, chasselas, repas, verglas, cervelas, coutelas, fatras, galimatias, lilas, galetas, plâtras, taffetas,* — *dais, jais, harnais, laquais, marais, palais, panais, relais, rais* (rayon), — *décès, legs, congrès, abcès,* — *abatis, châssis, cliquetis, coloris, débris, devis, gâchis, hachis, logis, panaris, paradis, radis, ris*, etc., etc., — *carquois, minois, mois, poids* (pesanteur), *pois* (légume), — *fonds* (de terre), (le) *remords, corps, cours*, et ses composés *concours*, etc., *à rebours, velours,* — *chaos, héros,* — *jus, pus, talus,* — *ailleurs*; par *t* : *rempart, orgeat*, et généralement tous les mots en *at*, qui expriment un *état*, une *dignité* : *apostolat, potentat, goujat*; ceux qui ont un sens analogue à celui des verbes : *contrat*, de *contracter*; *dégât*, de *gâter*; *odorat*, de *odorer*, etc.

Et un grand nombre de mots en *ait, et, it, oit, ot, aut* : *Acabit, édit, appétit*, etc. — *Détroit, endroit.* — *Chariot, canot, dépôt, pavot*, etc. — *Artichaut, assaut, défaut, héraut* (d'armes). — *Effort, port, sort, tort*, etc. — *Fait, trait*, et leurs composés.—Et tous les mots où la syllabe finale se prononce *é* : *intérêt, banquet.* — Par *x* : *choix, voix, crucifix, perdrix, faux, chaux, flux, courroux, époux*, etc.—Par *z* : *gaz, nez, rez* (de chaussée), *riz* (légume), *chez, assez*.

écrits par *ai*. Ex. : *Paître* (pâtre), *naître* (natif), *pair* (parité).
—2° Avant *s* prononcé comme *z* : *maison*, *raisin*, *fraise*, etc.,
excepté certains mots qui viennent du grec, comme *thèse*,
dièse, etc. — 3° Avant *ne* final, comme *plaine*, *semaine*; mais
il y a un grand nombre d'exceptions : *reine*, *veine*, *scène*, etc.,
parce que ces mots s'écrivent avec un *e* en latin (*regina*, *vena*,
scena). — 4° Avant *re* final, dans les substantifs et dans les
adjectifs qui expriment l'action de, la qualité de, et qui sont formés d'autres substantifs : *actionnaire* (action), *dictionnaire* (dic-
tion), *munitionnaire* (munition). Ces substantifs sont *masculins*.

§ 592. IAIRE, IÈRE : *iaire* termine les noms masculins :
vestiaire, *bréviaire*, etc. ; *ière* termine les noms féminins : *pau-
pière*, *bière*, etc., excepté *pierre*.

§ 593. EI se place, 1° avant *gn* : *enseigne*, *beignet*, (qu'il) *feigne* ;
excepté *araignée*, *baigner*, *châtaigne*, *daigner*, *saigner*, et les
temps des verbes *craindre*, *contraindre*, *plaindre*, qui s'écrivent
avec *gn* : que je *plaigne*, vous *craignez*, etc. —2° Avant *g* commençant la dernière syllabe d'un mot : *nei-ge*, *sei-gle* : excepté
les mots en *ege* : *collége*, *siége*, etc. — 3° Dans *treize*, *seize*.

§ 594. AY se place dans le corps des mots où l'on entend le
son d'un *i* : *balayer*, *paysage*, *crayon*. Excepté *grasseyer*,
asseyant.

§ 595. AI termine les substantifs masculins venant des verbes
en *ayer* : *balai*, *étai*, etc.

§ 596. AIT termine *lait*, *souhait*, *fait*, *trait*, et les composés
de ces derniers, *forfait*, *portrait*, etc. Tous les autres mots où
la dérivation amène un *t* s'écrivent par *e* : *complet* (complète),
paquet (empaqueter).

§ 597. ER termine tous les mots masculins où le son *é* final
est précédé de *ch*, *g*, *i*, *ill*, *y* : *cocher*, *berger*, *acier*, *marguillier*,
noyer (arbre). — Excepté : 1° *clergé*, *congé*, *duché*, *évéché*,
pied. 2° Les participes employés substantivement : un *abrégé*,
du *salé*, etc. On a vu que les autres noms masculins s'écrivent
par *é* : *canapé*, *blé*, etc. Excepté les mots qui viennent du grec
et qui s'écrivent par deux *é* : *athée*, *caducée*, etc.

§ 598. IS termine tous les substantifs formés d'un participe
présent, par le changement de *ant* en *is* : *coloris* (colorant), *avis*
(avisant), *hachis* (hachant).

§ 599. AU final a lieu après une voyelle : *noyau*, *fléau*.
Excepté les mots qui viennent des langues étrangères : *cacao*,
duo, *agio*, etc.

§ 600. EAU termine généralement les substantifs où la dérivation amène un *e* : *morceau* (morceler), *chapeau* (chapelier).

§ 601. EU se place dans le corps des mots : *demeure*, *meuble*.
Excepté *nœud*, *vœu*, *œuf*, *bœuf*, *cœur*, *mœurs*, *sœur*, parce

qu'il se trouve un *o* dans les dérivés : *cœur* (cordial), *mœurs* (moral).

§ 602. EUX termine les adjectifs, comme *heureux, précieux*. Excepté *bleu, feu* (mort), *hébreu*.

§ 603. UE s'emploie après *c*, *g*, lorsqu'il est suivi de *il* mouillé : *orgueil, cercueil*.

§ 604. ON termine généralement les mots : *son, bon*, etc. Excepté : *donc, jonc, tronc, fonds* (de terre), *fonts* (de baptême) ; et les mots dans les dérivés desquels entre une consonne : *plomb* (plomber), *rond* (ronde), *fond* (fonder).

§ 605. IN ou IM se place au commencement des mots : *intérêt, imprudent, imberbe. Ainsi* est le seul mot excepté.

§ 606. AIN termine les adjectifs dont le féminin est en *aine* : *sain, saine*, etc.

§ 607. EN a lieu après *é, i, y* : *européen, chien, moyen*.

§ 608. EINDRE termine les verbes qui se prononcent *eindre* : *feindre, peindre*, etc. Excepté *contraindre, craindre, plaindre*. On écrit *vaincre*.

§ 609. On écrit toujours par EM, EN, et non par AM, AN, le son *an* au commencement des verbes : *embrasser, entrer, emmener*, et par *im, in*, et non par *en*, le son *in* : *introduire, importer* (*).

§ 610. AN a lieu dans le corps des mots avant *g* : *mélange* ; et avant et après *ch* : *tranche, méchant*.

§ 611. EN se place au milieu des mots, 1° avant *sion, tion* : *pension, mention*. Excepté *expansion* — 2° Dans les verbes *prendre, rendre*, etc. Excepté *répandre*.

§ 612. ANCE termine les substantifs formés d'un participe présent par le changement de *ant* en *ance* : *abondant, abondance*. Excepté *différence, existence, préférence, semence, sentence*.

§ 613. ENCE termine généralement les autres substantifs : *science, patience*, etc. Mais il y a plusieurs exceptions : *enfance, créance*, etc.

§ 614. ANSE termine *danse, transe, panse*, qui viennent des verbes *danser, transir, panser* (une plaie).

§ 615. ENSE termine *défense, récompense, immense*, (il)*pense*.

§ 616. ANT termine généralement les participes présents et les adjectifs verbaux : *aimant, jouant*, etc. Cependant il y a treize mots terminés en *ent*, quoiqu'ils viennent des parti-

---

(*) M remplace N avant *b, m, p*. On écrit *ombre, emmener, ample*, au lieu de *onbre, enmener*, etc.

cipes présents : *adhérent, affluent, antécédent, différent, équivalent, excellent, expédient, indifférent, négligent, précédent,
président, résident, violent.* (On dit en latin *adhærens, affluens,
antecedens*, etc.) On écrit de même avec un *e : excellence, in-
différence, négligence, présidence, violence*, etc.

§ 617. ENT termine les mots qui ne sont pas formés d'un
participe présent : *rudiment, testament, indigent, sagement*, etc.
Mais il y a plusieurs exceptions : *adjudant, diamant, éléphant,
gérant, néant, pédant*, etc., etc.

§ 618. AUSSE termine *chausse, hausse, fausse.*

§ 619. OCE termine *atroce, féroce, négoce, noce, sacerdoce.*

§ 620. OSSE termine tous les autres mots : *bosse, brosse,
fosse*, etc.

§ 621. ACE, ASSE. Ces terminaisons ne peuvent être sou-
mises à des règles générales : *audace, tenace, j'agace*, etc.;
brasse, carcasse, etc.
Tous les imparfaits du subjonctif sont en *asse : j'aimasse*, etc.

§ 622. AISSE termine tous les mots écrits par *ai : graisse,
(il) s'affaisse, etc.

§ 623. IÈCE, ESSE. On écrit généralement avec un *c* la terminaison *ièce : nièce, pièce*, et par *esse* les mots où cette terminaison est précédée d'une consonne : *adresse, princesse*. Cependant il y a des exceptions : *liesse, hardiesse; espèce*, etc.

§ 624. ICE termine généralement les substantifs : *lice, ca-
price*, etc. Excepté *coulisse, éclisse, écrevisse, esquisse, génisse,
jaunisse, lisse* (adjectif), *pelisse, réglisse, saucisse, suisse.*

§ 625. ISSE termine tous les verbes : *je glisse, je plisse*, etc.

§ 626. ORCE termine *divorce, amorce, écorce, force*, etc.

§ 627. ORSE termine *torse, entorse.*

§ 628. ET termine généralement les mots masculins : *placet,
caquet*, etc.

§ 629. ETTE termine les mots féminins : *aigrette, trompette.*
Si l'*e* est accentué, le *t* ne se double pas : *complet, complète*, etc.

§ 630. AIR. On écrit ainsi *air*, (la) *chair, clair, éclair, pair.*

§ 631. AL termine les adjectifs masculins en *al*, ainsi que
les noms masculins formés de ces adjectifs : *final, boréal, ami-
ral, animal, principal*, et le nom *pal* (pieu).

§ 632. ALLE termine les noms féminins *balle, dalle, galle*
(noix de), *halle, malle, salle, stalle*, le nom masculin *intervalle*,
et les verbes *j'emballe, j'installe.*

§ 633. ALE termine les autres mots : *dédale, cabale, rafale,
principale, pâle, sale, j'avale*, etc.

12*

§ 634. AR termine *bazar*, *car*, *cauchemar*, *czar*, *hangar*, *nectar*, *par*, le *Var* (rivière).

Les autres mots se terminent en *are*, *arre*, *ard*, *art* : *avare*, *barre*, *jarre* (vase), *mouchard*, *rempart*, etc., etc. — On écrit, *marc* (poids), *jars* (mâle de l'oie).

§ 635. ER termine *amer*, *belvéder*, *cancer*, *cher*, *cuiller*, *enfer*, *éther*, *fer*, *fier*, *hier*, *hiver*, *Lucifer*, *magister*, *mer*, (le) *pater*, *ver* (insecte).

Les autres mots se terminent par *ère* ou *erre* : *frère*, *tonnerre*.

Les mots féminins dont le masculin est en *er* se terminent toujours par *ère* : *berger*, *bergère*, etc.

§ 636. AIRE termine tous les autres mots : (une) *chaire*, *plaire*, *vulgaire*, etc.

§ 637. EUR termine généralement les substantifs : *douceur*, *peur*, *flatteur*, *intérieur*, etc. Excepté *demeure*, *heure*, *beurre* et *leurre*. Ces deux derniers mots sont les seuls qui s'écrivent avec deux *r*.

§ 638. IR termine les verbes dont le participe n'est ni en *vant* ni en *sant* : *mourir* (mourant); mais on écrit *dire* (disant), *écrire* (écrivant). *Rire*, *bruire*, *frire*, s'écrivent de même.

Ir termine généralement les substantifs : *plaisir*, *désir*, etc. ; mais il y a des exceptions : *délire*, *empire*, *navire*, (la) *cire*, *sire*, *pire*, *rire*, *satire*, *sbire*, *tirelire*, *vampire*, (un homme) *martyr*, (le) *martyre*, *zéphyr* (vent), *Zéphire* (divinité), *lyre*, *porphyre*, *Satyre* (divinité).

§ 639. ATTE termine *chatte*, *datte*, *latte*, *natte*, *patte*, (il) *flatte*, *gratte*, *batte*.

§ 640. ITTE se trouve dans *quitte* et ses composés.

§ 641. OTE termine les substantifs masculins *pilote*, *despote*, etc., et presque tous les adjectifs féminins : *dévote*, *manchote*, *cagote*, etc.

§ 642. OTTE termine, 1° les substantifs féminins, *carotte*, *botte*, etc. Excepté *anecdote*, *bergamote*, *capote*, *compote*, *cote* (taxe), *galiote*, *matelote*, *note*, *papillote*, *redingote*.

2° Les adjectifs féminins : *sotte*, *vieillotte*.

3° Les verbes : je *ballotte*, je *trotte*, etc. Excepté je *cahote*, je *clignote*, je *complote*, je *sanglote*.

§ 643. AUTE termine *aréonaute*, *argonaute*, *faute*.

§ 644. OUTTE se trouve dans (une) *goutte* et ses composés.

§ 645. UTTE se trouve dans *butte*, *hutte*, *lutte*.

Tous les autres mots s'écrivent par *ate*, *ite*, *oute*, *ute* : *cantate*, *petite*, *doute*, *culbute*, etc.

§ 646. OUR termine un grand nombre de mots : *jour*, *pour*, etc. — *Oure* termine *bravoure* et les verbes dont l'infinitif est en

ourer : savoure (savourer), etc. *Bourre*, de *bourrer*, prend deux *r*.
On écrit *bourg*, *toujours*, *ours*, *velours*, *cours*, et ses dérivés
concours, etc.

§ 647. SION, SSION, TION, XION, CTION. On écrit par *sion*
les mots dans lesquels cette finale est précédée de *l* ou *r* : *répul-
sion*, *version*. Excepté *assertion*, *désertion*, *insertion*, *portion*.
On écrit par *sion*, *ascension*, *extension*, *dimension*, *appréhen-
sion*, *pension*, *suspension*. On écrit par *ssion*, *passion*, et les
mots en *ession*, *mission*, *cussion* : *possession*, *émission*, *con-
cussion*, etc.

Les autres mots où l'on prononce *cion* s'écrivent par *tion* :
attention, *notion*, *motion*. Excepté *suspicion*.

On écrit par *x*, *fluxion*, *réflexion*, *complexion*, *connexion*, etc.;
et par *ct*, *action*, *distinction*, et la plupart des autres mots de
cette terminaison.

§ 648. EL termine les noms et les adjectifs masculins : *appel*,
sel, *cruel*. Excepté *rebelle*.

§ 649. ÈLE termine les mots dans lesquels *e* reçoit l'accent
grave ou l'accent circonflexe : *grêle*, *modèle*, *fidèle*, (il) *pèle*,
(il) *mêle*.

§ 650. ELLE termine généralement les autres noms, les adjectifs féminins et les verbes : *selle*, (un) *libelle*, *cruelle*, *j'appelle*.

§ 651. OILE termine les mots : *toile*, *voile*, etc. Excepté
poil.

§ 652. OL termine les noms masculins : *col*, *vol*, *rossignol*, etc.
Excepté *contrôle*, *môle*, *rôle*, *pôle*, *protocole*, *capitole*, *symbole*.

§ 653. OLE termine 1° les substantifs féminins : *étole*, *école*, etc.
Excepté *colle*. 2° Les verbes : *j'immole*, *je console*, *il accole*, etc.
Excepté *je raffolle*, *je colle*, et ses composés.

§ 654. AULE termine *épaule*, *gaule*, (il) *miaule*, *saule*. — (*ôle*
ne se trouve que dans *contrôle*, *môle*, *rôle*, *tôle*, (il) *enjôle*.)

§ 655. OULE termine les mots : *poule*, *moule*, (il) *roule*, etc.
Il n'y a pas de mots en *oulle*.

§ 656. ULE termine généralement les mots : *pilule*, *pustule*,
il *reculé*, il *pullule*, etc.

§ 657. ULLE termine *nulle*, féminin de *nul*, *bulle*, et quelques
noms propres, *Tulle* (ville), *Catulle*, etc.

§ 658. OIRE termine, 1° tous les substantifs féminins, ainsi
que les adjectifs : *poire*, *obligatoire*, etc. Excepté l'adjectif *noir*.
— 2° La plupart des substantifs masculins qui ne sont pas formés
d'un participe présent : *ivoire*, *mémoire*, etc. Mais on écrit *lavoir*
(lavant), *comptoir* (comptant), etc. — Il faut aussi excepter :
dortoir, *espoir*, *laminoir*, *manoir*, *soir*, *terroir*, etc.

§ 659. UCE, USSE. — *Uce* termine *astuce, puce*, (il) *suce* ; *usse* termine les autres mots : (que je) *susse*, (que je) *pusse*.

Remarques sur les consonnes.

§ 660. Quand B et D se prononcent à la fin d'un mot, ils sont toujours suivis d'un *e* muet : *robe, mode*. Excepté dans *radoub, rumb* (de vent), *rob* (suc d'une plante), *sud* (le), *Sund* (détroit), et quelques noms propres : *Jacob, Achab*, etc.

§ 661. B, D, G, se doublent dans *abbé* et ses dérivés, *abbaye*, etc. ; dans *rabbin, sabbat*; — *addition, reddition, adducteur*; — *aggraver, agglomérer, agglutiner, suggérer*, et les dérivés, *agglomération*, etc.

§ 662. C, F, L, M, N, P, R, T, se doublent dans les mots qui commencent par :

Acc : *accuser, acclimater*. Excepté *acabit, académie, acariâtre*.

Occ : *occupation*.

(F se double généralement après les voyelles.)

Aff : *affranchir*. Excepté *afin, Afrique*.

Eff : *effrayer, effort*.

Off : *offrir*.

Souff : *souffrir*.

Suff : *suffire, suffragant*.

All : *allégorie*. Excepté *alambic, alarme, alène, alentour, alerte, alevin, alezan, alèze, alibi, aliéner, aligner, aliment, alinéa, aliquote, aliter, alizé*, ainsi que les dérivés et quelques mots techniques.

(*Elle, ellébore, ellipse* et ses dérivés, sont les seuls mots où E initial soit suivi de deux *ll*.)

Ill : *illégal*.

Coll : *collecte*. Excepté : *colère, colimaçon, colon, colonne, colorer*, et plusieurs mots d'arts et de sciences, et les dérivés.

Bouill : *bouillir* et les dérivés.

Comm : *commander*.

(M se double généralement après les voyelles : *grammaire, hommage, pommade, pomme, sommaire, sommeil, sommet, femme, flamme, gamme*. Excepté : *comédie, comestible, comète, comices, comité*, et les dérivés.)

§ 663. EMM, IMM : *emmener, emmagasiner, immatériel, immortel, immuable*, et tous les mots composés, quand les mots simples commencent par m. (*Mener, magasin, matériel, mortel*.) Mais on écrit *image, imitable*, etc.

§ 664. ENN : avant *e, o, u*, seulement dans *ennemi, ennoblir, ennui* et les dérivés. Mais on écrit *enorgueillir, énorme, énoncer, énumérer*.

§ 665. HONN : *honneur, honnête, honnir*. Mais on écrit *honorer, honorable*.

§ 666. APP : *appAreil*, *appEl*, *appLaudir*, *appoint*, *apprÉcier*, *appui*. On voit que *p* se double avant *a, e, o, u*, et avant *l, r*. Mais il y a plusieurs exceptions : *apaiser*, *apanage*, *apercevoir*, *apéritif*, *apetisser*, *apitoyer*, *aplanir*, *aplatir*, et tous les mots tirés du grec et commençant par *apo* : *apologue* (apo-logos), *aposter* (apo-istémi), *Apollon*, etc. Mais on écrit *apposer*, du latin *ap-ponere*.

§ 667. OPP : *OppOrtun*, *oppResser*, et dans tous les mots avant *o* ou *r*. Mais on ne double jamais le *p* avant les autres lettres : *opérer*, *opiniâtre*, etc.

§ 668. SUPP : *supplanter*, *support*, *supprimer*. Il n'y a d'exception que pour les mots formés de la préposition latine *super* : *superbe*, *supérieur*, *suprématie*.

§ 669. ARR : *arracher*, *arrêt*, et avant toutes les voyelles. Excepté : *araignée*, *are*, *arène*, *arête*, *aromate*, et certains mots étrangers d'art et de science : *Arabe*, *aréole*, etc., et presque tous les mots qui commencent par *ari* : *aristocrate*, *aride*, *ariette*, etc. Excepté *arrière*, *arrimer* (arranger), *arriver*.

§ 670. CORR : *correct*, *corridor*, *corrompre*. Excepté : *corail*, *coriace*, *corolle*, et certains termes d'art.

§ 671. ERR : seulement dans *errer* et ses dérivés, *erreur*, *erroné*, etc.

§ 672. HORR : seulement dans *horreur* et ses dérivés, *horrible*, etc.

§ 673. IRR : *irrationnel*, *irriter*. Excepté : *irascible*, *ironie*, et les termes d'art.

§ 674. ASS : avant toutes les voyelles : *assAillir*, *assÉner*, etc.

§ 675. ESS : avant les voyelles : *essAyer*, *essOr*, etc., sans exception.

§ 676. ATT : avant les *voyelles* et avant *r* : *attAcher*, *attRler*, *attRibuer*. Excepté : *atelier*, *atome*, *atonie*, *atout*, *atrabilaire*, *atroce*, et certains termes d'art.

Voyez, Orthographe des verbes, § 93, dans quel cas on doit doubler les consonnes *l*, *n*, *r*, *s*, *t*.

§ 677. On ne double jamais la consonne *q*; mais on la fait précéder de *c*, ce qui a lieu dans *acquit*, *acquitter*, *acquérir*, *acquisition*, *acquiescer*, et les dérivés.

Remarque. Acquiescer et *descendre* sont les seuls mots qui prennent *sc*.

§ 678. On ne double pas la consonne,

1° Après une voyelle accentuée : *épeler*, *brûlure*.

2° Après un son nasal : *informer*, *enfant*.

3° Après un *e* muet suivi d'un son ouvert : *appeler*, *tenir*; mais on écrit : il *appelle*, qu'il *tienne*.

4° Après les sons exprimés par deux voyelles, comme *ai*, *au*, *eu*, *ui* : *aider*, *taureau*, etc. Mais il y a beaucoup d'exceptions, surtout pour les consonnes *f*, *l*, *p*, *r*, *s*, *t* : *bouffon*, *œillet*, *houppe*, *beurre*, *angoisse*, *goutte*.

5° Entre deux sons semblables : *édifice*, *sonore*, *fatal*.

§ 679. Les noms en *afe* sont : *agrafe*, *carafe*, *parafe*. Les autres mots sont tirés du grec, et s'écrivent *aphe* : *géographe*, etc.

§ 680. F se double après *i* : *chiffre*, *griffe*. Excepté : *calife*, *pontife*. — Les mots tirés du grec sont en *iphe* ou *yphe* : *logogriphe*, *apocryphe*, etc.

OFFE ne se trouve que dans *étoffe* et ses dérivés ; les autres noms sont en *ophe* : *philosophe*, *apostrophe*.

§ 681. F final, dans les noms et dans les adjectifs masculins, n'est pas suivi de *e* : *chef*, *serf* (esclave), *cerf* (animal), etc. Excepté : *parafe* ou *paraphe*, *golfe*, *pontife*, *calife*.

FE termine les noms féminins : *griffe*, *étoffe*, etc. Excepté : (la) *nef*, (la) *soif*.

§ 682. G est suivi de *u*, 1° avant *e*, *i* : *guérir*, *guide* ; 2° avant *a*, *o*, dans les temps des verbes en *guer* : *fatiguer*, *divulguer*, nous *fatiguons*, nous *fatiguâmes* ; mais on écrit sans *u* les adjectifs verbaux et tous les mots dérivés : *fatigant*, *divulgation*, etc. (Les participes conservent l'*u*.)

Tous les autres mots s'écrivent par *ga*, *go* : *gagner*, *gaîne*, *gomme*, etc.

G final sonore est suivi de *ue* : *figue*, *vague* (au lieu de *fig*, *vag*). — *Joug*, *zigzag*, et les mots étrangers, comme *Doëg*, *Agag*, sont les seuls où *g* final, non suivi de *ue*, soit sonore ; il est muet dans les autres mots : *faubourg*, *étang*, etc.

§ 683. J se place avant *a*, *e*, *o*, *u* : *jaloux*, *je*, *joli*, *jurer* ; mais il est remplacé par *ge* dans *geai* (oiseau), *geôle*, *geôlier*, dans les verbes en *ger* et leurs dérivés : il *mange*, je *mangeai*, *mangeant*, nous *gageons*, *gageure*. — *Gi* s'écrit toujours par *g* et jamais par *j* : *giberne*, *giboulée*.

§ 684. L *mouillée* se double toujours au milieu des mots : *œillade*, *pillage*, *fille*, *Sully*, *meilleur*.

L *mouillée* ne se double jamais à la fin des mots : *babil*, *cil*, *péril*, *écueil*, *vermeil* ; mais au féminin on écrit *vermeille*.

§ 685. M se double dans les mots terminés en *gramme* : *épigramme*, *programme*, etc. Quand *m* finale sonne, elle est toujours suivie d'un *e* muet : *pomme*, *comme*, etc. Excepté les mots tirés du latin et des langues étrangères : *Te Deum*, *décorum*, *intérim*, etc., et le mot *rhum*.

§ 686. N se double, 1° dans le féminin des adjectifs en *an* : *paysan*, *paysanne* ; mais il y a des exceptions : *alezan*, *alezane*, *anglican*, *anglicane*, *courtisan*, *courtisane*, *roman*, *romane*, *sultan*, *sultane*.

2° En *ien* : *chrétien*, *chrétienne*, *païen*, *païenne*, etc.

3º Dans les dérivés des mots en *on* : *bon*, *bonne*, *condition*, *conditionnel*, *son*, *sonner*.

Excepté les mots dérivés où *n* est suivi de *a*, *i*, *o*, *eau* : *patron*, *patronal*, *ton*, *tonique*, *son*, *sonore*, *saumon*, *saumoneau*. Mais on écrit *tonneau*, de *tonne*.

4º Dans les verbes *prendre*, *tenir*, *venir*, et leurs composés, avant *e*, *es*, *ent* : que je *prenne*, qu'ils *tiennent*, etc.

Quand *n* finale sonne, elle est suivie d'un *e* muet. Excepté dans *amen*, *hymen*, *Éden*, *abdomen*, et les mots tirés des langues étrangères.

§ 687. P. Quand *p* sonne à la fin des mots, il est suivi d'un *e* : *soupe*, *coupe*, etc. Excepté *cap*, *cep*, *jalap*, *julep*, *sloop*.

§ 688. Q final termine *coq* et *cinq*. Dans les autres noms masculins, il est remplacé par *c* : *échec*, *choc*, etc. Mais il y a plusieurs exceptions : *casque*, *cirque*, *évêque*, *masque*, etc., etc.

QUE termine les noms féminins et les adjectifs des deux genres : *nuque*, *coque*, *caustique*, *brusque*, etc. Excepté les adjectifs *caduc*, *grec*, *public*, *sec*, *turc*, qui cependant font au féminin *caduque*, *grecque*, *publique*, *sèche*, *turque*.

Dans les substantifs et les adjectifs dérivés des verbes en *quer*, on change *q* en *c* avant *a*. On écrit, (un) *fabricant*, *fabrication*, quoiqu'on écrive nous *fabriquons*, nous *fabriquâmes*, *fabriquant* (au participe), etc. Excepté *attaquable*, *critiquable*, *immanquable*, *remarquable*, *risquable*.

§ 689. S placé entre deux voyelles a le son du *z* : *hasard*, *résolution*, etc. S se double quand il n'a pas le son du *z* : *rassasier*, *ressource*, etc. On excepte certains mots formés d'une préposition : *préséance* (pré-séance), *présupposer*, *parasol* (du grec *para*, contre), etc.

S ne se double jamais après une consonne : *récompense*, *insolent*, etc., quoiqu'on prononce *inssolent*, etc.

§ 690. T, dans le corps des mots, se double dans *fouetter*, *guetter*, *lettre*, *littéral*, *mettre*, *nettoyer*, *pittoresque*, *regretter*, *sagittaire*, *sottise*, et les dérivés *littérature*, *promettre*, etc.

§ 691. V se double dans quelques mots étrangers qui ont été francisés ; il se prononce *ou* : *whig* (pron. ouigue), nom d'un parti en Angleterre ; *whist* (ouiste), jeu de cartes ; *wiskey*, sorte d'eau-de-vie ; *wiski*, sorte de cabriolet.

§ 692. X. On écrit par *x* *complexion*, *connexion*, *flexion*, *fluxion*, et les dérivés *réflexion*, etc. Les autres mots sont en *ction* : *action*, *perfection*, etc.

X s'emploie avant *a*, *e*, *i*, 1º pour *ss* : *soixante* ; 2º pour *gz* : *examen*, *exemple*, *exister* ; 3º pour *qs* : *convexe*, *maxime*.

X, employé pour *es*, doit être suivi de *c* avant *e*, *i* : *excellent*, *excès*.

§ 693. **Z** peut s'employer avant toutes les voyelles : *lézard*, *azur*, etc. — Après *ga* on emploie *z* et jamais *s* : *gaz* (fluide), *gaze* (étoffe), *gazette*, etc.

Emploi des signes orthographiques.

DES ACCENTS.

§ 694. Nous avons vu qu'il y a trois accents : l'*aigu* (′), le *grave* (‵) et le *circonflexe* (ˆ). L'accent *aigu* se met sur les *é* fermés : *vérité*, *gelée*, *procédés*. — Les syllabes finales *er*, *ez*, ne prennent point d'accent : *acier*, *nez*.

§ 695. L'accent *grave* se met, 1º sur les *è* ouverts : *règle*, *succès*. 2º Sur *à* et *dès*, prépositions ; *là* et *où*, adverbes, pour que ces mots ne soient pas confondus avec (il) *a*, verbe, *des* et *la*, articles, *ou*, conjonction. 3º Sur *çà*, *deçà*, *déjà*, *voilà*, *holà*. (*Ça* pour *cela* ne prend point l'accent.) 4º Sur la syllabe finale *ès* : *près*, *succès*, etc., excepté *les*, *mes*, *des*, *tes*, *ses*, *ces*, quoique l'on prononce *lès*, *mès*, etc.

Remarque. Il ne peut y avoir deux *e* muets de suite dans le même mot ; le premier *e* reçoit ordinairement l'accent grave : *père*, *comète*, (il) *mène*. Exceptions : 1º Quand on double la consonne et que l'*e* ne fait qu'une syllabe avec la consonne suivante, comme dans (j') *appelle*, *terre*, *coquette*, et après la lettre double *x*, comme dans *convexe*, l'*e* ne s'accentue pas. Mais on écrit *régner*, il *règne*, etc., parce que l'*e* forme une syllabe indépendante des consonnes qui le suivent : *ré-gner*. 2º L'*è* ouvert est remplacé par l'*é* fermé dans les noms en *ége* : *collége*, *manége* etc., ainsi que dans les verbes avant le pronom *je* : *aimé-je*, *dussé-je*, etc.

§ 696. L'accent *circonflexe* se met sur l'*e* très-ouvert et sur les voyelles longues, 1º dans les syllabes où l'on a supprimé une lettre, comme dans *âge* pour *aage*, *gîte* pour *giste*, *tête* pour *teste*, etc. — 2º Dans les mots où *a* long est suivi de *ch* : *mâcher*, *lâche*, etc. — 3º Dans ceux où *a* long est suivi de *t*, prononcé avec le son qui lui est propre, *gâter*, (un) *bât*. Mais on écrit il *bat*, de *battre*, qui prend deux *t* ; *natif*, de *nation*, parce que *t* n'a pas le son propre dans *nation*. — 4º Sur *e* dans les mots en *ême* où il y a suppression de l's : *même*, *carême*, etc. (Les adjectifs de nombre ordinaux prennent l'accent grave : *deuxième*, etc.) — 5º Sur l'*i* des verbes en *aître* et *oître*, dans tous les temps où l'*i* est suivi d'un *t* : *paître*, il *paît* ; *croître*, il *croît*. — 6º Sur *o* long, dans les mots où cet *o* est suivi de *tre*, *le*, *ne*, comme le *nôtre*, le *vôtre*, *apôtre*, *pôle*, *trône*, etc. — 7º Sur *a* et *u*, à la première et à la seconde personne plurielle du prétérit défini de l'indicatif : nous *aimâmes*, nous *lûmes*, vous *aimâtes*, vous *lûtes*, et à la troisième personne singulière de l'imparfait du subjonctif :

qu'il *aimât*, qu'il *lût*. — 8° Sur *u* dans les adjectifs *mûr*, *sûr*, etc.; *dû*, *crû*, participes de *devoir*, *taire*, *croître*, parce qu'on écrivait *meur*, *seur*, *deu*, *creu*.

DE L'APOSTROPHE.

§ 697. L'apostrophe (') est un signe que l'on met au haut d'une consonne pour marquer l'élision d'une des voyelles *a*, *e*, *i*, avant la voyelle ou l'*h* non aspirée qui commence le mot suivant : *l'âme*, *l'église*, *l'histoire*.

L'*a* ne se supprime que dans *la*, article ou pronom : *l'âme*, je *l'entends*. Excepté dans *la onzième*.

L'*e* s'élide, 1° dans les monosyllabes *je*, *me*, *te*, *se*, *ce*, *de*, *le*, *ne*, *que* : *j'aime*, *je m'y rendrai*, *qu'il vienne*, etc. — 2° Dans *entre*, dans les verbes réciproques : *s'entr'aider*, *s'entr'ouvrir*, etc. L'Académie écrit *entre autres*, *entre eux*, *entre elles* et *entr'acte*. *Entre* s'écrit sans apostrophe avant les substantifs : *entre amis*, *entre Auxerre et Paris*, etc.

L'*e* de *jusque* s'élide avant *a*, *au*, *ici* : *jusqu'à Londres*, *jusqu'aux nues*, *jusqu'ici*.

L'*e* de *puisque*, *quelque*, *quoique*, ne s'élide que devant *il*, *elle*, *on*, *un*, *une* : *puisqu'il veut*; *quelqu'un*; *quoiqu'on fasse*, etc. Mais on écrit : *puisque après vous*, *quelque autre*, *quoique étranger*, etc.

L'*e* de *presque* ne s'élide que dans *presqu'île*. On écrit *presque achevé*, etc.

A, *e*, ne s'élident pas dans *le*, *la*, après un impératif, ni dans *là*, adverbe : *menez-la à Paris*; *là où il est*, etc. On écrit aussi *le huit*, *le onze*, *le oui*, etc.

L'*e* de *contre* ne s'élide jamais : *contre-amiral*, *contre eux*, etc.

On supprime l'*e* muet dans l'adjectif féminin *grande*, et on le remplace par une apostrophe, dans les locutions suivantes : *grand'mère*, *grand'tante* (qui s'écrivent toujours ainsi), *la grand'messe*, *la grand'chambre*, *la grand'salle*, *faire grand'chère*, *grand'chose*, *grand'croix*, *grand'merci*, *à grand'peine*, *grand'peur*, *c'est grand'pitié*, etc. Mais on dit *une grande salle*, *une grande chambre*, *une grande chose*, etc.

§ 698. L'*i* de la conjonction *si* ne s'élide que devant *il* : *s'il vient*; mais on dit, *si elle vient*, etc.

Oi, dans *moi*, *toi*, s'élide devant *en* : *donnez-m'en*, *va-t'en*.

DU TIRET OU TRAIT D'UNION.

§ 699. On emploie le tiret (-), 1° pour joindre les mots composés : *arc-en-ciel*, *chef-d'œuvre*, *c'est-à-dire*, *contre-amiral*, *porte-manteau*, etc.

2° Entre les verbes et les pronoms dans les interrogations et les exclamations : *irai-je?* *puissiez-vous!* *qu'est-ce que vous dites ? que dit-on ?* Entre un impératif et les pronoms régis par cet impératif, ainsi que les particules *y* et *en* : *donnez-moi, venez-y, transportez-vous-y, allez-vous-en, accordez-la-leur*, etc. Mais on écrit *faites-moi* lui *parler, venez* me *parler*, parce que *lui* et *me* sont régis par l'infinitif *parler*, et non par l'impératif *faites*.

3° Entre *ci, là, ce*, lorsqu'ils sont joints à quelque mot que ce soit, de manière qu'on ne puisse les en séparer en parlant : *celui-ci, cet homme-ci, cette femme-là, là-haut, là-bas, ci-dessus, ci-après, est-ce-là, par-ci, par-là*. Mais on écrit, sans tiret, *que dites-vous là ? vous avez fait là une belle affaire* ; parce que *là* est employé par redondance, et qu'on pourrait dire, sans exprimer *là*, *que dites-vous ? vous avez fait une belle affaire*.

4° Entre les pronoms personnels et le mot *même* : *moi-même, eux-mêmes*, etc.

5° Dans les séries des dizaines : *vingt-deux, dix-neuf*, etc. Mais on écrit sans tiret, *l'an mil huit cent*.

Remarque. On écrit toujours *quatre-vingts, quatre-vingt-dix-neuf*, etc.

6° Dans les mots précédés de *très* : *très-bien, très-fort*.

7° Pour unir deux syllabes appartenant au même mot, et placées, l'une à la fin d'une ligne, l'autre au commencement de la ligne suivante.

DU TRÉMA *ou* DIÉRÈSE. (*Diairesis*, séparation.)

§ 700. On met le *tréma* (¨) sur les voyelles *ë, ï, ü*, pour indiquer qu'on doit les prononcer séparément de la voyelle qui les précède. Le *tréma* se met sur *i*, comme dans *aïeul* (prononcez *a-ieul*), *païen* (*pa-ien*), *haïr* (*ha-ir*), *laïque* (*la-ique*), *naïf* (*na-if*), *héroïque* (*héro-ique*). Il se met sur *u* : *Ésaü* (*Ésa-u*), *Saül* (*Sa-ul*). Il se met sur *e* dans les mots en *guë*, où l'u se fait entendre, comme dans *ciguë* (*cigu-e*), *aiguë* (*aigu-e*), *ambiguë, exiguë, contiguë, j'arguë*. Dans les autres mots en *gue*, l'*u* n'est placé après le *g* que pour lui donner le son dur *ghe*, comme dans *figue, intrigue*.

Le *tréma* ne peut pas remplacer l'*y*. Ainsi, n'écrivez pas *païs, moïen, essaïer*, etc., au lieu de *pays, moyen, essayer*. En effet, on prononce *pai-is, moi-ien, essai-ier*, et non *pa-is, mo-ien, essa-ier*, comme on prononce *na-if, ha-ir*. L'*é* accentué ne prend jamais le *tréma*, parce que l'accent suffit pour séparer les deux voyelles. Ex. : *Athéisme, déifié, Zoé*.

DE LA CÉDILLE.

§ 701. La *cédille* (ç) se met sous le *c* quand il est avant une des voyelles *a, o, u*, pour avertir qu'il doit avoir le son de *s* dans les mots où il est conservé à raison de l'étymologie. Ainsi de *glace, glacer*, vient *glaçant, glaçon;* de *face*, vient *façade;* de *recevoir*, vient *reçu.*

DE LA PONCTUATION.

§ 702. Les signes de la ponctuation sont la virgule (,), le point et virgule (;), les deux points (:), le point (.), le point d'interrogation (?), et le point d'exclamation (!).

DE LA VIRGULE.

§ 703. La *virgule* s'emploie pour séparer les parties semblables d'une même phrase. 1º Pour séparer plusieurs sujets se rapportant au même verbe : *la* candeur, *la* docilité, *sont les vertus de l'enfance.* — 2º Pour séparer les adjectifs ou attributs se rapportant au même sujet : *la charité est* douce, patiente, bienfaisante. — 3º Pour séparer plusieurs verbes se rapportant au même sujet : *il* accourt, fond *sur l'ennemi, le* met *en déroute*, etc. — 4º Pour séparer les régimes d'un même mot : *il réunit l'activité à la constance, la* valeur *à la prudence.* 5º Si les deux parties semblables d'une phrase sont liées par une des conjonctions *et, ni, ou,* on ne fait point usage de la virgule, si la phrase, par son étendue, permet de prononcer facilement les deux parties ; dans le cas contraire, il faut employer la *virgule.* Ex. : *L'exercice* et *la frugalité fortifient le tempérament. L'humanité vous fait un devoir de secourir* ou *de consoler vos semblables. Je ne veux plus vous voir* ni *vous entendre.* —Mais on dira : *L'exercice que l'on prend à la chasse.,* et *la frugalité que l'on observe dans les repas, fortifient le tempérament. L'humanité vous fait un devoir de secourir vos semblables,* ou *de leur donner des consolations.* — 5º On sépare par la virgule les phrases incidentes purement explicatives : *Les passions,* qui sont les maladies de l'âme, *ne viennent que de notre révolte contre la raison.* Mais si la phrase incidente sert non-seulement à expliquer, mais à déterminer le sens de la proposition principale, on ne fait point usage de la virgule : *Ne vous fiez pas aux hommes* qui outragent la vérité dans leurs discours, *qui se font un jeu,* etc. — 6º Les additions mises à la tête ou à la fin des phrases et les inversions : Tourmenté par l'ambition, *l'homme ne jouit d'aucun repos sur cette terre.* Le fruit meurt en naissant, *dans son germe infecté.* Non., non, *le méchant ne peut être heureux.* Contre un si grand mal, *quel remède y avait-il?* —7º Les apostrophes : Mortels, *l'espérance enivre. Venez, vengeurs des crimes* — 8º La virgule s'emploie pour remplacer le verbe sous-entendu dans le second membre de la phrase : On a toujours raison, *le destin,* toujours tort. (*Le destin a toujours tort.*) — 9º On sépare par des virgules différentes propositions qui concourent toutes à former une période : *Turenne meurt, tout se confond, la fortune chancelle, la victoire se lasse...*

DU POINT-VIRGULE.

§ 704. Le *point-virgule* marque une pause plus forte que la virgule. On s'en sert généralement dans les périodes entre deux membres de phrase, lorsque le premier de ces deux membres est déjà sous-divisé par des virgules. Ex. : *Cette persuasion, sans l'évidence qui l'accompagne, n'aurait pas été si ferme et si durable;* elle n'aurait pas acquis *de nouvelles forces en vieillissant.*

On emploie encore le *point et la virgule* lorsque, dans le second membre de la période, il y a un nouveau sujet. Ex. : *L'armée en deuil est occupée à lui rendre les honneurs funèbres;* et la renommée... *va remplir toute l'Europe du récit glorieux de la vie de ce prince.*

DES DEUX POINTS.

§ 705. On se sert des *deux points*, 1° après une phrase qui a un sens complet, mais qui est suivie d'une autre qui l'éclaircit ou qui l'étend : *Il y a diverses sortes de curiosité : l'une d'intérêt, qui nous porte à désirer d'apprendre ce qui peut nous être utile ; et l'autre d'orgueil, qui vient du désir de savoir ce que les autres ignorent.*

2° Après qu'on a commencé un discours direct qu'on va rapporter, soit qu'on le cite comme ayant été dit ou écrit, soit qu'on l'énonce comme pouvant être dit par un autre ou par soi-même.

On doit remarquer que l'on emploie aussi les deux points avant les citations que l'on donne pour exemples : *Pythagore a dit :* Mon ami est un autre moi-même. *Lorsque j'entendis lire cette scène, je dis :* Voilà qui plaira à tous les spectateurs.

DU POINT.

§ 706. Le *point* marque le repos le plus long. Il y a trois sortes de points : le *point simple* (.), le *point d'interrogation* (?) et le *point d'exclamation* (!).

§ 707. Le *point simple* se met, 1° à la fin de toutes les phrases dont le sens est complet et indépendant de toute autre phrase. Ex. *Le travail est le père du plaisir. L'oisiveté est la mère de tous les vices.*

2° A la fin d'une phrase qui n'a de rapport avec la phrase suivante que par la convenance des idées. Ex. : *La sagesse conduit l'homme au bonheur. Mais l'homme se laisse emporter par ses folles passions.*

§ 708. Le *point d'interrogation* se met à la fin de toute phrase interrogative : *Connaissez-vous rien de plus admirable que le mérite joint à la modestie ?*

Le mot de la réponse qui suit l'interrogation ne s'écrit pas avec une lettre majuscule quand la réponse peut être faite par la personne qui interroge : *Qu'y a-t-il de plus difficile? de se connaître. — De plus facile? de donner des avis.*

S'il y a de suite plusieurs phrases interrogatives tendantes à une même fin, on ne commence que la première par une lettre capitale : *Pour qui sont ces apprêts? à qui cette magnifique demeure est-elle destinée?*

Si l'interrogation n'est pas directe, c'est-à-dire, si elle dépend du verbe de la proposition principale, on ne doit pas employer le point d'interrogation : *Je vous demande quelle a été votre conduite dans cette affaire.*

La phrase, sans être réellement interrogative, peut être présentée sous la forme de l'interrogation ; dans ce cas on ne fait plus usage du *point d'interrogation.* Ex. : *Avez-vous formé une bonne résolution, n'en différez point l'exécution ;* c'est-à-dire, *si,* ou, *quand vous avez formé,* etc.

Au contraire, la phrase, sans être construite interrogativement, peut renfermer une interrogation ; alors on fait usage du point interrogatif. Ex. : *Nous allons sortir : vous ne venez pas avec nous ?*

§ 709. Le *point d'exclamation* se place après toutes les phrases qui expriment *la surprise, la terreur, la tendresse, la pitié,* ou tout autre sentiment. Ex. : *Que les sages sont en petit nombre ! O que les rois sont à plaindre ! Heureux celui qui sait borner ses désirs !*

Le point exclamatif se place immédiatement après l'exclamation : *Hélas ! ce malheur est irréparable.* Excepté *ó,* qui ne prend point de ponctuation immédiate : *ó douleur ! Mais on écrit Oh! quelle chute! Oh! oh! je n'y prenais pas garde!*

LES POINTS SUSPENSIFS.

§ 710. On place *plusieurs points* de suite (.....) après un mot pour indiquer avec plus de force les mouvements de l'âme, ou quand on laisse échapper des phrases interrompues et sans suite, ou quand on n'achève pas une phrase : *Cresfonte... ó ciel! j'ai cru... que... j'en rougis de honte !*

DU TRAIT DE SÉPARATION.

§ 711. On emploie le tiret pour marquer la séparation qu'il y a dans le dialogue entre la demande et la réponse, pour éviter la répétition de *dit-il, répondit-il:*

Qu'est-ce là, lui dit-il? — *Rien. — Quoi! rien!— Peu de chose.*

Mais encor? — Le collier dont je suis attaché.

DE LA PARENTHÈSE. (*Parenthesis*, interposition :
de *para*, entre, *en*, dans, *tithemi*, je place.)

§ 712. On se sert de la *parenthèse* ( ) pour enfermer une
phrase formant un sens distinct et séparé de celui de la période
où elle est insérée : *Il m'aborda* (observez bien ceci) *comme
s'il me voyait pour la première fois.* La phrase enfermée s'appelle elle-même *parenthèse*.

DES GUILLEMETS.

§ 713. On se sert des *guillemets* (« ») avant le premier mot
et avant chaque ligne d'une citation. Ex. :

Le renard s'en saisit, et dit : « Mon bon monsieur,
      « Apprenez que tout flatteur
   « Vit aux dépens de celui qui l'écoute.
« Cette leçon vaut bien un fromage, sans doute. »

DE L'ALINÉA. (Du latin *a*, hors de, *linea*, la ligne.)

§ 714. On se sert de l'*alinéa* pour mieux marquer la séparation ou la distinction du sens, pour faire des citations, etc.,
comme on le voit dans tous les *alinéas* de cette grammaire.

REMARQUES SUR LA PRONONCIATION.

§ 715. AE se prononce *a* dans *Caen*, nom de ville. — *A* ne
se prononce pas dans *aoriste, août; la Saône*, rivière; *taon*,
insecte. Prononcez *oût, oriste*. — O ne se prononce pas dans
Laon, ville; *paon, paonne, faon*, et leurs dérivés *Laonnais,
paonneau*, etc. Prononcez *Lan, pan, Lanais*, etc. — AI se prononce *a* dans *douairière*, et *e* dans *faisant* (fesant). — AY a le
son de *a* et *i* mouillé dans *Blaye, Mayence*.

§ 716. Le premier *e* est muet dans *degré, denier, dangereux,
religion, secrétaire*; ainsi ne dites pas *dégré, dénier*, etc. —
L'*e* est encore muet dans les mots où il se trouve après *oi, ai, i*,
comme dans *aboiement, paiement*, que je *croie*, je *balaierai*, etc.

EU a le son de l'*u* dans les temps du verbe *avoir*: *j'eus*, etc.
Mais il se prononce *œu* dans les autres mots : *Europe, heureux,
Eustache*, etc.

I prend le son nasal *ain* devant *m* ou *n*, comme dans *imprudent, intérêt*. Cependant *i* retient le son aigu dans les mots en
imm ou en *inn*, comme dans *immortel, innocent*; et dans les
mots où *in* est suivi d'une voyelle, comme dans *inanimé, inodore*.
— I ne se prononce pas dans *encoignure, oignon*, qu'on écrit
aussi sans *i*; ainsi que dans *Montaigne* (prononcez *Montagne*),
nom d'homme. Suivant quelques grammairiens, *i* ne se prononce
pas dans *moignon, poignée, poignant, poignard*; suivant d'au-

tres, il se prononce comme *a* (*moagnon*, *poagnet*, etc.). Nous pensons qu'on doit prononcer dans le discours soutenu *poagnet*, *poagnant*.

Ú. *Un ami*, *un homme*, etc., se prononcent comme si l'on écrivait *un nami*, *un nhomme*, etc. — L'*u* de *cou* se change en *l* dans *col*, passage étroit entre deux montagnes ; dans *hausse-col*, *col tors*, *col court*, et devant une voyelle. *Fou*, *mou*, s'écrivent et se prononcent *fol*, *mol*, devant un substantif qui commence par une voyelle : *fol orgueil*, *mol édredon*. Mais on dit, *un homme mou et efféminé*.

§ 717. *Voix ou voyelles nasales*. — *A, e, i, o, u*, combinés avec *m* ou *n*, forment les voyelles nasales, comme dans *ambassadeur*, chré*tienté*, *donjon*, *parfum*, etc. Mais les voyelles perdent leur nasalité quand elles sont suivies de deux *m* ou de deux *n*, ou d'une voyelle, comme dans *immortel*, *paysanne*, *animer*. Cependant *enivrer*, *enorgueillir*, *ennui*, *ennoblir*, *emmener*, ont le son nasal. — Les mots en *em*, *en*, qui viennent des langues étrangères, n'ont point le son nasal ; comme *amen* (prononcez *amène*), *Jérusalem*, *Eden*, *examen*, *hymen*. Ces deux derniers mots se prononcent aussi avec le son nasal.

§ 718. EM sonne comme *a* dans *femme* et dans les adverbes en *emment*, *ardemment*. — EN a le même son dans *solennel* et ses dérivés, et dans *hennir*, *hennissement*. Prononcez *fame*, *ardament*, *solanel*, *hanir*. — UM se prononce maintenant *ome* dans *triumvir*, *géranium*, *factum*, *pensum*, etc.

§ 719. N final ne sonne pas, à moins que le mot qu'il termine ne soit uni inséparablement par le sens avec le mot suivant, comme dans *son esprit*, *on arrive ;* mais on ne le fera pas sonner dans *arrive-t-on aujourd'hui*, ni dans les substantifs, ni dans les adjectifs suivis d'un verbe ou d'une préposition, comme *cette maison est belle ; bon à garder.*

DIPHTHONGUES. (Du grec *diphthoggos*, qui a double son.)

§ 720. La diphthongue est une syllabe qui fait entendre, quand on la prononce, le son de deux voyelles en un seul temps et par une seule émission de voix, comme dans *mail*, *loi*, *pied*, *soin*, *rien*, *viande*, *pioche*, *chiourme*, *passion*, *Dieu*, *louange*, *Rouen*, *Louis*, *écuelle ; lui*, *juin.*

Remarques sur les consonnes.

§ 721. Division des consonnes. On appelle LABIALES (de *labia*, lèvres), B, P, F, V, M. — DENTALES (de *dens*, dent) ou sifflantes, S, C, Z, CH. — LINGUALES (de *lingua*, langue), D, T, N, L, R. — PALATALES (de *palatum*, palais), G, J, K, Q, et les sons mouillés, IL, ILLE, AIL, AILLE. — NASALES (de *nasus*, nez), N,

GN. — GUTTURALES (de *guttur*, gosier), celles qui se prononcent par une aspiration. Nous n'avons d'autre consonne aspirée que *h*, comme dans *héros*. — Les consonnes L, M, N, R, s'appellent aussi liquides.

Remarques sur la prononciation des consonnes.

§ 722. B final se prononce dans *radoub*, *rumb*, et dans les noms propres *Job*, etc. Il est muet dans *plomb*. En cas de redoublement, ce qui n'a lieu que dans *rabbin*, *sabbat*, *abbé* et leurs dérivés, comme *sabbatique* (année), *abbaye*, *Abbeville* (ville), on ne prononce qu'un *b*.

§ 723. C se prononce *gue* dans *second* et ses dérivés, et dans *prune de reine-Claude*. — C final se prononce dans *échec* (perte); il ne se prononce pas dans *échecs* (jeu), *accroc*, *arsenic*, *broc*, *clerc*, *cric*, *escroc*, *estomac*, *franc*, *jonc*, *lacs* (piége), *marc*, *tabac*, *porc* (suivi d'une consonne *porc gras*, etc.), *tronc*; mais il se prononce dans *clerc-à-maître*, du *blanc au noir*, *cric* (poignard), *porc-épic*. — C ne se prononce pas dans *almanach* ni dans *instinct*.

§ 724. D se prononce comme *t* devant une voyelle : *grand arbre*. Cependant il est toujours muet dans *bord*, *gond*, *nid*, *nœud*, *muid*, et dans *chaud*, *froid*, *grand*, pris substantivement. On prononce *bor escarpé*, *ni élevé*, *le froi et le chaud*, etc. — D est muet dans *pied à pied* En cas de redoublement, ce qui n'a lieu que dans *addition*, *adducteur*, *reddition*, les deux *d* se prononcent.

§ 725. F est muette dans *clef*, *cerf*, *chef-d'œuvre*, *œuf frais*, *œuf dur*, *bœuf gras*, *nerf* (de *bœuf*); dans les mots pluriels, *nerfs*, *bœufs*, *œufs*, dans *neuf* suivi d'une consonne ou d'une *h* aspirée : *neuf cavaliers*, *neuf homards*; mais il sonne dans *bœuf*; dans *serf*, esclave ; dans *nerf*, et dans *neuf : ils ne sont que neuf*. On prononce *f* comme *v* dans *neuf* devant un substantif qui commence par une voyelle ou par une *h* muette : *neuf écus*, *neuf hommes* (*neu v écus*, etc.). Lorsque *f* est redoublée, on n'en prononce qu'une : *effrayer*, *affaiblir*.

§ 726. G se prononce *gue* devant *a*, *o*, *u* : *gâter*, *gorge*, *guttural*; *je* devant *e*, *i* : *gelée*, *gibier*; *k* dans *rang épais*, *long accès*, *suer sang et eau*, *bourg*; et généralement devant les mots qui commencent par une voyelle. — G final sonne *gue* dans *joug*, même avant une consonne. *Bourgmestre* se prononce *bourguemestre*. G est muet dans *doigt*, un *legs*, *sang*, *seing* (signature), *faubourg*, etc. — *Gangrène* se prononce *kangrène*. — G sonne *gue* devant *ge*, *gi*, et dans le corps d'un mot devant *d*, *m*, *h* : *suggérer*, *Magdebourg*, *augmenter*, *Berghem*.

GN, au commencement des mots, a le son dur (*gue ne*) :

gnome, gnide; il a le son mouillé (*ni-e*) au milieu des mots : *règne, agneau, Agnès, incognito,* etc. ; excepté dans certains mots, comme *stagnation,* etc. — G est muet dans les noms propres : *Regnaud, Regnard, Clugny,* et dans *signet* (petit ruban qu'on met au haut d'un livre). Prononcez *Renaud, sinet,* etc. (*Signet,* du latin *signet,* qu'il marque.)

Dans *arguër, j'arguë, ciguë, aiguë, ambiguë, contiguë, ambiguïté, gu* fait une syllabe, et l'on prononce *j'ar-gu-e, ci-gu-e,* etc.

GUA se prononce *goua* dans les noms d'origine espagnole ou italienne : La *Guadeloupe,* la *Guadiana, Guarini, alguazil,* et dans *lingual.*

GUI se prononce en faisant sentir l'*u* dans *aiguille* et ses dérivés, dans *aiguiser,* etc., dans les noms propres *Aiguillon, Guise, Le Guide;* mais l'*u* est muet dans *guide, anguille,* vivre à sa *guise.*

§ 727. H. Quand cette lettre est aspirée dans le mot simple, l'aspiration se conserve dans le mot composé : *harnacher, enharnacher.* Prononcez *en-harnacher; hardi, en-hardi.*

Liste des principaux mots dans lesquels la lettre initiale *H* doit être aspirée.

§ 728. *Hableur, hache, hagard, haie, haillon, Hainaut, haine, haïr, haire, halage, hâle, haleter, halle, hallebarde, hallier, halte, hamac, hameau, hampe, hanche, hangar* ou *angar, hanneton, hanter, happer, haquenée, haquet, harangue, haras, harasser, harceler, hardes, hardi, hareng, hargneux, haricot, haridelle, harnais, haro, harpe, harpon, harpie, hart, hase, hâte, haubans, haubert, hauteur, hâve, havre, havre-sac, hasard, heaume, hennir, Henri, héraut, hère, hérisser, hernie, héron, héros* (mais non ses dérivés); *herse, hêtre, heurter, hibou, hic, hideux, hiérarchie, hisser, hobereau, hocher, hochet, holà! Hollande, hollander, homard, hongre, Hongrie, honnir, honte, hoquet, hoqueton, horde, horion, hormis, hors, hotte, houblon, houe, houille, houle, houlette, houppe, houppelande, houri, houspiller, housse, houssine, houx, hoyau, huche, huer, huguenot, huit, humer, hune, huppe, hure, hurler, hussard, hutte.*

Tous les mots qui dérivent des précédents ont, comme eux, la lettre initiale *h* aspirée; comme *haut, hautain, hautbois, hautement,* etc., etc.

Il faut en excepter le mot *héros,* dans tous les dérivés duquel l'*h* initiale est muette : comme *héroïne, héroïsme, héroïde,* etc. On dit *fromage, toi'e d'Hollande, eau de la reine d'Hongrie.*

N. B. Onze, onzième, oui, se prononcent comme s'ils étaient aspirés dans *le onze, le onzième, de onze à douze, le oui et le non.* On prononce aussi avec aspiration *vers les une heure.* (Phrase familière.)

§ 729. CH a ordinairement le son du *k*, 1° lorsqu'il est suivi d'une consonne ou placé à la fin des mots : *chrétien, varech,* ainsi que dans beaucoup de noms propres, *Christ, Arachné, Utrecht, Munich, Saint-Roch,* etc. ; mais on prononce *punch* à la française.— 2° Lorsqu'il est suivi de *a, e, i, o, u,* dans les mots qui viennent du grec : *archange, chaos, eucharistie, archonte, choléra, chœur, choriste, catéchumène,* etc.; excepté *bachique, Chiron, chirurgie.*—3° Dans les mots tirés de l'hébreu avant *a, i, o :' Chanaan, Melchisédech, Nabuchodonosor,* etc. —4° Dans *archiépiscopal, Michel-Ange,* quoiqu'on prononce *ch* comme *che* dans *archevêque, Michel.* Il y a encore beaucoup d'autres mots dans lesquels *ch* se prononce *che;* tels sont : *Achéron, les Achéens, architecte, archiduc, chimie, chérubin, Ezéchias, Joachim, Machiavel, tachygraphie,* etc., etc. *Almanach* se prononce *almana.*

§ 730. L finale ne se prononce pas dans *baril, chenil, coutil, cul, fournil, fusil, gril, nombril, outil, persil, soûl, sourcil.* L dans *gentil,* au singulier, se prononce avec le son mouillé devant une voyelle, *gentil enfant, gentilhomme;* prononcez *gentillenfant,* etc.; autrement *l* est muette. Elle ne se prononce jamais au pluriel masculin : *gentils enfants,* prononcez *gentis enfants.* L est muette dans *l'Hérault* (rivière), *Sainte-Menehould, Quinault,* dans *pouls, fils;* mais elle se prononce dans *fil.*

L mouillée. — Deux *l* précédées d'un *i* se mouillent ordinairement, excepté, 1° dans *ill* initial : *illégal.* — 2° Dans les mots terminés en *illaire, illation : capillaire, oscillation* — 3° Dans les verbes *distiller, osciller, scintiller, vaciller* et leurs dérivés.—4° Dans *Achille, campanille, codicille, Gilles, Lille, mille, pupille, pusillanime, tranquille, ville* et leurs dérivés, *tranquillité, Abbeville,* etc. — *Yll* ne se mouille jamais : *idylle, syllabe,* etc.

L et LL se prononcent avec le son mouillé, sans exception, après les diphthongues *ai, ei, eui, œi, oui, uei, ui,* dans le milieu ou à la fin des mots. Ex. : *Mail, bataillon, vermeil, cerfeuil, œil, fouille, écueil, aiguille.*

Remarque. Les diphthongues *euil, œil, ueil,* ont toutes trois le même son.

Les six terminaisons masculines *illac, illard, illet, illon, illot, illy,* sont toujours mouillées.

Le LH, d'origine méridionale, se mouille dans quelques noms propres : *Jumilhac, Pardalhac, Milhaud,* etc.

L finale est mouillée dans *avril, babil, Brésil, cil, fenil, grésil, mil* (grain), *péril.*—Les deux *l* sont mouillées dans *Sully,* nom propre.

On ne prononce qu'une *l* dans *collége, collation, collationner* (faire un léger repas). On prononce les deux *ll* dans *collégial*, et dans *collation, collationner*, comparer une copie à l'original, etc.

§ 731. M. — Lorsque *m* est redoublée, on n'en prononce ordinairement qu'une : *commis, commode*, etc. On en excepte cependant, 1º les noms propres : *Ammon, Emmanuel*, etc. — 2º Les mots qui commencent par *imm : immortel*, etc. — 3º *Ammoniac, incommensurable, commémoration, commotion, commuer* et ses dérivés. — Dans *grammaire, grammairien*, on ne prononce qu'une *m ;* on en prononce deux dans *grammatical*. M ne se prononce pas dans *damner, condamner*, et les dérivés.

§ 732. N. — Nous en avons parlé aux voyelles nasales. — Quand *n* est redoublée, on n'en prononce ordinairement qu'une : *année, sonner*, etc.

EXCEPTIONS. On fait sonner les deux *nn* dans *annal, annihiler, annuaire, annuel, annexe, annotation, annuler, inné, innover*, et dans les noms propres *Cincinnatus, Porsenna, Linnée*, etc.

§ 733. P. — Le *p* se fait toujours sentir, soit au commencement, soit dans le corps d'un mot, excepté dans *Baptiste, baptême, baptistaire, compter, exempter, prompt, sculpter*, et leurs dérivés; dans *sept, septième, temps ;* et dans les temps du verbe *rompre* où il est suivi d'un *s* ou d'un *t : je romps, il rompt*. Cependant le *p* sonne dans *baptismal, septante, septuagénaire, septennal*.

Le *p* de *dompter* ne sonne ordinairement que dans la prononciation soutenue.

Le *p* final est ordinairement muet : *camp ennemi, loup enragé*, etc. Mais il se prononce dans *beaucoup* et *trop* suivis d'une voyelle : *beaucoup à faire, trop ardent ;* et dans *Alep, Gap* (villes), *cap, jalep*.

PH se prononce comme *f : philosophe*. — Quand le *p* est redoublé, on n'en prononce qu'un : *apprêter*, etc.

§ 734. Q. Cette lettre veut toujours être suivie d'un *u*, excepté dans quelques mots où elle est finale : *quitter, piqûre*, etc.

Q final sonne dans *cinq*, excepté quand il est suivi d'un substantif commençant par une consonne : *cinq chevaux* (prononcez *cin chevaux*).

Q sonne dans *coq, coq de bruyère, coq-à-l'âne ;* mais il est muet dans *coq d'Inde*.

QUA se prononce tantôt *quoua : quaker, quatuor, équateur, in-quarto ;* tantôt *ca : qualification, quatrain, quartaut, quasi*, etc.

QUADR, au commencement des mots, se prononce *quouadr : quadragésime, quadruple, quadrature* (term. d'astronomie), etc., excepté *quadrille, quadrature* (term. d'horlogerie).

QUE, QUI, se prononcent *cué*, *cui*, dans *à quia*, *équestre*, *équiangle*, *équitation*, *questure*, *quinquagénaire*, *quintuple*, et leurs dérivés ; dans *Quinte-Curce*, *Quintilien*. Partout ailleurs, l'*u* des syllabes *gu* et *qu*, suivi d'une voyelle, est muet, comme dans *guérir*, *équarrir*, *qualifier*, *quiétude*, etc.

§ 735. R. — R finale sonne dans toutes les terminaisons qui ne sont pas en *er* (excepté dans *monsieur*), comme dans *car*, *or*, *sur*, *soupir*, etc. R sonne dans les monosyllabes en *er*, ainsi que dans les polysyllabes où elle est précédée de *f*, *m*, *v*, comme dans *cher*, *fer*, *amer*, *hiver*, etc. R sonne encore dans *belvéder*, *cancer*, *cuiller*, *éther*, *fier*, *hier*, et dans les noms étrangers et les noms propres, *pater*, *Esther*, etc. Mais *r* finale ne se prononce pas, 1° dans les polysyllabes en *ier* : *officier*, *ouvrier*, etc. 2° Dans ceux en *er*, quand ils ne sont pas précédés de *f*, *m* ou *v* : *verger*, *berger*, etc. Dans les infinitifs en *er*, *r* ne sonne devant les voyelles que dans le discours soutenu ; car dans la conversation on ne la prononce pas : *aimer à rire*; prononcez *aime a rire*.

Lorsque *r* est redoublée, on n'en prononce ordinairement qu'une : *arroser*, *parrain*, etc. Cependant les deux *r* se prononcent, 1° dans *abhorrer*, *errer*, et ses dérivés, *erreur*, etc. ; 2° dans la plupart des mots qui commencent par *irr* : *irrégulier*, *irriter*, etc.; 3° dans les futurs et dans les conditionnels des verbes *acquérir*, *courir*, *mourir* ; *j'acquerrai*, *je courrais*, etc.

§ 736. S. — S se prononce avec le son propre *ce*, 1° au commencement des mots *sage*, *statue*, etc. ; excepté dans *sbire*, *svelte*, qu'on prononce *zbire*, *zvelte*; 2° quand elle est redoublée : *assassin*, *Prusse* ; 3° lorsqu'elle est précédée ou suivie d'une consonne : *absence*, *constater*, etc.

EXCEPTIONS. S prend le son accidentel *ze*, 1° avant *b*, *d*, dans certains mots, *presbytère*, *Asdrubal*; 2° dans *Alsace*, *balsamine*, *balsamique* ; 3° dans les mots où la syllabe *trans* est suivie d'une voyelle : *transaction*, *transiger*, etc. Cependant *s* se prononce *ce* dans *transir* et ses dérivés, et dans *Transylvanie*.

S entre deux voyelles prend le son du *z* : *phrase*, *vésicatoire*, etc.; excepté, 1° les mots composés, comme *désuétude* (dé-suétude), *entresol* (entre-sol), *monosyllabe*, *parasol*, *polysyllabe*, *préséance*, *tournesol*, *vraisemblable*; 2° dans *nous gisons*, *ils gisent*, *il gisait*, *gisant*, seuls temps usités du verbe *gésir*.

S finale est ordinairement muette, comme dans *lors*, *alors*, *tandis que*, *os*, *avis*, etc. Cependant elle sonne dans *as*, *blocus*, *calus*, *cens*, *gratis*, *jadis*, *lis* (fleur) (elle est muette dans *fleur de lis*), *lorsque*, *mœurs*, *ours*, *plus* (il y a *plus*, je dis *plus*), *tous*, pris substantivement, *vis*, et en général dans les noms propres ou autres qui viennent des langues étrangères : *Bacchus*,

Atlas, *chorus*, *Madras*, etc. Cependant elle est muette dans les noms propres *Alexis*, *Judas*, *Mathias*, etc.

En général, *s* finale dans les verbes ne se prononce pas dans la conversation : *tu aimes à rire* se prononce *tu aime à rire* Dans les autres mots, elle prend le son de *z* devant une voyelle : *de grandes actions*, etc. Quand *s* est redoublée, on n'en prononce qu'une, mais on la prononce fortement : *dessus*, *desservir*, etc.

Le *sh* anglais se prononce *ch* en français : *Shakspeare*, *shérif*, *Cavendish*, etc., se prononcent *Chékspire*, *chérif*, *Cavendiche*.

§ 737. T. — T se prononce toujours *te* au commencement des mots : *tiède*, *tien*, etc. Il se prononce de même au milieu des mots devant toute autre lettre que la voyelle *i ;* mais lorsqu'il est suivi de *i*, il se prononce tantôt *ti* et tantôt *ci*.

TI se prononce *ti*, 1° dans tous les mots où *t* est précédé de *s* ou *x* : *question*, *hostie*, *mixtion*, etc. ; 2° dans tous les noms en *tié*, *tier :* *amitié*, *portier*, etc. (les noms qui se prononcent en *cier* s'écrivent par un *c* ou par un *s* : *acier*, *coursier*) ; 3° dans la plupart des mots terminés en *tien*, *tienne :* *entretien*, *antienne*, etc. ; 4° dans tout le verbe *châtier*, et dans la plupart des personnes en *tions*, *tiez*, des autres verbes : *nous contentions*, *vous ameutiez*, etc. ; 5° dans *étioler*, *épizootie*, et dans la préposition *anti : antiacide*, etc. 6° dans la syllabe *ty : Amphictyon*, etc.

Mais *ti* se prononce *ci*, 1° dans les adjectifs en *a.*, *tiet*, *tient*, *tieux : partial*, *partiel*, *patient*, *captieux*, et dans les dérivés, *partialité*, etc. (*tia* se prononce toujours *cia*, excepté dans *tiare*, *centiare*, *éléphantiasis*, sorte de maladie) ; 2° dans les noms en *tion* et leurs dérivés, *ambition*, *ambitionner*, *action* (excepté les noms en *stion*, *xtion : question*, etc.) ; 3° dans les mots *satiété*, *quotient*, et dans les verbes *initier* et *balbutier :* *j'initie*, *vous balbutiez*, etc. (les autres verbes en *cier* s'écrivent par un *c* : *apprécier*, *négocier*, etc.) ; 4° dans les mots en *atie*, *eptie*, *ertie*, *étie*, *itie*, *otie*, *utie : démocratie*, *ineptie*, *inertie*, *prophétie*, *impéritie*, *Béotie*, *minutie*, etc. ; 5° dans les noms propres et dans les noms de pays en *tien : Dioclétien*, *Vénitien*, etc., excepté *chrétien :* 6° dans les deux terminaisons *tium* et *tius : Actium*, *Grotius*, etc.

Le T final ne se fait entendre que dans certains mots : *abject*, *abrupt*, *alphabet*, *contact*, *déficit*, *exeat*, *granit*, *gratuit*, *immédiat*, *infect*, *juillet*, *opiat*, *prétérit*, *rapt*, *rit*, *soit* (à la bonne heure), *strict*, *subit*, *tact*, *toast*, *transit*, etc.

Dans *aspect*, *circonspect*, *respect*, *suspect*, *district*, le *t* est muet, et l'on prononce *aspèk*, *respèk*, *distrik*, etc. — Dans *vingt*, *t* ne sonne que dans la série de *vingt* à *trente*, et devant une voyelle : on prononce *vinte hommes*, *vinte deux ;* mais on prononce *nous étions vin, nous étions quatre-vin-un, quatre-vinz-hommes*. — Dans *sept*, le *t* sonne quand ce mot est seul, ou lorsqu'il est suivi d'une voyelle ou d'une *h* muette : nous étions *sept* (prononcez *sette*). Mais il ne sonne pas devant une consonne ni devant un *h* aspiré : *sept maisons, sept haches*. *Huit* suit les mêmes règles.

La terminaison *ent* dans la troisième personne plurielle des verbes se prononce comme un *e* muet : *ils aiment* (prononcez *aime*).

Le *t* final ne sonne que devant une voyelle : *ils se disposent au combat ; un savant homme*. Cependant le *t* reste muet quand la liaison serait choquante : *un tort immense* se prononce *un tor immense*, etc. — T sonne dans *Christ*, et il ne sonne pas dans *Jésus-Christ*.

Lorsque T est redoublé, on n'en prononce qu'un, excepté dans *atticisme, attique, battologie* (répétition inutile), *guttural, pittoresque*.

§ 738. V, W. — V se prononce toujours *ve*. — W se prononce de différentes manières : 1° comme V simple dans *Wallon, Wirtemberg, Waux-hall, Brunswick, Westphalie, Worms*, etc. ; 2° comme *ou* dans *whist, wiski, Windsor*. — *Newton* et *Law* se prononcent *Neuton, Lâ*.

§ 739. X se prononce, 1° comme *cs* dans *axe, axiome, Alexandre, flexible, Styx*, etc., et dans les mots qui commencent par *exc*, suivis de *e* ou *i* : *excès, exciter*, etc. (Ce son est le plus ordinaire, et est usité dans tous les cas non mentionnés ci-après.) — 2° Comme *gz* dans les mots qui commencent par *ex* suivi d'une voyelle ou d'une *h* muette, comme *examen, exemple, exil, exhorter*, etc. — 3° Comme *ss* dans *soixante* et ses dérivés, et dans *Aix* (on prononce souvent *Aice*), *Auxerre, Auxerrois, Auxonne, Bruxelles, Tixier, Tixeranderie* (rue de la), prononcez *Aisse, Ausserre*, etc. (Cependant *x* se prononce *cs* dans *Saint-Germain-l'Auxerrois*.) — 4° X se prononce comme *cs* à la fin des mots qui viennent des langues étrangères, lorsqu'il est précédé de *a, c, i, o, u*, ou de *in* nasal : *thorax, index, sphinx*. Il est muet dans *nous étions deux*, et dans *six, dix*, suivis d'un mot qui commence par une consonne ou un *h* aspiré : *deux pommes, six harengs, dix poires*. Il se prononce *ce* dans *six, dix, nous étions six* ou *dix*. Mais il prend le son de *z* dans *six, dix*, suivis d'une voyelle ou d'une *h* muette : *deux ans, six hommes*, etc. ; et dans les composés *deuxième, sixain, sixième, dixième* (prononcez *deuzième*). Il a le même son, quand il est suivi d'une voyelle ou d'une *h* muette, à la fin de *aux* : *aux hommes* ; à la fin d'un nom ou d'un adjectif, *cheveux épars, faux accord* ; à la fin de *veux* et *peux, tu veux avoir, tu peux obtenir*. — Dans tous les autres cas, *x* ne se prononce pas à la fin des mots : *choix, faix, doux, heureux, Bordeaux*, etc., etc. Prononcez *choi, fai*, etc.

§ 740. **Z**, à la fin des secondes personnes plurielles des verbes, se prononce devant une voyelle : *vous aimez à rire.* Si *z* n'est suivi d'aucun mot, ou qu'il soit suivi d'une consonne, il est muet. Cependant, à la fin des noms propres, *z* prend le son de *s* : *Rhodez, Suez, Alvarez, Cortez.* — La terminaison *tz* se prononce, 1° *sse* : *Metz, Seltz, Sedlitz, Coblentz* ; prononcez *Mèsse, Selse,* etc. ; 2° *tse* : *Petrowitz, Gortz,* etc.

Quelques remarques sur la quantité des syllabes.

§ 741. 1° Toute syllabe finale terminée par *s, z* ou *x* muet, est longue : *tẽmps, jaloūx, nēz.* 2° Toute voyelle marquée d'un accent circonflexe est longue : *le nôtre, fête, goût.* 3° Toute voyelle suivie de l'*e* muet est longue : *il crée, pensēe, joūe,* etc. Mais la voyelle devient brève si elle est suivie d'un autre *é* sonore ou d'une autre voyelle : *créé, tŭer, joŭeur,* (il) *joŭa.* 4° L'avant-dernière syllabe d'un mot, suivie d'un *z* ou d'un *s* qui a le son du *z*, est longue : *trapēze, rūse, pōse.* 5° Une voyelle suivie d'une consonne finale autre que *s, z* ou *x* muet, est brève : *cruĕl, săc, cĭl, mŏt, nŭf.* Cependant *o* et *a* sont longs dans *impōt, appās* et *appāt* (pâture). 6° Toute syllabe *masculine* (*), longue ou brève au singulier, est longue au pluriel : *cruēls, sācs, cīls, mōts.* 7° *R* à la fin d'une syllabe, quand elle n'est pas suivie d'une autre *r*, rend la voyelle brève : *bărbare, bărque, infirme.* Mais la voyelle devient longue si elle est suivie de deux *r* : *bārre, ārrét, tonnērre.* 8° *R* ou *S*, accompagnée d'une autre consonne, rend brève la voyelle qui précède : *măsque, funĕste, ŏrdre.* 9° Le redoublement des consonnes *b, c, d, f, g, l, p, t,* rend en général brève la voyelle qui précède : *ăbbé, ăccuser, ăppas, bŏtte,* etc.

Des figures de mots. (L'Inversion, l'Ellipse, le Pléonasme et la Syllepse).

§ 742. L'*inversion* (**) est le changement de l'ordre dans lequel les mots sont ordinairement rangés dans le discours. On se sert de l'*inversion* pour donner plus de clarté, de force ou d'harmonie à la phrase.

____

(*) La syllabe *masculine* est celle qui n'est point terminée par un *e* muet, ou dans laquelle l'*e* muet ne se fait pas sentir : *maison, tombeau.* La syllabe *féminine* est celle qui est terminée par un *e* muet, ou dans laquelle l'*e* muet se fait sentir : (un) *homme,* (des) *hommes,* (une) *mascarade,* (des) *mascarades.*

(**) Du latin *invertere,* retourner.

1º On se sert de l'*inversion* lorsque le sujet de la proposition principale est modifié par une phrase incidente assez étendue pour faire perdre de vue le rapport du sujet avec le verbe qui en dépend. Ainsi je dirai : DÉJA PRENAIT L'ESSOR, *pour se sauver vers les montagnes*, CET AIGLE DONT LE VOL HARDI AVAIT D'ABORD EFFRAYÉ NOS PROVINCES; au lieu de : Déjà *cet aigle*, dont le vol hardi avait d'abord effrayé nos provinces, *prenait l'essor pour*, etc. L'inversion donne à cette phrase non-seulement plus de clarté, mais encore plus de force, en plaçant, pour ainsi dire, sur le devant du tableau, l'action principale (*déjà prenait l'essor*).

2º On se sert encore de l'*inversion* pour donner plus de force aux contrastes. Au lieu de dire : *Douze pêcheurs envoyés par Jésus - Christ ont accompli ce que les philosophes n'ont osé tenter, ce que les prophètes n'ont pu faire*; je dirai : *Ce que les philosophes n'ont osé tenter, ce que les prophètes n'ont pu faire, douze pêcheurs..... l'ont accompli.*

3º Souvent, dans l'*inversion*, on place en tête de la phrase le régime direct avec *ce*, *cet*, *mon*, *ton*, *notre*, etc., et on le représente encore par les pronoms *le*, *la*, *les*, dans le second membre de phrase. Ex. : Cette *noble simplicité*, *il* la *conserva au sein des richesses*, *au faîte des grandeurs*. Notre *vie*, *c'est nous qui l'abrégeons*; nos *plaisirs*, *c'est nous qui* les *empoisonnons*; notre *bonheur*, *c'est nous qui* le *détruisons*.

4º On place encore avant le membre de phrase principal le membre de phrase secondaire, lorsqu'il commence par une préposition, comme *à*, *de*, *dans*, *après*, etc., ou par les conjonctions *quand*, *lorsque*, *puisque*, etc. Ex. : A ces reproches *qu'avez-vous à répondre?* D'une voix entrecoupée de sanglots, *ils s'écrièrent.*

L'inversion est naturelle à notre langue dans le régime direct; mais elle y répugne dans le régime indirect, quand il y a concours des deux prépositions *de* et *à*. Ainsi l'on pourra dire :

Je n'ai pu de mon fils envisager la mort.

Mais on aura tort de dire :

Je n'ai pu de mon fils consentir à la mort;
parce que l'inversion est en quelque sorte double.

De l'ellipse (*).

§ 743. L'*ellipse* est l'*omission* d'un ou de plusieurs mots qui seraient nécessaires pour rendre la construction pleine et entière, mais que l'usage permet de supprimer. Pour qu'une ellipse soit bonne, il faut que l'esprit puisse suppléer aisément la valeur des mots qu'on a omis. C'est par ellipse qu'on dit : *La Saint-Jean*, au lieu de, *la fête de Saint-Jean*. *Il prit sur lui d'attaquer*, au lieu de, *il prit sur lui le risque d'attaquer.*

(*) *Ellipse*, du grec *elleipsis*, omission, manque.

Ellipses autorisées par les Grammairiens et l'Académie.

§ 744. 1º On peut sous-entendre un *adjectif masculin* après un *adjectif féminin*, et réciproquement un *adjectif féminin* après un *masculin*, surtout quand la désinence est semblable pour les deux genres. Ainsi, un homme dira : *Vous êtes jeune, madame, et moi, je ne le suis plus*. Une femme dira : *Je suis plus grande que mon frère* (sous-entendu *n'est grand*). *La vertu est plus indulgente que le vice pour la faiblesse humaine* (c'est-à-dire que le vice n'est indulgent).

2º Dans les phrases où le premier membre est *négatif* et le second *affirmatif*, on peut se dispenser de répéter le verbe lorsque l'opposition est marquée par *mais* dans le second membre de phrase : *L'harmonie ne frappe pas seulement l'oreille, mais l'esprit (mais elle frappe l'esprit).*

Ellipses qu'un grand nombre de Grammairiens considèrent comme irrégulières.

§ 745. 1º L'ellipse d'un verbe au pluriel après un verbe au singulier : *Le peuple jouit des refus du prince, et les courtisans de ses grâces* au lieu de : *Les courtisans jouissent de…*

2º L'ellipse du second verbe à un temps différent de celui du premier verbe : *Autrefois son sort a excité l'envie, maintenant, la pitié ;* au lieu de : *Maintenant il excite la pitié.*

3º La différence du passif à l'actif, c'est-à-dire l'ellipse du participe ou de l'infinitif passif après un participe ou un infinitif actif : *En louant les autres, il veut l'être par eux ;* au lieu de : *Il veut être loué par eux.* J'aimais, *je me flattais de l'être ;* au lieu de : *Je me flattais d'être aimé. Qui ne sait point aimer, n'est pas digne de l'être ;* au lieu de : *N'est pas digne d'être aimé.*

4º Dans les phrases où le premier membre est négatif et le second affirmatif, on ne peut sous-entendre le verbe qu'autant que l'opposition est marquée par *mais*. Ainsi ne dites pas : *La gloire n'est qu'un vain mot, la vertu un bien réel ;* dites : *La vertu est un bien réel.*

Du pléonasme (*).

§ 746. Le *pléonasme* est le contraire de l'ellipse. En effet, le *pléonasme* est une figure par laquelle on emploie des mots qui sont inutiles pour le sens, mais qui peuvent donner à la phrase plus de force ou de grâce. Alors non-seulement le *pléonasme* est autorisé, mais souvent il est nécessaire. Ex. : *S'il ne veut pas*

(*) Du grec *pleonasmos*, surabondance.

vous écrire, je *vous écrirai*, moi; au lieu de dire simplement : *Je vous écrirai. Il* lui *appartient bien* à lui *de parler ainsi;* au lieu de : *Il lui appartient bien de parler ainsi. Eh! que m'a fait* à moi *cette Troie où je cours. Je l'ai vu de* mes yeux. *Je l'ai entendu* de mes propres oreilles. *C'est une affaire* où *il* y va *du salut de l'État.*

L'usage autorise même les pléonasmes suivants dans la conversation et le style familier : *Il est monté en haut, il est descendu en bas. Voler en l'air, tomber d'en haut. Unir ensemble.* (Grammaire des Grammaires.)

Mais quand le *pléonasme* n'ajoute rien à la force où à la grâce du discours, il est vicieux. Ex. : S'entre-*déchirer* les uns les autres. *Ils ont fait un engagement* réciproque de part et d'autre. *Vous n'avez* seulement qu'*à vous montrer.* (*Seulement* est inutile, puisque *ne que* en a la signification.) *Il se voit* forcé malgré *lui.* On ne peut être *forcé* que *malgré* soi.)

Il faut éviter l'emploi des mots qui sont synonymes, comme *franchir les* bornes *et les* limites *de la prudence. Former des* projets *et des* desseins *au-dessus de ses forces.*

De la syllepse (*).

§ 747. La *syllepse* est une figure par laquelle les mots répondent plutôt à notre pensée qu'aux règles grammaticales : Ainsi, la plupart *des hommes* sont *bien fous*, est une *syllepse*, parce que *sont* s'accorde avec le régime *des hommes*, tandis qu'il devrait s'accorder avec *la plupart*, sujet de la phrase; mais comme le mot *la plupart* excite en nous *l'idée* du pluriel, c'est d'après cette idée que nous construisons la phrase.

C'est par syllepse qu'on dit : *Il est onze heures.* Car on devrait dire *elles sont onze heures*, comme on dit *elles sont onze femmes.* Mais comme on ne pense qu'à indiquer une seule heure, *la onzième*, la construction se fait d'après la pensée qu'on a, et non d'après le nombre et le genre du substantif *heures.* C'est par la même raison qu'on dit : *L'an mil huit cent onze*, etc.

DES GALLICISMES (**).

§ 748. Le *gallicisme* est une construction particulière à la langue française, contraire aux règles ordinaires de la grammaire, mais autorisée par l'usage. Ex. : *Les* vieilles *gens sont* soupçonneux. (*Vieilles* au féminin, *soupçonneux* au masculin.) *Il va venir*, pour, *il viendra bientôt. Il vient d'arriver*, pour, *il est arrivé depuis peu. Elles sont* toutes déconcertées. *Toutes*

(*) Du grec *sullepsis*, conception, compréhension.
(**) *Gallus*, Gaulois, Français.

est employé pour *totalement;* cependant *toutes* se met au féminin par euphonie. En effet, l'oreille serait choquée si l'on disait *elles sont tout déconcertées.* C'est pour la même raison que l'on dit : *Son ame* pour *sa ame.*

DES DISCONVENANCES GRAMMATICALES.

§ 749. Il y a disconvenance entre les deux membres d'une phrase quand *on passe du sens indéfini au sens défini.* Ex. : *C'est être dans l'erreur que de croire que vous pourrez être heureux sans travailler.* Il faut employer dans les deux membres de phrase *le sens indéfini* ou *le sens défini,* et dire, par exemple : *C'est être dans l'erreur que de croire qu'il est possible, ou qu'on pourra,* etc. ; ou, avec le sens défini, *vous êtes dans l'erreur si vous croyez que vous pourrez,* etc.

Il y a disconvenance quand le premier membre de phrase étant affirmatif, on le joint au second par la conjonction *ni ;* comme : *Il nous est défendu de rien faire ni de rien dire qui soit contraire à l'honnêteté.* Il faut : *Il nous est défendu de rien faire et de rien dire,* etc. Le sens est : *Il nous est défendu de rien faire,* ET *il nous est défendu de rien dire,* etc.

Mais si le premier membre de phrase est négatif, il faut que le second le soit aussi : *Il ne nous est pas défendu de faire ni de dire ce qui est conforme à la justice.* Il y aurait faute si l'on disait *de faire et de dire.* En effet, le sens est : *Il ne nous est pas défendu de faire, et il ne nous est pas défendu de dire.*

Il ne faut pas prendre en deux sens différents un mot qui ne doit se rapporter qu'à un seul objet. Ex. : *On dit à Paris qu'on a battu l'armée ennemie avant qu'elle ait passé le Rhin.* Dans le premier membre de phrase, le pronom *on* désigne les habitants de Paris ; dans le second, il désigne les soldats qui ont battu l'ennemi. Il faut dire : *On dit à Paris que l'armée ennemie a été battue,* etc.

Il y a disconvenance dans l'emploi de l'infinitif, quand cet infinitif ne se rapporte pas au sujet du verbe principal. Ex. : *Qu'ai-je fait, qu'ai-je dit pour m'accuser de mauvaise foi ?* Il faut tourner la phrase par l'infinitif passif : *Qu'ai-je fait, qu'ai-je dit pour être accusé,* etc. ; ou se servir d'un mode fini (l'indicatif ou le subjonctif, suivant que la construction l'exige) : *Qu'ai-je fait, qu'ai-je dit pour qu'on m'accuse, ou, pour que vous m'accusiez,* etc., suivant le sens de la phrase.

Il y a des disconvenances de temps, comme dans ce vers de Racine :

Le flot qui l'apporta, recule épouvanté :

il faudrait, *recula.*

Il faut également éviter les disconvenances de mots. C'est ce qui a lieu quand on oppose l'un à l'autre des mots dont l'opposition est incomplète, comme :

La mesure est toujours trop longue ou trop petite.

(BOILEAU.)

Il faudrait : *Trop longue* ou *trop courte.*

DE L'AMPHIBOLOGIE (*). (*Double sens.*)

§ 750. Il y a *amphibologie* dans le discours lorsqu'une phrase est énoncée de manière qu'elle est susceptible de deux interprétations différentes ou même contraires.

Par exemple, les pronoms *il*, *elle*, etc., étant de la troisième personne, quand il y a dans le discours plusieurs noms du même genre et du même nombre, on ne sait souvent auquel de ces noms doivent se rapporter ces pronoms. Ainsi ne dites pas : *Le roi aime ce ministre*, parce qu'il sait *apprécier le mérite ;* mais dites : *Le roi*, qui sait *apprécier le mérite, aime ce ministre.*

Principe général.

§ 751. Pour éviter les amphibologies, il faut lier les idées de manière que dans la seconde proposition les *pronoms* suivent la subordination qui existe entre les *noms* dans la première proposition : *Votre frère a dit à votre oncle que votre père recevrait votre cousin avec plaisir, et il lui a promis qu'il le traiterait comme un fils.*

Cette phrase n'est point amphibologique. On peut s'en convaincre en remplaçant les pronoms par les noms dans la seconde proposition : *Et il* (votre frère) *lui a promis* (a promis à votre oncle) *qu'il* (que votre père) *le traiterait* (traiterait votre cousin), etc.

Observations sur le nombre des noms propres, de certains noms communs, etc.

§ 752. Les *noms propres*, comme l'indique le nom qu'on leur a donné, ne convenant, n'étant *propres* qu'à *une seule* personne, à *une seule* famille, à *une seule* chose, n'ont pas de *pluriel*. Ainsi, quoique ces noms soient précédés de l'article pluriel, ils

---

(*) Du grec *amphibolia*, équivoque, ambiguïté. (*Amphiballo* (sens neutre), être indécis.)

restent au singulier, et l'on écrit : *Les* NÉRON *étaient une des familles les plus illustres de Rome. La famille des* RACINE *est originaire de La Ferté-Milon. Les* CATON *se sont distingués par leurs vertus. Il y a eu plusieurs* ALEXANDRE.

Remarque. Les verbes et les adjectifs qui suivent ces noms doivent se mettre au pluriel quand ces noms sont placés en sujets. En effet, les phrases de ce genre sont elliptiques. Cette expression, *les Caton*, signifie *les hommes du nom de Caton* ; et c'est avec le nom commun *hommes* que s'accorde le verbe. (*Les hommes du nom de Caton se sont distingués.*)

§ 753. Cependant il est un cas où les noms propres prennent la marque du pluriel, c'est quand ils sont employés par *antonomase* (*), comme *noms appellatifs*. Ex. : *Les Nérons des temps modernes* ; c'est-à-dire, des *princes cruels*, aussi cruels que *Néron. Les Catons sont rares* ; c'est-à-dire, *les hommes d'une vertu austère sont rares.* — On écrira, *les Césars romains*, c'est-à-dire, *les empereurs romains* ; mais on écrira, *la famille des César.*

§ 754. Il y a plusieurs noms communs qui n'ont point de pluriel. Ce sont :

1º Les noms de *métaux*, quand on ne les considère pas comme étant mis en œuvre : *Or, fer, argent.* Mais si on les considère comme étant mis en œuvre, et distingués par différentes qualités, ils ont un pluriel : *Des ors de couleur, des fers aigres.*

2º Les noms d'*aromates*, d'*essences*, de *liqueurs*, etc., comme *encens, absinthe, poivre*, etc.

3º Les noms des *vertus* et des *vices*, et d'autres mots qui expriment l'état physique ou moral de l'homme : *Charité, pudeur, pauvreté, sang, vue, ouïe*, etc. Cependant quand ces noms peuvent s'employer dans un sens figuré, ils ont un pluriel : *Des gloires* (terme de peinture); *faire des charités*, c'est-à-dire *des aumônes ; avoir des vues sur quelqu'un*, etc.

4º Les infinitifs des verbes employés substantivement, quand on ne peut pas y joindre des adjectifs : *Le boire, le manger, le dormir*, etc. Mais on dit, *de bons couchers* (de bons lits), etc.

5º Les adjectifs pris substantivement : *Le beau, le vrai*, etc. Mais les adjectifs auxquels on peut en joindre d'autres peuvent s'employer au pluriel : *Des rouges vifs, des blancs mats.*

6º Certains termes d'art et de profession : *Artillerie, menuiserie, pâtisserie*, etc. Mais on dit *des pâtisseries*, pour signifier *des gâteaux*, etc.

(*) *Antonomase*, du grec *anti*, pour, *onoma*, le nom (un nom pour un autre). — L'*antonomase* est une figure par laquelle on emploie un *nom propre* pour un *nom commun* ou *appellatif*, et réciproquement un *nom appellatif* pour un *nom propre* ; par exemple, *l'Orateur*, au lieu de *Cicéron.*

§ 755. La plupart des noms empruntés des langues étrangères sont employés au pluriel sans la marque de ce nombre : on écrit, des *pater*, des *avé*, des *alleluia*, des *alinéa*, des *impromptu*, des *aparté*, des *errata*, des *solo*, des *duplicata*, des *quatuor*, des *quintetti* (au sing., un *quintetto*), etc. — Cependant on écrit avec la marque du pluriel : Des *débets*, des *placets*, des *duos*, des *trios*, des *numéros*, des *échos*, des *zéros*, des *pensums*, des *factums*, des *opéras*, des *récépissés*. (L'Académie.)

§ 756. Les *membres de phrase*, les *conjonctions*, les *adverbes*, les *lettres* de l'alphabet, les *notes* de musique, les *chiffres*, etc., employés comme substantifs, ne prennent pas la marque du pluriel : Les *on dit*, les *pourquoi*, les *si*, des *a*, des *fa*, des *quatre*, des *un*, etc.

§ 757. Quelques substantifs n'ont point de singulier ; tels sont, *aguets*, *alentours*, *ancêtres*, *appas* (charme, différent d'*appât*, pâture), *armoiries*, *arrérages*, *assistants* (on dit un des *assistants*), *atours* (mais on dit *dame d'atour*), *broussailles*, *confins*, *décombres*, *dépens*, *doléances*, *entrailles*, *fiançailles*, *funérailles*, *hardes*, *immondices*, *mouchettes*, *vivres*, *vitraux*, etc., etc.

§ 758. Quand on est embarrassé sur le choix du nombre dans certaines constructions, il faut se régler sur le sens dans lequel on veut ou l'on peut employer les mots. J'écrirai : *Il est des hommes qui sacrifieraient plutôt* leur vie *que leur fortune ; vie*, au singulier. *Ils portaient sur* leur tête *de lourds fardeaux* ; *tête*, au singulier, parce que je veux simplement indiquer une partie du corps. Mais j'écrirai, *ils courbent* leurs têtes *altières*, parce que je veux parler plutôt du nombre des individus, que d'une partie du corps. — L'Académie écrit : *Il ne faut pas se fier* à toute sorte *de gens*, à toutes sortes *de personnes*. (Le singulier et le pluriel sont également bons.)

Observations sur le genre de quelques substantifs.

§ 759. *Aigle*, oiseau, est du masculin : *L'aigle est courageux*. Mais on dit : *Les aigles romaines*, pour signifier les enseignes romaines ; *l'aigle impériale*, en termes de blason.

§ 760. *Amour*, masculin au singulier, est féminin au pluriel : *Les premières amours*. Cependant, quand il est employé dans le sens de *goût*, *penchant*, *amour* est masculin au pluriel : *Tous ces amours si différents*.

§ 761. *Couple* est du masculin quand il désigne deux êtres animés, unis par le sentiment, par la volonté : *Un couple heureux*, *un couple de pigeons*. Il est du féminin quand il désigne le nombre : *Une couple de pigeons*, c'est-à-dire *deux pigeons*.

Quand on parle de choses qui vont nécessairement ensemble, on dit *paire* : *Une paire de bas*, etc.

§ 762. *Crêpe*, sorte d'étoffe, est du masculin ; *crêpe*, sorte de pâte, est du féminin.

§ 763. *Délice* (en latin *delicium*, neutre), est du masculin au singulier : *C'est un délice de...* ; il est du féminin au pluriel : *Les molles délices ;* parce qu'en latin le pluriel *deliciæ* est du féminin.

§ 764. *Enfant* est féminin quand on parle d'une jeune fille : *Une jolie enfant.*

§ 765. *Exemple*, quelquefois féminin en parlant d'une pièce d'écriture.

§ 766. *Foudre* est du féminin : *La foudre éclate.* Employé au figuré il est masculin : *Un foudre de guerre, d'éloquence*, pour signifier un grand capitaine, un grand orateur : *Les foudres vengeurs.*

§ 767. *Gens* veut au féminin les adjectifs ou les participes qui le précèdent, et au masculin ceux qui le suivent : *Ce sont de fines gens. Voilà des gens bien fins.* Lorsque *gens* est précédé d'un adjectif des deux genres, on met *tous* au masculin : *Tous ces braves, tous ces honnêtes gens.* Mais on dirait, *toutes ces bonnes gens* Il faut observer que, comme le substantif *gens* est du masculin, l'adjectif placé après *gens* doit être du masculin : *Les vieilles gens sont soupçonneux.* Quand un adjectif est placé par inversion avant le mot *gens*, il se met encore au masculin : *Instruits par l'expérience*, les gens *âgés sont soupçonneux.* Lorsque *gens* est suivi d'un substantif qui désigne une profession, il ne veut jamais l'adjectif au féminin. *Certains gens d'affaires peu loyaux ;* ou mieux, *certains hommes d'affaires.*

§ 768. *Hymne* ne s'emploie au féminin qu'en parlant des *hymnes* de l'église : *Chanter une belle hymne.* Mais on dit, *un bel hymne en l'honneur d'Apollon.*

§ 769. *Office* n'est féminin que quand il signifie le lieu où l'on prépare le dessert, etc Mais on dit *l'office divin*, etc.

§ 770. *OEuvre*, ordinairement féminin, est masculin quand il se dit d'un recueil d'estampes, et des ouvrages d'un musicien : *L'œuvre de Callot ; le premier œuvre de ce musicien.* On dit aussi, *le grand œuvre* (la pierre philosophale).

§ 771. *Orge* est féminin, excepté dans *orge mondé*, c'est-à-dire nettoyé ; *orge perlé*, c'est-à-dire dépouillé de sa première pellicule.

§ 772. *Orgue*, masculin au singulier, féminin au pluriel : *Un bon orgue, de bonnes orgues.*

§ 773. *Pâque*, féminin quand on parle de la fête des Juifs : *Célébrer la Pâque.* — Mais *Pâque* (ou *Pâques*), comme fête chrétienne, est du masculin : *Pâques prochain.* — *Pâques* s'emploie toujours au pluriel et au féminin dans les acceptions suivantes : *Pâques fleuries, pâques closes, faire ses pâques, de bonnes pâques.*

§ 774. *Période* est masculin, 1° quand il se dit du plus haut point où une chose, où une personne puisse arriver : Il est *au dernier période de sa vie*; il est *au plus haut période de la gloire.*

2° Quand il se dit d'un espace de temps indéterminé : *Un long période de temps.*

Période est féminin dans toutes les autres acceptions : *La période lunaire; la période julienne (espace de 7,980 ans); une période bien arrondie; la fièvre a des périodes réglées.*

§ 775. *Personne*, voyez § 326. — *Quelque chose*, voyez § 357. — *Autre chose* paraît suivre la syntaxe de *quelque chose* pour le genre : *C'est quelque chose, c'est autre chose que je lui ai* PROMIS.

§ 776. *Trompette*, instrument, est du féminin. *Trompette*, quand il signifie un homme qui sonne de la trompette, est masculin.

Quelques règles générales sur les genres.

§ 777. Sont masculins d'après le sens :

1° Les noms des jours, des mois, et des saisons de l'année. (*Automne* est des deux genres, mais mieux masculin.) Les noms de mois composés du diminutif *mi* (pour *moitié*) sont du féminin : *La mi-septembre.* (*Midi* et *minuit* sont du masculin : *A midi précis; à minuit précis.* Ces mots n'ont pas de pluriel; il ne faut donc pas dire, *sur les midi, sur les minuit*; il faut dire, *sur le midi.*)

2° Les noms d'arbres : *le pin, le chêne*, etc. — EXCEPTION : *Aubépine, bourdaine, épine, ronce, yeuse*, sont féminins.

3° Les noms de la nomenclature décimale : *un centime, un gramme, un stère, un litre*, etc.

4° Les noms de villes sont du masculin quand les noms latins d'où ils viennent sont du masculin ou du neutre; comme, *Rouen, Paris. Londres* (*Rothomagus*, m.; *Parisii*, m.; *Londinum*, neutre). Ils sont du féminin quand ils sont de ce genre en latin; comme, *Vienne, Marseille, Tyr*, etc. (*Vindobona, Massilia, Tyrus*).

5° Suivant la nouvelle appellation, toutes les lettres de l'alphabet sont masculines; suivant l'ancienne, celles qu'on ne prononce qu'avec le secours d'autres lettres dont on les fait précéder sont féminines : ce sont : *f, h, l, m, n, r, s.*

Genre des noms composés.

§ 778. Si le mot est composé de deux substantifs, il suit le genre du substantif principal : *Un chou-fleur, une reine-claude.*

Si le mot est composé d'un substantif et d'un verbe, il prend ordinairement le genre masculin : *un passe-temps* ; mais quelquefois aussi il prend le genre du substantif exprimé ou sous-entendu : *Un perce-oreille*, sous-entendu *insecte* ; *une perce-neige*, sous-entendu *plante*.

Les noms composés d'un adjectif, d'un adverbe, d'une partie initiale inséparable (*vice, tragi*, etc.) et d'un substantif, prennent le genre du substantif : *Un loup-marin, un vice-roi, une vice-reine, un entre-nœud, une entre-ligne, une antichambre.*

Genre des diminutifs.

§ 779. Les *diminutifs* suivent le genre des noms dont ils dérivent : *Globule*, *monticule*, sont du masculin, parce qu'ils viennent des masculins *globe*, *mont*. *Pellicule* est du féminin, parce qu'il vient du féminin *peau*.

Substantifs qui servent pour le masculin et le féminin.

§ 780. Il y a certains *substantifs* qui, sans changer de terminaison ni de genre, servent pour le masculin ou pour le féminin, selon qu'ils se rapportent à un homme ou à une femme. Tels sont *auteur, dépositaire, docteur, poëte, témoin, traducteur* et en général tous ceux qui expriment des professions qui ordinairement sont propres à l'homme. On dit, *des femmes auteurs, traducteurs, poëtes*, etc. On met toujours au masculin l'adjectif qui se rapporte à ces substantifs, même quand ils désignent une femme : *Cette femme est un poëte élégant.*

Différentes locutions.

§ 781. *A compte, à-compte.* — *A compte*, écrit sans trait d'union, est une expression adverbiale : *Il a donné mille francs à compte. A-compte*, écrit avec un trait d'union, est employé comme *substantif* ; mais il est toujours invariable : *Je lui ai donné deux à-compte*, c'est-à-dire, *je lui ai fait deux paiements à compte.*

§ 782. *J'ai affaire à vous*, c'est-à-dire, *j'ai à vous parler* ; *j'ai affaire de vous*, c'est-à-dire, *j'ai besoin de vous.*

§ 783. *Amnistie, armistice.* — *Amnistie* (du grec *a-mnestia*, oubli), signifie *pardon accordé par le souverain aux rebelles*, etc. — *Armistice* (du latin *arma sistere*, arrêter les armes), signifie *suspension d'armes.*

§ 784. *Anoblir, ennoblir.* — *Anoblir*, donner des titres de noblesse : *Le roi l'a anobli.* — *Ennoblir*, donner de la noblesse, de l'illustration : *Ennoblir son style. Ces sentiments vous ennoblissent à mes yeux.*

§ 785. *Assurer à quelqu'un* quelque chose, signifie *affirmer, certifier à quelqu'un* : Il assura le fait à son ami. *Assurer quelqu'un de quelque chose*, signifie *engager quelqu'un à croire, lui rendre témoignage de* : Assurez-le de mon respect. — Cela est vrai, je vous en assure.

§ 786. *Atteindre le but*, c'est l'atteindre sans effort ; *atteindre au but*, c'est l'atteindre avec effort. *Atteindre au plancher*, etc.

§ 787. On dit *brouillamini*, et non, *embrouillamini*.

§ 788. *Bruiner*, et non, *brouillasser*.

§ 789. *Casuel* signifie *fortuit, accidentel* : il ne doit donc pas s'employer dans le sens de *fragile*. Ainsi, cela est *casuel*, signifie *cela peut arriver ou n'arriver pas*, et non, *cela peut se casser facilement*.

§ 790. *Changer pour* ou *contre, changer en*. — *Changer une chose pour une autre*, contre *une autre*, signifie *céder une chose pour une autre*. — *Changer une chose en une autre*, signifie *convertir, métamorphoser* : J.-C. *changea l'eau* en vin.

§ 791. *Colorer, colorier* — *Colorer*, signifie *donner de la couleur* : Le soleil colore *les fruits*. — *Colorier*, signifie *appliquer les couleurs, enluminer* : Colorier une estampe.

§ 792. *Commander*, v. act., s'emploie dans le sens neutre, c'est-à-dire avec *à*, lorsqu'il signifie *maîtriser, tenir en respect* : Commandez *à* vos passions. Cette place commande *à* tout le pays. — On dit aussi : *Le prince commande à ses sujets*, pour dire, *a autorité sur ses sujets*.

§ 793. *Comparer à, avec*. — *Comparer à*, exprime comparaison entre deux objets qui ont quelque chose de commun par leur nature : *Comparer une pièce de toile* à une *autre*. — *Comparer avec* se dit plutôt d'objets dont la nature est différente : *Comparer du fer* avec *du bois*, le vice avec *la vertu*.

§ 794. *Faire compliment*, c'est *féliciter* ; *faire des compliments*, c'est *faire des politesses, donner des éloges*.

§ 795. *Conséquent*.—Un homme *conséquent* est un homme d'accord avec lui-même. Un homme *de conséquence* est un homme *important*. Ainsi ne dites pas *un homme conséquent*, au lieu de, *un homme important*.

§ 796. *Consommer, consumer*.—*Consommer*, signifie, 1° *achever* : Consommer un ouvrage ; 2° *détruire* par l'usage (*employer, dépenser*) : Consommer des denrées. Cette lampe *consomme* (et non *consume*) beaucoup d'huile. — *Consommé*, adjectif, signifie *parfait* : Sagesse consommée.

Consumer, signifie, 1° *détruire* : La rouille consume le fer. Le feu a consumé l'huile. Il a consumé son bien. 2° *Employer sans réserve*, j'ai consumé tout mon temps à.....

§ 797. *Tout à coup, tout d'un coup.* — *Tout à coup,* signifie soudainement : *Le mal l'a pris tout à coup.*

Tout d'un coup, signifie, *tout en une fois. Il a gagné mille écus tout d'un coup.* (L'Académie.)

§ 798. *Croire une chose,* c'est croire qu'elle existe. *Croire à une chose,* c'est y avoir confiance.

§ 799. *A défaut, au défaut de.* — L'Académie dit : *à défaut, au défaut d'autres armes, il prit une barre de fer.*

§ 800. *Dégrafer,* détacher une chose qui était agrafée. *Désagrafer* est un barbarisme.

§ 801. *Déjeuner de, — avec.* — *Déjeuner, dîner,* d'une chose (d'un pâté, d'un poulet).— *Déjeuner, dîner* avec quelqu'un.

§ 802. *Digne, indigne.* — *Digne* se prend en *bien* et en *mal :* Digne de louange, digne de mépris.— *Indigne* ne se prend qu'en mal : *Il est indigne de louange.* On ne dirait pas, *il est indigne de mépris,* pour signifier, *il ne mérite pas d'être méprisé.*

§ 803. *Disparition,* action de *disparaître; disparution* n'est pas français.

§ 804. *Disputer, se disputer.* — *Disputer,* quand il signifie *être en débat,* ne s'emploie jamais avec le pronom *se : Ils disputent perpétuellement,* et non, *ils se disputent ;* on dit au figuré : *Ces deux femmes disputent d'esprit ;* mais on dit *se disputer la victoire,* etc.

§ 805. *Demeurer* se conjugue avec *avoir,* 1o quand il signifie *habiter :* J'ai demeuré dans cette rue; 2o quand il signifie *employer du temps à :* Il a demeuré longtemps en chemin.—*Demeurer* se conjugue avec *être,* quand il signifie *s'arrêter, rester :* Il est demeuré en chemin.

§ 806. *Dessein, dessin.* — *Dessein,* écrit avec un *e* après l'*s,* signifie *projet, résolution; dessin,* écrit sans *e* après l'*s,* signifie *représentation faite au crayon, à la plume,* d'un objet quelconque.

§ 807. *Tous deux, tous les deux.* — L'Académie dit : *Je les ai vus tous deux ensemble, tous les deux.*

Nous pensons qu'il faut dire, *je les ai vus tous deux,* si on a vu les deux personnes *ensemble,* et, *je les ai vus tous les deux,* si on a vu les personnes *séparément.*

§ 808. *Droit* s'emploie adverbialement et est invariable, lorsqu'il signifie *en droite ligne : Mesdames, marchez* droit *devant vous.* Mais on dira : *Ma fille, marchez droite,* ou mieux, *tenez-vous droite en marchant.*

§ 809. *Éclairer quelqu'un,* soit au propre, soit au figuré. On disait autrefois, *éclairer à quelqu'un,* dans le sens de *éclairer quelqu'un avec un flambeau.* (L'Académie.)

§ 810. *Égaler,* rendre égal, se dit des personnes et des choses.

La mort égale tous les rangs. Égaliser ne se dit que des choses : *Égaliser les lots.* — *Égaler*, signifie encore, 1° *être égal à : La recette égale la dépense ;* 2° *être comparable à : Ce prince égale Alexandre ;* 3° *comparer : Égaler quelqu'un à un autre.*

§ 811. *Éminent, imminent.* — *Éminent,* du latin *eminens,* qui s'élève, signifie, 1° *élevé,* au propre et au figuré : *Un lieu éminent ; une dignité éminente.*—2° *Excellent : Une vertu éminente.*

Imminent, du latin *imminens,* qui menace, qui est suspendu sur, signifie *qui est près de tomber : Une ruine imminente.*

§ 812. *Emprunter à, emprunter de.* — On dit *emprunter à quelqu'un* ou *de quelqu'un.* Mais *emprunter,* suivi d'un nom de chose, se construit avec *de,* parce qu'alors il signifie *tirer de : Les magistrats* empruntent *leur autorité* du *pouvoir qui les constitue.*

§ 813. *L'endroit* d'une chose, c'est le beau côté d'une chose ; *l'envers,* c'est le côté opposé.

Voilà *l'endroit, l'envers* de ce drap.

§ 814. On dit *enforcir* et *renforcer ;* mais on ne dit pas *renforcir,* ni *enforcer. Enforcir* ne se dit guère des personnes. Il s'emploie aussi comme neutre : *Ce cheval enforcit.*

§ 815. *Enseigner, apprendre.* — *Enseigner,* signifie proprement *donner des leçons ; apprendre,* signifie plutôt *faire connaître : Le maître* enseigne *l'histoire à ses élèves. L'historien* apprend *les événements à ses lecteurs.*

§ 816. *A l'envi,* signifie *avec émulation :* Ils étudient *à l'envi* l'un de l'autre. On n'écrit jamais *à l'envie.*

§ 817. *Envier, porter envie.* — *Envier,* se dit plutôt des choses : *Envier le bien d'autrui. Porter envie* ne se dit que des personnes : *Porter envie à quelqu'un.*

§ 818. *Il est, il y a.*—*Il est* a un sens plus général, *il y a* a un sens plus restreint : *Il est des hommes qui : il y a un homme qui.* On ne dirait pas bien, *il est un homme. Il n'est rien de tel que,* est préférable à *il n'y a rien de tel,* parce que *rien* a un sens vague.

§ 819. *Éviter* ne doit pas s'employer dans le sens *d'épargner.* Ainsi ne dites pas, *éviter une faute, un crime à quelqu'un ;* dites, *épargner une faute,* ou, *faire éviter une faute.*

§ 820. On dit, *je vous fais excuse,* et non, *je vous demande excuse,* dans le même sens que l'on dit, par politesse, *je vous demande pardon.*

§ 821. *Expirer* se conjugue avec *avoir* quand il se dit des personnes, et avec *être* quand il se dit des choses : *Il a expiré à quatre heures ; la trêve est expirée.*

§ 822. *Ne faire que de, ne faire que.* — *Il ne fait que de sortir,* signifie *il vient de sortir. Il ne fait que sortir,* signifie *il sort à chaque instant.* Ainsi on ne pourrait pas dire : *Il ne fait qu'arriver,* au lieu de, *il ne fait que d'arriver.*

§ 823. On emploie souvent le verbe *faire* à la place d'un verbe précédent, pour éviter la répétition de ce verbe : *Cet homme n'aime pas tant le jeu qu'il faisait*, c'est-à-dire , *qu'il l'aimait.*

§ 824. *Flairer, fleurer.* — *Flairer*, signifie *sentir* par l'odorat : *Les chiens flairent le gibier.* — *Fleurer*, signifie *exhaler une odeur* : *Cela fleure bon.*

§ 825. *Ne voir goutte, n'y voir goutte.* — L'Académie dit : *Il fait bien obscur ici, je ne* vois *goutte, je n'y* vois *goutte.* Dans cette phrase on peut exprimer ou retrancher *y*, parce que le sens est, *je ne vois rien*, ou , *je n'y vois rien*, c'est-à-dire, je ne vois rien *ici* ; *y* signifie *dans ce lieu*. — Mais il ne faut pas employer le pronom *y* lorsqu'il n'y a pas de relation à exprimer. Ne dites donc pas : *J'ai beau regarder, je n'y vois goutte, je n'y vois rien.* Dites : *Je ne* vois *goutte, je ne* vois *rien.* Même observation pour *je n'entends goutte, je n'y entends goutte.*

§ 826. *Hériter* s'emploie, 1º dans le sens actif : *La fortune qu'il a héritée de son père* ; 2º dans le sens neutre : *Il a hérité d'une grande fortune ; la fortune dont il a hérité.* Quand *hériter* n'a qu'un régime, c'est toujours un régime indirect : *Il a hérité de son père; il n'a hérité de rien.*

§ 827. *Hourvari*, grand bruit. *Boulvari* est un *barbarisme.*

§ 828. *Hurluberlu*, signifie *étourdi. Hustuberlu* ne se dit pas.

§ 829. *Imaginer, s'imaginer : on imagine une chose; on s'imagine qu'une chose est.*

§ 830. On dit, *imiter quelqu'un*; mais on ne dit pas, *imiter l'exemple de quelqu'un.* Il faut dire , *suivre l'exemple.*

§ 831. *S'impatienter* s'emploie sans régime indirect. Ainsi, il ne faut pas dire : *Je m'impatiente de cela* ; il faut dire : *Cela m'impatiente.*

§ 832. *Imposer* à quelqu'un, c'est lui *inspirer* du respect ; *en imposer* à quelqu'un, c'est *le tromper.*

§ 833. *Inestimable*, signifie *qu'on ne peut assez estimer*, et ne se dit que des choses.

§ 834. *Infecter, infester.* — *Infecter*, signifie *souiller, communiquer une mauvaise odeur : Ce marais infecte l'air. Il infecta le pays de cette hérésie.*

Infester, signifie *tourmenter, ravager : Les voleurs infestent les grands chemins.*

§ 835. *Joindre à, avec.* — *Joindre*, dans le sens d'*ajouter*, régit *à* : *Joignez cette maison à la vôtre* ; dans le sens d'*unir*, d'*allier*, il régit *à* ou *avec* : *Joindre la prudence à* ou *avec la valeur*, ou même , *joindre la prudence et la valeur.*

§ 836. L'adjectif qui accompagne certains titres, tels que *Sa Majesté, Son Altesse*, se met toujours au féminin : *Sa Majesté Impériale, Son Altesse Royale;* mais on doit dire, en parlant d'un roi, d'un prince, *Sa Majesté, Son Altesse est le maître* (et non *la maîtresse*), *le père* (et non *la mère*) de son peuple.

§ 837. *Liteau, linteau.* — *Liteau* est la raie coloriée qui se voit dans les serviettes, etc. : *Des serviettes à liteaux.* — *Linteau* est une pièce de bois, de pierre, etc.

§ 838. *Matinal, matineux.* — *Matinal* signifie qui s'est levé *matin* ; *matineux* signifie qui a *coutume* de se lever *matin*. Vous êtes bien *matinal* aujourd'hui ; est-ce que vous êtes *matineux* ?

§ 839. *Mêler à, mêler avec.* — On dit figurément *mêler une chose à une autre* : *Mêler la douceur à la sévérité.* Mai si le mélange a réellement lieu, il faut dire *mêler avec* : *Mêler l'eau avec le vin.*

§ 840. *A neuf,* se dit des choses qu'on répare, qu'on renouvelle en quelque sorte : *Blanchir des dentelles à neuf.* — *De neuf,* signifie *entièrement neuf* : *Habiller tout de neuf.*

§ 841. *Observer,* signifie, 1° *suivre ce qui est prescrit* : *Observer la discipline* ; 2° *regarder, considérer* : *Observer les astres* ; 3° *remarquer* : *J'ai observé qu'il vous adressait la parole.* — On ne doit donc pas dire, *je vous observe que...,* au lieu de, *je vous fais observer que...*

§ 842. *Outrageant, outrageux.* — *Outrageant* (qui outrage) ne se dit que des choses : *Paroles outrageantes.* — *Outrageux* (qui fait outrage) se dit des personnes et des choses : *Paroles outrageuses. Il est outrageux en paroles.*

§ 843. *Pardonnable,* et *impardonnable* ne se disent que des choses : *Erreur impardonnable, faute impardonnable.* Il ne faut donc pas dire : *Vous êtes impardonnable,* au lieu de, *vous êtes inexcusable,* car on ne dit pas *pardonner quelqu'un.*

§ 844. *Mal parler, parler mal.* — *Mal parler,* c'est dire du mal de quelqu'un : *Mal parler des absents.* — *Parler mal,* c'est mal s'exprimer ; *parler mal sa langue.*

§ 845. *Partager son héritage entre ses enfants,* et non, *à ses enfants.*

§ 846. *Participer à, de.* — *Participer à,* c'est avoir *part à* ou *prendre part à* : *Il participe à tous les profits. Je participe à votre douleur.* — *Participer de,* c'est *tenir de la nature de* : *Le mulet participe de l'âne et du cheval.*

§ 847. *Passager, passant.* — *Passager,* signifie *qui ne fait que passer,* ou, *qui dure peu.* Ils ne se dit ni d'un chemin, ni d'une rue : Il faut dire, *un chemin passant, une rue passante,* pour signifier *une rue où il passe beaucoup de monde.*

§ 848. *Pied de roi, pied-droit.* — *Pied de roi* est une mesure de 12 pouces. *Pied-droit* est la partie du jambage d'une porte, etc.

§ 849. *Pire et pis.* — *Pire,* adjectif comparatif, se construit avec les substantifs : *Le remède est pire que le mal.* — *Pis* est 1° adjectif ; alors il ne se construit qu'avec les mots qui expriment quelque chose de vague, comme *rien, ce,* etc. : *Il n'y a rien de pis ; c'est bien pis.* (On ne dirait pas, *le remède est pis que le mal.*) — 2° Il est adverbe, et se joint aux verbes et aux adverbes : *Ils sont pis que jamais ensemble. Tant pis.* On ne doit pas dire, *ils sont pire que... tant pire.*

§ 850. *Se plaindre que, se plaindre de ce que.* Ces deux locutions s'emploient l'une pour l'autre, quand le verbe de la seconde proposition est à l'indicatif. *Il se plaint qu'on l'a,* ou, *de ce qu'on l'a calomnié.* Si le verbe est au subjonctif, ce qui a lieu quand la phrase exprime le doute, on emploie *se plaindre que, il ne se plaint pas qu'on l'ait calomnié.*

§ 851. On doit dire : *Je ferai ce qu'il vous plaira.* et non, *ce qui vous plaira,* parce que cette phrase, qui est elliptique, signifie, *je ferai ce qu'il vous plaira que je fasse.*

§ 852. *Pleurs,* substantif masculin pluriel, se dit des *larmes* qui coulent des yeux : Il ne faut donc pas dire, *les pleurs aux yeux,* au lieu de, *les larmes aux yeux.*

§ 853. *Prier à dîner, prier de dîner.* — *Prier à dîner,* est une invitation de cérémonie ; *prier de dîner,* est l'invitation du moment. *Je le rencontrai, et il me pria de dîner avec lui.*

§ 854. *Promener, se promener.* — *Promener* ne s'emploie jamais dans le sens neutre ; ainsi ne dites pas, *je vais promener,* comme vous dites : *je vais marcher;* dites, *je vais me promener.* Mais vous direz : *Je vais promener cet enfant.* — Même observation pour les verbes *Baigner, Moucher, Coucher.* Cependant *Coucher* s'emploie dans le sens neutre, quand il signi-fie passer la nuit: *Je couche ici.*

§ 855. *Propre à, propre pour, propre de.* — *Propre à,* si-gnifie, 1° qui a de l'aptitude à : *C'est un homme propre à tout.* 2° Convenable à, qui peut servir à : *Ce bois est propre à bâtir. Ce remède est propre à telle maladie, à guérir telle ma-ladie.* — *Propre pour* marque une *aptitude,* une *convenance* plus certaine : *L'homme propre à une chose* a des talents relatifs à la chose; *l'homme pour la chose,* a le talent même de la chose. *Son coup-d'œil, son sang-froid le rendent propre pour la guerre. La campagne est propre pour le recueillement d'esprit.* — *Propre de,* signifie *seul convenable,* qui convient *particuliè-rement à : Le sable est le terrain propre de cette plante. La candeur est la vertu propre de l'enfance.*

§ 856. *Quand, quant.* — *Quand,* signifie *lorsque : Quand Dieu créa le monde.* — *Quand et quand,* signifie *en même temps que : Il est parti quand et quand nous.*

Quant est toujours suivi de à et signifie *pour ce qui est de : Quant à moi, je suis prêt.* — *Tenir son quant à soi,* signifie *pren-dre un air réservé.*

§ 857. *Entre quatre yeux* (c'est-à-dire, *tête à tête*) se prononce *entre quatre-z-yeux*. (L'Académie.)

§ 858. *Entendre la raillerie*, *entendre raillerie*. — *Entendre la raillerie*, signifie *avoir le talent de railler*. — *Entendre raillerie*, signifie *ne point s'offenser des railleries*.

§ 859. On dit *rancunier*, *rancunière*. *Rancuneux* est un barbarisme.

§ 860. On dit *se ranger du parti*, *du côté de quelqu'un*, pour signifier *qu'on embrasse le parti de quelqu'un*; et, *se ranger à l'avis*, *à l'opinion de quelqu'un*, pour signifier *qu'on est de l'avis de quelqu'un*. On ne dit pas *se ranger de l'avis*. — *Se ranger sous les drapeaux d'un prince*, embrasser son parti, servir dans ses troupes. — *Se ranger sous la domination* (et non *à la domination*) *d'un prince*, se soumettre à lui.

§ 861. *Avoir rapport avec*, *avoir rapport à*. — *Avoir rapport*, dans le sens de *avoir de la conformité*, *de l'analogie*, est suivi de la préposition *avec* : L'*italien* a un grand rapport avec le *latin*. Dans le sens de *avoir une sorte de liaison*, *de relation*, *avoir rapport* se construit plutôt avec *à* : Cela n'a pas *rapport à* ce que je vous dis. Les effets ont *rapport aux* causes, c'est-à-dire, *se rattachent*, *se lient* aux causes.

§ 862. On dit *à rebours*, *au rebours*, et non, *à la rebours*.

§ 863. *A reculons*, et non, *à la reculons*.

§ 864. *Recouvrer*, *recouvrir*. — *Recouvrer*, c'est *retrouver*, *rentrer en possession*.

Recouvrir, c'est *couvrir de nouveau*.

§ 865. *Rétablir* ne doit s'employer qu'en bonne part : *Rétablir l'ordre*. On ne peut pas dire *rétablir le désordre*, dans le sens de *réparer le désordre*.

§ 866. *Retrancher à*, *retrancher de*. — *Retrancher à* ne s'emploie qu'avec un nom de personne ou de chose personnifiée. *On a retranché le vin au malade*, c'est-à-dire, *on a interdit*, *défendu*. — *Retrancher de*, s'emploie avec un nom de chose : *Retrancher de ses dépenses*, et non, *à ses dépenses*. Employé comme pronominal, *retrancher* se construit avec *à*. Il *s'est retranché à la moitié* de sa dépense. Il *s'est retranché à ne recevoir* que peu de personnes.

§ 867. *Réunir*, *unir*. — *Réunir*, dans le sens de joindre une chose à une autre, se construit avec *à* : *Le cou réunit la tête au corps*. Mais, lorsque *réunir* signifie *avoir*, *posséder* en même temps, il se construit avec *et* : *Réunir la prudence et l'activité*.

Unir se construit avec *à* : *Unir la prudence à l'activité*.

§ 868. *Richesse*, *richesses*. — *Richesse*, au singulier, peut signifier ce qu'on a de plus précieux : *Dans les familles pauvres, les enfants font la richesse des pères*. — *Richesses*, au pluriel, signi-

fient toujours *de grands biens* : *Il a acquis des richesses im-
menses.* On ne dirait pas , *une richesse immense.*

§ 869. *Rien de.*—L'adjectif ou l'infinitif qui suit *rien* ou qui s'y
rapporte, doit être précédé de la préposition *de* : *Je ne vis jamais rien de tel. Il n'y a rien de tel.* — *Rien de si agréable* que
d'obliger un homme reconnaissant.

(Rappelez-vous qu'on emploie *que* et non *comme* après *si* ,
aussi ; ne dites donc pas *rien de si agréable comme* : mais en
supprimant *si*, vous direz : *Rien n'est agréable* comme *d'obliger.*)

§ 870. *Second, deuxième.* M. Girault-Duvivier dit, d'après
M. Chapsal, qu'on emploie *second*, quand on parle d'une chose qui
n'a que deux parties ou qui en a plus de deux : et qu'on n'emploie
deuxième que lorsqu'il y a énumération de plus de deux objets.
Ainsi, l'on devrait dire : *Voici le second tome de cet ouvrage ;*
si l'ouvrage n'a que *deux tomes :* et, *voici* le deuxième (ou le second) *tome de cet ouvrage,* si l'ouvrage a plus de deux tomes.
Nous pensons qu'il y a une autre distinction à établir.

Second vient du latin *secundus,* et *secundus* vient de *sequi,*
suivre ; *second* signifie donc *suivant.* Ainsi, l'on dira : *Quand
vous aurez lu le premier tome, je vous donnerai le second,*
c'est-à-dire le suivant. On se servira de *deuxième* si l'on veut
seulement indiquer la *division* , sans idée de *suite : le* deuxième
tome de cet ouvrage est perdu.

§ 871. On dit *saigner du nez* , soit au propre , soit au figuré ,
dans le sens de *manquer de courage.* On ne doit pas dire *saigner au nez.*

§ 872. *De sang-froid, de sens rassis.* — *De sang-froid* , signifie *avec calme, froidement : Voir arriver la mort de sang-
froid.*

De sens rassis, signifie *à tête reposée, avec réflexion : Par-
lez-vous de sens rassis ?* c'est-à-dire, *avec réflexion.*

On doit écrire *sens dessus dessous, sens devant derrière,* et
non , *sans dessus dessous,* etc.

§ 873. *Seul* placé avant le substantif signifie *unique : Un
seul Dieu, un seul roi.* — Après le substantif, *seul* signifie *capable de, propre à,* exclusivement à tout autre : *Un roi* seul
peut faire cela. — *Une seule voix*, signifie une voix seulement.
— *Une voix seule* (dans un concert) est une voix qui n'est point
mêlée à d'autres.

§ 874. *Servir de, servir à.* — *Servir de,* signifie tenir *lieu de :
vous m'avez servi de père.* — *Servir à,* signifie *être utile à :* les
troupes servent à la défense du pays. — L'Académie emploie indifféremment *servir à rien, servir de rien.* Cependant nous pensons qu'il faut établir une différence entre ces deux expressions :
On emploiera *servir de* en parlant d'une chose qui ne peut être
d'aucune utilité, et *servir à* en parlant d'une chose dont on ne se
sert pas pour le moment. Ainsi, l'on dira : *Prêtez-moi ce livre,*

il ne vous sert à rien pour le moment ; donnez-moi ce livre, il ne vous sert de rien, c'est-à-dire, il ne vous est, et il ne vous sera jamais d'aucune utilité.

§ 875. *Soc, socle, socque.* — *Le soc* d'une charrue. — *Le socle* d'une pendule, etc.

Socque, subst. masc., est une espèce de chaussure.

§ 876. Ne confondez pas, 1° *sourcil* (poils placés au-dessus de l'œil) avec *souci* (inquiétude) ; 2° *sourciller* (remuer les sourcils, qui ne s'emploie guère qu'au figuré avec une négation : *il ne sourcille pas,* c'est-à-dire, il n'est pas ému) avec (*se*) *soucier* (s'inquiéter de, faire cas de : *De quoi vous souciez-vous ? Je me soucie peu de cela*); 3° *sourcilleux* (*haut, élevé,* qui ne s'emploie qu'au figuré : *Monts sourcilleux*), avec *soucieux* (qui a du souci). *Un front soucieux,* est un front où se peint l'inquiétude; *un front sourcilleux,* est un front où se peint l'orgueil ; cependant il signifie aussi *un front inquiet.*

§ 877. *Souscription, suscription.* — *Souscription,* signature qu'on met au bas d'un acte. — *Suscription,* adresse mise sur une lettre.

§ 878. *Succomber sous, à.* — *Succomber,* dans le sens propre, se construit toujours avec *sous : succomber* sous *le faix,* sous *le poids.* — Au figuré il se construit encore avec *sous,* quand il signifie être accablé par : *Succomber* sous *le travail,* sous *les efforts des ennemis,* sous *ses ennemis.* Mais il se construit avec *à,* lorsqu'il signifie *céder, se laisser aller à : Succomber à la fatigue, à la douleur, à la tentation.*

§ 879. *Suppléer* une chose, c'est ajouter ce qui manque, fournir ce qu'il faut de surplus : *S'il manque quelque chose à cette somme, je le suppléerai. Suppléer quelqu'un,* signifie *remplacer quelqu'un.* — *Suppléer à,* verbe neutre, signifie *réparer le manque, tenir lieu de : Suppléer aux omissions. La valeur supplée au nombre.*

§ 880. *Susceptible, capable.* — Nous pensons que ces deux adjectifs se disent des personnes et des choses ; mais il ne faut pas les employer indifféremment. *Susceptible,* du latin SUSCIPERE, *recevoir, prendre,* doit s'employer dans le sens passif. **Ex.** : *Cette terre est* susceptible d'amélioration, c'est-à-dire, peut *recevoir* des améliorations. (On ne pourrait pas dire est *capable* d'amélioration.) *Les jeunes gens sont* susceptibles de *toutes sortes d'impressions,* c'est-à-dire, peuvent *recevoir.*

Capable, du latin CAPERE, *contenir,* a un *sens actif;* ce mot signifie proprement *qui peut contenir;* dans cette acception il n'est guère usité qu'avec *tenir* ou *contenir : Cette salle est* capable de contenir *cent personnes.*

Mais *capable* signifie plus souvent *qui est en état de faire, qui peut faire : C'est un homme* capable de gouverner. *Cette ma-*

ladie est capable de le tuer. (On ne doit pas dire, *susceptible de gouverner*, de *le tuer.*)

§ 881. On dit *taie d'oreiller*, et non *tête* ni *toile d'oreiller*.

§ 882. *Témoin*, au commencement d'une phrase, s'emploie adverbialement, et est invariable : TÉMOIN *les victoires qu'il a remportées*. On écrit aussi, *je vous prends* TOUS A TÉMOIN.

§ 883. *Tendreté*, qualité de ce qui est tendre, en parlant des viandes et des fruits. — *Tendresse* signifie *affection*.

§ 884. *Tendon*, ligament des muscles. — *Tendron*, 1° bourgeon ; 2° cartilage qui est à l'extrémité des os : *Fricassée de tendrons de veau.*

§ 885. *A terre, par terre.* — Suivant M. Girault, *tomber à terre* se dit des objets qui ne touchent point à terre : *Ces fruits sont tombés à terre.* — *Tomber par terre* se dit des objets qui touchent à terre : *Cet arbre est tombé par terre.* L'Académie n'admet pas cette distinction, mais nous pensons qu'elle est fondée.

§ 886. *Tome, volume.* Il ne faut pas toujours employer ces deux mots l'un pour l'autre. — *Tome* vient du grec *tomos*, qui signifie *section, division.* Il se dit proprement des *divisions* d'un ouvrage. — *Volume* vient du latin *volumen*, rouleau, volume. (Les anciens roulaient les ouvrages autour d'un petit bâton.) On dira : Ce volume contient *le troisième et le quatrième tome de l'ouvrage.* Mais on ne dira pas, en parlant d'un ouvrage qui n'est pas divisé par tomes, d'un dictionnaire, par exemple : *Voilà un tome bien relié ;* il faut dire, *voilà un volume*, etc.

§ 887. *Traiter*, signifiant *discuter*, s'emploie comme verbe actif et comme verbe neutre : *Traiter une affaire ; traiter* d'une *affaire. Traiter une affaire* peut signifier qu'on s'occupe *seul* d'une affaire, tandis que *traiter d'une affaire* signifie qu'on la discute avec quelqu'un. — Quand *traiter* signifie *faire un traité sur*, il régit toujours *de*, si l'on *spécifie* la matière, la question. *Cet auteur, dans son livre, traite* des *métaux.* Mais si l'on ne *spécifie* pas la matière, on emploie *traiter* avec ou sans *de : Cet auteur a traité cette matière*, ou, *de cette matière.* — Dans le sens de *négocier, traiter* régit toujours *de. Traiter d'une charge, traiter de la paix.*

§ 888. Il faut dire *perdre la tramontane*, et non, *la tramontade*, pour signifier *perdre la tête.* (*Tramontane* signifie *le côté, l'étoile du nord.*)

§ 889. *Transvaser*, verser d'un vase dans un autre. *Transvider* n'est pas français.

§ 890. *Trouver bon, mauvais.* — M. *Girault* et M. *Lemare* disent : *J'ai trouvé* bon, *j'ai trouvé* mauvais *la liberté que vous avez prise*, pour signifier, *j'ai approuvé, j'ai désapprouvé......* Dans cette locution, si on l'emploie, *bon* et *mauvais* sont invariables, parce qu'ils sont pris adverbialement. Mais nous pensons qu'il vaut mieux dire : *J'ai trouvé bon, j'ai trouvé mauvais que vous ayez pris la liberté.*

Si *bon, mauvais* se rapportent au substantif qui suit, ils s'accordent avec ce substantif : *J'ai trouvé* bonne et bien placée *la réprimande que vous avez faite. Bon, mauvais,* se rapportent à *réprimande,* car je pourrais dire : *J'ai trouvé la réprimande que vous avez faite, bonne et bien placée.*

§ 891. *Un de, un des; l'un de, l'un des.— Un de, un des,* s'emploient après le verbe *être* dans les phrases qui forment un sens complet : *Bossuet est un de nos plus grands orateurs, est un des plus grands orateurs qui existent.*

L'un de, l'un des, s'emploient dans les phrases où le verbe *être* n'est pas exprimé, et qui n'ont pas un sens complet : *Bossuet,* l'un de nos *plus grands orateurs, a égalé Démosthène. Bossuet,* l'un des plus *grands orateurs qui existent, a,* etc.

§ 892. *Viser,* au propre, se construit avec ou sans *à* ; mais mieux avec *à* : *Viser au but, viser un homme au cœur. Viser,* au figuré, se construit toujours avec *à* : *Viser à un emploi.* (*Viser* un passeport, y mettre son visa.)

Lettres majuscules (*).

§ 893. On appelle lettres majuscules les grandes lettres, telles que *A, B,* etc. — On appelle lettres minuscules les petites lettres, telles que *a, b,* etc.

On écrit par une lettre majuscule : 1° le premier mot d'un discours quelconque et d'une phrase qui commence après un point ou un alinéa ; 2° le premier mot de chaque vers ; 3° tous les noms propres d'hommes ou de lieux, *Pierre, César, Rome, la France* ; 4° les noms de peuples, *Anglais, Français* ; 5° les noms de peuples, de sectes, les *Stoïciens,* les *Mahométans.* Lorsque les noms de peuples, de sectes sont employés comme adjectifs, ils s'écrivent avec une minuscule : *Le peuple anglais* ; un *français,* c'est-à-dire un *homme français* ; un *stoïcien,* c'est-à-dire un philosophe de la secte stoïcienne. 6° Les noms de rivières, de montagnes, de jours, de mois, la *Seine,* le *Jura* ; *Dimanche, Avril,* etc. ; 7° les noms des *sciences,* des *arts,* des *métiers,* quand ils sont pris dans un sens individuel : *La* Grammaire *est l'art de parler et d'écrire correctement; la* Rhétorique *est l'art de bien dire,* etc. ; mais on écrira avec une lettre minuscule : *Ce jeune homme fait sa rhétorique.* 8° On écrit avec une lettre

---

(*) Une partie de la copie de notre ouvrage ayant été égarée pendant quelque temps, nous avons été obligé de reporter à la fin de la grammaire le chapitre des *lettres majuscules,* qui aurait dû faire suite au chapitre de l'orthographe.

majuscule les adjectifs *Saint* et *Grand*, et autres semblables, lorsqu'ils entrent dans la composition d'un nom propre : *Saint-Louis, Henri le Grand, Guillaume le Roux, Robert le Pieux,* les *Champs Élysées*, la *mer Noire*, la *mer Rouge*, etc. (*) 9° On écrit le substantif *Dieu* avec une lettre majuscule quand il désigne l'être suprême: *l'amour de Dieu*; mais *dieu* s'écrit avec une lettre minuscule quand on parle des dieux du paganisme: *les dieux d'Homère*; *Apollon est le dieu de la poésie.* 10° Les noms des *vertus*, des *vices*, des *êtres abstraits*, quand ils sont personnifiés, s'écrivent avec une lettre majuscule : *La Vérité dit un jour à la Fable : Ma sœur, prêtez-moi votre voile. La Fortune est une déesse inconstante.* Mais on écrira avec une lettre minuscule : *Ceci est une fable et non une vérité.* 11° On écrira encore avec des lettres *majuscules* les noms appellatifs des *tribunaux*, des *corps*, ceux qui expriment une *dignité*, lorsque ces noms désignent spécialement un corps, un individu, comme, l'*Académie*, le *Parlement*, le *Sénat*, le *Roi*, les *Grands*, le *Peuple*, l'*État*, etc. Mais on écrira avec une lettre minuscule, *les droits du peuple français; l'état des affaires; les grands hommes sont rares.* 12° Les titres, *Monsieur, Madame, Monseigneur, Votre Majesté*, etc., quand on adresse la parole aux personnes, s'écrivent avec une lettre majuscule. L'usage a même conservé la majuscule hors le cas de l'apostrophe. 13° On écrira encore avec une majuscule les noms qui désignent le titre d'un ouvrage, d'un livre, etc.: *l'École des Femmes, le Chien et le Loup, la Navigation, poëme* 14° On écrit avec une majuscule les noms propres employés comme noms communs : *les* Césars, *les* Alexandres *des temps modernes*, etc.

Cependant lorsque le nom de l'inventeur est appliqué à la chose inventée, ce nom s'écrit avec une lettre minuscule : *Un virgile, un plutarque, une carcel*, pour signifier une lampe inventée par *Carcel.*

DE L'ANALYSE LOGIQUE.

§ 894. Les bornes que nous avons dû nous prescrire dans cet ouvrage ne nous permettent de traiter de l'analyse logique que

(*) La *Grammaire des Grammaires* dit que si le second nom n'est pas employé comme nom propre, et qu'il soit uni au premier par un tiret, ce nom ne prend point de majuscule, et elle donne pour exemple : *Port-royal*, les *Pays-bas*. Mais l'Académie écrit les *Pays-Bas*, et c'est avec raison, parce que le mot *Bas* n'est pas employé ici comme adjectif qualificatif, mais fait partie d'un nom propre. Mais on écrirait sans majuscule : J'ai visité le *haut pays* et le *pays bas*, ou le *bas pays*.

d'une manière fort succincte. Nous nous-efforcerons cependant de ne rien omettre de ce qui est essentiel à la connaissance de cette partie de la grammaire.

NOTIONS PRÉLIMINAIRES.

De la phrase, de la proposition et de la période (*).

§ 895. La *phrase* est un assemblage de mots construits ensemble et formant un sens. Sous ce rapport elle ressemble à la *proposition* ; mais elle en diffère, d'un autre côté, en ce qu'elle peut renfermer plusieurs propositions, tandis que la proposition ne peut jamais renfermer plusieurs phrases. *La proposition est l'expression d'un jugement.* Ces mots : *Votre père est juste*, forment à la fois une phrase et une proposition. Mais si je dis : *Votre père est juste, mais il est sévère*, je forme une phrase composée de deux propositions.

La *période* est composée de plusieurs phrases qui, sans dépendre nécessairement les unes des autres, sont tellement liées ensemble, qu'elles concourent toutes au développement d'une seule pensée. Ex. : *Il y a bien des phénomènes qui embarrassent les philosophes ; et les plus communs ne sont pas ceux qui les embarrassent le moins.*

§ 896. La *proposition*, comme nous venons de le dire, est l'expression d'un jugement, et toute proposition suppose un *sujet*, un *verbe*, un *attribut*. Dans cette proposition, *Dieu est juste : Dieu*, est le sujet ; *est*, le verbe ; *juste*, l'attribut (**).— Une proposition peut avoir pour sujet une expression quelconque employée substantivement, comme, *craindre Dieu* est le commencement de la sagesse.

§ 897. Le sujet et l'attribut peuvent être, 1° *simples* ou *composés* ; 2° *incomplexes* ou *complexes*.

§ 898. *Le sujet est simple* quand il n'indique qu'un seul objet, qu'une seule chose. Quand je dis : Dieu *est éternel*, je ne parle que d'un seul objet, *Dieu*. Quand je dis : LA GLOIRE QUI VIENT DE LA VERTU *a un éclat immortel*, je ne parle encore que d'une seule chose, *de la gloire qui vient de la vertu*. CRAINDRE DIEU *est le commencement de la sagesse ;* je ne parle que d'une seule chose, *de la crainte de Dieu.*

(*) *Phrase*, en grec *phrasis*, de *phrazo*, parler, exprimer une pensée. — *Proposition*, en latin *propositio*, de *proponere*, exposer, énoncer. — *Période*, du grec *periodos*, circuit, contour. (*Péri*, autour, *odos*, chemin.)

(**) Les logiciens appellent *attribut* le verbe et l'adjectif réunis. Ainsi, dans cette proposition : *Dieu est juste, Dieu*, est le sujet ; *est juste*, est l'attribut.

§ 899. *Le sujet est composé* quand il comprend plusieurs objets distincts *auxquels convient séparément le même attribut*, comme dans cette phrase : LE BOEUF ET LE CHEVAL *sont utiles à l'homme.* Je parle de deux objets distincts, du *bœuf* et du *cheval*; et l'attribut, *utiles à l'homme,* convient séparément à chacun de ces deux sujets, car je puis dire : *Le bœuf est utile à l'homme, le cheval est utile à l'homme.*

§ 900. Mais si la phrase est construite de telle sorte que l'attribut ne puisse pas convenir séparément à chacun des objets dont on parle, le sujet n'est plus *composé*, il est *simple.* Ainsi dans cette phrase, *l'amour de la vertu et la haine des hommes vertueux sont des sentiments inconciliables*; le sujet, quoiqu'on parle de deux choses différentes, est simple, parce que l'attribut ne peut convenir séparément à chaque sujet. En effet, si l'on disait, *l'amour de la vertu est un sentiment inconciliable, la haine des hommes vertueux est un sentiment inconciliable,* la phrase n'aurait aucun sens. Ces deux idées sont réunies par le sens général de la proposition, elles ne forment donc qu'*un sujet logique simple* (*).

§ 901. L'*attribut* est simple quand il n'exprime qu'une *seule* manière d'être du sujet, soit qu'il l'exprime en un seul mot, comme quand on dit, *Dieu est* ÉTERNEL ; soit qu'il l'exprime en plusieurs mots, comme, *la raison est* LE PLUS BEAU PRÉSENT QUE DIEU AIT FAIT A L'HOMME : *le plus beau présent que Dieu ait fait à l'homme* n'exprime, comme l'adjectif *éternel*, qu'une seule manière d'être du sujet.

§ 902. L'*attribut* est *composé* quand il exprime plusieurs manières d'être du sujet. Ainsi quand on dit : *Dieu est* JUSTE *et* TOUT-PUISSANT, l'attribut est *composé*, parce qu'il comprend deux manières d'être du *sujet*, la *justice* et la *toute-puissance.*

§ 903. Le *sujet* est *incomplexe* quand il n'est exprimé que par *un nom, un pronom* ou *un infinitif.* EX. : DIEU *est éternel.* LES HOMMES *sont mortels.* NOUS *naissons pour mourir.* DORMIR *est un temps perdu.*

§ 904. Le *sujet* est *complexe* quand le *nom*, le *pronom*, ou l'*infinitif* qui sert de sujet, est accompagné de quelque addition qui sert à modifier, à expliquer, à déterminer l'idée exprimée par le sujet. EX. : *Les livres* UTILES *sont en petit nombre. Les prin-*

(*) *Remarques.* On voit, par cet exemple, qu'il ne faut pas non plus confondre le *sujet grammatical* avec le *sujet logique.* En effet, il y a dans cette proposition deux *sujets grammaticaux, l'amour, la haine,* et il n'y a qu'un *sujet logique.*

Même observation pour l'*attribut grammatical* et l'*attribut logique.* Dans cette phrase : *Pierre est plus sage que Paul,* l'attribut grammatical est *sage ;* l'attribut logique est *plus sage que Paul.*

cipes DE LA MORALE *sont invariables.* *Vous* QUI CONNAISSEZ MA CONDUITE, *jugez-moi. Craindre* DIEU *est le commencement de la sagesse.* Le sujet (les) *livres* est modifié par l'addition de l'adjectif *utile*, qui en restreint l'étendue ; le sujet (les) *principes* est modifié par l'addition de ces mots, *de la morale*, qui en sont le complément déterminatif ; le sujet *vous* est modifié par l'addition de la proposition incidente explicative, *qui connaissez ma conduite ;* le sujet *craindre* est déterminé par son complément *Dieu.*

§ 905. L'*attribut* est *incomplexe* lorsque la qualité qu'il exprime est déterminée par une seule idée, c'est-à-dire, par un seul mot, comme, *les enfants sont* LÉGERS ; *je suis* ATTENTIF.

§ 906. L'*attribut* est *complexe* quand la qualité qu'il exprime est modifiée par un ou plusieurs mots, comme, *les enfants sont* NATURELLEMENT *légers. Je suis attentif* AUX LEÇONS QU'ON ME DONNE. L'attribut *legers* est modifié par l'adverbe *naturellement ;* l'attribut *attentif* est modifié par ces mots, *aux leçons qu'on me donne*, qui en sont le complément, et qui *restreignent* l'idée générale d'attention.

§ 907. *Remarque.* Il ne faut pas confondre le *sujet composé* et l'*attribut composé* avec le *sujet complexe* et l'*attribut complexe.*

§ 908. Le *sujet composé* est la réunion de *plusieurs sujets* auxquels convient le même attribut. (*Pierre, Paul* et *Jean sont bons.*) L'*attribut composé* est la réunion de *plusieurs attributs* qui conviennent au même sujet. (*Pierre est* bon, sage et honnête.)

§ 909. Le *sujet complexe* est un *sujet simple* qui n'exprime qu'une idée principale, modifiée par les mots qui accompagnent ce sujet. (*Pierre,* fils de Jean, *est honnête.*)

§ 910. L'*attribut complexe* est un *attribut simple* qui exprime une seule qualité, mais qui est modifiée par plusieurs mots. (*Pierre est* plus honnête que Paul. L'attribut *honnête* est modifié par ces mots *plus que Paul.*)

Des compléments.

§ 911. En grammaire, *complément* se dit des mots qui servent à préciser, à déterminer la signification d'autres mots auxquels on les joint, à compléter une proposition. Dans cette phrase : *Le livre de Pierre, Pierre* est le complément de la préposition *de,* et les mots *de Pierre* sont ensemble le complément de *livre.*

§ 912. Le complément est le second terme d'un rapport. Ainsi dans cette phrase, *le livre de Pierre,* les noms *livre* et *Pierre* sont en rapport l'un avec l'autre. Ce rapport est établi par la préposition *de ;* le premier terme est (le) *livre,* le second terme est *Pierre.*

§ 913. Il faut distinguer le complément *grammatical* et le complément *logique*. Le *complément grammatical* ne comprend que les mots employés pour exprimer l'idée principale du second terme du rapport; le *complément logique* se compose de tous les mots ajoutés au complément grammatical, et exprimant des idées accessoires. Dans cette phrase : *J'aime les enfants qui s'appliquent à leurs devoirs.* Le complément grammatical est *les enfants* ; le complément logique est *les enfants qui s'appliquent à leurs devoirs.*

§ 914. On distingue aussi le complément *simple* et le complément *composé*; le complément *incomplexe* et le complément *complexe.* Dans cette phrase : *Le livre de Pierre, Pierre* est un complément simple et incomplexe. Mais si je dis: *de Pierre, homme savant*, le complément est simple et en même temps complexe. Si je dis : *de Pierre et de Jean*, le complément est composé, parce que je parle de *deux* personnes, de *deux* objets.

Du compellatif. (*Compellare*, adresser la parole.)

§ 915. On appelle *compellatif* le mot ou les mots qui indiquent la personne à laquelle on parle. Le compellatif est également *grammatical* ou *logique*, *simple* ou *composé*, *incomplexe* ou *complexe.* Dans cette phrase : *Pierre, mon ami, viens ici.* *Pierre* est le compellatif grammatical ; *Pierre, mon ami*, est le compellatif logique, et en même temps il est *complexe. Pierre, Jean, Paul, venez ici; Pierre, Jean, Paul,* forment un compellatif composé.

De l'apposition. (*Ad*, auprès, *ponere*, placer.)

§ 916. Lorsque deux mots sont entre eux dans un rapport, non de dépendance, comme dans l'exemple, *le livre de Pierre,* mais de concordance, comme dans l'exemple, *Pierre, mon ami,* le second mot est placé en *apposition*, et s'appelle *appositif.*

Des termes circonstanciels. (*Circumstare*, être autour, accompagner.)

§ 917. On appelle *termes circonstanciels* les mots qui expriment de quelle manière une chose se fait, en quel lieu, en quel temps, c'est-à-dire les différentes *circonstances* de temps, de lieu et de manière, comme dans cette phrase : *Je rencontrai, l'autre jour, votre frère dans la rue.* Ces mots, *l'autre jour,* expriment une circonstance de temps.

14*

Des différentes espèces de propositions.

§ 918. Les propositions sont *simples* ou *composées, complexes* ou *incomplexes*, suivant que le sujet ou l'attribut, ou l'un et l'autre, sont *simples* ou *composés*, *complexes* ou *incomplexes*.

Cette phrase : *Dieu est éternel*, forme une proposition *simple* et *incomplexe*. Celle-ci : *Les principes de la morale sont invariables*, forme une proposition *simple* et *complexe*. Celle-ci : *Le bœuf et le cheval sont utiles à l'homme*, forme une proposition *composée*. (*Voy.* § 895 et suivants.)

§ 919. Une proposition est *pleine* quand elle renferme tous les mots nécessaires à l'expression de la pensée : *Dieu est bon*.

§ 920. Elle est *elliptique* quand il y a *ellipse* ou *suppression* d'un ou de plusieurs mots : *L'avarice produit quelquefois la prodigalité, et la prodigalité, l'avarice* (produit quelquefois l'avarice).

§ 921. La proposition est *explicite* quand le sujet, le verbe et l'attribut sont énoncés séparément : *Le soleil est brillant*.

§ 922. La proposition est *implicite* quand le verbe et l'attribut sont compris dans un seul mot: *Le soleil* BRILLE. Le verbe s'appelle alors verbe *attributif* ou *adjectif*.

(*Explicite* signifie *développé* ; *implicite* signifie *contenu dans*.)

§ 923. La proposition est *affirmative* et *absolue* quand on affirme que la chose *est* ou *n'est pas*: *Je crains Dieu. Je ne crains pas les hommes.*

§ 924. Elle est *conditionnelle* et *affirmative* quand elle exprime une *condition* : *Je lirais si...*

§ 925. Elle est *interrogative* quand elle exprime une *interrogation* : *Lisez-vous ?*

§ 926. Elle peut être *interrogative* et *conditionnelle* : *Liriez-vous, si...*

§ 927. Elle est *suppositive* ou *hypothétique* quand elle exprime une *supposition* : *Si vous lisez, si vous lisiez...*

§ 928. Elle est *impérative* quand elle exprime le *commandement* : *Lisez.*

§ 929. Elle est *optative* quand elle exprime le *souhait* : *Puissiez-vous lire !*

§ 930. Elle est *concessive* quand elle exprime une *concession* : *Je consens que vous lisiez.* (*Lisez, j'y consens.*)

Propositions considérées eu égard aux rapports qu'elles ont les unes avec les autres dans le discours.

§ 931. Les propositions, à raison des rapports qu'elles ont les unes avec les autres, peuvent se diviser en différentes classes. Ces distinctions ne tiennent pas, comme les précédentes, à la nature des propositions ; mais elles tiennent à leur disposition dans le discours, elles ne sont qu'accidentelles.

§ 932. Une proposition qui n'a aucun rapport avec une autre est *absolue* : *Dieu récompense la vertu*. Mais cette proposition peut devenir *conjonctive* : *Je vous ai dit* que *Dieu récompense la vertu*. *Dieu récompense la vertu* est uni par la conjonction *que* à *je vous ai dit* ; c'est donc une proposition *conjonctive* (*).

Dans cette phrase la première proposition, *je vous ai dit*, est la *proposition principale*. *Dieu récompense la vertu* est la *proposition secondaire*.

Les propositions *conjonctives* sont donc celles qui se rattachent à la *proposition principale* par une *conjonction* ou un *adjectif conjonctif*.

Parmi ces propositions on distingue :

§ 933. 1° Les *complétives*, appelées ainsi parce qu'elles *complètent* le sens de la proposition principale : Je *veux* que VOUS LISIEZ, je *crois* que VOUS LISEZ. J'*aime l'enfant* qui EST STUDIEUX.

§ 934. 2° Les propositions *circonstancielles* qui expriment une circonstance de manière, de temps : *Vous ne pourrez jamais, quoi que vous fassiez, contenter tout le monde. Quoi que vous fassiez*, exprime une circonstance de manière ; le sens est : *De quelque manière que vous agissiez, vous ne pourrez jamais*, etc. *J'irai à la campagne*, quand il fera beau : *quand il fera beau*, exprime une circonstance de temps.

Ces propositions peuvent être présentées sous la forme adverbiale ; mais elles n'en sont pas moins conjonctives, parce qu'on peut les rattacher par une conjonction à la proposition principale. Dans cette phrase : *Je viendrai*, Dieu aidant, *à bout de cette entreprise*, je puis remplacer le terme circonstanciel, *Dieu aidant*, par cette proposition conjonctive, SI *Dieu m'est en aide*.

Il faut remarquer que les *propositions conjonctives complétives* sont nécessaires à l'expression de la pensée, tandis que les *propositions circonstancielles* peuvent se retrancher sans que la phrase cesse d'avoir un sens. En effet, on me comprendra si, sans exprimer la circonstance de manière, *Dieu aidant* (*si Dieu m'est en aide*), je dis : *Je viendrai à bout de cette entreprise*. Mais si dans cette phrase : *Je veux que vous lisiez*, je retranche la proposition complétive, *que vous lisiez*, la proposition principale, *je veux*, n'aura plus de sens.

(*) On appelle *proposition relative* une proposition qui a par elle-même un sens complet, mais qui, liée avec une première proposition principale absolue, forme avec elle un sens total : *Dieu est juste* (proposition principale absolue) ; *il récompense la vertu* (proposition principale relative).

§ 935. Il y a encore d'autres propositions qu'on appelle propositions *incidentes*. Elles sont de deux sortes, ou *incidentes explicatives*, comme dans cette phrase : *Dieu*, QUI EST JUSTE, *récompense la vertu* ; ou *incidentes déterminatives*, comme dans cette phrase : *L'homme* QUI VOUS A APPORTÉ CETTE LETTRE, *est reparti*. La proposition incidente *explicative* peut se retrancher sans nuire au sens de la proposition principale. En effet, ces mots, *Dieu récompense la vertu*, ont un sens complet. La proposition déterminative est nécessaire à l'expression de la pensée. En effet, *l'homme est reparti* n'aurait qu'un sens vague et *indéterminé*.

§ 936. Il ne faut pas confondre les propositions *conjonctives circonstancielles* avec les propositions *incidentes*. Les propositions *circonstancielles* peuvent se placer en tête, au milieu, ou à la fin de la proposition principale, parce que l'idée qu'elles expriment se rattache à la proposition tout entière, comme on le voit dans cette phrase : *Je viendrai*, Dieu aidant, *à bout de cette entreprise* ; que je puis construire ainsi : *Dieu aidant, je viendrai à bout de cette entreprise*, ou, *je viendrai à bout de cette entreprise, Dieu aidant*. Les propositions *incidentes* ne peuvent se placer qu'après le sujet de la proposition, parce que l'idée qu'elles expriment ne *tombe* que sur le sujet, comme on le voit dans ces phrases : *Dieu*, qui est juste, *récompense la vertu* ; *l'homme*, qui vous a apporté *cette lettre, est reparti*.

DE L'ANALYSE.

§ 937. L'objet du langage est l'énonciation de la pensée. La logique *analyse* (*), *décompose*, pour ainsi dire, la pensée, en considérant séparément les idées différentes qui en sont comme la matière, et les rapports qui unissent ces idées.

§ 938. On distingue deux sortes d'*analyse : l'analyse grammaticale*, qui est la décomposition d'une phrase en ses éléments grammaticaux ; le *nom*, l'*article*, l'*adjectif*, le *pronom*, le *verbe*, la *préposition*, l'*adverbe*, la *conjonction*, l'*interjection* ; l'*analyse logique*, qui est la décomposition d'une proposition en ses parties, telles que le *sujet*, le *verbe*, l'*attribut*.

Exemples d'analyse.

§ 939. *Le Peuple attache uniquement son estime aux richesses et au pouvoir ; et les Grands se laissent gouverner par l'opinion du Peuple.*

(*) *Analyse*, du grec *analusis*, signifie *résolution*, *décomposition* d'un tout en ses parties. L'*analyse* ou *décomposition* est l'opposé de la *synthèse* ou *composition*. *Analyse* signifie aussi l'extrait raisonné d'un ouvrage d'esprit, d'un discours, d'un poëme, etc.

Le Peuple attache uniquement son estime aux richesses et au pouvoir, proposition principale absolue et affirmative : — *le Peuple*, sujet grammatical et sujet logique simple et incomplexe de la proposition : — *attache uniquement son estime aux richesses et au pouvoir*, complément logique et complexe du sujet (*le Peuple*): — *attache*, verbe *attributif* ou *adjectif*, pour *est attachant :* — *est attachant*, *est*, verbe ; *attachant*, attribut grammatical : — *attachant uniquement son estime aux richesses et au pouvoir*, attribut logique, simple et complexe : — *uniquement* (*d'une manière unique, exclusive*), adverbe de manière, terme circonstanciel qui exprime une circonstance de manière : — *son estime*, régime ou complément grammatical direct du verbe attributif (*attache*) : — *aux richesses* (*et*) *au pouvoir*, compléments grammaticaux indirects et en même temps complément logique composé du verbe *attache :* — *aux*, article contracte pour *à les :* — *à*, préposition qui met en rapport l'antécédent *estime* avec le conséquent *les richesses :* — *les richesses*, complément de la même préposition : — *et*, conjonction copulative, qui met en rapport le second complément indirect (*au pouvoir*), avec le complément direct (*son estime*): — *au pouvoir*, même analyse que pour *aux richesses :* — (*et*) *les Grands se laissent gouverner par l'opinion publique*, proposition principale relative, liée à la proposition principale absolue, *le peuple attache*, etc. (*) : — *les Grands*, sujet grammatical, et en même temps sujet logique simple et incomplexe du verbe attributif *laissent :* — *laissent*, *sont laissant :* — *sont*, verbe ; *laissant*, attribut grammatical : — *laissant gouverner soi par l'opinion du peuple*, attribut logique simple et complexe : — *gouverner soi par l'opinion du peuple*, complément logique simple et complexe du participe *laissant :* — *gouverner*, verbe à l'infinitif, qui sert de complément grammatical au verbe *laissent*, mais qui doit se résoudre avec les mots qui l'accompagnent en une proposition complémentaire, *qu'ils soient gouvernés par l'opinion du peuple* (c'est-à-dire, *laissent cela*, *qu'ils soient gouvernés par l'opinion du peuple*): — *soi*, pronom réfléchi de la troisième personne, complément grammatical de *gouverner :* — *par*, préposition qui met en rapport l'antécédent, *laissent gouverner soi*, et le conséquent, *l'opinion du peuple :* — *l'opinion*, complément grammatical de *par :* — *l'opinion du peuple*, complément logique simple et complexe de la préposition *par*, et en même temps conséquent du rapport établi par cette préposition avec l'antécédent (*se laissent gouverner*).

(*) Voy. la note du § 930.

FIN DE LA SYNTAXE.

TABLE

DES MATIÈRES.

15

FIN DE LA TABLE.

www.ingramcontent.com/pod-product-compliance
Lightning Source LLC
LaVergne TN
LVHW050150030726
842520LV00002B/373